Grundzüge des Bergrechts

unter besonderer Berücksichtigung des Bergrechts Preußens.

Systematisch dargestellt

von

Carl Voelkel

Berghauptmann.

Zweite Auflage.

Berlin und Leipzig 1924.

Walter de Gruyter & Co.

vormals G. J. Göschen'sche Verlagshandlung – J. Guttentag, Verlagsbuchhandlung – Georg Reimer – Karl J. Trübner – Veit & Comp.

Roßberg'sche Buchdruckerei, Leipzig.

Vorwort.

Systematische Bearbeitungen des preußischen Bergrechts gehören zu den Seltenheiten. Abgesehen von kurzgefaßten Beiträgen zu Sammelwerken sind nur zu nennen das unvollendet gebliebene Lehrbuch des allgemeinen deutschen Bergrechts von Achenbach (1871), das auch das preußische Bergrecht eingehend berücksichtigt, das Lehrbuch des preußischen Bergrechts von Klostermann (1871), und der Leitfaden für das Studium des preußischen Bergrechts von Engels (1894). Diese Bücher sind zur Zeit veraltet. Für den Gebrauch im praktischen Leben erscheint auch im allgemeinen der Kommentar als die geeignetere Form. Trotzdem hat der Verfasser einer Anregung der Verlagsbuchhandlung und Wünschen aus den Kreisen der akademischen Hörer durch Ausarbeitung der vorliegenden „Grundzüge des preußischen Bergrechts" nachkommen zu sollen geglaubt, in der Absicht, damit einerseits eine Grundlage für den akademischen Unterricht und für die selbständige Fortsetzung des Studiums, anderseits aber auch weiteren Kreisen ein Mittel zu bieten, um ohne Störung durch Einzelheiten einen Überblick über die gegenwärtige Lage des preußischen Bergrechts zu gewinnen.

Die Behandlung eines umfangreichen Rechtsgebietes in räumlich engen Grenzen schließt bekanntlich die Gefahr einer Austrocknung des Stoffes in sich. Es ist versucht worden, dieser Gefahr nach Möglichkeit zu entgehen, indem nicht darauf verzichtet worden ist, die rechtsgeschichtlichen und wirtschaftlichen Beziehungen der einzelnen Rechtseinrichtungen mindestens anzudeuten und auch gelegentlich einen Blick auf das Bergrecht anderer Staaten zu werfen. Dafür ist von einem näheren Eingehen auf Streitfragen nicht grundlegender Bedeutung und von der Erwähnung aller nebensächlichen Meinungsverschiedenheiten abgesehen worden. Auch schien eine Einschränkung der Verweisungen auf die während der fast fünfzigjährigen Geltung des Allgemeinen Berggesetzes vom 24. Juni 1865 sehr umfangreich gewordenen Literatur, Verwaltungspraxis und Rechtsprechung auf das Maß des Unentbehrlichen geboten.

Das Buch will nichts Neues, sondern nur Altes in einer neuen, für manche Zwecke vielleicht geeigneten Form bieten.

Der Verfasser.

Vorwort zur zweiten Auflage.

Im Laufe der zehn Jahre seit dem Erscheinen der ersten Auflage sind Ereignisse von großer Tragweite, auch für den Bergbau, eingetreten. Infolgedessen wurden zahlreiche Änderungen und Ergänzungen erforderlich und einzelne Teile des Buches mußten völlig umgestaltet werden. Im allgemeinen konnte aber der bisherige systematische Aufbau beibehalten werden, da trotz aller Neuerungen der Kern des eigentlichen Bergrechts der gleiche geblieben ist. Den enger gewordenen Beziehungen des Landesbergrechtes zum Reichsrecht ist Rechnung getragen und demgemäß auch dem Titel eine etwas andere Fassung gegeben. Grundsätzlich ist aber an den begriffsmäßigen Grenzen des Bergrechts festgehalten und, um den Umfang des Buches in angemessenen Grenzen zu halten, von einer eingehenden Darstellung benachbarter und allgemeiner Rechtsgebiete (Kohlenwirtschaft, Kaliwirtschaft, Reichsarbeitsrecht) abgesehen. Immerhin ist der Zusammenhang mit diesen Gebieten klargelegt.

Es darf erwartet werden, daß das Buch auch in der Fassung der zweiten Auflage seinen Zweck erfüllen wird.

Der Verfasser.

Abkürzungen.

a. a. O.	= am angeführten Orte.
ABG.	= Allgemeines Berggesetz für die Preußischen Staaten vom 24. 6. 1865.
AbgH.	= Abgeordnetenhaus.
Abs.	= Absatz.
AG.	= Ausführungsgesetz.
ALR.	= Allgemeines Landrecht für die Preußischen Staaten.
a. M.	= anderer Meinung.
AO.	= Arbeitsordnung.
Art.	= Artikel.
AusfA.	= Ausführungsanweisung.
BGB.	= Bürgerliches Gesetzbuch.
Begr.	= Begründung.
Bek.	= Bekanntmachung.
BO.	= Bergordnung.
BPV.	= Bergpolizeiverordnung.
BR.	= Bundesrat.
BRG.	= Betriebsrätegesetz.
DJZ.	= Deutsche Juristenzeitung.
E. oder Entsch.	= Entscheidung.
E. oder Erk.	= Erkenntnis.
EG.	= Einführungsgesetz.
Entw.	= Entwurf.
Erl.	= Erlaß.
G. oder Ges.	= Gesetz.
GBO. oder GO.	= Reichsgrundbuchordnung.
Gewerkschaft a. R.	= Gewerkschaft alten Rechts.
Gewerkschaft n. R.	= Gewerkschaft neuen Rechts.
GewO.	= Reichsgewerbeordnung.
Glückauf	= Glückauf, Berg- u. Hüttenmännische Zeitschrift, Essen (Ruhr).
GS.	= Gesetzsammlung.
GVG.	= Gerichtsverfassungsgesetz.
HGB.	= Handelsgesetzbuch.
HH.	= Herrenhaus.
HM.	= Handelsminister.
HMBl.	= Ministerialblatt der Handels- und Gewerbeverwaltung.
JMBl.	= Justizministerialblatt.

Instr.	= Instruktion.
KnOVA.	= Knappschaftsoberversicherungsamt.
KG.	= Kammergericht.
KO.	= Konkursordnung.
Kommb.	= Kommissionsbericht.
LVG.	= Gesetz über die allgemeine Landesverwaltung vom 30. 7. 1883.
MinErl.	= Ministerialerlaß.
Mot.	= Motive.
OBA.	= Oberbergamt.
OVG.	= Oberverwaltungsgericht.
RekB.	= Rekursbescheid.
RG.	= Reichsgericht.
RGBl.	= Reichsgesetzblatt.
RKnG.	= Reichsknappschaftsgesetz.
RKnV.	= Reichsknappschaftsverein.
RVA.	= Reichsversicherungsamt.
RVO.	= Reichsversicherungsordnung.
StempStG.	= Stempelsteuergesetz.
StGB.	= Strafgesetzbuch für das Deutsche Reich.
StPO.	= Strafprozeßordnung.
Verf.	= Verfügung.
VO.	= Verordnung.
WG.	= Wassergesetz.
Z. f. B.	= Zeitschrift für Bergrecht.
ZPO.	= Zivilprozeßordnung.
ZustG.	= Gesetz über die Zuständigkeit der Verwaltungs- und Verwaltungsgerichtsbehörden vom 1. 8. 1883.
ZVG.	= Zwangsversteigerungsgesetz vom 24. 3. 1897.

Arndt = ABG. nebst kurzgefaßtem vollständigem Kommentar usw. von Dr. Adolf Arndt, 7. Aufl., Leipzig 1911.

Brassert-Gottschalk = Das ABG. mit Kommentar von Brassert; 2. Aufl., bearbeitet von Dr. Hans Gottschalk, Bonn 1913.

Klostermann-Thielmann = ABG. mit Kommentar von Dr. R. Klostermann; 5. Aufl., bearbeitet von Dr. Max Fürst; 6. Aufl., bearbeitet von Hans Thielmann, Berlin 1911.

Müller-Erzbach = Das Bergrecht Preußens und des weiteren Deutschlands, Stuttgart 1916/7.

Isay = ABG. für die Preußischen Staaten, unter besonderer Berücksichtigung des Gewerkschaftsrechts, Berlin-Leipzig 1919/20.

Inhalt.

Seite

I. Begriff des Bergrechts 9

II. Rechtsgrundlagen des Bergbaues 11

III. Geschichte des deutschen Bergrechts 15
1. Die Zeit des Gewohnheitsrechts. 2. Die Zeit der Bergordnungen. 3. Die neuere Berggesetzgebung bis zur Staatsumwälzung. 4. Die neueste Zeit.

IV. Geschichte des preußischen Bergrechts 29
1. Die Zeit vor dem ABG. 2. Das ABG. vom 24. 6. 1865. 3. Die Novellengesetzgebung bis zur Staatsumwälzung. 4. Die neueste Zeit.

V. Verhältnis des Bergrechts zum allgemeinen Landesrecht und zum Reichsrecht 42

VI. Die Bergbehörden und das Verfahren in Bergsachen 45
1. Bergbehörden. 2. Verfahren der Bergbehörden. 3. Bergausschüsse und Verwaltungsstreitverfahren. 4. Bergbeamte. 5. Markscheider.

VII. Die Bergwerksmineralien 57

VIII. Das Schürfen 66
1. Allgemeines und Schürfpolizei. 2. Verhältnis des Schürfers zum Grundbesitzer. 3. Verhältnis des Schürfers zum Bergwerksbesitzer. 4. Rechte an den geförderten Mineralien.

IX. Mutung und Bergwerksverleihung 72
1. Allgemeines. 2. Gang des Mutungsverfahrens. 3. Fündigkeit und Feldesfreiheit. 4. Mutungsvorrechte. 5. Feldesstreckung. 6. Rechtsmittel.

X. Sonderrecht der dem Staate vorbehaltenen Mineralien 93
1. Salze. 2. Steinkohle. 3. Braunkohle. 4. Zwischenfelder.

XI. Bergwerkseigentum 103
1. Erwerb. 2. Wesen und Inhalt. Bergwerksbesitz. 3. Gleichstellung mit den Grundstücken. 4. Aufbereitungsanstalten, Salinen und andere Nebenbetriebe. 5. Hilfsbau.

XII. Änderungen der räumlichen Ausdehnung des Bergwerkseigentums 117
1. Konsolidation. 2. Feldesteilung. 3. Austausch von Feldesteilen. 4. Regelung der Feldesgrenzen.

XIII. Aufhebung des Bergwerkseigentums 125
1. Aufhebung im Zwangswege. 2. Verzicht. 3. Rechtsverhältnisse nach der Aufhebung.

XIV. Rechtsverhältnisse zwischen Bergwerken 131
1. Allgemeines. 2. Vermessen des Bergwerksfeldes.

XV. Bergbau und Grundbesitz 135

A. Bergschaden 135
1. Allgemeines. 2. Der Schaden. 3. Der Schadensersatzberechtigte. 4. Der Schadensersatzverpflichtete. 5. Ursache und

Seite

ursächlicher Zusammenhang. 6. Entschädigung. 7. Rechte der Hypotheken-, Grundschuld- und Rentenschuldgläubiger. 8. Verjährung.

B. Zwangsgrundabtretung (Enteignung) 145

1. Allgemeines. 2. Gegenstand und Umfang. 3. Berechtigte und Verpflichtete. 4. Voraussetzungen. 5. Verfahren. 6. Vereinfachtes Verfahren. 7. Das entstehende Rechtsverhältnis. 8. Gütliche Einigung. 9. Planmäßiges Zubruchebauen. 10. Grundabtretung zu Schürfzwecken.

C. Gewinnungsrecht des Grundeigentümers 159

D. Bergbau und Wasser 160

XVI. Gewerkschaft 163

1. Allgemeines. 2. Entstehung. 3. Satzung. 4. Auflösung. 5. Organe der Gewerkschaft. 6. Rechte und Pflichten der Gewerken. 7. Übertragung und Verpfändung der Kuxe. 8. Kaufgewerkschaften und außerpreußische Gewerkschaften. 9. Die Gewerkschaft alten Rechts.

XVII. Bergpolizei 186

1. Begriff und Umfang. 2. Bergpolizeiverordnung und bergpolizeiliche Anordnung. 3. Betriebsanzeige. 4. Betriebsplan. 5. Grubenbild. 6. Aufsichtspersonen. 7. Dampfkessel und Triebwerke. 8. Verfahren bei Unglücksfällen. 9. Mitwirkung der Betriebsvertretungen. 10. Strafen. Zwangsmittel. 11. Verhältnis zu anderen Polizeibehörden. 12. Schadensersatz bei polizeilichen Eingriffen. Verhältnis des Bergbaues zu öffentlichen Verkehrsanstalten und neuen Ansiedlungen.

XVIII. Bergarbeitsrecht 219

1. Allgemeines. 2. Arbeitsordnung. 3. Gesetzliche Einzelvorschriften. 4. Arbeitnehmervertretungen. 5. Arbeitsbeschaffung. Arbeitswechsel. 6. Arbeitszeit. 7. Betriebsbeamte. 8. Fortbildungsschulen. Bergschulen.

XIX. Knappschaftswesen 235

1. Geschichtliche Entwicklung. 2. Knappschaftspflicht. 3. Reichsknappschaftsverein. 4. Leistungen. 5. Aufbringung der Mittel. 6. Feststellung der Leistungen. 7. Zusammentreffen verschiedener Leistungen.

XX. Überreste des älteren Bergrechts 255

1. Längen- und Geviertfeld. Umwandlungs- und Erweiterungsantrag. Vereinigung. 2. Erbstollengerechtigkeit. 3. Freikuxe und ähnliche Rechte. 4. Bergbauhilfskassen. 5. Privatbergreale.

XXI. Grundeigentümerbergbau 271

1. Allgemeines. 2. Zwang zur Abtretung des Abbaurechts. 3. Abbaugerechtigkeit.

Sachverzeichnis 277

I. Begriff des Bergrechts.

Die Eigenart und die frühere Abgeschlossenheit des Bergbaues haben zu einer besonderen Regelung seiner Rechtsverhältnisse geführt.

Bergrecht ist die Gesamtheit der für den Bergbau geltenden Sonderrechtssätze.

Das Bergrecht ist ein Sonderrecht. Nicht alle Rechtssätze, die für den Bergbau gelten, gehören dem Bergrecht an, so z. B. nicht die Bestimmungen des BGB. über den Dienstvertrag, die zwar auf den Arbeitsvertrag der Bergarbeiter, daneben aber auch auf viele andere Arbeitsverträge Anwendung finden. Bergrechtlicher Natur ist nur ein Rechtssatz, der eigens zur Regelung bergbaulicher Verhältnisse bestimmt ist.

Die Bergrechtssätze eines Staates sind regelmäßig in besonderen Gesetzen (Bergordnungen, Berggesetzen) vereinigt. Ob ein Rechtssatz dem Bergrecht angehört, bestimmt sich aber nicht danach, ob er in einem Berggesetz seine Stelle gefunden hat, sondern nach seinem Inhalt. So enthielt z. B. der § 2 ABG. (urspr. Fass.), wonach an den Rechten des Staates bezüglich des Salzhandels nichts geändert werden sollte, keinen Bergrechtssatz, wogegen der Bestimmung im § 154a Abs. 2 der GewO. über die Beschäftigung von Arbeiterinnen unter Tage und auf Bergwerksanlagen der bergrechtliche Charakter kaum abzusprechen ist.

Die oben gegebene Begriffsbestimmung des Bergrechts bedarf zur weiteren Klarstellung der näheren Bestimmung des Begriffes Bergbau. Unter Bergbau ist in erster Linie die Aufsuchung und Gewinnung der nach Gesetz oder Gewohnheitsrecht dem Verfügungsrechte des Grundeigentümers entzogenen Mineralien zu verstehen. Die Aufsuchung und Gewinnung dieser Mineralien trägt regelmäßig einen bergtechnischen Charakter, jedoch ist dieser nicht begriffswesentlich. Auch ein Tagebau ist unter Umständen Bergbau.

Der Begriff des Bergbaues und demzufolge auch der des Bergrechts reicht aber nach deutschrechtlicher Anschauung in zweifacher Richtung weiter.

Zunächst ist zum Bergbau auch die Bearbeitung zu rechnen, die der Bergbauberechtigte an den gewonnenen Mineralien vornimmt, um sie zum Absatz geeignet zu machen. Allerdings ist der Grundsatz des gemeinen deutschen Bergrechts, daß zum Bergbau die ganze „Zugutemachung“ der Bergwerksmineralien gehöre, durch Bestimmungen neuerer Landesgesetze durchbrochen. In Preußen unterliegen seit 1861 nur noch Aufbereitungsanstalten und ähnliche Anstalten, wenn sie vom Bergwerksbesitzer selbst betrieben werden, dem Bergrecht, während die Hütten dessen Bereich entzogen und dem Gewerberecht zugewiesen sind.

Eine Ausdehnung des Begriffes Bergbau nach einer zweiten Richtung hat sich mit praktischer Notwendigkeit daraus ergeben, daß die Aufsuchung und Gewinnung der dem Verfügungsrechte des Grundeigentümers unterliegenden Mineralien, wenn diese in größerer Teufe anstehen, in betriebstechnischer Hinsicht von dem Bergbau im engeren Sinne nicht zu unterscheiden ist und daher der Betrieb derartiger Mineralgewinnungen, die als Grundeigentümerbergbau bezeichnet zu werden pflegen (Braunkohlenbergbau in den vormals sächsischen Landesteilen Preußens, Kalibergbau in Hannover) im Sicherheitsinteresse gleichen oder ähnlichen Gesetzes- und Verwaltungsvorschriften unterworfen werden müssen wie der eigentliche Bergbau. Das Sonderrecht des Grundeigentümerbergbaues bildet nach allgemeiner Auffassung einen Teil des Bergrechts.

Außerhalb des Bereiches des Bergbaues und des Bergrechts liegt dagegen der Absatz der Bergwerkserzeugnisse, abgesehen davon, daß in Preußen Bergwerksbahnen, auch wenn sie nur dem Absatz der Bergwerkserzeugnisse dienen, als Bergwerksanlagen gelten. Außerhalb des Bereiches des Bergrechts liegt daher seinem Hauptinhalte nach auch das Reichskaligesetz vom 25. Mai 1910, da es nicht den Betrieb der Kalisalzbergwerke, sondern den Absatz der Kalisalze regelt. Das gleiche gilt von dem an seine Stelle getretenen Reichsgesetz über die Regelung der Kaliwirtschaft vom 24. April 1919 nebst Durchführungsbestimmungen und dem Reichsgesetz über die Regelung der Kohlenwirtschaft vom 23. März 1919.

Die Feststellung des Begriffes und der Grenzen des Bergrechts hatte früher fast nur wissenschaftlichen Wert, hat aber neuerdings mit Rücksicht auf das Verhältnis der Landes- zur Reichsgesetzgebung erhebliche praktische Bedeutung erlangt (vgl. Abschnitt V).

Was die Stellung des Bergrechts im allgemeinen Rechtssystem anlangt, so gehört es teils dem Privatrecht, teils dem öffentlichen Recht an. Dieser Doppelcharakter hat seinen Grund darin, daß das Bergrecht für das Gebiet des Bergbaues sowohl die Verhältnisse von Privatpersonen zueinander vom Standpunkt der Privatinteressen als auch Verhältnisse von Privatpersonen zum Staate und zu öffentlichen Einrichtungen vom Standpunkte des allgemeinen Interesses zu ordnen hat. Von den Bergwerkseinrichtungen fallen einige (z. B. Ersatz von Bergschäden) ganz in das Gebiet des Privatrechts, andere (z. B. Bergpolizei) ganz in das Gebiet des öffentlichen Rechts, während eine dritte Gruppe (z. B. Mutung, Grundabtretung) einen gemischten Charakter hat.

II. Rechtsgrundlagen des Bergbaues.

Die Entstehung des Rechtes zum Bergbau bestimmt sich nach der Lage des objektiven Bergrechts. Dieses kann die den Gegenstand des Bergbaus bildenden Mineralien entweder

a) dem Verfügungsrechte des Grundeigentümers überlassen, oder
b) dem Staate vorbehalten, oder
c) für frei erklären, was in der Regel mit der Bestimmung geschieht, daß der Finder das Recht zum Bergwerksbetriebe erwirbt (Bergbaufreiheit).

Bei der Wahl unter diesen drei Möglichkeiten muß den Gesetzgeber das allgemeine Interesse leiten, das regelmäßig dahin geht, daß die im Erdinnern verborgenen Mineralschätze aufgeschlossen und der Volkswirtschaft zugeführt werden. Zur Erreichung dieses Zieles ist nach weitreichender Erfahrung die Trennung des Mineralgewinnungsrechtes vom Grundeigentum der gegebene Weg.

Wenn das Bergbaurecht die Grundlage für eine ertragbringende Ausbeutung der Minerallagerstätten werden soll, muß es in anderer Weise örtlich begrenzt werden, als das Grundstückseigentum. Die durch Rücksichten der Oberflächenbenutzung und Zufälligkeiten bestimmten Grundstücksgrenzen würden bei Übertragung auf die Bergbauberechtigungen deren zweckentsprechende Ausübung hindern. Das Bergbaurecht muß eine Ausdehnung und eine Art der Begrenzung haben, die eine Aufschließung des Minerallagers nach bergtechnischen und wirtschaftlichen Grundsätzen ermöglicht. Sodann bewirkt die Identität der Person des Grundeigentümers und des Bergbauberechtigten meist nicht eine Förderung des Bergbaues, der Unternehmungssinn, Bereitwilligkeit zur Tragung eines finanziellen Risikos und große Kapitalaufwendungen erfordert. Diese Gründe gegen die Vereinigung des Bergbaurechts mit dem Grundeigentum fallen um so stärker ins Gewicht, je mehr der Grundbesitz zersplittert ist. Sie können auch nicht durch den Hinweis darauf entkräftet werden, daß eine freiwillige Abtrennung des Mineralgewinnungsrechtes von dem Grundeigentum möglich und daher ein Bergbauunternehmer in der Lage sei, durch Vertrag mit dem Grundeigentümer oder durch Verträge mit einer größeren Zahl von Grundeigentümern ein Bergbaufeld von angemessener Ausdehnung zu erwerben. Erfahrungsmäßig ist der Grundeigentümer oft entweder der Loslösung einer Befugnis aus seinem Eigentumsrecht grundsätzlich abgeneigt oder dazu nur unter Bedingungen bereit, die den finanziellen Ertrag des Bergbauunternehmens in Frage stellen. Bei Zersplitterung des Grundbesitzes kann das Widerstreben eines einzigen kleinen Grundbesitzers die Entstehung eines Bergwerksbetriebes von hohem wirtschaftlichen Werte hindern. Die Fälle, in denen trotz des Bestehens eines Verfügungsrechts des Grundeigentümers über bestimmte Mineralien doch der Bergbau auf diese Mineralien auf eine hohe Stufe der Entwicklung gelangt ist, sind daher als Ausnahmen zu betrachten (Steinkohlenbergbau in England und Nordamerika, Kalisalzbergbau in Hannover).

Die Geschichte der Bergrechtsentwicklung der meisten Staaten wird von dem Grundsatze der rechtlichen Trennung der Bergwerksmineralien vom Grundeigentum beherrscht[1]), indem diese Mineralien teils dem Staat, in früherer Zeit dem Landes-

[1]) Daß dieser Grundsatz auf einer naturrechtlichen Notwendigkeit beruhe, kann ebensowenig behauptet werden, wie, daß das Bergregal und die Bergbaufreiheit einen Eingriff in „geheiligte Rechte" des Grundeigentümers enthielten.

herrn, zugewiesen werden, teils der Grundsatz der Bergbaufreiheit aufgestellt wird. Hin und wieder findet sich ein Rechtszustand, der als eine Vermischung dieser beiden Bergrechtssysteme erscheint. Der modernen Rechts- und Wirtschaftsauffassung entspricht am meisten der Grundsatz der Bergbaufreiheit, der unter Ausschluß von Bevorzugungen das freie Spiel der wirtschaftlichen Kräfte auslöst. Keine wesentliche Änderung des Grundsatzes liegt darin, daß der Finder nicht mehr, wie nach ältestem deutschen Bergrecht, das Bergbaurecht durch tatsächliche Aneignung der Fundgrube, sondern im Wege der Mutung und Verleihung erwirbt. Unter dem Zeichen der Bergbaufreiheit ist der preußische Bergbau in der zweiten Hälfte des 19. Jahrhunderts zu höchster Blüte gelangt. Der Grundsatz der Bergbaufreiheit ist im übrigen nicht neu. Er beherrscht z. B. schon das Bergrecht des atheniensischen Silberbergbaues von Laurion und hat sich bei Aufnahme des Goldbergbaues in Kalifornien aus dem Rechtsbewußtsein der Beteiligten heraus im Wege der Gewohnheitsrechtsbildung durchgesetzt. Trotzdem kann er keine absolute Geltung beanspruchen. Unter Umständen wird ein Vorbehaltsrecht des Staates an den Bergwerksmineralien der besonderen Lage der wirtschaftlichen Verhältnisse besser entsprechen. So hat das mittelalterliche Bergregal der Landesherren, indem es deren Interesse an der Entwicklung des Bergbaues weckte, zu dessen Gedeihen in mehreren Blüteperioden wesentlich beigetragen. Aber auch die neuere, durch die Übermacht des Großkapitals beeinflußte Wirtschaftsentwicklung hat dazu geführt, daß sich aus der Bergbaufreiheit Schädigungen der Volksinteressen ergeben können. In Preußen und in anderen Staaten hat sich daher die Gesetzgebung der letzten Jahre veranlaßt gesehen, die wichtigsten Mineralien (Steinkohlen, Salze usw.) unter Durchbrechung des Grundsatzes der Bergbaufreiheit wieder dem Staate vorzubehalten. Dieser gemischte Rechtszustand, wobei zu beachten ist, daß der Wert der dem Staate vorbehaltenen den der noch bergfreien Mineralien bei weitem übertrifft, beherrscht zur Zeit das deutsche Bergrecht. Der nach der Revolution unternommene Versuch einer Sozialisierung des gesamten Bergbaues ist gescheitert.

Auch soweit ein Recht des Staates an den Bergwerksmineralien bestanden hat und besteht, wurde und wird der Bergbau nicht immer vom Staate selbst durch staatliche Organe betrieben. Oft liegt es im eigenen Interesse des Staates, die Mineralgewinnung innerhalb bestimmter Grenzen und mit gewissen Belastungen Privatpersonen zu überlassen. Das staatliche Vorbehaltsrecht schließt also einen Privatbergbau nicht aus. Indessen hängt in diesem Falle die Übertragung von Bergbaurechten an Private von dem durch staatswirtschaftliche Interessen bestimmten Ermessen der Staatsbehörden ab (Konzessionssystem des französischen Rechts, Schürfverträge des preußischen Staates mit Privaten betreffend Steinkohle und Braunkohle). Anderer Art ist die Mitwirkung der Staatsbehörden bei Erwerb von Bergbaurechten unter der Herrschaft der Bergbaufreiheit. Diese gewährt dem Finder des Minerals einen Rechtsanspruch auf Bergwerksverleihung und die Tätigkeit der Staatsbehörden beschränkt sich im wesentlichen auf die Entscheidung darüber, ob die gesetzlichen Voraussetzungen dieses Anspruchs erfüllt sind.

Die **Rechtsverhältnisse an den Mineralien** sind, wenn diese dem Verfügungsrechte des Grundeigentümers überlassen sind, einfach. Die Mineralien sind in diesem Falle als Teile des Grundstücks Gegenstand des Grundeigentums (vgl. § 905 BGB.). Schwieriger ist dagegen die juristische Konstruktion, wenn die Mineralien dem Verfügungsrechte des Grundeigentümers entzogen sind. Auf dem Gebiete des deutschen und preußischen Bergrechts (die Mot. z. ABG. überlassen die Beantwortung der Frage ausdrücklich der Wissenschaft) bestehen drei verschiedenen Auffassungen. Nach der einen[1]) gehören die Mineralien auch in diesem Falle als Bodenbestandteile (pars fundi) dem Grundeigentümer, nur darf dieser nicht darüber verfügen. Das Grundstück ist durch die Beschränkung in der Verfügung über die Mineralien gewissermaßen dinglich belastet. Nach der zweiten Ansicht[2]) gehören diese niemand, sie sind herrenlos (res nullius). Nach einer dritten Ansicht[3]) gehören sie dem Staate. Der ersten Ansicht steht das Bedenken entgegen, daß sie sich auf einen Scheinbegriff — das inhaltlose Recht des Grundeigentümers an den Mineralien — stützt, während die Schwäche der zweiten und dritten Ansicht darin liegt, daß die Mineralien vor ihrer Trennung vom Grund und Boden keine selbständigen Sachen sind, die

---

[1]) Achenbach, Oppenhoff, Brassert, Westhoff, Thielmann, Schlüter u. a.

[2]) Klostermann, Sehling, Gottschalk u. a.

[3]) Arndt.

Selbständigkeit ihnen daher nur mit Hilfe einer gesetzlichen Fiktion beigelegt werden kann. Erst in neuester Zeit ist man zu der richtigen Erkenntnis gelangt, daß die Streitfrage sich damit erledigt, daß auf die im Erdinnern befindlichen Mineralien der für selbständige bewegliche Sachen und für Abschnitte der Erdoberfläche entwickelte zivilrechtliche Eigentumsbegriff überhaupt nicht anwendbar ist[1]).

Für die Gesetzesanwendung ist die Streitfrage von geringer Bedeutung. Sie hat infolgedessen auch eine Klärung auf dem Wege der Rechtsprechung nicht erfahren. Außer Zweifel steht, daß die Gewinnung der dem Verfügungsrechte des Grundeigentümers entzogenen Mineralien ohne bergrechtlichen Titel, sei es, daß sie der Grundeigentümer selbst oder ein anderer vornimmt, rechtswidrig ist. Sie ist in Preußen, da die allgemeinen Strafbestimmungen (Diebstahl usw.) den Fall nicht treffen, durch das Gesetz vom 26. März 1856 über die Bestrafung unbefugter Gewinnung und Aneignung von Mineralien (GS. S. 203) unter besondere Strafe gestellt[2]).

III. Geschichte des deutschen Bergrechts[3]).

Das preußische Bergrecht ist nur einer der Zweige, die dem Stamme des deutschen Bergrechts entsprossen sind. Zum Verständnisse des preußischen Bergrechts ist daher die Kenntnis der Grundlinien der deutschen Bergrechtsentwicklung erforderlich.

---

[1]) Müller-Erzbach **1** 120; Isay Anm. 2 zu § 1 und Anm. 2 zu § 50.

[2]) Nicht rechtswidrig ist sie, wenn sie nur als Mittel zum Zwecke der Ausübung eines Bergbaurechts oder des Gewinnungsrechts des Grundeigentümers dient (Durchteufen eines Kohlenflözes in einem hinsichtlich der Kohle bergfreien Felde, um an die Lagerstätte des verliehenen oder dem Grundeigentümer gehörigen Minerals zu gelangen).

[3]) Achenbach, Das gemeine deutsche Bergrecht usw., 1871; Klostermann, Kommentar z. AGB., 4. Aufl., 1885, Einleitung; Arndt, Zur Geschichte und Theorie des Bergregals und der Bergbaufreiheit; Schmoller, Die geschichtliche Entwicklung der Unternehmung, Schmollers Jahrbuch **15** 669ff.; Zycha, Das Recht des ältesten deutschen Bergbaues bis ins 13. Jahrhundert, 1899; Westhoff, Geschichte des deutschen Bergrechts, Z. f. B. **50** 27ff., 230ff.; Arndt, Z. f. B. **54** 120ff.; Müller-Erzbach, Das Bergrecht Preußens und des weiteren Deutschlands **1** 5ff. Weitere Literaturangaben bei Westhoff, Z. f. B. **50** 32ff. und bei Müller-Erzbach.

1. Die Zeit des Gewohnheitsrechts.

Die Grundlage der deutschen Bergrechtsentwicklung ist das Bergregal, das in der Ronkalischen Konstitution[1]) Friedrich Barbarossas von 1158 als Recht der deutschen Könige gesetzlich festgestellt worden ist („Regalia sunt . . . argentariae . . . piscationum et salinarum reditus"). Durch die Goldene Bulle Kaiser Karls IV. von 1356 wurde das Bergregal auf die Kurfürsten übertragen, und seit dem Westfälischen Frieden von 1648 stand es unbestritten allen Territorialherren zu.

Ob durch die Ronkalische Konstitution lediglich ein bestehender Rechtszustand bestätigt worden ist oder ob in Deutschland die Mineralien früher dem Grundeigentümer gehört und erst die Hohenstaufen das Bergregal beansprucht und zur rechtlichen Anerkennung gebracht haben, ist nicht völlig aufgeklärt. Die Forschungen hierüber sind dadurch erschwert, daß der älteste, seit etwa dem 7. Jahrhundert betriebene deutsche Bergbau meist in Gebirgen und anderen Gebieten stattfand, die Königsland waren, in denen daher der König auch als Grundherr das unbeschränkte Verfügungsrecht hatte. Wahrscheinlich ist indessen die — besonders von Arndt vertretene — Ansicht, daß das Bergregal in Deutschland von jeher gegolten habe, richtig. Jedenfalls hat im deutschen Recht ein allgemeiner Grundsatz, wonach das Eigentum an einem Grundstück sich auch auf die darunter in beliebiger Teufe anstehenden Erze und Salze erstreckte, kaum jemals bestanden. Eine Stelle des Sachsenspiegels, aus der dies hergeleitet worden ist, läßt auch andere Deutungen zu[2]).

Der Grundinhalt des Bergregals war das volle Verfügungsrecht über die ihm unterliegenden Mineralien (Metalle

---

[1]) Ein Beschluß des auf den Ronkalischen Feldern versammelten Reichstags. Die Konstitution erlangte zunächst nur für Italien Gesetzeskraft, wurde aber auch in Deutschland anerkannt. Sie ist auch in die Libri feudorum aufgenommen.

[2]) Die vielumstrittene Stelle im Art. 35 lautet: „§ 1. Al schat under der erde begraven deper den ein pluch ga, die hort to der Koningliken Gewalt. § 2. Silver ne mut ok neman breken up enes anderen mannes gude ane des willen des de stat is; gift he's aver orlof, de vogedie is sin darover." Anscheinend bedeutet „schat" nicht „thesaurus", sondern „Bergwerksschatz" und das „breken" (brechen) des Silbers nicht dessen bergmännische Gewinnung, sondern eine Art Tagebau (Arndt). Dann ist im § 1 das Bergregal anerkannt, und § 2 enthält eine Ausnahmebestimmung für besondere Verhältnisse, die sich in ähnlicher

und Salze)[1]). Die Regalherren nutzten aber ihr Regalrecht nur selten durch Aufnahme eines eigenen Bergbaues oder durch Verpachtung, vielmehr riefen sie fremde Bergleute ins Land, überließen diesen die Aufsuchung ertragreicher Erzgänge und stellten ihnen als Entgelt für den Fall eines Fundes die Beleihung mit dem Bergbaurecht innerhalb gewisser Grenzen in Aussicht. Die Bergbauunternehmer trugen das finanzielle Wagnis des Schürfens und des Bergwerksbetriebes, wogegen das Interesse des Regalherrn dadurch gewahrt wurde, daß, abgesehen von anderen Leistungen, ein Teil, in der Regel der zehnte Teil der Bergwerksausbeute (der „Zehnte"), an den Regalherrn abzuführen war. Eine solche „Freierklärung" des Bergbaues für einen bestimmten Bezirk brachte das Bergregal nicht in Fortfall, sondern gab diesem nur einen veränderten Inhalt. Insbesondere nahm der Regalherr das Recht für sich in Anspruch, auf den Bergwerksbetrieb in privatrechtlicher und öffentlichrechtlicher Beziehung durch von ihm bestellte Bergbehörden und Berggerichte eine weitgehende Einwirkung auszuüben. Immerhin bildeten die Freierklärungen des Bergbaues den Übergang zur Bergbaufreiheit. Obwohl diese in ihrer reinen Form erst im 19. Jahrhundert gesetzliche Anerkennung gefunden hat, bestand sie — behaftet mit den aus dem Bergregal fließenden Einschränkungen — schon viele Jahrhunderte früher überall da, wo der Bergbau vom Regalherrn für frei erklärt worden war. „Bergbaufreiheit" war auch das Schlagwort, mit dem der Bergmann einen Widerspruch des Grundeigentümers gegen Schürfen und Bergbau zurückwies.

Die geschilderte Art der Entstehung der Bergbaufreiheit aus dem Bergregal ist mit der Ansicht auch vereinbar, daß das Bergregal keine ursprüngliche Einrichtung des deutschen Bergrechts darstelle, sondern erst später entstanden sei und das frühere Verfügungsrecht des Grundeigentümers über die Mineralien allmählich ver-

---

Form auch im Goldberger Bergrecht für das um Goldberg unzweifelhaft als Tagebau betriebene Goldsuchen findet.

Der Sachsenspiegel ist übrigens zu einer Zeit (1230) verfaßt, wo das Bergregal in den eigentlichen Bergbaubezirken unbestritten war.

[1]) Zycha nimmt an, daß das Bergregal zunächst nur zu dem Anspruch auf den Zehnten vom Ertrage des Bergbaues berechtigt habe, also eine Art Besteuerungsrecht gewesen sei.

drängt habe. Allerdings haben die Anhänger dieser Ansicht als zweite Möglichkeit in Betracht zu ziehen, daß die Bergbaufreiheit sich ohne Durchgang durch das Bergregal in unmittelbarem Gegensatz zu den Rechten der Grundeigentümer gebildet haben könnte. Achenbach hat eine solche Entwicklung angenommen und sie aus den Rechtsverhältnissen der altdeutschen Markgenossenschaften zu erklären versucht. In diesem bestand ein Sondereigentum nur an Hof und Acker, während Wald, Weide, Wiese usw. als gemeine Mark (Almende) im gemeinsamen Besitz der Markgenossen standen. Beim Aufsuchen von Mineralien innerhalb dieser gemeinen Marken sollen sich nun die Rechtsnormen entwickelt haben, die Grundlage der allgemeinen Bergbaufreiheit geworden sind. Diese Theorie hat indessen keine Anhänger mehr. Abgesehen von anderen Gegengründen, gibt sie keine ausreichende Erklärung dafür, daß die Grundsätze der Bergbaufreiheit nicht nur im Bereiche der gemeinen Mark, sondern auch gegenüber dem Sondereigentum Anwendung gefunden haben.

Mit der Freierklärung des Bergbaues durch den Regalherrn war eine nähere Feststellung der Rechtsverhältnisse der Bergleute — in der ältesten Zeit waren die Bergleute zugleich Bergbauunternehmer — gegenüber dem Regalherrn, gegenüber dem Grundeigentümer und untereinander nicht immer verbunden. Die Lage der Dinge führte daher mit innerer Notwendigkeit zur Bildung von Gewohnheitsrecht. In der Tat haben wohl in allen Bezirken des älteren deutschen Bergbaues Berggewohnheitsrechte bestanden, die aus den natürlichen Rechtsanschauungen der Bergbaukundigen herauswuchsen und durch die Weistümer der Berggerichte fortgebildet wurden. Einige dieser Gewohnheitsrechte sind in schriftlichen Aufzeichnungen teils in deutscher. teils in lateinischer Sprache überliefert. Hervorzuheben sind:

a) das Bergrecht von Trient, enthalten in einem Vertrage des Bischofs Albrecht von Trient mit Silberbergleuten (silbrarii) deutscher und welscher Herkunft vom 24. März 1185 und namentlich in einer von dem Bischof Friedrich von Trient im Jahre 1208 veranlaßten, später zum Gesetz erhobenen Aufzeichnung der Tridentiner Bergwerksgebräuche;

b) das Iglauer Bergrecht, überliefert in meheren Aufzeichnungen, von denen die älteste aus dem Jahre 1249 stammt;

c) das Bergrecht des Harzes, festgestellt durch Übereinkunft der Gewerken von Goslar im Jahre 1271 unter dem Titel: „Jura et libertates silvanorum"[1]);

d) das Freiberger Bergrecht, erhalten in einer älteren Aufzeichnung aus dem Anfang und einer jüngeren aus der Mitte des 14. Jahrhunderts;

e) das Schlesische Goldrecht, dessen älteste uns erhaltene Aufzeichnung im 14. Jahrhundert niedergeschrieben ist.

Alle diese Gewohnheitsrechte[2]) zeigen eine enge Verwandtschaft in den Grundgedanken und auch eine auffallende Übereinstimmung in vielen äußerlichen Dingen. Die Grundgedanken, die am deutlichsten in den Iglauer Aufzeichnungen hervortreten, entspringen der Vorstellung einer durch Befugnisse des Regalherrn (Zehntrecht, Berggerichtsbarkeit usw.) eingeschränkten Bergbaufreiheit. Der Grundeigentümer kann dem Schürfen und dem Bergwerksbetrieb auf seinem Grundstück grundsätzlich nicht widersprechen. Hier und da wird ihm eine Entschädigung (Teil der Ausbeute, Zumessung eines eigenen Bergwerksfeldes usw.) zugesprochen. Nur wenn der Bergbau in der Art eines Tagebaues betrieben wird (Goldbergbau in Schlesien), hat der Grundeigentümer stärkere Rechte. Die Bergbauberechtigung wird im Wege des Schürfens, Mutens und Verleihens erworben. Der erste Finder einer Minerallagerstätte hat das Erstfinderrecht, das auf Verleihung eines Bergwerksfeldes in einer bestimmten Ausdehnung gerichtet ist. In den Bestimmungen über die Rechtsverhältnisse mehrerer Bergbautreibenden zueinander finden sich die Anfänge des Gewerkschaftsrechts.

Die große Ähnlichkeit der verschiedenen Gewohnheitsrechte berechtigt zu dem Schluß, daß sie alle einen gemeinsamen Ursprung haben. Dies würde auch mit der geschichtlich beglaubigten Tatsache im Einklang stehen, daß nach Freierklärung eines neuen Gebietes regelmäßig Bergleute aus älteren Bergbaubezirken herbeigerufen wurden. Diese wandernden Bergleute haben wahrscheinlich nicht nur ihre Bergbaukunst, sondern auch ihr Bergrecht nach

---

[1]) Die Bergleute des Harzes waren nicht nur montani, sondern auch silvan (Waldwerken), da im Harz Berg- und Forstwirtschaft eng zusammenhingen

[2]) Am wenigsten die jura et libertates silvanorum, die das Ergebnis einer Sonderentwicklung des späteren Harzer Bergrechts zu sein schienen.

der Stätte ihrer neuen Tätigkeit mitgebracht. In gleicher Weise sind nachweisbar auch die schon aufgezeichneten Bergrechte weitergetragen worden, so das Tridentiner Bergrecht nach der Stadt Massa in Etrurien, das Iglauer Bergrecht nach den ungarischen Bergstädten Schemnitz, Göllnitz und Kremnitz.

Besteht über den gemeinsamen Ursprung des deutschen Bergrechts kein Zweifel, so gehen dagegen die Meinungen darüber weit auseinander, wo der Ursprung zu suchen ist. Die Ansicht, daß das Bergrecht der laurischen Silberbergwerke über Dazien, Ungarn, Iglau nach Deutschland eingedrungen sei, ist aufgegeben. Sie stützte sich lediglich auf den Umstand, daß auch das laurische Bergrecht von dem Grundsatz der Bergbaufreiheit beherrscht war. Die Ansicht von Karsten, daß die ungarische Bergstadt Schemnitz Deutschland seine Bergwerksgebräuche gegeben habe, erledigt sich durch die neuerdings mit Sicherheit festgestellte Tatsache, daß das Schemnitzer Bergrecht im wesentlichen dem Iglauer entlehnt ist. Auch die Ansicht, daß in Iglau die Wiege des deutschen Bergrechts gestanden habe, dieses also vorwiegend slawischen Ursprungs sei, hat kaum noch Anhänger. Der Beweis dafür ist weder der überragenden Stellung zu entnehmen, die das Iglauer Bergrecht gegenüber den anderen Aufzeichnungen einnahm, noch dem Umstande, daß die Aufzeichnung des Iglauer Gewohnheitsrechts, abgesehen von den Tridentiner Bergwerksgebräuchen, die älteste der uns überlieferten ist. Aus dem Alter der Aufzeichnung ist nicht ohne weiteres auf das Alter des aufgezeichneten Gewohnheitsrechts zu schließen[1]). Gegen die Annahme eines nichtdeutschen Ursprungs des deutschen Bergrechts spricht vor allem die große Zahl von Fachausdrücken aus der deutschen Bergmannssprache, die sich in allen, auch den in lateinischer Sprache abgefaßten Aufzeichnungen, insbesondere auch in der Iglauer, wiederfinden. Aller Wahrscheinlichkeit nach ist das deutsche Bergrecht dort entstanden, wo der älteste deutsche Bergbau nach der Völkerwanderung betrieben wurde, also in den Main- und Rheingegenden. Aus Franken sind im 10. Jahrhundert Bergleute nach dem Harz, Harzer Bergleute sind im 12. Jahrhundert nach Schlesien und nach dem Mansfeldschen, ganz besonders

[1]) Z. B. wird das in einer Aufzeichnung aus dem 14. Jahrhundert überlieferte Schlesische Goldrecht schon in der Kulmer Handfeste von 1232 erwähnt.

aber nach dem sächsischen Erzgebirge und von dort weiter nach Böhmen, Mähren und Ungarn gezogen. Es liegt die Vermutung nahe, daß das Bergrecht denselben Weg gewandert ist wie die Bergleute, die Träger des Bergrechts. In der geschlossenen Zunft der deutschen Bergleute werden sich die Bergwerksgebräuche zunächst durch mündliche Überlieferung, vielfach in der Form von Rechtssprichwörtern, und durch Weistümer der Bergschöffen fortgepflanzt haben. Ein dringendes Bedürfnis nach einer umfassenden schriftlichen Feststellung trat wohl erst dann ein, als eine Berührung und Vermischung mit fremden Elementen stattfand. Daher kann es nicht auffallen, daß die älteste und beste Aufzeichnung des norddeutschen Berggewohnheitsrechts in einem Bergbaubezirk stattfand, wo es der deutsche Bergmann mit einer Bevölkerung von fremder Art und Sitte zu tun bekam. Von Westhoff wird die Ansicht vertreten, daß der Ursprung des deutschen Bergbaues in den deutschen Alpenländern zu suchen sei. Hierfür spricht, daß auch an einzelnen Stellen der deutschen Alpen ein sehr alter deutscher Bergbau betrieben worden ist und daß die Aufzeichnung der Tridentiner Bergwerksgebräuche die älteste der bekannten Aufzeichnungen ist. Dagegen aber läßt sich geltend machen, daß eine Beteiligung sächsischer oder fränkischer Bergleute an der Aufnahme des Tridentiner Silberbergbaues im 12. Jahrhundert nachgewiesen, indessen von einer Wanderung oder Rückwanderung Tiroler Bergleute nach dem Harz, dem Erzgebirge oder Böhmen nichts bekannt ist.

Was schließlich die Beziehungen des deutschen zum römischen Bergrecht anlangt, so ist zunächst als unzweifelhaft festzustellen, daß die Rezeption des Justinianischen Rechts in Deutschland sich nicht auf die den Bergbau betreffenden Bestimmungen erstreckt hat. Eine andere Frage aber ist, ob etwa die Rechtsregeln, die dem von den Römern vor der Völkerwanderung an mehreren Stellen Deutschlands (Rhein- und Maingegenden, Alpenländer) betriebenen Bergbau zugrunde gelegen haben, bei Aufnahme des Bergbaues durch die Deutschen nach der Völkerwanderung das Gepräge des ältesten deutschen Bergrechts bestimmt haben. Es würde sich dabei nicht um das Recht der Pandekten handeln, wonach sämtliche Mineralien dem Grundeigentümer gehörten, sondern um das Bergrecht der römischen Kolonien. Aufschluß über dieses geben die 1876 bei dem Dorfe Aljustrel in Portugal aufgefundene sog.

lex metalli Vipascensis und in noch stärkerem Grade eine zweite 1906 an derselben Stelle aufgefundene Erztafel. Danach galten für den Kupfer- und Silberbergbau in dem hispanischen Bergbaubezirk von Vipaska Regeln, die mit dem deutschen Bergrecht, wenigstens äußerlich, eine gewisse Ähnlichkeit haben. Der sozial denkende Kaiser Hadrian erstrebte im Gegensatze zu der fiskalischen Sklavenwirtschaft in den älteren römischen Bergwerken einen Bergwerksbetrieb durch selbständige Unternehmer. Durch occupatio eines Teiles des territorium metalli konnte jeder colonus das Recht zur Beteiligung an der Erzgewinnung mit bestimmten Auflagen zugunsten des Staates erwerben. Es ist nicht unwahrscheinlich, daß ähnliche Grundsätze für die römischen Kolonien in Germanien gegolten haben. Trotzdem ist der, besonders von dem Pariser Professor Mispoulet vertretene Standpunkt, daß das deutsche Bergrecht lediglich eine Fortsetzung des römischen Kolonialbergrechts darstelle, irrig. Die Rechtsgrundlage war insofern eine völlig verschiedene, als in Vipaska der ganze Grund und Boden einschließlich der darunter anstehenden Erze dem Kaiser oder dem Fiskus gehörten, während das deutsche Bergrecht aus dem Bergregal, also aus einem von dem Grundeigentum losgelösten besonderen Rechte der Landesherren an den Mineralien, herausgewachsen ist. Dagegen ist unbedenklich anzunehmen, daß einzelne Rechtsgrundsätze des römischen Kolonialbergrechts im Wege der Überlieferung in das deutsche Bergrecht übergegangen sind. Das gilt besonders für die Mitbeteiligung mehrerer am Bergbau. Die societas colonorum in Vipaska trägt bereits in unbestimmter Form die Züge der deutschrechtlichen Gewerkschaft[1]).

Mehrere Jahrhunderte lang nahm das Iglauer Bergrecht in Norddeutschland eine überragende Stellung ein. Es erlangte nicht nur Geltung für ganz Böhmen und Mähren, sondern drang auch nach Ungarn und Schlesien vor und beeinflußte in starkem Maße die zweite Aufzeichnung seines eigenen Stammesrechts, des Freiberger Bergrechts. Der Iglauer Oberhof war nicht nur der höchste Berggerichtshof in Böhmen, sondern genoß auch weit über die böhmischen Grenzen hinaus unbedingte Autorität.

---

[1]) **Voelkel**, Die beiden Erztafeln von Vipaska und das deutsche Bergrecht, Z. f. B. **55** 182ff.

2. Die Zeit der Bergordnungen.

Der Übergang vom Gewohnheitsrecht zum Gesetzesrecht war zunächst nur formeller Art und bestand darin, daß Aufzeichnungen von Gewohnheitsrechten von dem Landesherrn mit Gesetzeskraft ausgestattet wurden. Das wichtigste Beispiel dieser Art ist die von Wenzel II. 1300/1305 für Böhmen erlassene Kuttenberger Bergordnung, die lediglich das von dem italienischen Juristen Goczius (Getius) von Orvieto in eine römisch-juristische Form gegossene Iglauer Bergrecht wiedergibt.

Erst im 15. Jahrhundert beginnt, veranlaßt durch einen neuen Aufschwung des Erzbergbaues, durch die Steigerung des finanziellen Interesses der Landesherrn am Bergbau und durch die Entwicklung eines juristisch vorgebildeten, zum Reglementieren neigenden Beamtentums eine eigentliche Berggesetzgebung in Form des Erlasses landesherrlicher Bergordnungen. In der Regel wurden zunächst für bestimmte Bergbaubezirke Spezialbergordnungen erlassen, aus denen später allgemeine Bergordnungen mit Gesetzeskraft für den ganzen Staat hervorgingen. Die Rechtsentwicklung in Österreich und Süddeutschland geht einen anderen Weg als die in Norddeutschland.

Ausgangspunkt der österreichisch-süddeutschen Rechtsentwicklung ist der unter dem Einfluß der Bergwerksgebräuche von Trient verfaßte „Schladminger Bergbrief" von 1408, gewöhnlich nach dem Namen seines Verfassers, eines Bergrichters in Schladming, der „Eckelzain" genannt. Sein Inhalt kehrt fast wörtlich in der Rattenberger Bergordnung Herzogs Ludwig von Bayern von 1463 wieder, die die Hauptquelle aller anderen zahlreichen Sonderbergordnungen der österreichischen Alpenländer, der allgemeinen niederösterreichischen Bergordnung Kaiser Maximilians I. von 1517 und auch der älteren süddeutschen Bergordnungen gewesen ist. In Norddeutschland hatte in dieser Periode Sachsen die Führung auf dem Gebiete des Bergrechts. Hohes Ansehen erlangten die Schneeberger und die Sankt Annaberger Bergordnungen (die älteste von 1477), aus denen später als Landesgesetz die Kursächsische Bergordnung Christians I. vom 12. Juni 1589 hervorging. Diese sächsischen Bergordnungen sind eine Fortbildung des Iglauer, bereits in die zweite Freiberger Aufzeichnung übergegangenen Gewohnheitsrechts. In der neuen Gestalt kehrte nunmehr das Bergrecht durch Vermittlung der ersten Joachimsthaler Bergordnung von 1518[1]), die fast wörtlich mit der Annaberger übereinstimmt, wieder nach Böhmen zurück und verdrängte dort allmählich die das alte Iglauer Recht enthaltende Kuttenberger Bergordnung. Die Annaberger, die Joachimsthaler und die Kursächsische Bergordnung sind aber auch Bergrechtsquellen für das ganze übrige Norddeutschland geworden. Teils mehr, teils weniger wortgetreu sind ihnen nachgebildet die Schlesische Bergordnung Kaiser Rudolfs II. von 1577, die Bergordnungen der thüringischen Staaten (z. B. die Eisleben-Mansfeldische von 1673), die von den Herzögen von Braunschweig-Lüneburg für den Harz erlassenen Bergordnungen von 1555 und 1593 und alle westdeutschen Bergordnungen (z. B. die Cleve-Bergische von 1542, die Nassau-Katzenellenbogische von 1559, die Kurkölnische von 1669). Nachdem schon einige ältere süddeutsche Bergordnungen (die Württembergische von 1597 und die Fränkische von 1619) nicht mehr dem „Eckelzain" sondern dem sächsischen Bergrecht gefolgt waren, eroberte schließlich eineinhalb Jahrhundert später das sächsische Bergrecht Süddeutschland fast vollständig durch die nach sächsischem Vorbilde gestaltete große Bergordnung des Kurfürsten Karl Theodor für Bayern und dessen Nebenländer von 1784.

Die materielle Fortentwicklung des Bergrechts während dieser Periode ist von geringer Bedeutung. Die Bergordnungen zeigen meist eine starke Neigung zur kasuistischen Regelung von Einzelheiten. Die Bergbaufreiheit kann gegenüber dem Bestreben des Regalherrn, den Privatbergbau (den „gewerkschaftlichen" Bergbau) in bergtechnischer und namentlich auch in wirtschaftlicher Hinsicht zu bevormunden (Direktionsprinzip) nicht zur vollen Entfaltung kommen.

Durch die Bergordnungen wurde das auf den alten Gewohnheitsrechten beruhende gemeine deutsche Bergrecht nicht beseitigt. Abgesehen davon, daß ihm der Inhalt der Bergordnungen zum großen Teil entnommen ist, kam es überall zur Anwendung, soweit in den Bergordnungen nicht ein anderes bestimmt war.

---

[1]) Erlassen von dem Grafen Stephan Schlick, Herrn von Joachimsthal in Böhmen, auf Grund eines ihm vom König Wladislaus erteilten Bergwerksprivilegiums.

3. Die neuere Berggesetzgebung bis zur Staatsumwälzung.

Der Aufschwung des Staats- und Wirtschaftslebens nach den Befreiungskriegen setzte auch der deutschen Berggesetzgebung neue Aufgaben und Ziele. Es galt vor allem, den Bergbau von der unerträglichen Steuerlast und dem alle großzügigen Betriebsmaßnahmen hemmenden Druck des sogenannten Direktionsprinzips zu befreien.

Einen Vorsprung nach diesen Richtungen hatten diejenigen linksrheinischen Landesteile erlangt, die zeitweilig mit Frankreich vereinigt gewesen waren. Die französischen Berggesetze von 1791 und 1810, die in diesen Landesteilen in Geltung getreten waren, und nach Beendigung der französischen Herrschaft bestehenblieben, waren aus naturrechtlichen Anschauungen hervorgegangen und gewährten dem Bergbau eine größere Bewegungsfreiheit, obwohl ihnen der Grundgedanke der deutschen „Bergbaufreiheit" fremd war. Es bestand Schürffreiheit gegenüber dem Grundeigentümer, indessen gab der Fund des Minerals keinen Anspruch auf Bergwerksverleihung, vielmehr stand die Erteilung der Bergwerkskonzession im Ermessen der Staatsbehörden. War aber die Konzession erteilt, so war der Bergwerksbesitzer in seinen Betriebsmaßnahmen freier gestellt[1]). Die Geltung französischen Bergrechts in deutschen Landen steigerte im übrigen noch erheblich die ohnehin in stärkstem Maße vorhandene Rechtszersplitterung.

In Preußen bedurfte es jahrzehntelanger Arbeiten und Kämpfe, bis in dem Allgemeinen Berggesetze für die Preußischen Staaten vom 24. Juni 1865 die Bergbaufreiheit sowohl über das veraltete Bergregal als auch über das französische Konzessionssystem den Sieg davontrug.

Im vormaligen Königreich Sachsen war es schon früher zum Erlaß eines Gesetzes auf neuer wirtschaftlicher Grundlage gekommen. Dieses Gesetz über den Regalbergbau vom 22. Mai 1851 trug indessen einen mehr vorbereitenden Charakter und bedurfte einer Er-

---

[1]) Achenbach, Das französische Bergrecht, Bonn 1869. Das oben Gesagte gilt übrigens jetzt nicht mehr, vielmehr werden die Konzessionen unter den Betrieb stark erschwerenden Bedingungen erteilt. Vgl. Voelkel, Fortentwicklung des französischen Bergrechts, Z. f. B. **59** 340, und französ. G. vom 9. Sept. 1919, betr. Abänderung des ABG. vom 21. April 1810, Z. f. B. **61** **199**.

gänzung, als der darin nicht berücksichtigte Steinkohlenbergbau in Sachsen eine größere Bedeutung erlangte. Mit Rücksicht hierauf erging das Allgemeine Berggesetz für das Königreich Sachsen vom 16. Juni 1868[1]).

Neben dem Preußischen und dem Sächsischen Allgemeinen Berggesetze steht als drittes Gesetzgebungswerk umfassenden und selbständigen Charakters das Österreichische Allgemeine Berggesetz vom 23. Mai 1854.

Die meisten deutschen Bundesstaaten haben das Bergrecht des preußischen ABG. in ihre Berggesetze übernommen, so daß dies zur Zeit mit mehr oder weniger erheblichen Abweichungen in dem größten Teile Deutschlands gilt. Neben der großen preußischen stehen eine kleine sächsische Bergrechtsgruppe (Sachsen, Sachsen-Weimar, früher auch Schwarzburg-Sondershausen) und eine dritte Gruppe, bestehend aus solchen Staaten (Mecklenburg, Reuß ä. L., Lippe, Bremen, bis 1911 auch Hamburg), die bisher mangels eines praktischen Bedürfnisses von einer allgemeinen gesetzlichen Regelung des Bergrechts abgesehen haben, wo daher, abgesehen von Sonderbestimmungen, noch das gemeine Bergrecht mit dem Grundsatze der Regalität gilt (gemeinrechtliche Gruppe). Die Fortentwicklung des Bergrechts in neuerer Zeit zeigt überall ungefähr die gleichen Richtungslinien.

Zu einer vollständigen Vereinheitlichung des deutschen Bergrechts durch Erlaß eines Reichsberggesetzes ist es nicht gekommen, obwohl schon in diesem Zeitabschnitt von verschiedenen Seiten juristische und politische Gründe dafür geltend gemacht wurden. Die Einheitlichkeit der Rechtsprechung über bergrechtliche Fragen ist im wesentlichen dadurch gesichert, daß die Verletzung zahlreicher Berggesetze, deren Geltungsbereich sich nicht über den Bezirk eines Oberlandesgerichts hinaus erstreckt (vgl. § 549 ZPO.), trotzdem gemäß § 6 EG. z. ZPO. als Revisionsgrund anerkannt worden ist, also die meisten Berggesetzvorschriften „revisible Rechtsnormen" sind.

Ein Reichsbergrecht hat nur als Kolonialbergrecht für die vormaligen deutschen Schutzgebiete[2]), zuletzt in einheitlicher Form, be-

[1]) Das Gesetz hat unter Berücksichtigung der dazu erlassenen zahlreichne Novellen eine neue einheitliche Fassung erhalten durch G. vom 31. Aug. 1910 (Z. f. B. **52** 17, 186, 305), ist inzwischen aber mehrfach weiter geändert worden.

[2]) Westhoff, Z. f. B. **51** 217ff.; Müller-Erzbach **1** 113ff.

standen. Es war aus dem preußischen Bergrecht hervorgegangen, wich jedoch von diesem in wichtigen Punkten ab, die nach dem Vorbilde des englischen, österreichischen oder französischen Bergrechts geregelt waren.

4. Die neueste Zeit.

Das nach der Revolution stark hervortretende Verlangen nach Sozialisierung, namentlich nach Sozialisierung des Bergbaues fand seinen Niederschlag in dem Sozialisierungsgesetz vom 23. Aug. 1919, in der Einsetzung der sog. Sozialisierungskommission, sowie im Art. 156 der Reichsverfassung vom 11. Aug. 1919. Zu einer Sozialisierung im eigentlichen Sinne ist es nicht gekommen, indessen ergingen in Ausführung der §§ 2, 3, 4 des Sozialisierungsgesetzes das Kohlenwirtschaftsgesetz vom 23. März und das Kaliwirtschaftsgesetz vom 24. April 1919, die auf dem Grundgedanken einer durch gemeinwirtschaftliche Gesichtspunkte bestimmten wirtschaftlichen Selbstverwaltung beruhen[1]). Obwohl zur Kohlen- und Kaliwirtschaft begriffsmäßig auch die bergmännische Gewinnung von Kohle und Kali gehört, sind aber im Rahmen der genannten Gesetze Bestimmungen in dieser Richtung nicht getroffen, vielmehr ist die Durchführung der Gesetze im wesentlichen auf den Absatz beschränkt und ein Eingriff in die berggesetzlichen Bestimmungen der Länder unterlassen worden.

Auch das Streben nach Erlaß eines Reichsberggesetzes trat nach der Revolution in verstärktem Maße wieder hervor. Nach einigen Anläufen zur Ausarbeitung eines solchen setzte sich indessen im Reichswirtschaftsministerium die Auffassung durch, daß bis auf weiteres den einzelnen Ländern die Fortbildung ihrer Berggesetze zu überlassen sei. Nur das Knappschaftswesen hat durch das Reichsknappschaftsgesetz vom 23. Juni 1923 eine einheitliche Regelung für das ganze Deutsche Reich erhalten. Außerdem ist hervorzuheben, daß die Arbeitergesetzgebung des Reiches von stärkstem Einfluß auf die Lage des landesgesetzlichen Bergarbeitsrecht gewesen ist (vgl. Abschnitt XVIII).

---

[1]) Voelkel, Sozialisierung des Bergrechts, Glückauf 1920 S. 173ff., sowie Voelkel (Gestaldio), Die Sozialisierung des Kohlenbergbaus, Schmollers Jahrbücher 1921 S. 185ff.

Die Grundlage des deutschen Bergrechts sind daher die Landesberggesetze geblieben, und im Bereiche der Landesberggesetzgebung hat das preußische Bergrecht seine maßgebende Stellung behalten. Die Abänderungsgesetze verfolgen teils dieselben Richtlinien, teils beruhen sie auf Besonderheiten der einzelnen Länder. Als ein Ausbiegen aus dem Rahmen des preußischen ABG. ist es allerdings anzusehen, wenn in Bayern durch G. vom 10. Okt. 1919 (Z. f. B. **61** 58) der Bergwerksbetrieb auch in *wirtschaftlicher* Beziehung der staatlichen Aufsicht unterstellt worden ist (Wiederaufleben des sog. Direktionsprinzips) und wenn in Hessen und Thüringen die Verfügung über Bergwerkseigentum und Bergwerksanteile von einer amtlichen Genehmigung abhängig gemacht worden ist. Dauernde praktische Wirksamkeit dürften aber diese Bestimmungen kaum erlangen.

Hat demnach das preußische Bergrecht weder in Preußen selbst noch in den zur preußischen Bergrechtsgruppe gehörenden Ländern[1]) eine Umgestaltung erfahren, so ist dagegen im Freistaate Sachsen, der nach wie vor außerhalb dieser Gruppe steht, eine Neuerung von weittragender Bedeutung vorgenommen worden. Die Kohlen, die dort bisher dem Verfügungsrechte des Grundeigentümers unterlagen, sind, soweit sie in unverritzten Feldern anstehen, durch das Gesetz über das staatliche Kohlenbergbaurecht vom 14. Juni 1918 (Z. f. B. **59** 280) einem regalähnlichem Verfügungsrechte des Staates unterworfen und das dafür durch dieses Gesetz den Grundeigentümern gegebene Entschädigungsrecht durch das Nachtragsgesetz vom 21. Juli 1919 (Z. f. B. **61** 65) beseitigt worden[2]).

---

[1]) Die Gebietsveränderungen haben die Lage des Bergrechts wenig berührt. In den zum Freistaate Thüringen vereinigten Ländern sind die bisherigen Berggesetze bestehengeblieben. Nur die Aufsuchung und Gewinnung von Steinkohlen und Braunkohlen ist für ganz Thüringen durch G. vom 14. Juni 1920 einheitlich geregelt (Vorbehaltsrecht des Staates, auch soweit früher Verfügungsrecht des Grundeigentümers). In dem mit Bayern vereinigten Koburg ist durch Bek. vom 5. März 1921 das bayrische Berggesetz eingeführt (unter Aufrechterhaltung des koburgischen Gewerkschaftsrechts für die bestehenden Gewerkschaften).

[2]) Vgl. auch Nachtragsgesetz vom 9. Febr. 1920, Z. f. B. **61** 192, sowie *Wahle*, Z. f. B. **58** 144; **60** 68; **61** 66 und 206.

IV. Geschichte des preußischen Bergrechts[1]).

1. Die Zeit vor dem Allgemeinen Berggesetz.

Das erste bedeutende Berggesetz in Preußen ist die von Friedrich Wilhelm I. am 18. Juli 1737 erlassene „Renovierte Bergordnung für die Clevischen und die angehörenden Lande, besonders die Grafschaft Mark". Nach den eigenen Angaben ihres Verfassers, des Bergrats Decker aus Wettin, ist auch diese Bergordnung, wie die meisten jener Zeit, stark beeinflußt durch das sächsische und das diesem nachgebildete braunschweig-lüneburgische Bergrecht. Neu und selbständig ist indessen die Regelung der Rechtsverhältnisse des in der Grafschaft Mark schon damals nicht unbeträchtlichen Bergbaues auf Steinkohlen, die nicht, wie in Sachsen, dem Grundeigentümer überlassen, sondern als Gegenstand des Bergregals und der Bergbaufreiheit angesehen wurden.

Eine umfassende Neuregelung des Bergrechts für den größten Teil der Monarchie hat unter Friedrich dem Großen stattgefunden. Die „renovierte" Bergordnung von 1737 wurde ersetzt durch die „Revidierte Bergordnung für das Herzogtum Cleve, Fürstentum Mörs und die Grafschaft Mark" vom 29. April 1766, die entsprechend den wirtschaftlichen Anschauungen der Zeit Friedrichs des Großen dem sog. Direktionsprinzip in weitestem Maße Geltung verschaffte. Die Gewerkschaften wurden der Verwaltung ihres Bergwerkseigentums fast vollständig entsetzt und der Betrieb und der Haushalt der Gruben unter Leitung des Bergamts den von diesem angestellten und ihm allein verantwortlichen Schichtmeistern und Steigern übertragen. Das Bergamt bestimmte über Erhebung von Zubuße und Verteilung von Ausbeute, setzte auch die Preise der Bergwerksprodukte fest[2]).

Nach dem Muster der Cleve-Märkischen wurden ferner erlassen die „Revidierte Bergordnung für das souveräne Herzogtum Schlesien und die Grafschaft Glatz" vom 5. Juni 1769 und die „Revidierte Bergordnung für das Herzogtum Magde-

---

[1]) Westhoff, Z. f. B. **50** 248ff., 492ff.; Müller-Erzbach **1** 106ff.

[2]) Nach der Instruktion für das Bergamt Wetter von 1783 sollten neue Steinkohlenbergwerke nicht in Betrieb gesetzt werden, solange nicht ein Kohlenmangel einträte.

burg, Fürstentum Halberstadt, die Grafschaften Mansfeld, Hohenstein und Reinstein, auch inkorporierte Herrschaften" vom 7. Dez. 1772. Die drei revidierten Bergordnungen Friedrich des Großen stimmen in den wesentlichen Vorschriften überein und weichen nur in wenigen Punkten voneinander ab (Gegenstände des Bergregals, Feldesgröße, Kuxeinteilung, Benennung der Bergbehörden usw.).

Eine systematische, erschöpfende und der neueren Gesetzestechnik entsprechende Behandlung hat sodann das gesamte preußische Bergrecht in dem am 1. Juni 1794 in Kraft getretenen Allgemeinen Landrecht für die preußischen Staaten (II, 16, Abschnitt 4 „Vom Bergregal") gefunden. Einen wichtigen Merkstein auf dem Entwicklungswege des preußischen Bergrechts bildet indessen das ALR. nicht, einerseits weil der Abschnitt „Vom Bergregal" wenige sachliche Neuerungen gegenüber den revidierten Bergordnungen brachte, insbesondere an dem Direktionsprinzip festhielt, anderseits weil für den größten Teil der Monarchie die drei Bergordnungen als Provinzialgesetze prinzipales Recht blieben.

Die hiernach nicht beseitigte Rechtszersplitterung wurde weiter verstärkt durch die Erweiterungen des Staatsgebietes. Hierbei wurde in bezug auf das Bergrecht nicht gleichmäßig verfahren, vielmehr bald in die neu erworbenen Landesteile das Bergrecht der Provinz, der sie hinzutraten, eingeführt, bald das bestehende fremde Bergrecht unberührt gelassen. Das letztere Verfahren wurde inbesondere angewendet bei Einverleibung der linksrheinischen Landesteile, die eine Zeitlang unter französischer Herrschaft gestanden hatten und wo während dieser Zeit die französischen Berggesetze vom 28. Juli 1791 und vom 21. April 1810 Geltung erlangt hatten.

Nachdem durch die Stein-Hardenbergsche Gesetzgebung der Grundsatz der wirtschaftlichen Selbständigkeit zur Anerkennung gelangt war, war auch das Direktionsprinzip gegenüber dem Bergbau nicht mehr haltbar. Ferner war Voraussetzung für dessen gesunde Weiterentwicklung die Befreiung von den ihn schwer belastenden, unverhältnismäßig hohen Abgaben[1]). Vereinheitlichung des preußischen Bergrechts und Befreiung des Bergbaues von der staatlichen Bevor-

[1]) Diese betrugen nach einer von dem damaligen Bergamtsdirektor in Wetter, dem späteren Staatsminister Freiherrn vom Stein, aufgestellten Schätzung 22 v. H. des Bruttowerts der Produktion.

mundung sowie von dem übermäßigen Steuerdruck waren die wichtigsten Ziele der Bergrechtsreform des 19. Jahrhunderts.

Die Neubearbeitung des Bergrechts wurde im Zusammenhang mit der 1826 begonnenen allgemeinen Gesetzesrevision in Angriff genommen, jedoch, nachdem die Revisionskommission einen ersten — im Druck nicht erschienenen — Entwurf eines gemeinen preußischen Bergrechts aufgestellt hatte, zur abgesonderten Bearbeitung einer Sonderkommission überwiesen. Aus dieser Sonderkommission, unter deren Mitgliedern der Geheime Oberbergrat Karsten besonders hervortrat, ging der erste gedruckte Entwurf eines gemeinen preußischen Bergrechts hervor (1833), der nach Begutachtung durch die Landesjustizkollegien, die Oberpräsidenten der bergbaulichen Provinzen und einzelne Bergbeamte in einigen Punkten abgeändert und 1835 als revidierter (zweiter gedruckter) Entwurf dem Staatsministerium von neuem vorgelegt wurde. Der Grundgedanke der drei ersten Entwürfe, die Beseitigung des Direktionsprinzips, fand aber weder im Staatsministerium noch bei den von diesem zu einer Äußerung veranlaßten Oberbergämtern Beifall. Infolgedessen wurde Karsten mit der Ausarbeitung eines neuen Entwurfs beauftragt. Dieser dritte gedruckte Entwurf (1841) sowie der nach Anhörung der Stände der Bergwerksprovinzen auf Grund der Beratungen einer Sonderkommission aufgestellte vierte Entwurf (1846) sind von der gesunden Richtungslinie abgewichen und zu dem Direktionsprinzip in der landrechtlichen Form wieder zurückgekehrt. Da dessen Einführung in die linksrheinischen Landesteile untunlich war, sollten diese von der einheitlichen Regelung des Bergrechts ausgeschlossen bleiben. Die Strömungen des Jahres 1848 gaben der Reform wieder eine andere Richtung. Der damalige Handelsminister Milde berief eine aus Bergbeamten und Bergbautreibenden bestehende Kommission[1]), aus deren Beratungen der fünfte gedruckte Entwurf hervorging, der sodann von einer Beamtenkommission noch einmal durchberaten und mit den von dieser vorgeschlagenen Abänderungen als sechster gedruckter Entwurf 1850 den Kammern zur Beschlußfassung vorgelegt wurde. Der fünfte

---

[1]) Von den Mitgliedern sind die Berghauptleute von Dechen und v. Oeynhausen, die Bergwerksbesitzer Harkort, Franz Haniel, Vopelius, außerdem der Justizrat Heintzmann zu nennen.

und sechste Entwurf nehmen die für die Bergrechtsreform von vornherein leitend gewesenen Gedanken wieder auf, wollen das Bergrecht für das ganze Staatsgebiet regeln, das Direktionsprinzip beseitigen und die Bergwerkssteuern auf eine angemessene Höhe zurückführen. Auffallend ist die starke Einwirkung des französischen Bergrechts, die soweit geht, daß an Stelle der Bergbaufreiheit das französische Konzessionssystem treten sollte.

Dieser letzte Entwurf ist in der Sitzungsperiode des Landtags von 1850/51 nicht zur Erledigung gebracht und in den folgenden Sitzungsperioden von der Staatsregierung nicht von neuem vorgelegt worden. Die allgemeine Bergrechtsreform wurde als vorläufig mißlungen aufgegeben und zur Befriedigung der dringendsten Anforderungen ein anderer Weg beschritten, nämlich die Regelung der besonders abänderungsbedürftigen Gebiete des Bergrechts durch Einzelgesetze.

Ein Vorläufer dieser Einzelgesetze aus älterer Zeit ist das Gesetz über die Verleihung des Bergeigentums auf Flözen vom 1. Juli 1821, wodurch dem Bergwerksfelde des Steinkohlenbergbaues ein größerer Umfang gegeben und die Erstreckung des Geviertfeldes bis in die ewige Teufe festgestellt wurde. Nach dem Mißlingen der allgemeinen Bergrechtsreform ergingen zunächst das Gesetz über die Besteuerung der Bergwerke vom 12. Mai 1851, wodurch der Zehnte (die in Höhe des zehnten Teils des Bruttowertes der geförderten Bergwerksprodukte an den Staat zu entrichtende Abgabe) auf den Zwanzigsten herabgesetzt, und das Gesetz über die Verhältnisse der Miteigentümer eines Bergwerks (sog. Miteigentümergesetz) von demselben Tage, wodurch die Selbstverwaltung der Gewerkschaften begründet und damit das Direktionsprinzip fast vollständig aufgegeben wurde. Die Gewerkschaften erhielten eigene Organe, auf die die meisten der bisher von den Bergbehörden in Gewerkschaftsangelegenheiten ausgeübten Befugnisse (Wahl der Grubenbeamten, Annahme und Entlassung der Bergarbeiter, Verkauf der Bergwerkserzeugnisse, Ausschreibung der Betriebsgelder) übergingen. Nur hinsichtlich der Arbeiterverhältnisse, insbesondere der Lohnfestsetzung, blieb den Bergbehörden eine weitgehende Einwirkung vorbehalten. Es folgte das Gesetz über die Vereinigung der Berg-, Hütten- und Salinenarbeiter in Knappschaften vom 10. April 1854, das mit Rücksicht auf die den Gewerkschaften eingeräumte Selbständigkeit eine Sicherstellung der Bergarbeiter gegen die Wechselfälle ihres Berufes bezweckte und zu diesem Zwecke die von alters her bestehende Einrichtung der Knappschaftsvereine zu einer Zwangseinrichtung erhob. Das Gesetz über die Bestrafung unbefugter Gewinnung oder Aneignung von Mineralien vom 26. März 1856 ist noch jetzt neben dem Allgemeinen Berggesetz in Kraft. Das weitere Gesetz über die Beaufsichtigung des Bergbaues durch die Bergbehörden und das Verhältnis der Berg- und Hüttenarbeiter vom 21. Mai 1860 beseitigte den letzten Rest des — im § 1 auch ausdrücklich aufgehobenen — Direktionsprinzips, indem es die Vertragschließung zwischen den Arbeitern und Arbeitgebern der freien Vereinbarung überließ und die Befugnisse der Bergbehörden im wesentlichen auf die Ausübung der Bergpolizei beschränkte. Zwei die Bergwerksabgaben betreffenden Gesetze vom 22. Mai 1861 und vom 20. Okt. 1862 brachten eine weitere Ermäßigung der Bergwerksabgaben auf 2 v. H. des Bruttoertrages (davon 1 v. H. Aufsichtssteuer). Die Organisationen der Bergbehörden wurde vereinfacht durch das Gesetz über die Kompetenz der Oberbergämter (sog. Kompetenzgesetz) vom 10. Juni 1861, das die Bergämter, deren Hauptaufgaben mit Beseitigung des Direktionsprinzips in Fortfall gekommen waren, aufhob und das Hüttenwesen aus dem Bereiche der Zuständigkeit der Bergbehörden und überhaupt dem Bereiche des Bergrechts ausschied. Endlich erging noch das — neben dem ABG. in Kraft gebliebene — Gesetz wegen Verwaltung der Bergbauhilfskassen vom 5. Juni 1863, wodurch die Leitung dieser bis dahin von den Bergbehörden verwalteten Kassen korporativen, aus den Bergwerksbesitzern gebildeten Verbänden übertragen wurde.

2. Das Allgemeine Berggesetz vom 24. Juni 1865[1]).

Nachdem die dringendsten und wichtigsten Fragen der Bergrechtsreform durch Einzelgesetze eine befriedigende Lösung gefunden hatten,

[1]) Kommentare: Oppenhoff, Berlin 1870; Brassert, neubearbeitet von Gottschalk, 2. Aufl., Bonn 1913; Klostermann, 5. Aufl., herausgegeben von Fürst, 6. Aufl., neubearbeitet von Thielmann, Berlin 1911; Arndt, 7. Aufl., Leipzig 1911; Westhoff-Schlüter, neubearbeitet von Schlüter-Hense, Berlin 1913; Isay, Berlin-Leipzig 1919/20; Textausgaben: Reuß, 3. Aufl., Berlin 1924; Schlüter, Dortmund 1924. — Materialien: Hahn, Berlin 1865.

trat der Gedanke der Vereinheitlichung des preußischen Bergrechts wieder in den Vordergrund. Die Rechtszersplitterung war nach wie vor unerträglich und durch die Einzelgesetze, die nur zum Teil auch für die linksrheinischen Landesteile galten, sogar noch gesteigert worden. Es gab in Preußen mehr als 50 verschiedene Bergrechtsgebiete. Im übrigen harrten trotz der regen Gesetzgebungstätigkeit des letzten Jahrzehnts doch noch einige Punkte der Neuregelung (Beseitigung von Regalrechten, Gewerkschaftsrecht, Bergpolizei, Vergrößerung der Bergwerksfelder).

Der Handelsminister von der Heydt beauftragte im Jahre 1861 den damaligen Oberbergrat Brassert in Bonn mit der Abfassung eines neuen Berggesetzes. Der von Brassert aufgestellte „Vorläufige Entwurf" wurde mit den Motiven 1862 veröffentlicht und, nachdem dazu von Behörden, Handelskammern, bergmännischen Vereinen usw. zahlreiche Gutachten abgegeben worden waren, von einer aus Beamten des Handelsministeriums und des Justizministeriums zusammengesetzten, unter dem Vorsitz des neuen Handelsministers Grafen von Itzenplitz und des Oberberghauptmanns Krug von Nidda tagenden Kommissionen beraten. Aus diesen Beratungen ging der „Entwurf eines Allgemeinen Berggesetzes für die Preußischen Staaten" hervor, der dem Landtage zur verfassungsmäßigen Beschlußfassung vorgelegt und von beiden Häusern ohne wesentliche Änderungen angenommen wurde. Das Gesetz wurde am 24. Juni 1865 vom Könige vollzogen und trat mit dem 1. Okt. 1865 in Kraft[1]).

Das ABG. ist ein Gesetzgebungswerk ersten Ranges, das aus einer genauen Kenntnis und richtigen Würdigung der Wirtschaftsverhältnisse jener Zeit hervorgegangen ist und den geeigneten Rechtsboden für den außerordentlichen Aufschwung des preußischen Bergbaues während der letzten Jahrzehnte gebildet hat. In gesetzestechnischer Hinsicht tritt das erfolgreiche Streben hervor, durch eine gedrungene Gestaltung des Stoffes und eine allgemein verständliche, entbehrliche Fachausdrücke vermeidende Gesetzessprache der Praxis die unmittelbare Anwendung des Gesetzes zu erleichtern.

Die älteren Rechtsquellen, aus denen das ABG. seinen Inhalt

---

[1]) In die 1866 neu erworbenen Landesteile ist das ABG. durch besondere Gesetze und Verordnungen, zum Teil unter Aufrechterhaltung bestehender Besonderheiten, eingeführt.

schöpft, sind einerseits das rechtsrheinische preußische Bergrecht, das seinen Ursprung in dem gemeinen deutschen Bergrecht hatte, anderseits das linksrheinische französische Recht. Das AGB. ist deutschrechtlichen Charakters mit einem — stellenweise nicht unbedeutenden — französischrechtlichen Einschlag.

Die Grundzüge des ABG. sind folgende:

a) Das ABG. steht unter dem Zeichen der Bergbaufreiheit. Jedermann kann im Wege des Schürfens und Mutens Bergwerkseigentum erlangen. Der Fund schafft bei Erfüllung der sonstigen gesetzlich festgestellten Voraussetzungen einen Anspruch auf Bergwerksverleihung.

b) Die Bergbaufreiheit beschränkt die Rechte des Staates gegenüber dem Bergbau auf die Wahrnehmung des öffentlichen Interesses. Der Inbegriff der danach dem Staate verbliebenen Befugnisse (Bergpolizei, Mitwirkung beim Erwerb von Bergwerkseigentum, bei der Grundabtretung usw.) pflegt als Berghoheit bezeichnet zu werden.

Ein Bergregal besteht nicht mehr. Damit sind auch die letzten „Schlacken", die trotz der Freierklärung des Bergbaues durch die Regalherren als Ausflüsse des Regalrechts der Bergbaufreiheit noch anhafteten, beseitigt. Als solche kamen in Preußen auch nach Aufgabe des Direktionsprinzips noch in Betracht:

α) die Befugnis des Staates, Felder von beliebigen Umfang ohne Erfüllung der gesetzlichen Bedingungen des Fundes und der Mutung für den fiskalischen Bergwerksbetrieb vorzubehalten (Feldesreservation)[1],

---

[1]) Die vom Staate vor dem ABG. durch Feldesreservation erworbenen Bergbaurechte (Oberschlesien, Staßfurt, Wettin usw.) sind bestehengeblieben. Sie sind jetzt im wesentlichen nach dem für das Bergwerkseigentum geltenden Regeln zu behandeln.

Reservate ähnlicher Art sind:

a) das Recht des Staates zum Bergbau auf alle von dem Verfügungsrechte des Grundeigentümers ausgeschlossenen Mineralien im Oberharz (Art. 16 EV. für Hannover);

b) das dem preußischen Fiskus und dem schaumburgischen Fürstenhause bzw. Staate zustehende Recht auf die Steinkohlen in der Grafschaft Schaumburg (Art. 16 EV. für Hessen).

β) die Befugnis zur Verleihung von Bergwerksfeldern von beliebigem Umfang ohne Beachtung der gesetzlichen Vorschriften über Form und Ausdehnung der Felder (Spezial- und Distriktsverleihung),

γ) die Befugnis zur Übertragung des Bergregals an andere Personen.

c) Der Kreis der verleihbaren Mineralien ist im wesentlichen auf solche eingeschränkt, deren Verleihbarkeit von volkswirtschaftlichen Standpunkt aus gerechtfertigt erscheint. Die Kohlen bleiben (im Gegensatze zum sächsischen Rechte) bergfrei.

d) Als Gesellschaftsform für den Bergwerksbetrieb wird die alte deutschrechtliche, dem französischen Bergrecht unbekannte Gewerkschaft beibehalten, jedoch den neuen Wirtschaftsverhältnissen entsprechend umgestaltet (Gewerkschaft neuen Rechts).

e) Aufrechterhalten wird das sowohl im deutschen wie im französischen Recht anerkannte Recht des Bergbauunternehmers auf Grundabtretung und dessen Pflicht zum Ersatz des Bergschadens. Bei der Regelung des Verhältnisses zwischen Bergbau und Grundeigentum im einzelnen sind deutschrechtliche und französischrechtliche Grundsätze miteinander verschmolzen.

f) Das Bergarbeiterrecht und das Knappschaftswesen sind im Anschluß an den Rechtszustand rechts des Rheins geregelt.

g) Zahlreiche Rechtseinrichtungen, die früher im Bergbau eine bedeutende Rolle gespielt hatten (Freikuxe, Mitbaurecht, Erbstollengerechtigkeit usw.), sind als veraltet aufgegeben.

Was das Verhältnis des ABG. zu dem früheren Recht anlangt, so ist das frühere objektive Bergrecht nach dem Grundsatz lex posterior derogat legi priori und nach der ausdrücklichen Bestimmung in § 244 außer Kraft gesetzt. Ausgenommen sind nur Gesetze über Gegenstände, auf die sich das ABG. nicht bezieht. In Geltung geblieben sind daher nur:

a) das Gesetz über die Bestrafung unbefugter Gewinnung oder Aneignung von Mineralien vom 26. März 1856;

b) das Gesetz über die Verwaltung der Bergbauhilfskassen vom 5. Juni 1863 (§ 245 Abs. 1);

c) die Bergwerkssteuergesetze vom 22. Mai 1861 und 20. Okt. 1862 (§ 245 Abs. 2), die jedoch zur Zeit nur noch formell in Kraft stehen, da durch das Gesetz wegen Aufhebung direkter Staatssteuern vom 14. Juli 1893 die Bergwerkssteuern außer Hebung gesetzt sind.

Nicht durch das ABG. aufgehoben sind die früher entstandenen subjektiven Rechte (Bergbauberechtigungen, auch wenn sie auf Mineralien verliehen sind, die nach dem ABG. bergfrei sind, Privatbergregale, Erbstollenrechte usw.). Die Grundlage und der Inhalt solcher Berechtigungen sind nach dem früheren Recht zu beurteilen, das aus diesem Grund in der Praxis und Rechtsprechung immer noch häufig anzuwenden ist. Der Betrieb des Bergbaues auf Grund einer Berechtigung des älteren Rechts unterliegt aber den nach dem ABG. für den Bergwerksbetrieb geltenden Vorschriften, und zwar auch dann, wenn das Mineral nicht mehr zu den bergfreien gehört (§ 222).

3. Die Novellengesetzgebung bis zur Staatsumwälzung.

Die Weiterentwicklung des preußischen Bergrechts bewegt sich in diesem Zeitabschnitte vorzugsweise nach drei Richtungen:

a) Verstärkung des Arbeiterschutzes;
b) Ausgestaltung des Knappschaftswesens;
c) Beschränkung der Bergbaufreiheit hinsichtlich der Steinkohlen und Salze.

Eine wichtige Neuerung war ferner die Einführung einer Rechtskontrolle gegenüber Entscheidungen der Bergbehörden.

Das Bergarbeiterrecht betrafen folgende drei Novellen:

a) Die Nov. vom 24. Juni 1892 übertrug im wesentlichen die Grundsätze der Nov. zur GewO. vom 1. Juni 1891 (des Arbeiterschutzgesetzes) auf den Bergbau (insbes. den Zwang zum Erlasse von Arbeitsordnungen).
b) Die Nov. vom 14. Juli 1905 forderte die Bildung ständiger Arbeiterausschüsse auf den Bergwerken, traf Bestimmungen über die Regelung der Arbeitszeit einschließlich der Seilfahrt und das Über- und Nebenschichtenwesen im Steinkohlenbergbau und schaffte das „Wagennullen“ ab.

Eine weitergehende Bedeutung hatte die Novelle insofern, als sie zum erstenmal Entscheidungen des Oberbergamts einer Rechtskontrolle im Verwaltungsstreitverfahren unterwarf und zu diesem Zwecke besondere Bergverwaltungsgerichte (Bergausschüsse) schuf.

c) Die Nov. vom 28. Juli steht in ihrem ersten Teile mit dem Arbeiterschutze nur in einem mittelbaren Zusammenhang. Sie stellte zur Beseitigung entstandener Zweifel und Mißstände die Grenzen der Verantwortung der Aufsichtspersonen, der diesen übergeordneten Personen und des Bergwerksbesitzers selbst fest. Die wesentlichste Neuerung auf dem Gebiete des Bergarbeiterrechts bestand in der Einführung einer Kontrolle der Betriebssicherheit der Gruben durch Sicherheitsmänner.

Die beiden „Knappschaftsnovellen" vom 19. Juni 1906 und vom 3. Juni 1912 bezweckten eine Fortentwicklung des Knappschaftsrechts, insbesondere in der durch die Arbeiterversicherung des Deutschen Reiches gewiesenen Richtung. Der das Knappschaftsrecht enthaltende siebente Titel des ABG. wurde als besonderes „Knappschaftsgesetz" vom 17. Juni 1912 aus dem ABG. ausgeschieden. Während des Krieges wurden das Knappschaftskriegsgesetz vom 26. März 1915 und dazu ein Ergänzungsgesetz vom 24. April 1916 erlassen, wodurch auf dem Gebiete des Knappschaftswesens den durch den Krieg geschaffenen Verhältnissen Rechnung getragen wurde.

Die Einschränkung der Bergbaufreiheit hinsichtlich der Steinkohle und der Salze wurde durch das Gesetz vom 5. Juli 1905 (lex Gamp) eingeleitet, das vorläufig auf die Dauer von längstens zwei Jahren eine Mutungssperre für den genannten Mineralien anordnete. An Stelle dieses Übergangsgesetzes trat sodann die Nov. vom 18. Juni 1907, die die Salze und im größten Teile des Staates auch die Steinkohle einem Vorbehaltsrechte des Staates unterwarf. Durch diese Novelle wurden ferner wichtige Neuerungen auf dem Gebiete des Mutungs- und Verleihungswesens zur Verhütung der auf diesem Gebiete vorgekommenen Mißbräuche getroffen, auch auf diesem Gebiete für einzelne Fälle das Verwaltungsstreitverfahren eingeführt und die bergpolizeiliche Zuständigkeit gegenüber den Schürfarbeiten außer Zweifel gestellt.

Außer den vorerwähnten drei Gruppen von Novellen sind noch folgende Abänderungsgesetze erlassen worden, die verschiedene Gegenstände betreffen:

a) Das Gesetz, betr. Abänderung des § 235 des ABG., vom 9. April 1873, wodurch die Umwandlung von Gewerkschaften alten Rechts in solche neueren Rechts näher geregelt und erleichtert wurde;

b) In diesem Zusammenhang ist auch der Art. 37 des AG. z. BGB. zu erwähnen, wo die mit Rücksicht auf die Einführung des BGB. erforderlichen Abänderungen des ABG. getroffen sind. Durch Art. 37 ist insbesondere das materielle Liegenschaftsrecht des BGB. auf das Bergwerkseigentum ausgedehnt;

c) Die Nov. vom 7. Juli 1902 (Art. I) milderte Härten des Bergschadenrechts gegenüber dem Grundbesitz und führte insbesondere die solidarische Haftbarkeit bei Bergschäden ein;

d) Durch Gesetz vom 6. Juni 1904 wurden die Arbeiten zur Aufsuchung und Gewinnung des Erdöls der bergpolizeilichen Aufsicht unterstellt;

e) Das Gesetz über den Bergwerksbetrieb ausländischer juristischer Personen und den Geschäftsbetrieb außerpreußischer Gewerkschaften vom 23. Juni 1909 unterwarf ausländische juristische Personen und außerpreußische Gewerkschaften einer Genehmigungspflicht für den Erwerb von Bergwerkseigentum usw.

f) Das Gesetz vom 30. Mai 1917 über die Gewerkschaftsfähigkeit von Kalibergwerken in Hannover dehnte die Gewerkschaftsform auf den Hannoverischen Kalibergbau aus[1]).

4. Die neueste Zeit.

Wie schon oben dargelegt, blieb auch nach der Staatsumwälzung für eine in gewissen Grenzen selbständige Fortentwicklung des — durch den Übergang des Knappschaftswesens an das Reich[2]) allerdings in seinem Umfang eingeschränkten — preußischen Bergrechts Raum. Die während dieses Zeitabschnittes erlassenen Abänderungsgesetze (die frühere Bezeichnung „Novelle" ist jetzt außer Gebrauch getreten) lassen sich in zwei Gruppen teilen, in solche, die als Auswirkungen des neuen Reichsrechts anzusehen sind, und solche, die den allge-

[1]) Die sonstigen Novellen, die nur für Teile des Staatsgebietes gelten, sind im Abschnitt XXI erwähnt.

[2]) Das preuß. G. vom 20. April 1920, betr. die Ausdehnung des KnG. auf Erdölbetriebe hat dadurch seine Bedeutung verloren.

meinen oder besonderen Wirtschaftsrücksichten durch Neuerungen auf dem Gebiete des Berechtsamswesens dienen wollen.

Zur ersten Gruppe sind zu rechnen:

a) Das Gesetz zur Sicherung der Überführung der Privatbergregale an den Staat vom 17. Dez. 1919;

b) das Gesetz zur Überführung der standesherrlichen Bergregale an den Staat vom 19. Okt. 1920;

c) das Gesetz vom 18. Dez. 1920 zur Abänderung des ABG., wodurch das Bergarbeiterrecht des ABG. (Arbeitnehmervertretungen, Arbeitsordnungen) der neuen, besonders durch das Betriebsrätegesetz geschaffenen Lage des Reichsarbeitsrechts angeglichen wurde;

d) das Gesetz über die Bergschulvereine vom 12. Jan. 1921, das in der Hauptsache eine Mitwirkung von Vertretern der Arbeitnehmer bei der Verwaltung der Bergschulen bezweckt;

e) das Gesetz über Aufsichtsräte bei Berggewerkschaften vom vom 24. Mai 1923, wodurch als neues Gewerkschaftsorgan der Aufsichtsrat eingeführt wurde, um dadurch die Ausübung des reichsgesetzlich den Betriebsräten zustehenden Rechts zur Entsendung von Mitgliedern in die Aufsichtsräte zu ermöglichen.

Zur zweiten Gruppe gehören:

a) Das Gesetz zur Aufschließung von Steinkohlen vom 11. Dez. 1920, wodurch zu einer Zeit, wo wegen Brennstoffnot auch auf Steinkohlenvorkommen minderen Wertes und mehr örtlicher Bedeutung zurückgegriffen werden mußte, für die Landesteile mit solchen Vorkommen ein Weg zur Ableitung privater Abbaubefugnis aus dem staatlichen Vorbehaltsrecht heraus geschaffen wurde (Schürferlaubnis, Bergwerksverleihung an den Staat, Pachtvertrag);

b) das Gesetz über die Vereinigung von Steinkohlenfelder im Oberbergamtsbezirk Dortmund vom 22. April 1922, das die Beseitigung der für den Steinkohlenbergbau ungeeigneten Längenfelder im Zwangswege herbeiführen will;

c) das Gesetz über die Aufsuchung und Gewinnung von Steinkohlen vom 22. Mai 1922, das, insbesondere mit

Rücksicht auf staatliche, durch den Verlust Ost-Oberschlesiens veranlaßte Schürfbohrungen, die Verleihung von Bergwerkseigentum auf Grund des Vorbehaltsrechts des Staates an diesen selbst regelt;

d) das Gesetz zur Regelung der Grenzen von Bergwerksfeldern vom 22. Juli 1922, dessen Gegenstand die sog. bergrechtliche Flurbereinigung ist;

e) das Gesetz über phosphorhaltige Mineralien und Gesteine vom 9. Jan. 1923, das zur Förderung der Phosphoritgewinnung den Grundeigentümer unter bestimmten Voraussetzungen zur Abtretung seines Abbaurechts nötigt, außerdem auch die meist bergmännisch betriebene Phosphoritgewinnung zahlreichen Vorschriften des ABG. unterwirft;

f) das Gesetz über ein verändertes Verfahren zur Verleihung von Steinkohlenfeldern an den Staat vom 3. Jan. 1924, das für den Geltungsbereich des zu a) genannten Gesetzes vom 11. Dez. 1920 im Interesse der Schürfer die allgemeinen Bestimmungen über das Muten und Schürfen (insbesondere über die Maximalfeldesgröße) außer Geltung setzte;

g) das Gesetz über die Verleihung von Braunkohlenfeldern an den Staat vom 3. Jan. 1924, wodurch das seiner Zeit durch die Nov. vom 18. Juni 1907 geschaffene Vorbehaltsrecht des Staates an den Salzen und Seinkohlen auf die bisher bergfreien Braunkohlen ausgedehnt worden ist.

Schließlich sind noch zwei Abänderungsgesetze anzuführen, die außerhalb der vorbezeichneten beiden Gruppen stehen:

a) Das Gesetz vom 6. Aug. 1921 betr. Abänderung des § 194a Abs. 4 ABG. enthält lediglich eine durch das Ausscheiden der Stadt Berlin aus dem Provinzialverbande notwendig gewordene redaktionelle Änderung der Bestimmung über die Wahl der Bergausschußmitglieder;

b) das Gesetz vom 22. April 1922 zur Abänderung des § 101 Abs. 2 ABG. läßt eine Erhöhung der Kuxzahl auf ein Mehrfaches von tausend, bis zu zehntausend zu.

Das Gefüge des ABG. ist durch die zahlreichen Novellen und Abänderungsgesetze stark gelockert. Die unverändert gebliebenen ursprünglichen Bestimmungen sind zum Teil gegenüber den Fortschritten der Bergtechnik, des Wirtschaftslebens und des Rechts in den fast 60 Jahren seit Erlaß des Gesetzes zurückgeblieben. Trotzdem bildet das ABG. auch jetzt noch einen gesunden Rechtsboden für die Fortentwicklung des preußischen Bergbaues.

V. Verhältnis zum allgemeinen Landesrecht und zum Reichsrecht.

Das ABG. hat den Kreis des Bergrechts enger gezogen, als die älteren Berggesetze. Es regelt nicht alle Verhältnisse, die beim Bergbau entstehen, sondern nur das Bergrecht im eigentlichen Sinne, also „diejenigen Gegenstände, welche wegen der eigentümlichen Natur des Bergbaues und seiner besonderen Bedürfnisse eine von dem allgemeinen Recht abweichende Behandlung erheischen" (Mot.). Das Bergrecht findet daher seine notwendige Ergänzung in dem allgemeinen privaten und öffentlichen Recht. Soweit bergrechtliche Vorschriften bestehen, gehen sie den allgemeinen Rechtsvorschriften vor, auch wenn diese jünger sind. Soweit aber bergrechtliche Vorschriften nicht vorhanden sind, findet das allgemeine Recht ergänzende Anwendung, ohne daß es einer ausdrücklichen Verweisung darauf bedarf[1]).

Der privatrechtliche Hintergrund des ABG. war bei dessen Inkrafttreten kein einheitlicher, da Preußen in drei große Zivilrechtsgebiete (ALR., Gemeines Recht, Code Napoléon) zerfiel. Mit der Vereinheitlichung des bürgerlichen Rechts des Deutschen Reichs durch das am 1. Jan. 1900 in Kraft getretene BGB. ist dieses mit seinen Nebengesetzen in die Stellung der vorbezeichneten Landesgesetze zum Bergrecht eingerückt (Art. 4 EG. z. BGB.). Nur soweit das ABG. Verweisungen auf landesgesetzliche Vorschriften in dem Sinne enthält, daß gerade diese Vorschriften ohne Rücksicht auf eine Änderung der allgemeinen Gesetze gelten sollen („unechte Verweisung"), sind die landesgesetzlichen Vorschriften, gewissermaßen als Bestandteile des Bergrechts, für dessen Gebiet in Kraft geblieben. Da das ABG. in enger Fühlung mit den Rechtsbegriffen

[1]) Dieser Grundsatz gilt selbstverständlich nicht, wenn das allgemeine Gesetz ausdrücklich seine Geltung für den Bergbau ausschließt (vgl. § 54 Abs. 2 des Enteignungsgesetzes vom 11. Juni 1874).

des ALR. stand, so hat die Einführung des nach manchen Richtungen abweichenden Rechtssystems des BGB. das Gesamtbild des für bergbauliche Verhältnisse geltenden Rechts stark verschoben. In den am meisten hervortretenden Punkten ist Übereinstimmung hergestellt durch die Art. 37, 38, 39 AG. z. BGB.[1]).

Eine unmittelbare Einwirkung auf das Bergrecht hat aber das BGB. nicht ausgeübt. Zwar gehen nach Art. 2 der alten und Art. 13 Abs. 1 der neuen Reichsverfassung die Reichsgesetze den Landesgesetzen vor und treten nach Art. 55 EG. z. BGB. die privatrechtlichen Vorschriften der Landesgesetze grundsätzlich außer Kraft. Im Art. 67 Abs. 1 EG. z. BGB. ist aber bestimmt, das die landesgesetzlichen Vorschriften, welche dem Bergrecht angehören, unberührt bleiben. Nach Art. 3, 218 a. a. O. können durch Landesgesetz auch neue bergrechtliche Vorschriften erlassen und bestehende abgeändert werden. Diese Zuständigkeit ist eine unbeschränkte, so daß die Landesgesetzgebung auf dem ihr vorbehaltenen Gebiete auch durch allgemeine Vorschriften des BGB. nicht eingeengt ist.

An Stelle des BGB. oder neben diesem kommen, soweit der Bergbau in das handelsrechtliche Gebiet übergreift, als Ergänzung des Bergrechts die Bestimmungen des HGB. vom 10. Mai 1897 in Betracht. Kaufmann im Sinne des HGB. (§ 1 Abs. 1) ist, wer ein Handelsgewerbe betreibt. Nun ist allerdings der Bergwerksbetrieb an sich kein Handelsgewerbe[2]). Als Handelsgewerbe gilt nach § 1 HGB. — abgesehen von anderen, hier nicht in Betracht kommenden Fällen — die Anschaffung und Weiterveräußerung von beweglichen Sachen (Waren). Der Bergwerksbesitzer schafft aber die Bergwerksprodukte nicht an, sondern produziert sie, daher ist auch ihre Veräußerung nicht eine Weiterveräußerung. Nach § 2 HGB. kann aber auch ein anderes gewerbliches Unternehmen, wenn es nach Art und Umfang einen in kaufmännischer Weise eingerichteten Geschäftsbetrieb erfordert — dies wird bei bergbaulichen Unternehmen regelmäßig der Fall sein —, den Charakter eines Han-

[1]) Vgl. auch Art. 22 AG. z. BGB., Art. 15ff. AG. z. ZVG.; Art. 22ff. AG. z. GBO.

[2]) Daß die Bergwerksindustrie trotzdem in den Handelskammern vertreten ist, beruht darauf, daß diese Vertretungen nicht nur des Handels, sondern auch des Gewerbes sind.

delsgewerbes dadurch annehmen, daß die Firma des Unternehmens in das Handelsregister eingetragen wird. Die Eintragung herbeizuführen, ist der Unternehmer verpflichtet. Hiernach sind die Besitzer betriebener Bergwerke soweit sie nicht als Aktiengesellschaften oder sonstige Handelsgesellschaften „Mußkaufleute" im Sinne des § 1 HGB. sind, fast durchgängig „Sollkaufleute" im Sinne des § 2 HGB.[1]). Daraus folgt, daß die Vorschriften des HGB. über Firmen, Handelsbücher, Handelsregister, Prokura usw. auf sie Anwendung finden. Es folgt ferner daraus, daß die von den Bergwerksbesitzern innerhalb ihres Betriebes abgeschlossenen Geschäfte regelmäßig als („akzessorische") Handelsgeschäfte anzusehen sind und als solche den Bestimmungen des HGB. unterliegen (Rechtsform des Geschäfts, Höhe der Zinsen usw.).

Auf dem Gebiete des öffentlichen Rechts sind die wichtigsten reichsgesetzlichen Ergänzungen des Landesbergrechts die GewO., die das Arbeitsrecht betreffenden Gesetze und das RKnG. (vgl. Abschn. XVIII u. XIX). Auf diesem Gebiete gilt eine dem Art. 67 Abs. 1 EG. z. BGB. entsprechende Bestimmung nicht, vielmehr bricht Reichsrecht Landesrecht.

Die Zuständigkeit der Reichsgesetzgebung auf dem privatrechtlichen Gebiete des Bergrechts folgte schon unter Geltung der alten Reichsverfassung unzweifelhaft daraus, daß diese Zuständigkeit nach Art. 4 das bürgerliche Recht umfaßte. Ob sie sich auch auf den öffentlich-rechtlichen Teil des Bergrechts erstreckte, war bestritten und hing, da im Art. 4 nicht der Bergbau, wohl aber der Gewerbebetrieb unter den Gegenständen der Reichsgesetzgebung aufgeführt war, davon ab, ob der Bergbau als Gewerbebetrieb im Sinne des Art. 4 anzusehen war. Jetzt ist diese Streitfrage dadurch erledigt, daß nach ausdrücklicher Bestimmung im Art. 7 Ziff. 16 der Weimarer Verfassung das Reich die Gesetzgebung über das Gewerbe und den Bergbau hat. Diese Gesetzgebung ist indessen nicht, wie in den im Art. 6 aufgeführten Fällen eine ausschließliche, so daß Art. 12 Platz greift, wonach solange und soweit das Reich von seinem Gesetzgebungsrechte keinen Gebrauch macht, die Länder das Recht der

---

[1]) Nur auf die Gewerkschaften alten Rechts findet § 2 HGB. keine Anwendung (Art. 5 EG. z. HGB.). Der Bergfiskus ist berechtigt, aber nicht verpflichtet, sich in das Handelsregister eintragen zu lassen (§ 36 HGB.).

Gesetzgebung behalten. Die weitere Bestimmung in Art. 155 Abs. 4 der Weimarer Verfassung, wonach alle Bodenschätze — ebenso wie alle wirtschaftlich nutzbaren Naturkräfte — unter der Aufsicht des Staates stehen, bringt nur etwas juristisch Selbstverständliches in programmatischer Form zum Ausdruck.

VI. Die Bergbehörden und das Verfahren in Bergsachen[1].

1. Bergbehörden.

Die Eigenart des Bergbaues erfordert für dessen staatliche Beaufsichtigung besondere Fachbeamte oder Fachbehörden. Während in einzelnen Staaten, z. B. in Frankreich, den Behörden der allgemeinen Staatsverwaltung bergmännisch vorgebildete Hilfskräfte in vorwiegend beratender Stellung angegliedert sind, haben in Deutschland seit ältester Zeit selbständige Bergbehörden bestanden (gestaldiones[2]) in Trient, urburer[3]) in Iglau, magistri montium im Erzgebirge, Wassermeister in Goldberg, später Bergmeister, Zehnter, Bergrichter, Berggeschworene usw.). Die Tätigkeit der älteren Bergbehörden erstreckte sich entsprechend der Mehrzahl dieser Bezeichnungen in erster Linie auf die Ausübung der Berggerichtsbarkeit und die Abgabenerhebung. Hierzu traten unter der Einwirkung des Direktionsprinzips zahlreiche Geschäfte, die sich aus der bergtechnischen und wirtschaftlichen Oberleitung des Bergbaues ergaben.

Für die jetzt bestehenden preußischen Bergbehörden kommen diese Aufgaben nicht mehr in Betracht, da die Erhebung der staatlichen Bergwerkssteuer fortgefallen, die Gerichtsbarkeit in Bergsachen und die Führung der Bergwerksgrundbücher[4]) an die Gerichte übergegangen und das Direktionsprinzip aufgegeben ist. Die Wirksamkeit der Bergbehörden besteht zur Zeit hauptsächlich in der Ausübung der Befugnisse, die einen Ausfluß der Berghoheit des Staates (vgl. S. 35) bilden.

Die ursprüngliche Gliederung der preußischen Bergbehörden in

---

[1]) ABG. 8. Titel (§§ 187—195), § 3b.

[2]) gestaldio = Richter.

[3]) Von urbure = Ertrag, Zehnt.

[4]) Wegen Aufhebung der Berghypothekenkommissionen vgl. § 246 ABG.

drei Instanzen ist, nachdem zeitweise eine viergliedrige Organisation — Revierbeamter oder Geschworener, Bergamt, Oberbergamt, Minister — bestanden hatte, mit der Aufhebung der Bergämter durch das sog. Kompetenzgesetz von 1861 wiederhergestellt worden. Die oberste Leitung der Bergverwaltung lag bis 1808 bei einer Abteilung des Generaldirektoriums. Nach Einrichtung der Ministerien hat die Ministerialabteilung für das Berg-, Hütten- und Salinenwesen zeitweise dem Ministerium des Innern, zeitweise dem Finanzministerium, seit Errichtung des Ministeriums für Handel, Gewerbe und öffentliche Arbeiten (1848) diesem angehört. Demgemäß nennt das ABG. als oberste Bergbehörde den Handelsminister. Bei Teilung des genannten Ministeriums (1878/79) wurde die Zuständigkeit in Bergsachen zunächst dem Minister der öffentlichen Arbeiten, durch Allerh. Erl. vom 17. Febr. 1890 aber dem Minister für Handel und Gewerbe übertragen.

Nach dem AGB. sind Bergbehörden die Revierbeamten[1]), die Oberbergämter und der Handelsminister. Die Bezirke der Revierbeamten werden vom Handelsminister, die Bezirke der Oberbergämter durch Verordnung des Staatsministeriums festgestellt. Zur Zeit bestehen fünf Oberbergämter, und zwar (abgesehen von kleinen Grenzabweichungen) a) das Oberbergamt in Breslau für Oberschlesien, Niederschlesien, Grenzmark Posen-Westpreußen, Ostpreußen, b) das Oberbergamt in Halle a. S. für Sachsen, Brandenburg und Pommern, c) das Oberbergamt in Clausthal für Hannover, ausschließlich der Regierungsbezirke Osnabrück und Aurich, Schleswig-Holstein und den Regierungsbezirk Kassel d) das Oberbergamt in Dortmund für den größten Teil von Westfalen, Teile der Rheinprovinz (Kreise Rees, Duisburg, Mühlheim a. Ruhr, Essen und zum Teil Düsseldorf, Mettmann, Elberfeld, Barmen) und die Regierungsbezirke Osnabrück und Aurich, e) das Oberbergamt in Bonn für den größten Teil der Rheinprovinz, den südlichen Teil von Westfalen, den Regierungsbezirk Wiesbaden und die Hohenzollernschen Lande.

Die Revierbeamten[2]) (Erste Bergräte), sind Einzelbeamte,

---

[1]) In der Praxis ist die Bezeichnung „Bergrevierbeamter" üblich.

[2]) Für die Geschäftstätigkeit der Revierbeamten sind von den Oberbergämtern bald nach dem Inkrafttreten des ABG. Dienstinstruktionen erlassen worden, die jetzt zum Teil veraltet sind.

denen, soweit nötig, zur Unterstützung Hilfskräfte (Bergräte, Bergassessoren, seit 1899 auch für den sog. bergpolizeilichen Kleindienst Einfahrer[1]) und Obereinfahrer mit Bergschulvorbildung, jetzt Bergrevierinspektoren und Bergrevieroberinspektoren genannt) beigegeben sind. Sie bilden die erste Instanz in allen nach dem ABG. der „Bergbehörde" obliegenden Geschäften, soweit diese nicht, wie die Bergwerksverleihung, die Enteignung, der Erlaß von Bergpolizeiverordnungen und andere Entscheidungen von größerer Bedeutung, ausdrücklich dem Oberbergamt übertragen sind. Die Haupttätigkeit des Revierbeamten liegt auf dem Gebiete der Bergpolizei und Gewerbepolizei. Er hat gegenüber den seiner bergpolizeilichen Aufsicht unterliegenden Anlagen die Rechte und Pflichten eines Gewerbeaufsichtsbeamten (§ 189 Abs. 2 ABG., § 139b GewO.). Er ist ferner Hilfsbeamter der Staatsanwaltschaft (§ 153 GVG.[2])) und hat als solcher strafbare Handlungen in seinem Aufsichtsbereich zu erforschen.

Die Oberbergämter[3]) sind kollegial organisiert. Sie bestehen aus dem Berghauptmann, dessen Stellvertreter (Oberbergamtsdirektor) und weiteren bergtechnischen und rechtskundigen Mitgliedern (Oberbergräten), sowie Hilfsarbeitern (Bergräten, Bergassessoren, Gerichtsassessoren). Die markscheiderischen Angelegenheiten werden von Oberbergamtsmarkscheidern (Berg- und Vermessungsräten) bearbeitet, die ihre Dienstsachen in den Sitzungen des Oberbergamts mit Stimmrecht vertreten (Erl. d. HM. vom 23. März 1920). Seit 1921 ist den Oberbergämtern ferner je ein von den Arbeitnehmerverbänden vorgeschlagener Beirat beigegeben, dem die Aufgabe zugewiesen ist, durch Beteiligung in der Behandlung der die Arbeitnehmerschaft berührenden Fragen, die Fühlung der Bergbehörden mit den Ansichten der Arbeitnehmer des Bergbaues zu befestigen und hervortretendes Mißtrauen dieser Arbeitnehmer-

---

1) Über die rechtliche Stellung der — vorwiegend für den Steinkohlenbergbau bestellten — Einfahrer vgl. Z. f. B. **40** 407.

2) Verf. d. JM. u. M. d. J. vom 15. Sept. 1879, Z. f. B. **21** 4.

3) Für den Geschäftsgang der Oberbergämter gelten, soweit anwendbar, die Regierungsinstruktion vom 23. Okt. 1817 (GS. S. 248) und die KabO. vom 31. Dez. 1825 (GS. 1826 S. 5). Außerdem besteht eine nicht veröffentlichte Geschäftsordnung vom 15. Sept. 1888, deren Gültigkeit aber, soweit sie der Regierungsinstruktion widerspricht, zweifelhaft ist.

schaft gegen die Tätigkeit der Bergbehörden abzuwenden[1]). Der Beirat befindet sich im Angestelltenverhältnis. Die Oberbergämter sind, abgesehen von den Fällen, in denen sie als erste Instanz tätig werden, die Aufsichts- und Rekursinstanz für die Revierbeamten. Sie sind Provinzialbehörden und haben in ihrem Geschäftsbereich die gesetzlichen Befugnisse und Verpflichtungen der Regierungen[2]) (§ 189 Abs. 6). Den Oberbergämtern sind Knappschaftsoberversicherungsämter angegliedert (vgl. Abschn. XIX).

Die oberste Instanz in Bergsachen ist der Minister für Handel und Gewerbe. An der Spitze der Ministerialabteilung, in der die Bergsachen bearbeitet werden (Bergabteilung), steht als Ministerialdirektor der Oberberghauptmann[3]).

Aus dem außerhalb des Bergrechts liegenden Geschäftskreis der Bergbehörden ist hervorzuheben, daß für den Bereich des Bergbaues der Revierbeamte als „untere Verwaltungsbehörde" und „Ortspolizeibehörde", das Oberbergamt als „höhere Verwaltungsbehörde" und der Handelsminister als „oberste Verwaltungsbehörde" im Sinne der GewO. und einiger anderer Reichsgesetze gilt.

Als begutachtendes Organ für bergtechnische, bergpolizeiliche und sonstige das Gebiet des Bergbaues berührende Fragen ist dem Handelsminister durch die Nov. vom 28. Juli 1909 nach dem Vorbilde der Technischen Deputation für Gewerbe eingerichtete Bergbaudeputation (§ 194b) zur Seite gestellt worden[4]). Sie ist nur selten zusammengetreten und zur Zeit außer Wirksamkeit.

Eine begutachtende Stellung nehmen auch die durch die Nov. vom 14. Juli 1905 den Oberbergämtern beigegebenen Gesund-

---

[1]) Erl. d. HM. vom 17. Mai 1921 (Z. f. B. **62** 298), Richtlinien für die Tätigkeit der Beiräte vom 14. Sept. 1922.

[2]) Die Eigenschaft der Oberbergämter als Provinzialbehörden ist namentlich von Bedeutung für das Disziplinarverfahren, das Defektenverfahren, die Erhebung des Konflikts und Kompetenzkonflikts, die Pensionierung von Beamten, den Erlaß von Zwangsstrafbefehlen, das Verwaltungszwangsverfahren, die Vertretung des Bergfiskus im Prozeß.

[3]) Unter dem Handelsminister steht auch die Bergakademie in Klausthal und die Geologische Landesanstalt in Berlin, während die Bergbauabteilungen der Technischen Hochschulen (Berlin, Breslau, Aachen) dem Ministerium für Wissenschaft, Kunst und Volksbildung unterstehen.

[4]) Zusammensetzung und Geschäftsführung vgl. MinErl. vom 13. Dez. 1910, Z. f. B. **52** 167.

heitsbeiräte (§ 197) ein. Der Gesundheitsbeirat ist vom Oberbergamt vor dem Erlaß von bergpolizeilichen Bestimmungen zu hören, die die Dauer, den Beginn und das Ende der täglichen Arbeitszeit der Bergarbeiter betreffen[1]). Auch die Gesundheitsbeiräte sind wenig in Tätigkeit getreten.

Von erheblicher praktischer Bedeutung ist dagegen die 1922 entsprechend einem Beschlusse des Landtags unter gleichzeitiger Errichtung eines Grubensicherheitsamts gebildete Grubensicherheitskommission.

Das Grubensicherheitsamt ist eine unter Leitung des Bergpolizeireferenten stehende Geschäftsstelle im Ministerium für Handel und Gewerbe. Es bearbeitet die allgemeinen bergpolizeilichen Angelegenheiten, das Unfallwesen und die Unfallverhütung, die Versuche zur Verbesserung der gesundheitlichen Einrichtungen im Bergwerksbetriebe usw.; es hat insbesondere die Fragen von allgemeiner Bedeutung unter Sammlung und Auswertung der in den einzelnen Oberbergamtsbezirken gewonnenen Erfahrungen zu behandeln.

Die Grubensicherheitskommission besteht aus einer Hauptkommission und fünf Bezirkskommissionen, je einer für den Bezirk eines Oberbergamts. Jede der Kommissionen setzt sich aus Vertretern der Bergbehörden, der bergbaulichen Arbeitgeber und Arbeitnehmer und Mitgliedern des Landtags zusammen. Die Hauptkommission ist beratende Stelle für den Handelsminister und das Grubensicherheitsamt, die Bezirkskommissionen haben die gleiche Aufgabe bei den Oberbergämtern. Die zur Klärung einzelner Fragen eingesetzten Fachausschüsse werden der Grubensicherheitskommission angegliedert[2])[3]).

---

[1]) Zusammensetzung vgl. § 197 ABG.

[2]) Bestimmungen des HM. vom 18. Jan. 1922 über die Errichtung eines Grubensicherheitsamts und die Bildung einer Grubensicherheitskommission, Z. f. B. **63** 71.

[3]) Eine im wesentlichen begutachtende Stellung, vorzugsweise für das Gebiet des Arbeitsrechts, haben auch die Arbeitskammern; vgl. VO. über die Errichtung von Arbeitskammern im Bergbau vom 8. Febr. 1919 (Z. f. B. **60** 275). Gemäß § 1 Abs. 1 ist eine Arbeitskammer für den Ruhrkohlenbergbau und gemäß § 1 Abs. 2 durch Erl. d. HM. vom 10. Mai 1919 eine solche für den Kohlenbergbau Niederschlesiens errichtet worden. Diese Arbeitskammern stehen unter Aufsicht der Oberbergämter, die zu den Sitzungen einen Vertreter entsenden können (§§ 30, 36 ff.).

Nicht als Bergbehörden im Sinne des ABG. sind die zur Verwaltung der fiskalischen Bergwerke, Hütten und Salinen bestellten Behörden anzusehen (Bergwerksdirektionen, Berginspektionen, Hüttenämter, Salzämter). Die Bergpolizei auf den fiskalischen Bergwerken wird nicht mehr, wie bis 1. Januar 1893, von den Direktoren dieser Werke, sondern von den Revierbeamten ausgeübt. Auch sonst nehmen diese Anlagen in bergrechtlicher Hinsicht eine Ausnahmestellung nicht ein (vgl. § 1a). Mit der Ausführung des Gesetzes vom 9. Okt. 1923 betreffend Übertragung der Verwaltung und Ausbeutung des staatlichen Bergwerksbesitzes an eine Aktiengesellschaft (GS. S. 467) werden die genannten Verwaltungsstellen ihren Charakter als Behörden vollständig verlieren.

2. Verfahren der Bergbehörden.

Das Verfahren der Bergbehörden ist, abgesehen von den unten bezeichneten Ausnahmefällen, das einfache Verwaltungsverfahren[1]). Gegen Entscheidungen des Revierbeamten ist regelmäßig der Rekurs an das Oberbergamt, gegen dessen Entscheidungen regelmäßig der Rekurs an den Handelsminister zulässig (§ 191). Die Rekursfrist beträgt vier Wochen. Sie beginnt mit dem Ablauf des Tages, an dem die Entscheidung zugestellt oder sonst bekanntgemacht worden ist (§ 192 Abs. 1)[2]). Wenn der Rekurs sich gegen Entscheidungen richtet, zu denen nach dem ABG. ein Beschluß des Oberbergamts erforderlich ist, oder die zwischen streitenden Parteien ergehen, so muß er bei der Instanz, deren Entscheidung angefochten wird (§ 193 Abs. 2), in anderen Fällen kann er auch bei der Rekursinstanz eingelegt werden. Eine Begründung des Rekurses ist nicht vorgeschrieben. Ist eine Gegenpartei vorhanden, so wird ihr die Rekursschrift zur Beantwortung binnen vier Wochen, vom Ablaufe

---

[1]) Für die Tätigkeit der Bergbehörden werden auf Grund des G. über die staatlichen Verwaltungsgebühren vom 29. Sept. 1923 (GS. S. 455) und der Allgemeinen Verwaltungsgebührenverordnung vom 29. Dez. 1923 (GS. 1924 S. 1) Verwaltungsgebühren erhoben. Im einzelnen soll die Regelung durch eine noch zu erlassende Berggebührenordnung erfolgen, wobei an Stelle der bisher bei Verleihung des Bergwerkseigentums usw. zu verwendenden Landesstempel Verwaltungsgebühren treten sollen.

[2]) Wegen Berechnung der Fristen vgl. §§ 187, 188, 193 BGB., wegen Berechnung der Monatsfristen auch § 242 ABG.

des Tages der Zustellung ab, mitgeteilt. Die Einlegung des Rekurses hat, soweit nicht das Gegenteil ausdrücklich bestimmt ist (z. B. § 201 Abs. 2) oder aus der Natur der Sache folgt (Rekurs gegen Festsetzung des Betriebsplans durch das OBA.), aufschiebende Wirkung.

Abweichungen von diesem regelmäßigen Instanzenzuge in Bergsachen bestehen, soweit gegen Entscheidungen der Bergbehörden das Verwaltungsstreitverfahren bei dem Bergausschuß (vgl. unten Ziff. 3) oder (z. B. wegen Entschädigung bei der Enteignung) die Klage im ordentlichen Rechtswege stattfindet.

Auch regelt sich das Verfahren nach vorstehenden Grundsätzen nur, soweit die Bergbehörden im Bereiche des Berggesetzes in Tätigkeit treten. Sind ihnen auf anderen Gebieten besondere Verrichtungen überwiesen, so kommen in erster Linie die für diese Gebiete erlassenen gesetzlichen Bestimmungen zur Anwendung. So richtet sich z. B. das Verfahren und der Instanzenzug bei der Konzessionierung von Dampfkesseln und Triebwerken (§ 59) nach den §§ 16ff. GewO. (Rekursfrist 14 Tage).

An keine Frist und Form ist die allgemeine Dienstbeschwerde (wegen Verzögerung von Amtsvorrichtungen usw.) gebunden, ebensowenig die Anrufung der oberen Instanz, soweit diese berechtigt und verpflichtet ist, aus Gründen des öffentlichen Interesses Maßnahmen der unteren Instanz (z. B. in Bergpolizeiangelegenheiten) herbeizuführen, abzuändern oder aufzuheben.

Ein allgemeines Zwangsmittel zur Durchführung von Anordnungen der Bergbehörden ist die den Oberbergämtern (nicht den Revierbeamten) zustehende Befugnis, Zwangsstrafbefehle in Höhe von einer bis tausend Goldmark zu erlassen[1]). Weitere Zwangsmittel haben die Bergbehörden auf dem Gebiete der Bergpolizei (vgl. S. 207).

Die Einziehung der in Bergsachen erwachsenen Kosten (und Strafgelder) geschieht im Wege des Verwaltungszwangsverfahrens[2])

[1]) § 190 Abs. 6 ABG., § 48 der VO. wegen verbesserter Einrichtung der Provinzial- usw. Behörden vom 26. Dez. 1808 (GS. 1806—10 S. 464). Art. II der VO. über Vermögensstrafen und Bußen vom 6. Febr. 1924 (RGBl. I 44). Wegen Umwandlung einer uneinbringlichen Geldstrafe in Haft von höchstens 6 Wochen vgl. Art. II Abs. 4 dieser Verordnung.

[2]) VO., betr. das Verwaltungszwangsverfahren wegen Beitreibung von Geldbeträgen, vom 15. Nov. 1899 (GS. S. 545) und vom 18. März 1904 (GS. S. 36) nebst Ausführungsbestimmungen.

(§ 194). Da den Bergbehörden besondere Vollziehungsbeamte nicht beigegeben sind, erfolgt die zwangsweise Beitreibung durch Vermittlung von Behörden der allgemeinen Staatsverwaltung.

3. Bergausschüsse und Verwaltungsstreitverfahren.

Das in den letzten Jahrzehnten auf fast allen Gebieten des Rechtslebens hervorgetretene Streben, die Entscheidungen der Verwaltungsbehörden einer Rechtskontrolle durch unabhängige Gerichte zu unterwerfen, hat auch das Bergrecht ergriffen. Für bestimmte Fälle ist ein Verwaltungsstreitverfahren eingeführt, und hierdurch ist die Schaffung von besonderen, mit technischer Sachkenntnis ausgestatteten Bergverwaltungsgerichten erforderlich geworden.

Bei jedem Oberbergamte besteht für dessen Bezirk ein Bergausschuß als erste Instanz des Verwaltungsstreitverfahrens. Der Bergausschuß besteht aus Abteilungen. Für jede Provinz, in der innerhalb des Oberbergamtsbezirks Bergbau umgeht, besteht eine Abteilung, die sich aus dem Berghauptmann oder dessen Stellvertreter als Vorsitzendem und sechs Mitgliedern zusammensetzt. Zwei dieser Mitglieder werden aus den Mitgliedern des Oberbergamts auf die Dauer ihres Hauptamtes durch den Minister für Handel und Gewerbe ernannt. Die vier anderen Mitglieder werden für jede Abteilung durch den Provinzialausschuß der Provinz, für welche die Abteilung besteht, gewählt. Drei Mitglieder müssen Einwohner der Provinz sein, ein Mitglied muß einem Oberlandesgerichte der Provinz angehören. Wählbar ist jeder zum Provinziallandtage wählbare Deutsche mit Ausnahme der staatlichen Bergbeamten und einiger höherer Verwaltungsbeamten. Neben den Mitgliedern werden zwei Stellvertreter ernannt und vier Stellvertreter gewählt[1]). Die gegenwärtige Einrichtung der Bergausschüsse ist als eine vollkommene nicht anzusehen. Im Gegensatz zum Bezirksausschuß, der sonst als Vorbild gedient hat, fehlt den ernannten Mitgliedern des Bergausschusses die richterliche Unabhängigkeit. Ein Bedenken liegt ferner darin, daß, obwohl der Berg-

---

[1]) § 194a ABG. i. d. F. des G. vom 6. Aug. 1921; §§ 11, 12, 32—34 LVG.; Geschäftsregulativ, betr. den Geschäftsgang und das Verfahren der Bergausschüsse, vom 8. Dez. 1905, Z. f. B. **47** 145. Wegen der Gebühren vgl. Min.-Erl. v. 24. März 1924 (Min.-Blatt der Handels- und Gewerbeverwaltung).

ausschuß Entscheidungen des Oberbergamts nachzuprüfen hat, der Berghauptmann und zwei Oberbergamtsmitglieder bei den Entscheidungen des Bergausschusses mitwirken. Hieraus ergeben sich prozessuale Schwierigkeiten. Insbesondere ist es unzulässig, daß der Berghauptmann oder ein Oberbergamtsmitglied, das Prozeßhandlungen für das Oberbergamt vorgenommen hat, in der gleichen Sache bei der Entscheidung des Bergausschusses mitwirkt[1]).

Die Zuständigkeit der Bergausschüsse ist zur Zeit lückenhaft. Die Frage, welche Entscheidungen der Bergbehörden zweckmäßig einer Verwaltungskontrolle zu unterwerfen sind, ist vom Gesetzgeber bisher noch nicht für das gesamte Bergrecht, sondern nur im Rahmen der Abänderungsgesetze für beschränkte Gebiete geprüft worden. Die einzelnen Fälle, in denen das Verwaltungsstreitverfahren zugelassen ist, stehen infolgedessen systemlos nebeneinander. Es sind folgende Fälle:

a) aus dem Mutungsrecht: § 15 Abs. 1 Ziff. 1 (Fündigkeit), § 27 Abs. 4 (Feldesform), Art. XI Nov. vom 18. Juni 1907, Art. 5 G. über die Verleihung von Braunkohlenfeldern an den Staat vom 3. Jan. 1924 (Verleihung von Zwischenfeldern),

b) aus dem Bergpolizeirecht: § 75 Abs. 2 (Nichtanerkennung und Aberkennung der Befähigung von Aufsichtspersonen), Entscheidungen nach § 197 Abs. 1 (Arbeitszeit),

c) aus dem neueren Recht: § 6 des G. vom 22. April 1922 über die Vereinigung von Steinkohlenfeldern im Oberbergamtsbezirk Dortmund (Feststellung der Bedingungen durch das Schiedsamt), § 6 des G. vom 22. Juli 1922 zur Regelung der Grenzen von Bergwerksfeldern (Feststellung der Entschädigung durch das Schiedsamt).

Der allgemeine Grundsatz der Anfechtbarkeit polizeilicher Verfügungen im Verwaltungsrechtswege ist bisher auf das Gebiete der Bergpolizei nicht ausgedehnt.

Die Klage im Verwaltungsstreitverfahren ist innerhalb zwei Wochen[2]) von der Zustellung der angefochtenen Entscheidung an zu erheben. Sie ist gegen die Stelle, die diese Entscheidung erlassen hat (Oberbergamt, Revierbeamter, Schiedsamt), zu richten.

---

[1]) OVG. 14. April 1910, Z. f. B. **51** 635; 26. April 1923, Z. f. B. **64** 503.

[2]) Im Falle des § 6 des G. vom 22. Juli 1922 innerhalb 4 Wochen.

Die für das Verwaltungsstreitverfahren vor den allgemeinen Verwaltungsgerichten geltenden Vorschriften[1]) kommen zur Anwendung. Insbesondere schließt die Erhebung der Klage im Verwaltungsstreitverfahren die Einlegung des Rekurses aus. Sie hat, wenn nicht ein anderes bestimmt ist, aufschiebende Wirkung.

Gegen die Urteile der Bergausschüsse findet — soweit sie nicht endgültig sind (§ 75 Abs. 2 ABG., § 6 des G. vom 22. April 1922, § 6 des G. vom 22. Juli 1922) — als weiteres Rechtsmittel die Revision an das Oberverwaltungsgericht statt. Sie kann nur auf Nichtanwendung oder unrichtige Anwendung des Rechts oder wesentliche Mängel des Verfahrens gestützt werden. Die Anmeldung und Rechtfertigung hat binnen zwei Wochen von der Zustellung der Entscheidung an beim Bergausschusse zu erfolgen.

4. Bergbeamte.

Die Ausbildung für den höheren technischen Staatsdienst in der Bergverwaltung zerfiel nach den Vorschriften vom 18. Sept. 1897 in eine einjährige praktische Lehrzeit, ein dreijähriges akademisches Studium, eine dreijährige Beschäftigung als Bergreferendar.

Mit der Fortentwicklung der Technik erwies sich die dreijährige Dauer des Hochschulstudiums als nicht ausreichend, auch wurde die Notwendigkeit, die Auswahl unter den Bewerbern schon nach Erlangung des Reifezeugnisses einer höheren Lehranstalt zu treffen, als Mangel empfunden. Aus diesen Gründen ist durch die Vorschriften vom 6. April 1920[2]) eine durchgreifende Änderung des Ausbildungsganges dahin vorgenommen worden, daß die Übernahme in den Staatsdienst das Bestehen der Diplomprüfung in der Fachrichtung des Bergbaues (bei der Bergakademie in Clausthal oder bei einer der Technischen Hochschulen in Berlin, Aachen oder Breslau)

[1]) §§ 50—114 LVG.

[2]) Erl. d. HM. über Ausbildung und Prüfung für den höheren technischen Staatsdienst im Bergfach, Anw. d. HM. für die praktische Beschäftigung der Bergbaubeflissenen, Diplomprüfungsordnung der Bergakademie Clausthal für die Fachrichtung des Bergbaues, Bek. d. HM. und des Kultusministers, betr. Ersetzung der Bergreferendarprüfung durch die Diplomprüfung; sämtlich vom 6. April 1920, Zeitschr. f. Berg-, Hütten- u. Salinenwesen S. 103 ff. Diplomprüfungsordnung für die Preußischen Technischen Hochschulen v. 16. Juni 1922. Ähnliche Vorschriften sind auch in Bayern erlassen (VO. vom 18. Aug. 1923).

vorauszugehen hat. Die Zulassung zur Diplomprüfung setzt eine einjährige praktische Lehrzeit[1]) und ein vierjähriges Hochschulstudium voraus. Die praktische Lehrzeit kann von allen Bergbaubeflissenen auf Antrag unter der Leitung und Aufsicht der Bergbehörden abgeleistet werden, und zwar die erste Hälfte ohne Unterbrechung, die zweite in Abschnitten (unter Verteilung auf die Hochschulferien). Die Übernahme der für den Staatsdienst geeigneten Bergdiplomingenieure erfolgt durch Ernennung zum Bergreferendar. Nach einem zweieinhalbjährigen Vorbereitungsdienst (Staatswerke, Bergreviere, Reisezeit, Oberbergamt) kann der Bergreferendar zur Staatsprüfung zugelassen werden. Nach deren Bestehen wird er zum Bergassessor ernannt, wodurch er die Befähigung zur Bekleidung der höheren technischen Ämter im Staatsdienste erlangt. Ein Anspruch auf Verwendung im Staatsdienste wird aber weder durch die Zulassung zur Ausbildungszeit, noch durch die Ernennung zum Bergassessor begründet.

Die bei den Bergbehörden angestellten juristischen Beamten müssen die Fähigkeit zum Richteramte besitzen.

Die Bergbeamten unterliegen den allgemeinen, für Verwaltungsbeamte geltenden Bestimmungen[2]), insbesondere auch den Beschränkungen des G. vom 10. Juni 1874 über die Beteiligung der Staatsbeamten bei der Gründung und Verwaltung von Aktien-, Kommandit- und Bergwerksgesellschaften (GS. S. 244). Für den Erwerb von Bergwerkseigentum und Bergwerksanteilen, der zur Zeit der Geltung des Direktionsprinzips den Bergbeamten völlig verboten war, gilt jetzt die Sonderbestimmung des § 195 ABG., wonach die Bergbeamten des Staates, deren Frauen und unter väterlicher Gewalt stehenden Kinder, im Verwaltungsbezirke der ersteren[3]) Bergwerke und Kuxe durch Mutung überhaupt nicht, durch andere Rechtsgeschäfte unter Lebenden nur mit Genehmigung des Handelsministers erwerben können. Unbeschränkt ist der Erwerb

---

[1]) Der Bergwerksbesitzer muß den mit den Fahrscheinen des OBA. versehenen Personen, die sich dem Bergfache gewidmet haben, zum Zweck ihrer Ausbildung die Befahrung und Besichtigung des Werkes gestatten (§ 78).

[2]) Die Pflicht zur Amtsverschwiegenheit ist in § 3b ABG. nach einer besonderen Richtung ausdrücklich festgestellt.

[3]) Der Verwaltungsbezirk der Behörde, bei der ein Bergbeamter angestellt ist, ist auch als dessen Verwaltungsbezirk anzusehen.

von Todeswegen sowie auch der Erwerb kraft Gesetzes (Eingehung einer gütergemeinschaftlichen Ehe). Die Beschränkung findet keine Anwendung auf konzessionierte Markscheider, weil diese nicht Beamte sind, auf pensionierte Bergbeamte, weil diese keinen Verwaltungsbezirk haben, sowie (streitig) auf fiskalische Bergbeamte, weil das ABG. sich nicht auf die Rechtsverhältnisse der fiskalischen Bergbehörden und Bergbeamten erstreckt. Auf den Erwerb von Aktien und Anteilen einer Gesellschaft m. b. H. erstreckt sich das Verbot nicht.

Die Nichtbeachtung des Verbots hat nicht nur disziplinare Folgen, sondern bewirkt auch die Nichtigkeit der Mutung oder des sonstigen Rechtsgeschäfts. Ist indessen die Bergwerksverleihung trotz Nichtigkeit der Mutung erfolgt, so kann sie zwar von Dritten angefochten, von der Verleihungsbehörde selbst aber ebensowenig wie eine Bergwerksverleihung auf eine aus anderen Gründen ungültige Mutung zurückgenommen werden. Ist ein anderes Rechtsgeschäft verbotswidrig zustande gekommen und deshalb nichtig, so kann trotzdem das erworbene formale Eigentum dem gutgläubigen Dritten gegenüber eine unanfechtbare Grundlage zu rechtsgültigem Erwerbe werden (§ 298 BGB.).

5. Markscheider.

Die Markscheider sind, soweit ihnen nicht besondere Beamtenstellen übertragen sind (Berg- und Vermessungsräte bei den Oberbergämtern), nicht Bergbeamte, sondern Gewerbetreibende, die zur Ausübung ihres Gewerbes einer staatlichen Konzession bedürfen (§ 34 Abs. 3 GewO.). Sie sind in Ausübung ihres Gewerbes als mit öffentlichem Glauben versehene Personen im Sinne des § 415 ZPO. anzusehen. Die Konzession wird nach vorangegangener Feststellung der Befähigung des Bewerbers[1]) vom Oberbergamte für das ganze Staatsgebiet erteilt. Das Oberbergamt führt auch eine fortlaufende Aufsicht (nicht disziplinaren Charakters) über die Markscheider (durch die Berg- und Vermessungsräte) und kann die Konzession wieder ent-

[1]) Prüfungsvorschriften vom 24. Okt. 1898 mit mehreren Nachträgen. Nach dem letzten Nachtrag vom 21. Jan. 1923 (Z. f. B. **64** 188) werden das Reifezeugnis einer höheren Schule, ein praktisches Lehrjahr, ein dreijähriges Hochschulstudium und eine einjährige praktisch-markscheiderische Ausbildung gefordert.

ziehen (§ 190 Abs. 2, 3). Die Rechtsverhältnisse der Markscheider regeln sich teils nach den Bestimmungen der Gewerbeordnung, teils nach Vorschriften des Handelsministers[1]) und der Oberbergämter. Insbesondere gelten die Grundsätze der GewO. (§§ 40, 47, 53, 54, 72), daß die Konzession nicht auf Zeit erteilt und nur unter bestimmten Voraussetzungen zurückgenommen werden kann, daß über die Zulässigkeit einer Stellvertretung die konzessionierende Behörde von Fall zu Fall zu entscheiden hat und daß bindende Gebührentaxen nicht statthaft sind[2]). Über die Zulässigkeit der Heranziehung von Gehilfen bei Ausführung der nach dem ABG. von dem Markscheider auszuführenden Arbeiten können der Handelsminister und die Oberbergämter Bestimmung treffen. Der Betrieb des Markscheidergewerbes ohne Konzession sowie die Abweichung von den in der Konzession enthaltenen Bedingungen ist nach § 147 GewO. strafbar. Ob ein Verstoß gegen die Vorschriften der Markscheiderordnung auch eine Abweichung von den Konzessionsbedingungen enthält, bestimmt sich nach dem Inhalte der Konzessionsurkunde.

VII. Die Bergwerksmineralien.

Gegenstand des Bergregals waren nach der Goldenen Bulle Karls IV. (1356) sämtliche Metalle und das Salz („auri et argenti fodinae atque minerae stanni, cupri, ferri, plumbi et alterius cuiscunque generis metalli ac etiam salis"). Die Goldene Bulle bildete in dieser Hinsicht die Grundlage des gemeinen deutschen Bergrechts. Auch die Bergbaufreiheit und das Bergwerkseigentum konnten sich nur auf Mineralien erstrecken, die kraft des Bergregalrechts dem Verfügungsrechte des Grundeigentümers entzogen waren.

In der Folgezeit wurden aber durch die Bergordnungen der einzelnen Territorien zahlreiche landesrechtliche Abweichungen von der gemeinrechtlichen Regel geschaffen. In Böhmen hatte

---

[1]) Markscheiderordnung vom 23. März 1923, in Geltung seit 1. Juni 1924.

[2]) Die Gebührenordnung für Markscheider vom 22. Okt. 1894 und 13. Sept. 1895 ist nach ihrer eigenen Angabe nur als „Grundlage für die dem freien Übereinkommen überlassene Bezahlung der Markscheiderarbeiten" aufzufassen, im übrigen veraltet.

der Widerstand der Grundherren gegen das Bergregal den Erfolg, daß ihnen die niederen Metalle als Gegenstand der Grundherrlichkeit überlassen wurden (Böhmische Bergwerksvergleiche von 1534 und 1575); in Schlesien behaupteten die Grundeigentümer das von ihnen beanspruchte Recht auf die Eisenerze. Häufiger ist jedoch eine Erweiterung des Kreises der dem Bergbau freigegebenen Mineralien festzustellen, vielfach sogar eine Überschreitung des durch vernünftige Erwägungen gebotenen Maßes ohne jede Rücksicht auf die entgegenstehenden Interessen des Grundeigentümers, dem „stellenweise kaum mehr als die Ackerkrume unbestritten zur freien Benutzung übrig blieb" (Achenbach). Nach einigen Bergordnungen unterlagen dem Bergregal nicht nur alle Metalle und das Salz, sondern auch Schwerspat, Flußspat, Schiefer, Sandstein, Kalkstein, Marmor, Alabaster, Feuerstein, Porzellan-, Walker- und Farbenerde, Ocker, Lasur, Zinnober, Kreide, Berggrün, Alaun, Vitriol, die Edelsteine, die Mineralquellen usw. Eine verschiedene Stellung nahm die Berggesetzgebung der deutschen Staaten gegenüber der Steinkohle ein, als deren hohe wirtschaftliche Bedeutung im 18. Jahrhundert erkannt wurde. Während in Preußen durch die renov. Cleve-Märkische Bergordnung von 1737 die Steinkohle (welche Bezeichnung damals die Braunkohle in sich schloß) zum Gegenstand des Bergregals erklärte wurde, beließen die kursächsischen Bergordnungen die Kohle dem Grundeigentümer.

Schon die rev. Bergordnungen Friedrichs des Großen und das ALR. zogen den Kreis der bergfreien Mineralien enger. Das ABG. hat weiter eine Anzahl vorher teils allgemein, teils in einzelnen Landesteilen verleihbarer Mineralien (Edelsteine, Erdpech, Salpeter, Flußspat, Raseneisenerze) ausgeschieden und den Umfang der Bergbaufreiheit auf das durch volkswirtschaftliche Interessen gerechtfertigte Maß zurückgeführt. Nach § 1 sind nur die folgenden Mineralien, die damals 99 v. H. des Wertes sämtlicher Bergwerkserzeugnisse des preußischen Staates darstellten, dem Verfügungsrechte des Grundeigentümers entzogen:

Gold, Silber, Quecksilber, Eisen mit Ausnahme der Raseneisenerze, Blei, Kupfer, Zinn, Zink, Kobalt, Nickel, Arsenik, Mangan, Antimon und Schwefel, gediegen und als Erze;

Alaun und Vitriolerze;

Steinkohle, Braunkohle und Graphit;
Steinsalz nebst den mit demselben auf der nämlichen Lagerstätte vorkommenden Salzen und die Solquellen."

Durch die Nov. vom 18. Juni 1907 sind die Worte „Steinsalz nebst den mit demselben usw." ersetzt worden durch „Steinsalz, Kali-, Magnesia- und Borsalze nebst den mit diesen Salzen auf der nämlichen Lagerstätte vorkommenden Salzen und die Solquellen[1])".

Die in § 1 aufgeführten Mineralien sind nicht von gleicher wirtschaftlicher Bedeutung, z. B. werden Quecksilber, Zinn, Kobalt, Antimon, Graphit in Preußen überhaupt nicht oder doch nur in ganz geringen Mengen gewonnen Diese Mineralien geringerer Bedeutung sind nur deshalb ebenfalls der Bergbaufreiheit unterworfen, weil sie mit den Hauptmineralien zusammen vorzukommen pflegen und ihre Ausscheidung Störungen des Bergwerksbetriebes und Rechtsunsicherheit zur Folge haben würde.

Die Aufzählung im § 1 soll eine erschöpfende sein (Enumerationsprinzip). Es fehlt eine Generalklausel, wie sie sich nach dem Vorbilde der Goldenen Bulle („et alterius cuiscunque generis metalli") im Sächsischen und im Österreichischen Berggesetz findet. Dem Grundeigentümer überlassen sind daher manche wertvolle Metalle, z. B. Platin, Chrom, Wolfram, Kadmium, Wismut, Selen, Molybdän, ferner Phosphorit, Strontianit und ölhaltige Schiefer, die in neuerer Zeit eine größere wirtschaftliche Bedeutung erlangt haben, sowie auch das neuentdeckte Radium[2])". Das Berggesetz hat das „Enumerationsprinzip" gewählt, um eine „feste und leicht erkennbare Grenze zwischen den Hoheitsrechten des Staates und den Rechten des Grundeigentümers zu ziehen" (Mot.). Ein Nachteil dieses Grundsatzes liegt darin, daß der Kreis der verleih-

[1]) Die anderen Bundesstaaten bestimmen zum Teil den Kreis der bergfreien Mineralien etwas anders. Insbesondere sind in mehreren Ländern die Bitumina und vereinzelt auch folgende Mineralien dem Verfügungsrechte des Grundeigentümers entzogen: Flußspat, Schwerspat, Wismut, Chrom, Platin, Asbest, Dach- und Tafelschiefer, Farberden, Raseneisenerze, schwefelsaurer Kalk (Gips und Anhydrit).

[2]) Das Radium unterlag im vormaligen Königreich Sachsen entsprechend der clausula generalis zunächst der Bergbaufreiheit. Es ist jedoch im Interesse einer geregelten Verwertung des wertvollen Stoffes durch besonderes Gesetz dem Staate vorbehalten worden.

baren Mineralien dauernd ein geschlossenener bleibt und sich nicht entsprechend der Fortentwicklung der industriellen und wirtschaftlichen Verhältnisse selbsttätig verengert oder erweitert. Alaun- und Vitriolerze sind z. B. auch jetzt noch verleihbar, obwohl eine Darstellung von Alaun und Vitriol aus Alaun- und Vitriolerzen bei dem gegenwärtigen Stande der chemischen Industrie kaum in Frage kommt. Anderseits wird auch eine Erweiterung des Kreises im Gesetzeswege durch die dabei auftretende Frage der Entschädigung der Grundeigentümer erschwert. Eine solche Entschädigung kann vom Gesetzgeber kaum versagt werden, wenn durch die Abtrennung des Verfügungsrechtes über ein Mineral der Wert des Grundeigentums vermindert wird.

Die Metalle sind bergfrei, sowohl wenn sie gediegen als auch wenn sie in Form von Erzen gefunden werden. „Erz" ist eine in der Natur vorkommende chemische Verbindung von technisch verwendbaren mit technisch nicht verwendbaren Stoffen. Um einem Mineral den Charakter als Golderz, Silbererz usw. zu geben, ist aber ein gewisser Mindestgehalt an Gold, Silber usw. erforderlich. Das Mineral muß nach dem Stande der Technik zur Herstellung von Gold, Silber usw. verwendbar sein. Ein Mineral kann im übrigen zugleich Golderz, Silbererz usw. sein.

Die im § 1 aufgeführten Mineralien sind bergfrei nur unter der Voraussetzung, daß sie sich auf ihrer natürlichen Ablagerung befinden. Unerheblich ist, ob es sich vom Standpunkte der Geologie um eine primäre oder sekundäre Lagerstätte handelt[1]). Ist aber das Minerial einmal gewonnen (sei es auch durch einen vorgeschichtlichen Bergbau), so tritt es durch eine spätere Preisgabe nicht wieder unter das Bergrecht. Von diesem Grundsatz besteht nur eine Ausnahme, insofern als nach § 54 Abs. 2 das Aufsuchungs- und Gewinnungsrecht des Bergwerkseigentümers sich auch auf die innerhalb seines Feldes befindlichen Halden eines früheren Bergbaues (d. h. wirkliche Bergwerkshalden, nicht Hütten- oder Wäschehalden) erstreckt. Grundlage einer Mutung können aber die — nicht mehr auf ihrer natürlichen Ablagerung befindlichen — Haldenmineralien nicht sein.

[1]) Das in Flüssen auf sekundärer Lagerstätte vorkommende Waschgold ist in Preußen verleihbar (streitig). In Bayern und Baden ist es ausdrücklich von der Bergbaufreiheit ausgeschlossen.

Für die Frage, ob eine Mineralablagerung dem Verfügungsrechte des Grundeigentümers entzogen ist, ist es gleichgültig, in welcher Teufe sie sich befindet[1]). Ferner ist ohne Belang, in welcher Menge das Mineral ansteht. Die Bestimmung im § 15, wonach das Mineral bei der amtlichen Untersuchung des Fundes im Mutungsverfahren in einer gewissen Menge und Beschaffenheit nachgewiesen sein muß, ist nur für die Rechtsgültigkeit einer Mutung, nicht aber für die Frage ausschlaggebend, ob auch Ablagerungen von geringer Menge (z. B. Kohlenflöze von wenigen Zentimetern Mächtigkeit) dem Verfügungsrechte des Grundeigentümers entzogen sind und im verliehenen Felde dem Bergwerkseigentum unterliegen[2]). Die Beschaffenheit des Minerals muß aber derart sein, daß es nach der oben angegebenen Regel als eines der im § 1 aufgeführten angesehen werden kann. Endlich sei noch hervorgehoben, daß der Ausschluß des Verfügungsrechts des Grundeigentümers nicht etwa nur die Verwendung zu bergmännischen Zwecken, sondern jede Verfügung über das Mineral betrifft. Der Grundeigentümer darf z. B. Solquellen, die bergrechtlich als solche anzusehen sind (vgl. unten), nicht nur nicht zur Kochsalzdarstellung, sondern auch nicht zu Badezwecken verwenden.

Der § 1 ABG. gilt nicht ausnahmslos für alle preußischen Landesteile. Eine Erweiterung des Kreises der bergfreien Mineralien besteht:

1. im vorm. Herzogtum Nassau, wo auch der (dort meist bergmännisch gewonnene) Dachschiefer[3]), und
2. in der vorm. Herrschaft Schmalkalden, wo auch der (dort in engem Zusammenhange mit Eisenerzen auftretende) Schwerspat[4])

dem Verfügungsrechte des Grundeigentümers entzogen ist.

Dagegen geht in folgenden Landesteilen das Recht des Grundeigentümers weiter:

---

[1]) Das französische Berggesetz von 1791 überließ alle Mineralien bis 100 Fuß Teufe dem Grundeigentümer. Dieser Gedanke ist aber schon in dem G. von 1810 als praktisch undurchführbar aufgegeben.

[2]) Vgl. Voelkel in Glückauf 1919 S. 163, a. M. Arndt.

[3]) EV. für Nassau Art. II.

[4]) EV. für Kurhessen Art. XV.

1. Im größten Teile der früheren Provinz Westpreußen und in einigen anstoßenden pommerschen Kreisen ist der durch das westpreußische Provinzialrecht begründete Rechtszustand aufrechterhalten. Nach § 210 ABG. sind dort nur das „Steinsalz" (unbedenklich zu ergänzen ist: „nebst den mit demselben auf der nämlichen Lagerstätte vorkommenden Salzen") und die Solquellen den berggesetzlichen Bestimmungen unterworfen (jetzt dem Staate vorbehalten). Alle anderen Mineralien unterliegen dem Verfügungsrechte des Grundeigentümers.

2. Die Eisenerze waren nicht überall Gegenstand des Bergregals und sind auch nach dem ABG. (§§ 211, 211a) dem Grundeigentümer verblieben im vorm. Herzogtum Schlesien und der Grafschaft Glatz (d. h. in den Provinzen Oberschlesien und Niederschlesien ausschl. der Oberlausitz und im Kreise Schwiebus), in Neuvorpommern und der Insel Rügen sowie in den Hohenzollernschen Landen.

3. Die Stein- und Braunkohlen unterliegen dem Verfügungsrechte des Grundeigentümers in dem sog. Mandatsbezirk, d. h. in der Ober- und Niederlausitz und einigen anderen vormals kursächsischen Landesteilen (G. vom 22. Febr. 1869) und im vorm. Fürstentum Calenberg einschl. der Grafschaft Spiegelberg (Art. 12 der EV. für Hannover vom 8. Mai 1867).

4. In der Provinz Hannover sind durch Art. II der EV. vom 8. Mai 1867 dem Verfügungsrechte der Grundeigentümer überlassen worden das Steinsalz nebst den mit demselben auf der nämlichen Lagerstätte vorkommenden Salzen und die Solquellen. Dieses Sonderrecht der Hannoverschen Grundeigentümer, das in der Geschichte der Kaliindustrie eine bedeutende, bei seiner Einführung nicht vorhergesehene Rolle gespielt hat, rührt daher, daß im vorm. Königreich Hannover die durch die Goldene Bulle begründete Regalität der Salze und Solquellen in späterer Zeit in Zweifel gezogen worden war. Die Hannoversche Staatsregierung hatte in einzelnen Fällen ein Recht des Grundeigentümers zur Salzgewinnung anerkannt, wogegen die Gerichte im allgemeinen an dem Grundsatz der Regalität festhielten. Die EV. hat diese Rechtsunsicherheit beseitigt, und zwar, entgegen dem Vorschlage der zur Beratung der EV. eingesetzten, aus Vertretern der Provinz zusammengesetzten Kommission, zugunsten der Grundeigentümer.

Im einzelnen ist über die im § 1 aufgezählten Mineralien folgendes zu bemerken:

1. Die Raseneisenerze sind dem Grundeigentümer belassen, weil ihre Gewinnung keine bergmännischen Kenntnisse und Veranstaltungen erfordert, dagegen einen unmittelbaren Eingriff in die Benutzung der Erdoberfläche erforderlich macht, auch der Grundeigentümer durch sein eigenes landwirtschaftliches Interesse darauf hingewiesen ist, für die Beseitigung und Verwertung zu sorgen (Mot.).

2. Manganerze haben in der Regel auch einen größeren oder geringeren Gehalt an Eisen. Die Frage, ob Manganerz oder Eisenerz, ist namentlich in Schlesien von praktischer Bedeutung, wo die Eisenerze dem Grundeigentümer gehören, die Manganerze aber nicht. Für die Entscheidung kommt folgendes in Betracht. Die Manganerze fanden früher nur wegen ihres Sauerstoffgehaltes Verwendung, besonders zur Herstellung von Chlor. In neuerer Zeit wird dagegen aus den Manganerzen das Metall in Legierung (Ferromangan) dargestellt. Erze, die sich hierzu eignen, sind daher verleihbar, auch wenn sie nicht zur Sauerstofferzeugung dienen können. Dagegen sind manganhaltige Eisenerze, die beim Hochofenbetriebe benutzt werden, nicht zu den Manganerzen zu rechnen, sofern ihr Gehalt an Mangan für eine selbständige technische Verwendung nicht ausreicht[1]).

3. Der Unterschied zwischen Steinkohle und Braunkohle erlangte besondere praktische Bedeutung dadurch, daß zunächst nur die Steinkohle in den meisten Landesteilen dem Staate vorbehalten wurde. Das wesentliche Unterscheidungsmerkmal liegt nicht in der Farbe, auch nicht in der Heizkraft, auch nicht in der chemischen Zusammensetzung, sondern in der physikalischen Beschaffenheit und den geologischen Altersverhältnissen. Jenseits des Tertiärs gibt es keine Braunkohle[2]). Der Torf ist etwas von der Braunkohle Verschiedenes und unterliegt dem Verfügungsrechte des Grundeigentümers. Anthrazit ist eine durch besondere Heizkraft ausgezeichnete Steinkohle.

4. Daß im § 1 ABG. urspr. Fass. im Anschluß an das Steinsalz „die mit demselben auf der nämlichen Lagerstätte vorkommenden

---

[1]) RekB. von 1884 und 1887, Z. f. B. **25** 281 und **28** 406.

[2]) RekB. vom 9. Juni 1908, Z. f. B. **50** 130 (bestritten).

Salze" erwähnt werden, erklärt sich daraus, daß Ende der 50er Jahre die über dem Steinsalz abgelagerten Kali-, Magnesia- und Borsalze (Karnallit, Sylvinit, Kieserit, Kainit usw.) bekannt geworden waren. Nach der Fassung des ABG. sind aber diese „Abraumsalze" oder „beibrechenden Salze", deren hoher wirtschaftlicher Wert damals noch nicht erkannt war, nicht zu selbständigen Gegenständen des Bergwerkseigentums erhoben, sondern für Zubehörungen des Steinsalzes erklärt worden. Eine Mutung oder Bergwerksverleihung auf die beibrechenden Salze allein war nicht zulässig. Bei der Fundesfeststellung spielten die beibrechenden Salze keine Rolle, die Bergwerksverleihung auf Steinsalz schloß die beibrechenden Salze, mochten sie in der Verleihungsurkunde ausdrücklich erwähnt sein oder nicht, in sich.

Seit der Nov. vom 18. Juni 1907 sind die Kali-, Magnesia- und Borsalze entsprechend ihrer selbständigen wirtschaftlichen Bedeutung vom Steinsalz rechtlich losgelöst, doch läßt die Fassung des Gesetzes zweifelhaft, ob Kali-, Magnesia- und Borsalze als bergrechtliche Einheit gedacht sind und zusammen Gegenstand der Bergwerksverleihung werden sollen, oder ob jede der drei Salzarten für sich einen selbständigen Gegenstand der Bergwerksverleihung darstellt (was sehr unzweckmäßig wäre). Weitere Zweifel sind dadurch herbeigeführt, daß das Abgeordnetenhaus die in der Regierungsvorlage als nunmehr überflüssig weggelassenen Worte „nebst den mit diesen Salzen auf der nämlichen Lagerstätte vorkommenden Salzen" wiedereingefügt hat, um das Recht zur Mitgewinnung von Jod- und Bromsalzen sicherzustellen. Es ist nicht klar, ob die bezeichneten Worte nur zu den Kali-, Magnesia- und Borsalzen" oder auch zum „Steinsalz" in Beziehung stehen. Näher liegt, das letztere anzunehmen. Im übrigen haben diese Fragen im Hinblick auf das jetzt bestehende staatliche Vorbehaltsrecht an allen Salzen nur ein geringes praktisches Interesse.

5. Solquellen (sonst auch Salzquellen genannt, in den mittelalterlichen Rechtsquellen unter Salz oder Salzerz inbegriffen) sind Quellen, die mit Rücksicht auf ihren Gehalt an Chlornatrium zur Darstellung von Kochsalz verwertbar sind[1]). In der Regel wird

---

[1]) Durch das Wassergesetz vom 7. April 1913 (vgl. § 396) ist an den Rechtsverhältnissen der Solquellen nichts geändert.

hierfür ein Chlornatriumgehalt von 4 bis 5 v. H. für ausreichend erachtet. Solquellen mit geringerem Chlornatriumgehalt, die sich zwar für Badezwecke, aber nicht zur Kochsalzdarstellung eignen, unterliegen dem Verfügungsrechte des Grundeigentümers.

Obwohl Solquellen ihren Ursprung regelmäßig in einer Lagerstätte festen Salzes haben, gelten sie doch rechtlich neben diesen als ein besonderes Mineralvorkommen. Salze und Solquellen können in einem und demselben Felde abgesondert Gegenstand verschiedener Bergbauberechtigungen sein[1]). Diese rechtliche Trennung des engen natürlichen Zusammenhangs kann zu Kollisionen führen insbesondere dann, wenn das Salzlager durch natürliche oder künstliche Wasserzuflüsse ausgelaugt wird und das mit Salz gesättigte Wasser sodann als Solquelle zutage tritt. Das Salzlager künstlich auszulaugen, ist der Eigentümer der Solquellenbergwerks jedenfalls nicht berechtigt. Anders liegt aber der Fall, wenn das Salzlager mit einem Bohrloch erreicht ist und auf diesem Wege ein natürlicher Wasserzufluß stattfindet, der das Salzlager auflöst. Seit der Nov. vom 18. Juni 1907 wirkt der Entstehung derartiger Kollisionen die Bestimmung im § 2 Abs. 1 entgegen, wonach die mit den Salzen auf der nämlichen Lagerstätte vorkommenden[2]) Solquellen ebenso wie die Salze dem Staate vorbehalten sind. Über den Begriff des Zusammenvorkommens „auf der nämlichen Lagerstätte" sind allerdings Zweifel möglich.

Nicht im § 1 genannt und niemals Gegenstand des Bergregals gewesen ist der Bernstein. Wenn trotzdem dessen Gewinnung in der Ostsee und am Ostseestrande, soweit sie nicht einzelnen Gemeinden oder Gutsherrschaften überlassen ist, ausschließlich dem Staate zusteht (Staatliche Bernsteinwerke in Königsberg), so handelt es sich dabei um einen Ausfluß der Rechte des Staates an dem Meeresufer (§ 80 ALR. II, 15). In Ostpreußen ist allerdings im Wege einer nicht ganz folgerichtigen Rechtsentwicklung dies Gewinnungsrecht als „vorbehaltenes Eigentum des Staates" (Bern-

---

[1]) RG. 2. Febr. 1883 (Z. f. B. **24** 122).

[2]) Der RegEntw. der Nov. wollte Solquellen überhaupt dem Staate vorbehalten. Im AbgH. wurde demgegenüber geltend gemacht, daß in Westfalen vielfach Solquellen ohne Zusammenhang mit Lagerstätten festen Salzes aufträten.

steinregal) auch auf das Binnenland ausgedehnt worden[1]). Abgesehen hiervon unterliegt der im Binnenlande vorkommende Bernstein dem Verfügungsrechte des Grundeigentümers.

VIII. Das Schürfen[2]).

1. Allgemeines und Schürfpolizei.

Schürfen[3]) ist das Aufsuchen der vom Verfügungsrechte des Grundeigentümers ausgeschlossenen Mineralien auf ihren natürlichen Ablagerungen (§ 3).

Unwesentlich ist die äußere Form der Schürfarbeiten. Neben die Schürfgräben, Schürfstollen, Schürfschächte usw. der älteren Zeit ist als moderne Form des Schürfens die Tiefbohrung getreten. Geschürft werden kann aber auch in der Weise, daß von verliehenen Grubengebäuden aus unter Tage Bohrungen, Strecken usw. über die Feldesgrenzen hinaus getrieben werden[4]).

Gegenstand des Schürfens können nur die vom Verfügungsrechte des Grundeigentümers ausgeschlossenen Mineralien sein. Unterliegt eines der im § 1 ABG. bezeichneten Mineralien in einem Landesteile dem Verfügungsrechte des Grundeigentümers (Kalisalze in Hannover, Kohlen im Mandatsgebiet), so ist dort das Aufsuchen dieses Minerals nicht als Schürfen im bergrechtlichen Sinne anzusehen.

Die gesetzliche Begriffsbestimmung des Schürfens ist im übrigen entsprechend der unverkennbaren Absicht des Gesetzes dahin zu ergänzen, daß das Aufsuchen der Mineralien die Erlangung des

---

[1]) Vgl. Art. IV G. vom 22. Febr. 1867 (Z. f. B. **9** 39), sowie wegen der Bestrafung der unbefugten Bernsteingewinnung sowie der Pflicht zur Ablieferung zufällig gefundenen Bernsteins G. vom 11. Febr. 1924 (GS. S. 106).

[2]) ABG. §§ 3—10 (2. Tit. 1. Abschn.), 152. Westhoff, Bergbau und Grundbesitz, Bd. II S. 359ff.

[3]) Schürfen (althochdeutsch „scurfan") = aufritzen, aufschneiden. Der Wortstamm findet sich auch in „scharf" und „Schorf".

[4]) Das österreichische Bergrecht hat dafür die Bezeichnung „Hoffnungsschläge". Solange eine Strecke dieser Art die Feldesgrenze noch nicht überschritten hat, wird damit auch noch nicht geschürft. Es handelt sich um eine Maßregel des Bergwerksbetriebes, die das Schürfen vorbereitet. RekB. vom 2. Febr. 1907, Z. f. B. **48** 410.

Bergwerkseigentums zum Zwecke haben muß. Der Mineraliensammler schürft nicht. Auch nicht der Bergwerkseigentümer, der innerhalb seines Feldes das verliehene Mineral an neuen Stellen sucht. Auch nicht der Muter, der nach gemachtem Funde vor der Verleihung noch weitere Arbeiten zur Aufschließung der Lagerstätte vornimmt. Solche „Versuchsarbeiten" des Muters unterliegen indessen den gleichen Vorschriften wie die Schürfarbeiten (§ 21).

Das Schürfen wird im älteren deutschen Bergrecht und vielfach auch in neueren Gesetzen[1]) zum Bergbau gerechnet. Es gehört unzweifelhaft zum Bergwesen im Sinne des § 6 GewO. Auch sind Schürfbetriebe „bergbauliche Anlagen" im Sinne des Gewerbegerichtsgesetzes. Im ABG. dagegen erscheint das Schürfen als Vorbereitung zum eigentlichen Bergbau, worauf die für diesen geltenden Bestimmungen nicht ohne weiteres Anwendung finden, z. B. nicht das Gewerkschaftsrecht. Zweifelhaft war früher auch die Zuständigkeit der Bergbehörden zur Ausübung der allgemeinen polizeilichen Aufsicht über das Schürfen. Das KG. vertrat den Standpunkt, daß die Bergbehörden nur über die Zulässigkeit der Schürfarbeiten zu entscheiden hätten (§§ 4, 10). Da die fortschreitende, mit Erhöhung der Betriebsgefahr verbundene Entwicklung der Bohrtechnik die fortlaufende Beaufsichtigung durch eine fachkundige Behörde notwendig machte, ist durch die Nov. vom 18. Juni 1907 die Zuständigkeit der Bergbehörden außer Zweifel gestellt worden. Nach §§ 3a, 59 ABG. n. Fass. finden die Vorschriften über die Bergbehörden und die im 9. Titel enthaltenen allgemeinen Vorschriften über die Bergpolizei sowie die Vorschriften über Dampfkessel und Triebwerke auf das Schürfen entsprechende Anwendung. Nicht ohne weiteres gelten die besonderen bergpolizeilichen Bestimmungen über die Verpflichtung zur Anzeige vom Beginn des Betriebes, über den Betriebsplan, das Grubenbild und die Aufsichtspersonen. Indessen können diese Vorschriften (§§ 67 bis 70, 72 bis 77) durch Polizeiverordnung des Oberbergamts mit den aus der Sachlage sich ergebenden Änderungen auf Schürfarbeiten ausgedehnt werden. Die Oberbergämter haben auf Grund des § 3a derartige Polizeiverordnungen erlassen.

Indem das ABG. (§ 3) bestimmt, daß das Schürfen jedermann

[1]) Nicht im Reichshaftpflichtgesetz, Z. f. B. **21** 349).

gestattet sei, bringt es den Grundsatz der Schürffreiheit zum Ausdruck, die in der Bergbaufreiheit enthalten ist. Durch die Nov. vom 18. Juni 1907 ist indessen dieser Grundsatz insofern durchbrochen, als das Schürfen auf die dem Staate vorbehaltenen Mineralien (Steinkohlen und Salze, jetzt auch Braunkohlen) nur dem Staate und den von diesem ermächtigten Personen gestattet sei. Abgesehen von diesem Falle, bedarf es zur Vornahme von Schürfarbeiten nicht einer staatlichen Erlaubnis. Die Einrichtung des amtlichen Schürfscheins, dessen Ausstellung nach früherem preußischen Recht Voraussetzung des rechtmäßigen Schürfens war, allerdings der Regel nach von jedem gefordert werden konnte, ist vom ABG. als entbehrliche Kontrollmaßregel aufgegeben. Danach ist aber der Schürfer auch nicht in der Lage, innerhalb eines bestimmten Gebietes für eine bestimmte Zeit eine ausschließliche Schürfberechtigung (wie sie in den geschlossenen „Schürffeldern" des sächsischen, den „Freischürfen" des österreichischen Bergrechts besteht) zu erwerben, vielmehr ist er allen Wechselfällen des schrankenlosen Schürf- und Mutungswettbewerbes preisgegeben[1]).

Von der Schürffreiheit bestehen örtliche Ausnahmen. Das Schürfen ist (im Interesse der öffentlichen Sicherheit und Ordnung) auf öffentlichen Plätzen, Straßen und Eisenbahnen sowie (im Interesse der Schonung des religiösen Gefühls) auf Friedhöfen unbedingt, auf anderen Grundstücken dann verboten, wenn nach der Entscheidung der Bergbehörde überwiegende Gründe des öffentlichen Interesses (Schutz von Heilquellen, Wasserversorgungsanlagen usw.) entgegenstehen (§ 4 Abs. 1, 2). Ferner sind Schürfarbeiten, die, was an sich zulässig ist, in Feldern fremder Bergwerke auf noch nicht verliehene Mineralien betrieben werden, von der Bergbehörde zu untersagen, wenn dadurch die Sicherheit der Baue oder der ungestörte Betrieb des Bergwerks bedroht wird (§ 10 Abs. 2[2]). Diese Schürfverbote treffen, da sie ihren Grund im öffentlichen Interesse haben, auch den Fall, daß ein Grundeigentümer auf seinem

---

[1]) Vgl. S. 88.

[2]) Verboten ist ferner in Schleswig-Holstein nach Art. II EG. vom 12. März 1869 das Schürfen auf See- und Flußdeichen und in deren Nähe. Beschränkungen nicht bergrechtlicher Art ergeben sich aus § 367 Nr. 12 StGB., § 29 Feld- und Forstpolizeigesetz vom 1. April 1880 und für Festungsrayons aus dem sog. Reichsrayongesetz vom 21. Dez. 1871.

eigenen Grundstücke schürfen will. Die Untersagung der Schürfarbeiten kann in allen Fällen auch nach Beginn der Schürfarbeiten stattfinden, ohne daß für den Schürfer ein Schadensersatzanspruch entsteht, auch kann der Schürfer, wenn es das Sicherheitsinteresse erfordert, angehalten werden, auf seine Kosten den früheren Zustand wiederherzustellen (z. B. das Schürfbohrloch zu verdichten[1]).

2. Verhältnis des Schürfers zum Grundbesitzer.

In der Richtung gegen den Grundbesitzer äußert sich die Schürffreiheit dadurch, daß dieser grundsätzlich das Schürfen, soweit es gesetzlich und polizeilich zulässig ist, auf seinem Grund und Boden gegen Entschädigung zu gestatten hat. Der Schürfer darf zwar nicht eigenmächtig mit der Ausführung von Schürfarbeiten auf fremdem Grund und Boden beginnen, sondern muß vorher zu dessen Benutzung die Erlaubnis des Grundbesitzers nachsuchen. Der Grundbesitzer ist aber verpflichtet, die Erlaubnis zu erteilen und kann dazu, wenn er sich weigert, in einem amtlichen Zwangsverfahren angehalten werden, sofern nicht die Ausnahmebestimmung des § 4 Abs. 3 Platz greift. Nach dieser darf unter Gebäuden und in einem Umkreise um diese bis zu 60 m, in Gärten und in eingefriedigten Hofräumen nicht geschürft werden, es sei denn, daß der Grundbesitzer seine ausdrückliche Einwilligung hierzu erteilt hat. Diese Ausnahmebestimmung, die an das Verbot des Schürfens unter „Tisch, Bett und Feuerstatt" in den alten Bergordnungen erinnert, soll verhindern, daß der Grundbesitzer in dem ruhigen Genusse seines Besitztums gestört und belästigt wird. Was ihre Auslegung im einzelnen anlangt, so besteht Einverständnis darüber:

a) daß unter „Gebäuden" nicht nur Wohngebäude, sondern auch unbewohnte Fabrikgebäude, Lagerhäuser usw. zu verstehen sind;
b) daß ein Park nicht als „Garten" anzusehen ist;
c) daß, wenn das Gebäude dem A, der Umkreis von 60 m dem B gehört, weder A noch B dem Schürfen in dem Umkreise widersprechen kann, A nicht, weil kein Eingriff in seine Rechte stattfindet, B nicht, weil er kein berechtigtes Interesse an dem Ausschluß der Schürfarbeiten hat;

---

[1]) RG. 17. Dez. 1898, Z. f. B. **40** 230.

d) daß die bloße Absicht, ein Gebäude zu errichten oder einen Hofraum einzufriedigen, zur Anwendung des § 4 Abs. 3 nicht genügt, vielmehr das Gebäude oder die Einfriedigung spätestens zu der Zeit vorhanden sein müssen, wo die Erlaubnis zum Schürfen nachgesucht wird.

Aus anderen privaten Gründen kann der Grundbesitzer die Erlaubnis, zu schürfen, nicht verweigern. Insbesondere ist unerheblich, ob die Schürfarbeiten Erfolg versprechen und ob etwa ein anderes Grundstück dazu besser geeignet wäre. Es liegt im freien Ermessen des Schürfers, ob und wo er sein Schürfrecht ausüben will, nur das Verbot der Schikane (§ 226 BGB.) findet selbstverständlich auch auf ihn Anwendung. Will der Grundbesitzer selbst auf seinem Grundstück schürfen und sind fremde Schürfarbeiten hiermit tatsächlich nicht vereinbar, so wird der fremde Schürfer gegenüber dem gleich starken Schürfrechte des Grundeigentümers zurückstehen müssen, vorausgesetzt, daß die Schürfabsicht des Grundbesitzers bereits eine bestimmte, äußerlich erkennbare Gestalt angenommen hat.

Werden Schürfarbeiten ohne ausdrückliche Erlaubnis des Grundbesitzers ausgeführt, so kann sie dieser im Rechtswege verhindern, es sei denn, daß von Bergwerksanlagen aus in solcher Tiefe geschürft wird, daß der Grundbesitzer an der Ausschließung des Schürfens kein Interesse hat (§ 905 BGB.). Als Grundbesitzer können der Eigentümer des Grundstücks, der Nutzungsberechtigte oder auch beide in Betracht kommen, je nachdem, in wessen Rechte die Schürfarbeiten ihrer Art nach eingreifen.

Das Zwangsverfahren zur Abtretung des für die Ausführung der Schürfarbeiten erforderlichen Grund und Bodens[1]) entspricht, abgesehen von einigen Vereinfachungen, dem Zwangsverfahren zur Grundabtretung für bergbauliche Zwecke. Auch das entstehende Rechtsverhältnis ist im wesentlichen das gleiche.

Außer dem durch die Benutzung eines fremden Grundstücks zu Schürfzwecken dem Grundbesitzer entstehenden Schaden, der mangels einer gütlichen Einigung in dem vorbezeichneten Zwangsverfahren festzustellen ist, können durch Schürfarbeiten noch weitere Beschädigungen des Grundeigentümers herbeigeführt werden (z. B.

---

[1]) Vgl. des näheren S. 158 f.

dadurch, daß dem Nachbargrundstück das Wasser entzogen wird). In solchen Fällen trifft den Schürfer nach § 152 eine Schadenersatzpflicht, die der Pflicht des Bergwerkseigentümers zum Ersatz des Bergschadens (§§ 148—151) entspricht.

3. Verhältnis des Schürfers zum Bergwerksbesitzer.

Da eine Bergwerksverleihung nach dem ABG. nur die rechtsgültig gemuteten, nicht alle verleihbaren Mineralien zum Gegenstande hat, so bleibt innerhalb des Feldes eines verliehenen Bergwerks die Schürffreiheit hinsichtlich der nicht verliehenen Mineralien bestehen (§ 10 Abs. 1). Schürfen darf sowohl der Bergwerkseigentümer selbst, als auch, vorbehaltlich eines Mutungsvorrechts des Bergwerkseigentümers (§ 55), jeder andere, ohne daß dieser zur Einholung der Erlaubnis des Bergwerkseigentümers oder auch nur zu einer Anzeige an diesen verpflichtet wäre. Indessen ist es (vgl. oben unter 1) Sache der Bergbehörde, Schürfarbeiten, die die Sicherheit der Baue oder den ungestörten Betrieb des Bergwerks bedrohen, zu untersagen. Dem Bergwerksbesitzer steht es frei, ein solches Verbot bei der Bergbehörde zu beantragen, dagegen kann er nicht die Einstellung des Schürfbetriebes im Rechtswege erzwingen. Auch kann er Ersatz eines dem Bergwerke durch das Schürfen zugefügten Schadens nur unter dem Gesichtspunkt des Schadenersatzes bei unerlaubten Handlungen (§§ 823ff. BGB.) verlangen. Die demgemäß etwa zu leistende Entschädigung ist vom Schürfer, auf Verlangen schon vor Beginn der Schürfarbeiten, sicherzustellen. Im Streitfalle setzt das Oberbergamt die Höhe der Kaution fest (§ 10 Abs. 3, 4).

4. Rechte an den geförderten Mineralien.

Die beim Schürfen geförderten Mineralien können sein:

a) Mineralien, die dem Verfügungsrechte des Grundeigentümers unterliegen;
b) Mineralien, auf die ein Recht bergrechtlichen Charakters (Bergwerkseigentum, Mutungsrecht, Staatsvorbehalt usw.) besteht;
c) Mineralien, die weder dem Verfügungsrechte des Grundeigentümers, noch einem Rechte der zu b bezeichneten Art unterliegen.

Über die Mineralien zu c kann der Schürfer verfügen, ohne Rücksicht darauf, inwieweit sie Ziel des Schürfens waren (§ 11). Über die Mineralien zu a und b enthält das ABG. keine näheren Vorschriften. Nach allgemeinen Rechtsgrundsätzen ist anzunehmen, daß der Schürfer sie dem Berechtigten herauszugeben hat. Ob er Ersatz der Förderkosten verlangen kann, ist streitig.

IX. Mutung und Bergwerksverleihung [1]).

1. Allgemeines.

Mutung[2]) ist der Antrag auf Bergwerksverleihung (§ 12). Entspricht die Mutung den gesetzlichen Erfordernissen, so begründet sie einen Anspruch auf Verleihung des Bergwerkseigentums in einem bestimmten Felde (§ 22). Außer diesem gegen den Staat gerichteten öffentlich-rechtlichen Anspruch schafft aber die gültige Mutung noch ein privates Recht des Inhalts, daß der Fundpunkt und das gesetzmäßig begehrte Feld zugunsten des Muters aus dem Bergfreien ausscheidet und späteren Mutungen gegenüber geschlossen wird[3]). Dieses Recht wirkt gegen jeden Dritten, ist also ein absolutes (nicht dingliches) Recht. Bei Erlaß des ABG. war der Rechtsweg für die Verfolgung öffentlich-rechtlicher Ansprüche nicht gegeben. Daher war der Muter im Falle der Nichtanerkennung seines öffentlich-rechtlichen Anspruchs durch die Staatsbehörde darauf beschränkt, seinen privatrechtlichen Anspruch gegenüber einem etwaigen Wettbewerber im ordentlichen Rechtswege geltend zu machen (§ 23). Die Gerichtsentscheidung im Zivilprozeß wirkte indessen auf die Entscheidung der Verwaltungsbehörden über den öffentlich-rechtlichen Anspruch zurück. Diese mußte mit der rechtskräftigen Gerichtsentscheidung in Einklang gebracht werden. Diese Grundsätze gelten auch jetzt noch. Sie sind aber dadurch durchbrochen, daß die Nov. vom 18. Juni 1907 für bestimmte Fälle die unmittelbare Verfolgung des öffentlich-rechtlichen Anspruchs im Verwaltungsstreitverfahren zugelassen hat.

Das Recht aus der Mutung ist veräußerlich und vererblich. Es kann Gegenstand eines Kaufvertrages sein.

---

1) ABG. §§ 12—38 (2. Tit. 2. Abschn.), 55.

2) Muten = verlangen, begehren.

3) RG. 14. April 1888, Z. f. B. **29** 404.

2. Gang des Mutungsverfahrens.

Die Annahme der Mutung ist von den dafür in erster Linie zuständigen Oberbergämtern auf Grund der ihnen durch § 12 Abs. 1 gegebenen Ermächtigung allgemein den Bergrevierbeamten übertragen. Die Mutung ist daher an den Bergrevierbeamten zu richten, in dessen Revier der Fundpunkt liegt. Das weitere Verfahren gestaltet sich derart, daß den Bergrevierbeamten die „Instruktion" der Mutung, die Entscheidung dagegen grundsätzlich dem Oberbergamt zusteht.

Die Mutung ist schriftlich[1]) oder zu Protokoll einzulegen (§ 13). Im ersteren Falle sollen zwei gleichlautende Exemplare eingereicht werden, von denen das eine für die Akten der Bergbehörde, das zweite für Privatzwecke des Muters bestimmt ist. Bei Einlegung zu Protokoll wird das zweite Exemplar von Amts wegen auf Kosten des Muters hergestellt, was auch geschehen kann, wenn der Muter zunächst nur ein Mutungsexemplar einreicht. Jedes Exemplar wird mit Tag und Stunde des Eingangs (der „Präsentation") versehen und sodann eines der Muter zurückgegeben. Die Erlangung des früheren Eingangsvermerks („Präsentatum") ist beim Mutungswettbewerbe von größter Bedeutung. Zur Beseitigung von Zweifeln ist eine AllgVf. des Handelsministers vom 20. Juli 1866 (Z. f. B. 7 536) ergangen, die in der Hauptsache folgendes bestimmt:

a) Die Annahme und Präsentation der Mutungen darf nur im Amtsgebäude und nur während der Dienststunden erfolgen.
b) Die mit derselben Post eingehenden Mutungen sind als gleichzeitig eingegangen zu präsentieren, die mit verschiedenen Posten eingegangenen dagegen nach Maßgabe der Zeit des Eingangs gesondert zu halten.

In der Mutungsschrift müssen angegeben sein (§ 14 Abs. 1):

a) der Name und Wohnort des Muters,
b) das gemutete Mineral,

---

1) Die Einlegung auf telegraphischem Wege ist nicht mehr zulässig, da nach § 126 BGB. zur Beobachtung der Schriftform die eigenhändige Namensunterschrift gehört. (Oder bedarf nach § 14 ABG. als einer bergrechtlichen Sondervorschrift die Mutung überhaupt nicht der Namensunterschrift, sondern nur der Angabe des Namens des Muters?)

c) der Fundpunkt,

d) der dem Bergwerke beizulegende Name.

Der Bergrevierbeamte trägt die Mutung in das Mutungsverzeichnis ein und prüft, ob sie die vorgeschriebenen Angaben enthält. Fehlt die eine oder andere, so hat der Muter dem Mangel auf Aufforderung innerhalb einer Woche abzuhelfen[1]). Geschieht dies nicht, so ist die Mutung von Anfang an ungültig (§ 14 Abs. 2). Zur Feststellung dieser Rechtsfolge bedarf es nach Annahme der Praxis nicht eines Beschlusses des Oberbergamts, vielmehr löscht der Bergrevierbeamte ohne weiteres die Mutung im Mutungsverzeichnis und gibt dem Muter hiervon Kenntnis.

Entspricht die Mutung den formellen Erfordernissen, so nimmt der Revierbeamte unter Zuziehung des Muters an Ort und Stelle die Besichtigung des Fundes vor. Handelt es sich um einen Bohrfund, so wird das Mineral in Gegenwart des Bergrevierbeamten aus dem Bohrloche zutage gefördert. Die Niederschrift der Verhandlung in dem Funduntersuchungstermin wird vom Revierbeamten in der Regel unter Beifügung einer amtlichen Fundprobe und einer gutachtlichen Äußerung dem Oberbergamt vorgelegt.

Das Oberbergamt veranlaßt erforderlichenfalls eine chemische Analyse der Fundgrube. Erweist sich nach dem Ergebnis der Analyse oder aus anderen Gründen der Fund als nicht verleihungsfähig (§ 15 Abs. 1 Ziff. 1), so weist das Oberbergamt ohne Fortsetzung des Verfahrens die Mutung als von Anfang an ungültig zurück.

Anderenfalls bleibt die Feldesstreckung abzuwarten. Der Antrag auf Bergwerksverleihung wird nämlich erst dadurch vollständig, daß der Muter die Lage und Größe des begehrten Feldes angibt. Diese Erklärung braucht, da der Muter Zeit haben muß, um sich, evtl. durch Versuchsarbeiten (§ 21), über das Verhalten der Lagerstätte und die zweckmäßigste Art der Feldesstreckung zu unterrichten, nicht schon bei Einlegung der Mutung abgegeben zu werden, vielmehr hat der Muter dazu eine Frist von sechs Monaten[2]) vom Ein-

[1]) Der fehlende Nachweis der Vertretungsmacht ist innerhalb einer vom RB. nach Ermessen zu bestimmenden Frist zu führen, auch kann während dieser Frist nachträglich rückwirkend Vollmacht erteilt werden (vgl. Isay Anm. 4 zu § 14; das sonstige Schrifttum zum Teil abweichend).

[2]) Vor der Nov. vom 18. Juni 1907 6 Wochen.

gange der Mutung ab. Die Frist ist eine Ausschlußfrist. Eine Wiedereinsetzung in den vorigen Stand für den Fall unverschuldeter Versäumnis ist nicht vorgesehen. Innerhalb dieser Frist hat der Muter dem Bergrevierbeamten die Lage und Größe des Feldes in Quadratmetern[1]) anzugeben und einen Situationsriß einzureichen, auf dem der Fundpunkt, die Feldesgrenzen, die zur Orientierung erforderlichen Tagesgegenstände und der Meridian angegeben sein müssen. Der Riß muß von einem konz. Markscheider oder Landmesser in dem von dem Oberbergamt vorgeschriebenen Maßstabe[2]) angefertigt sein. Er soll in zwei Exemplaren eingereicht, das zweite kann jedoch auch bei der Bergbehörde auf Kosten des Muters angefertigt werden (§§ 17, 18). Wird die für die Feldesstreckung vorgeschriebene Frist versäumt, so ist die Mutung von Anfang an ungültig. Auch in diesem Falle wird die Mutung ohne weiteres vom Bergrevierbeamten im Mutungsverzeichnis gelöscht.

Geht der Situationsriß rechtzeitig ein, so wird das begehrte Feld vom Bergrevierbeamten unverzüglich auf die **Mutungsübersichtskarte** (§ 20) aufgetragen. Diese liegt in den Diensträumen des Bergrevierbeamten während der Dienststunden zur öffentlichen Einsicht aus. Sie soll jedermann Gelegenheit bieten, sich über die jeweilige Lage der Berechtsamsverhältnisse zu unterrichten. Ist eine Mutung endgültig zurückgewiesen, so wird auch ihr Feld auf der Mutungsübersichtskarte gelöscht.

Die **markscheiderische Prüfung** des Situationsrisses erfolgt regelmäßig beim Oberbergamt durch die Oberbergamtsmarkscheider. Mängel des Situationsrisses bewirken nicht ohne weiteres die Ungültigkeit der Mutung. Das Oberbergamt kann sowohl selbst bei der Verleihung den Situationsriß berichtigen und vervollständigen (§ 33), als auch den Muter zur Beseitigung der Mängel auffordern. Erst wenn der Muter die hierfür gestellten

---

[1]) Durch die Nov. vom 18. Juni 1907 ist überall das frühere Lachtermaß durch das Metermaß ersetzt.

[2]) Der Maßstab ist von den Oberbergämtern verschieden, von Halle auf 1 : 6400, sonst im Allgemeinen auf 1 : 10000, für gewisse Felder und Feldesteile auf 1 : 2000 festgesetzt. Zum Teil wird auch Anschluß des Fundpunktes und der Feldeseckpunkte an das Netz der trigonometrischen Landesvermessung des preußischen Staates (Landesdreiecksnetz) verlangt.

Fristen versäumt, wird die Mutung von Anfang an ungültig und im Mutungsverzeichnis gelöscht (§ 18 Abs. 4).

Nach Prüfung der Risse ist vom Bergrevierbeamten, „sobald es die Sachlage gestattet"[1]), der sog. Schlußtermin anzuberaumen, in dem der Muter seine Schlußerklärung über die Größe und Begrenzung des Feldes sowie über etwaige Einsprüche und kollidierende Ansprüche Dritter abzugeben hat (§ 29). Der Termin soll dem Muter Gelegenheit geben, unter Berücksichtigung der bei Auftragung des Feldes auf die Mutungsübersichtskarte festgestellten Kollisionen sowie der Ergebnisse der amtlichen Prüfung des Situationsrisses sein Feldesbegehren entsprechend einzuschränken. Außerdem dient der Termin, falls eine Kollision besteht, der Erörterung des Streitfalls zwischen den Beteiligten. Zu dem Termine werden außer dem Muter, über dessen Mutung verhandelt werden soll — dieser hat auf eine 14tägige Ladungsfrist Anspruch —, geladen:

a) Muter, deren Rechte nach Lage ihrer Fundpunkte oder Felder mit dem begehrten Felde kollidieren oder in Kollision geraten können;

b) die Vertreter der durch das begehrte Feld ganz oder teilweise überdeckten und der benachbarten Bergwerke.

In der Praxis erfolgt die Ladung dieser Personen auch, wenn ihre Mutung oder Bergwerksberechtigung sich auf ein anderes Mineral erstreckt als die schwebende Mutung. Das Nichterscheinen im Termin, sei es des Muters, sei es der anderen Geladenen, hat lediglich zur Folge, daß von der Bergbehörde nach Lage der Anträge und Verhandlungen entschieden wird. Einsprüche gegen die Verleihung können im übrigen auch schon vor dem Schlußtermin erhoben werden.

Nach Abhaltung des Schlußtermins hat das Oberbergamt zu der Frage der Bergwerksverleihung Stellung zu nehmen. Liegen weder Einsprüche[2]) noch Kollisionen mit Rechten Dritter vor und

---

[1]) Diese Worte sind eine Neuerung der Nov. vom 18. Juni 1907, veranlaßt durch den früheren Mißbrauch, den Schlußtermin auf Wunsch des Muters beliebig weit hinauszuschieben.

[2]) Einsprüche, die sich auf nicht bergrechtliche Titel, z. B. einen sog. Demarkationsvertrag, stützen, bleiben im Mutungsverfahren außer Betracht.

erscheinen die Anträge des Muters in vollem Umfange gesetzlich begründet, so wird ohne weiteres die Verleihungsurkunde ausgefertigt (§ 30). Anderenfalls entscheidet das Oberbergamt über die Erteilung oder Versagung der Verleihung durch einen Beschluß. Die Ausfertigung der Verleihungsurkunde kann in diesem Falle erst stattfinden, wenn der Beschluß nicht rechtzeitig angefochten oder das Anfechtungsverfahren erledigt ist (§ 31; vgl. das Nähere S. 91).

Mit der Zustellung der Verleihungsurkunde[1]), die bestimmte Angaben, insbesondere über Namen, Lage und Größe des Bergwerks, das verliehene Mineral und die Person des Berechtigten enthalten muß und mit dem beglaubigten Situationsriß zu verbinden ist (§§ 33, 34), an den Muter entsteht das Bergwerkseigentum. Nicht wesentlich für die Entstehung ist die Eintragung im Grundbuche. Um Bewirkung dieser hat das Oberbergamt das Grundbuchamt unter Mitteilung einer beglaubigten Abschrift der Verleihungsurkunde zu ersuchen (Art. 23 AG. z. GBO.). Die Verleihungsurkunde ist binnen sechs Wochen im Regierungsamtsblatte zu veröffentlichen. Mit der Veröffentlichung beginnt der Lauf einer dreimonatigen Anfechtungsfrist, während deren der Situationsriß beim Bergrevierbeamten zur Einsicht für jedermann auszulegen ist (§§ 35, 37).

Die Kosten des Verleihungsverfahrens hat mit Ausschluß der durch unbegründete Einsprüche entstandenen der Muter zu tragen.

3. Fündigkeit und Feldesfreiheit.

Die sachlichen Voraussetzungen der Gültigkeit einer Mutung sind Fündigkeit[2]) und Feldesfreiheit.

Eine Mutung ist fündig, wenn das gemutete Mineral „an dem

[1]) Diese unterliegt nach Tarifstelle 68 des Preuß. Stempelsteuergesetzes i. d. F. der Bek. v. 16. März 1924 (GS. S. 169) einem Stempel von 500 Goldmark, der bei geringerem Werte des Bergwerkseigentums bis auf 100 Goldmark ermäßigt werden kann.

[2]) Die Ausnahmebestimmung (§ 16 ABG. urspr. Fass.), wonach das Mineralvorkommen eines verlassenen Bergwerks ohne erneuten Fundesnachweis zum Gegenstand einer Mutung gemacht werden konnte, ist durch die Nov. vom 18. Juni 1907 beseitigt.

angegebenen Fundpunkte auf seiner natürlichen Ablagerung[1]) entdeckt worden ist und bei der amtlichen Untersuchung in solcher Menge und Beschaffenheit nachgewiesen wird, daß eine zur wirtschaftlichen Verwertung führende bergmännische Gewinnung des Minerals möglich erscheint" (§ 15 Abs. 1 Ziff. 1).

Das ABG. fordert im Gegensatz zum gemeinen deutschen Bergrechte nicht die Entblößung der Lagerstätte in einem größeren, die Besitznahme ermöglichenden Umfange, sondern nur die Entdeckung des Minerals an einem „Fundpunkte". Es können also auf einer Lagerstätte mehrere Fundpunkte liegen und diese zum Gegenstande mehrerer Mutungen gemacht werden. Andererseits muß der Fundpunkt eine gewisse Selbständigkeit haben. Daher kann nicht eine normale Fundstelle, z. B. der Querschnitt eines Bohrloches, eines Schürfschachtes oder einer Schürfstrecke, in mehrere Fundpunkte zerlegt werden. Der Fundpunkt ist nicht ein Punkt im mathematischen Sinne. Der Auflösung einer Fundstelle in mehrere Fundpunkte steht übrigens seit der Nov. vom 18. Juni 1907 auch die Vorschrift über den Mindestabstand des Fundpunktes von den Feldesgrenzen entgegen (§ 27 Abs. 2). Ist der Fund durch eine Tiefbohrung gemacht, so gehört zur Bezeichnung des Fundpunktes die Angabe der Teufe. Mit einer Tiefbohrung können nacheinander verschiedene Fundpunkte desselben Minerals erreicht, dagegen können diese nicht gleichzeitig zur Grundlage verschiedener Mutungen gemacht werden. Dies wäre mit dem Grundsatz über die Erstreckung des Bergwerkseigentums von der Tagesoberfläche bis zur ewigen Teufe nicht vereinbar.

Ob der Fund durch Schürfarbeiten oder zufällig, ob er durch gesetzlich zulässige oder verbotswidrige Schürfarbeiten, ob er von dem Muter selbst oder von einem anderen gemacht worden ist, ist für die Gültigkeit der Mutung ohne Belang.

Wesentlich ist dagegen, daß der Fund **vor Einlegung der Mutung** gemacht ist und daß er **an dem** in der Mutung **angegebenen Fundpunkte** amtlich nachgewiesen wird. Die Einlegung einer Mutung in der Erwartung, in nächster Zeit einen Fund

---

[1]) Wegen des Begriffs der natürlichen Ablagerung vgl. S. 60. Die betrügerische Herstellung von Funden wird als intellektuelle Urkundenfälschung (§ 271 StGB.) bestraft.

zu machen, ein Verfahren, wodurch im Falle eines Mutungswettbewerbs eine ungerechtfertigte Benachteiligung des Mitbewerbers eintreten würde, ist unzulässig. Auch genügt nicht der Nachweis des Minerals an einer Stelle in der Nähe des angegebenen Fundpunktes.

Nach dem Wortlaute des ABG. urspr. Fass. genügte zur Verleihung der Nachweis des Vorhandenseins des Minerals am Fundpunkte. Danach war die Verleihung zwar dann zu versagen, wenn das nachgewiesene Mineral überhaupt nicht als ein Mineral im Sinne des § 1 ABG. anzusehen war (wenn z. B. ein als Golderz gemutetes Mineral nur geringe Goldspuren enthielt und daher zur Herstellung von Gold technisch nicht verwendbar war), dagegen fehlte eine bestimmte gesetzliche Grundlage für die Berücksichtigung der Abbauwürdigkeit des Minerals. Aus der Begründung des ABG. ergibt sich, daß es den Standpunkt des ALR. und des französischen Bergrechts, wonach die Feststellung der *wirtschaftlichen* Bauwürdigkeit Voraussetzung der Verleihung einer Bergbauberechtigung war, aufgeben wollte, und zwar einerseits im Interesse der Förderung der Bergbaulust, andererseits, um die Bergbehörde von der weittragenden Verantwortung für eine richtige Beurteilung der im Zeitpunkte der Bergwerksverleihung schwer zu übersehenden Bauwürdigkeit zu entlasten. Weiter wird aber in der Begründung ausgeführt, daß zu unterscheiden sei zwischen der „*relativen oder ökonomischen*“ und der „*absoluten*“ *Bauwürdigkeit* und daß die Forderung des Nachweises der letzteren mit dem Gesetz im Einklang stehe. In Anlehnung an diese Stelle der Gesetzesbegründung hatte sich in der Praxis und Rechtsprechung der Grundsatz herausgebildet, daß die absolute Bauwürdigkeit, d. h. eine solche Beschaffenheit des Fundes zu fordern sei, die „vernünftigerweise die Möglichkeit einer bergmännischen Gewinnung annehmen lasse“. Dieser Grundsatz hat durch die Nov. vom 18. Juni 1907 gesetzliche Anerkennung in der Form erlangt, daß das Mineral „in solcher Menge und Beschaffenheit“ nachgewiesen sein müsse, „daß eine zur wirtschaftlichen Verwertung führende bergmännische Gewinnung möglich“ erscheine (§ 15 Abs. 1 Ziff. 1). Hierdurch ist nicht etwa das Erfordernis der relativen oder ökonomischen Bauwürdigkeit eingeführt, indessen ist zu beachten, daß in den Worten „wirtschaftliche Verwertung“ ebenso wie in dem früher üblichen Ausdruck

„vernünftigerweise“ ein wirtschaftliches Moment liegt. „Wirtschaftliche Verwertung“ bedeutet nicht Verwendung zu Wirtschaftszwecken, sondern eine wirtschaftlich lohnende Verwendung. Eine solche braucht nicht sicher, auch nicht wahrscheinlich, dagegen muß sie möglich, also nicht von vornherein ausgeschlossen sein. Hiernach kann, obwohl im Gesetz ausdrücklich nur die Menge und Beschaffenheit des Mineralvorkommens erwähnt sind, doch auch mittelbar dessen Teufe ins Gewicht fallen[1]) (z. B. bei einem Braunkohlenflöz von geringer Mächtigkeit).

Zur Führung des Fundesnachweises dient der von dem Bergrevierbeamten abzuhaltende Fundesbesichtigungstermin, dessen Ergebnis vom Oberbergamt frei zu würdigen ist. Die Fündigkeit ist grundsätzlich dadurch bedingt, daß der Nachweis in diesem Termin geführt wird, und zwar durch den Augenschein. Andere Beweismittel (Zeugen, Bohrtabellen) sowie eine Beweisführung nach Abhaltung des Termins (Kontrollbohrung) können nur zugelassen werden, wenn der Nachweis durch den Augenschein durch außerhalb des Willens des Muters liegende Umstände (Zusammenbruch des Bohrloches usw.) vereitelt worden ist. Keinesfalls kann der Fundesnachweis dadurch ersetzt werden, daß durch geognostische Schlußfolgerungen das Vorkommen des Minerals am Fundpunkte wahrscheinlich gemacht wird. Diese Grundsätze gelten auch für die Beurteilung des Mutungsanspruchs im zivilgerichtlichen und verwaltungsgerichtlichen Verfahren. Spätere Aufschlüsse können zwar den im Fundesbesichtigungstermine geführten Nachweis unterstützen, nicht aber ihn ersetzen.

Feldesfreiheit ist vorhanden, wenn keine besseren Rechte auf den Fund entgegenstehen (§ 15 Abs. 1 Ziff. 2), demnach der Fund im freien Felde (im Bergfreien) liegt. Die innere Notwendigkeit der Feldesfreiheit zur Gültigkeit einer Mutung liegt darin, daß die Bergwerksverleihung nicht mehr, wie nach älterem Recht, „unbeschadet der Rechte Dritter“ erfolgt. Bessere Rechte auf den Fund bestehen:

a) wenn der Fundpunkt in einem auf dasselbe Mineral verliehenen Bergwerksfelde liegt;

---

[1]) A. M. OVG. 26. Okt. 1911 (Z. f. B. **53** 392); dagegen Voelkel, Z. f. B. **53** 348; Isay Anm. 5 zu § 15.

b) wenn auf denselben Fund eine andere stärkere Mutung eingelegt ist oder der Fundpunkt im Felde einer auf dasselbe Mineral gerichteten stärkeren Mutung liegt;
c) wenn der Fund in einem Gebiete liegt, in dem ein aus der Zeit der Bergregalität stammendes Ausschließungsrecht (ius excludendi alios) besteht (vgl. S. 268).

Das Bergwerkseigentum und das stärkere Mutungsrecht sind auch dann der Mutung entgegenstehende bessere Rechte, wenn sie dem Muter selbst zustehen[1]).

Ausschlaggebend für die Entscheidung ist in allen Fällen, ob das bessere Recht zur Zeit der Einlegung der Mutung bestanden hat. Im Falle der Kollision mit dem Felde einer anderen Mutung ist indessen zu berücksichtigen, daß die Wirkung der fristzeitigen und gesetzmäßigen Feldesstreckung auf den Zeitpunkt der Mutungseinlegung zurückbezogen wird, die Schließung des Feldes gegen andere Mutungen also rückwirkend schon mit diesem Zeitpunkt eintritt (§ 19 Abs. 2, 3). Die Frage, ob eine solche Kollision vorliegt, bleibt demnach, wenn die Entfernung der Fundpunkte ein gewisses Maß nicht übersteigt, bis zur endgültigen Streckung des Feldes der Nachbarmutung in der Schwebe. Ist diese die stärkere, so kann die Streckung ihres Feldes nachträglich die Feldesunfreiheit des anderen Fundpunktes und damit die Ungültigkeit der darauf eingelegten Mutung herbeiführen. Andererseits aber kann, da die Feldesschließung nur während der Dauer der Gültigkeit der Mutung wirksam ist (§ 19 Abs. 2), auch der Fall eintreten, daß die zur Zeit der Einlegung der Mutung A tatsächlich bestehende Überdeckung ihres Fundpunktes durch das Feld der Mutung B für die Entscheidung bedeutungslos wird. Dies ist nicht der Fall, wenn auf die rechtsgültige Mutung B verzichtet wird, denn der Verzicht hat regelmäßig keine rückwirkende Kraft. Dagegen ist es der Fall, wenn die Mutung B aus einem der gesetzlich festgestellten Gründe, insbesondere wegen nichtrechtzeitiger Einreichung des Situationsrisses, für von Anfang an ungültig erklärt wird. Die Mutung wird in diesem Falle nicht, wie beim Verzicht, ex nunc, sondern ex tunc rechtsunwirksam.

[1]) Das ist durch die Nov. vom 18. Juni 1907 außer Zweifel gestellt (durch Streichung des Wortes „dritter" hinter „bessere Rechte" in § 15 Abs. 1 Nr. 2).

4. Mutungsvorrechte.

Eine Mutungskollision kann in der Weise stattfinden, daß mehrere Mutungen auf den gleichen Fund eingelegt sind, oder daß der Fundpunkt der einen in dem Felde der anderen liegt, oder daß die Mutungsfelder sich zum Teil überdecken. Im letzten Falle handelt es sich nicht um die Gültigkeit der einen oder der anderen Mutung, sondern nur darum, welchem Muter der überdeckte Feldesteil zuzusprechen ist.

Von zwei kollidierenden Mutungen ist grundsätzlich diejenige die stärkere, die den früheren Eingangsvermerk der Bergbehörde trägt (§ 25)[1]. Ausnahmen von diesem Grundsatze bilden die Mutungsvorrechte aus § 24 und aus § 55 ABG.

Im § 24 lebt mit beschränkter Geltung die Rechtsanschauung des gemeinen deutschen Bergrechts fort, wonach das entscheidende Gewicht nicht auf das Alter der Mutung, sondern auf das Alter des Fundes zu legen ist (Erstfinderrecht, Alter im Felde). Auch nach § 24 wird unter Umständen mit dem Zeitpunkte des Fundes ein Finderrecht erworben, das der Mutung des Finders, auch wenn sie jünger ist, den Vorzug gibt. Es steht jedoch nicht jedem Finder, sondern nur dem zu, der den Fund auf eigenem Grund und Boden, in seinem eigenen Grubengebäude (nicht Grubenfelde) oder durch gesetzmäßig (§§ 3—10) unternommene Schürfarbeiten gemacht hat. Ausgeschlossen sind also Funde auf Grund gesetzwidriger Schürfarbeiten und zufällige Funde, sofern diese nicht auf eigenem Grund und Boden oder im eigenen Grubengebäude gemacht sind. Da gesetzwidrige Schürfarbeiten und zufällige Funde selten sind, müßte eigentlich das Finderrecht in der Praxis eine bedeutende Rolle spielen. In Wirklichkeit ist dies aber deshalb nicht der Fall, weil regelmäßig die Einlegung der Mutung unmittelbar der Entdeckung des Minerals folgt, demnach der Erstfinder fast immer auch Erstmuter ist. Sehr zweifelhaft ist die Frage, ob bei Kollision mehrerer aus § 24 bevorrechteter Mutungen das Alter der Mutung oder das Alter des Fundes entscheidet. Nach § 24 hat der Finder

[1]) Bei gleichzeitiger Einlegung zweier Mutungen, von denen keine ein Vorrecht hat, müssen die Muter gemeinsame Sache machen (so Mot. z. ABG.; vgl. auch § 741 BGB.).

das Vorrecht „vor anderen, nach dem Zeitpunkte seines Fundes eingelegten Mutungen". Es kommt darauf an, ob unter „anderen Mutungen" auch bevorrechtete Mutungen zu verstehen sind. Das RG. hat diese sehr zweifelhafte Frage in Anlehnung an den früheren Rechtszustand entgegen der Ansicht der Bergbehörden bejaht[1]).

Das Finderrecht aus § 24 ist innerhalb einer Woche nach dem Funde durch Einlegung einer selbständigen Mutung geltend zu machen. Geschieht dies nicht, so erlischt das Recht. Das ABG. hat diese zeitliche Begrenzung im Gegensatz zu dem älteren Recht eingeführt, um zu verhindern, daß die Sache zum Nachteil anderer Muter auf ungewisse Zeit in der Schwebe gehalten wird. Ist die mit dem Finderrecht verbundene Mutung fristzeitig eingelegt, so hat der Finder das Vorrecht vor anderen nach dem Zeitpunkte seines Fundes — auf denselben Fund oder einen anderen Fund — eingelegten Mutungen. Die Einlegung der Mutung wird auf den Zeitpunkt des Fundes zurückbezogen.

Ein Vorrecht zum Muten hat zweitens der Bergwerkseigentümer auf die verleihbaren, ihm aber noch nicht verliehenen Mineralien, die innerhalb seines Bergwerksfeldes mit den ihm verliehenen Mineralien zusammen vorkommen (§ 55). Der Zusammenhang muß ein solcher sein, daß die Mineralien nach der — in diesem Punkt der richterlichen Nachprüfung nicht unterliegenden — Entscheidung des Oberbergamtes aus bergtechnischen oder bergpolizeilichen Gründen gemeinschaftlich gewonnen werden müssen. Die Gewährung dieses Mutungsvorrechts an den Bergwerkseigentümer rechtfertigt sich dadurch, daß das Bestehen verschiedener Rechte an den zusammen vorkommenden Mineralien in der Regel zu Streitigkeiten und Betriebsschwierigkeiten führt. Der Zusammenhang muß innerhalb des Bergwerksfeldes nachgewiesen sein, es genügt aber, wenn er an einem Punkte nachgewiesen wird. Durch Gründe geognostischer Wahrscheinlichkeit wird der Nachweis nicht ersetzt[2]).

Legt ein Dritter Mutung auf Mineralien ein, die dem Mutungsvorrecht des Bergwerkseigentümers unterliegen, so wird diesem die Mutung von der Bergbehörde mitgeteilt. Dies gilt sowohl,

---

[1]) Entsch. vom 24. April 1901, Z. f. B. **42** 480; a. M. RekB., Z. f. B. **40** 99.
[2]) RekB., Z. f. B. **64** 302.

wenn der Fundpunkt in dem Bergwerksfelde liegt, als auch wenn nur das Mutungsfeld in dieses hineingestreckt ist. Legt der Bergwerkseigentümer vor Ablauf von vier Wochen nach Empfang dieser Mitteilung selbst Mutung auf das gemutete Mineral ein, so geht diese Mutung, ihre Gültigkeit in formeller und materieller Hinsicht vorausgesetzt, obwohl sie die jüngere ist, der anderen Mutung (auch wenn diese nach § 24 bevorrechtet ist) vor. Im übrigen kann sie sowohl auf den fremden Fund, wenn dieser innerhalb des Bergwerksfeldes gemacht ist, als auch auf einen anderen Fund innerhalb dieses Feldes gestützt werden. Wird die Frist versäumt, so erlischt das Vorrecht.

Das Vorrecht des Bergwerkseigentümers erstreckt sich nur bis an die Grenzen des Bergwerksfeldes. Streckt er das Feld der auf Grund des § 55 eingelegten Mutung über die Grenzen des Bergwerksfeldes hinaus, so wird dadurch zwar die Mutung nicht ungültig, indessen hat sie außerhalb dieser Grenzen kein Vorrecht und ist daher insoweit im Falle einer Kollision nach den allgemeinen Grundsätzen zu behandeln. Ist das Feld des Bergwerkseigentümers ein Längenfeld (vgl. S. 255), so sind die Grenzen des Längenfeldes auch die Grenzen des Mutungsvorrechts und sie können auch die Grenzen des neuen Bergwerksfeldes werden. Dies ist der einzige Fall, in dem nach dem ABG. die Verleihung eines Längenfeldes zulässig ist.

5. Feldesstreckung.

Es ist ein allgemeiner bergrechtlicher Grundsatz, daß das Recht zum Bergbau mit einer bestimmten räumlichen Begrenzung übertragen wird. Die Begrenzung kann sich unmittelbar aus dem Gesetz ergeben[1]), sie kann von der Bestimmung der Bergbehörde[2]), sie kann aber auch von der Entschließung des Muters abhängen. Das preußische Bergrecht hat den dritten Weg gewählt, der am meisten mit dem Grundsatz der Bergbaufreiheit im Einklang steht. Indessen haben die Regeln über die Art der Begrenzung des Feldes und über den dem Ermessen des Muters zu gewährenden Spielraum

---

[1]) In einigen BO. der frühesten Zeit war als Bergwerksfeld ein Kreis um den Fundpunkt mit einem feststehenden Halbmesser bestimmt.

[2]) So nach franz. Bergrecht.

gewechselt. Während nach früherem Recht das Bergwerksfeld sich dem Fallen und Streichen der Lagerstätte anschloß (vgl. S. 255), wird nach dem ABG. (§ 26) das Bergwerkseigentum regelmäßig für Felder verliehen, die von geraden Linien an der Oberfläche[1]) und von senkrechten Ebenen in die ewige Teufe begrenzt wird. Nur soweit die Örtlichkeit eine solche Begrenzung nicht gestattet, werden Ausnahmen zugelassen, z. B. um den unmittelbaren Anschluß an Landesgrenzen, Flüsse, schon vorhandene Längenfelder usw. zu ermöglichen. Die Bedeutung der „ewigen Teufe" liegt im wesentlichen darin, daß das Bergwerkseigentum nicht nur die Lagerstätte, in der der Fundpunkt liegt, sondern auch alle anderen Lagerstätten desselben Minerals innerhalb der senkrechten Begrenzungsebenen mitergreift.

Dem Feldesbegehren des Muters ist eine Schranke dadurch gesetzt (§ 17), daß das Bergwerksfeld einen Umfang von 2200000 qm[2]) nicht überschreiten darf. Eine örtliche Abweichung gilt für die Kreise Siegen und Olpe im Regierungsbezirk Arnsberg und die Kreise Altenkirchen und Neuwied im Regierungsbezirk Koblenz, wo zur Vermeidung von Störungen der bestehenden Berechtsamsverhältnisse (Längenfelder) die Maximalfeldesgröße auf nur $^1/_{20}$ der normalen = 110000 qm festgesetzt ist[3]).

Der Fundpunkt muß innerhalb des verlangten Feldes liegen. Sein Mindestabstand von der Feldesgrenze ist durch die Nov. vom 18. Juni 1907 auf 100 m, der Höchstabstand auf 2000 m festgesetzt[4]). Die Abstände werden auf dem kürzesten Wege durch das Feld gemessen (§ 27 Abs. 2).

---

[1]) Der Flächeninhalt wird nach der horizontalen Projektion in Quadratmetern festgestellt. Das Bergwerksfeld selbst ist aber keine Fläche, sondern ein Raum.

[2]) Vor der Nov. vom 18. Juni 1907: 2189000 qm = 500000 Quadratlachter. Ein preuß. Maximalfeld bietet für die wirtschaftliche Ausnutzung größerer Bergwerksanlagen, insbesondere beim Steinkohlenbergbau, nicht immer eine ausreichende Grundlage. Der Unternehmer ist dann darauf angewiesen, mehrere zusammenliegende Bergwerke zu erwerben und eventuell zu konsolidieren. In Bayern beträgt die Maximalgröße des Steinkohlenfeldes 800 ha. Dagegen sind die österreichischen Bergwerksfelder noch kleiner als die preußischen.

[3]) Ebenso bei Einführung des ABG. in Hannover für den Eisensteinbergbau im Bezirke des ehemaligen Berg- und Forstamtes Clausthal.

[4]) Für die Felder in den Kreisen Siegen usw. auf 25 m bzw. 500 m.

Das Bergwerksfeld muß in sich zusammenhängen. Auch dürfen nicht freibleibende Flächen von dem Feld umschlossen werden (§ 27 Abs. 3), da ein solches Verfahren entweder auf Umgehung der Gesetzesbestimmungen über die Maximalfeldesgröße abzielt oder Mineralablagerungen zum Schaden des Volksvermögens dem Abbau entzieht. Endlich muß die Feldesform nach der Entscheidung des Oberbergamtes zum Bergwerksbetriebe geeignet sein (§ 27 Abs. 4). Dies ist nicht der Fall, wenn, um die Feldeslänge möglichst zu steigern oder Feldessperren herbeizuführen, dem Feld oder einzelnen Feldesteilen die Form schmaler Streifen, in denen ein Bergbau nicht möglich ist („Sperrbalken", „Kegelbahnen"), gegeben wird. Allen diesen Vorschriften muß das Feld jeder einzelnen Mutung als solches genügen, ohne daß es auf eine etwa beabsichtigte Konsolidation ankäme. Im übrigen bleibt es dem Muter überlassen, wie er das Feld seiner Mutung strecken will[1]). Auch sind Abweichungen von den Vorschriften über den Abstand des Fundpunktes und die Form des Feldes zulässig, wenn sie durch besondere, vom Willen des Muters unabhängige Umstände (Landesgrenzen, Feldesgrenzen usw.) gerechtfertigt werden (§ 27 Abs. 5). Es kann also ausnahmsweise auch ein Feld verliehen werden, das für sich allein zum Bergwerksbetriebe nicht geeignet ist. Der Grundsatz, daß das Feld in sich zusammenhängen und den Fundpunkt in sich einschließen muß, erleidet aber keine Ausnahme.

Der Fall der Kollision zweier Mutungsfelder ist nach dem Grundsatze zu beurteilen, daß das Feld einer gesetzlich begehrten Mutung für die Dauer ihrer Gültigkeit nicht nur gegenüber fremden Funden, sondern auch gegenüber fremden Feldesstreckungen geschlossen ist (§ 19 Abs. 2). Die Feldesstreckung der stärkeren Mutung — das ist in der Regel die ältere — geht also vor. Sie hindert jedoch die Feldesstreckung der schwächeren nur, wenn sie zur Zeit der Feldesstreckung dieser noch bestanden hat. Ausschlaggebend ist also in diesem Falle nicht der Zeitpunkt der Einlegung, sondern der Zeitpunkt der Streckung des Feldes der schwächeren Mutung[2]).

---

[1]) Das Feld kann auch in mehreren Oberbergamtsbezirken liegen.

[2]) Wegen der Überdeckung des Fundpunktes einer anderen Mutung vgl. S. 81.

Begehrt der Muter ein Feld, das über die Maximalgröße hinausgeht oder sonst den gesetzlichen Vorschriften nicht entspricht, so wird dadurch die Mutung nicht ungültig und der Fundpunkt nicht bergfrei[1]). Diese Folge tritt (ohne rückwirkende Kraft) erst ein, wenn die Entscheidung, durch die die Mutung wegen unzulässiger Feldesstreckung zurückgewiesen wird, Rechtskraft erlangt. Der Muter kann in manchen Fällen, namentlich bei Streckung eines zu großen Feldes, die Zurückweisung dadurch abwenden, daß er das Feldesbegehren einschränkt. Die Grenzen der ersten Feldesstreckung sind nur insofern unabänderlich, als der Muter darüber hinaus kein Feld begehren kann. Dagegen kann er innerhalb der auf dem Situationsrisse angegebenen Grenzen die Lage und Größe des Feldes abändern (§ 19 Abs. 1). Ihm hierzu Gelegenheit zu geben, ist einer der Zwecke des Schlußtermins. Das ungesetzmäßig begehrte Feld (mit Ausnahme des Fundpunktes) ist aber nicht gegen Mutungen Dritter geschlossen. Diese Wirkung tritt erst mit dem Zeitpunkte der Zurückführung des Feldes auf das gesetzliche Maß oder eine gesetzliche Form ein.

Während der ihm zur Streckung des Feldes gesetzlich gewährten Frist beherrscht der Muter, da er sein Feld vom Fundpunkt aus nach jeder beliebigen Richtung strecken kann, einen „Schlagkreis", dessen Mittelpunkt der Fundpunkt ist und dessen Halbmesser der größtmöglichen Längenausdehnung des Feldes gleichkommt. Diese ergab sich daraus, daß vor der Nov. vom 18. Juni 1907 zwei Punkte der Begrenzung des Feldes nicht über 2000 Lachter = 4184,8 m voneinander entfernt liegen durften. Macht ein anderer innerhalb des Schlagkreises vor Ablauf der Feldesstreckungsfrist einen Fund, so kann der erste Muter sein Feld derart strecken, daß der Fundpunkt des anderen überdeckt und die darauf eingelegte Mutung von Anfang an ungültig wird. Die Herrschaft des Muters über den Schlagkreis kann in der Regel nur dadurch gebrochen werden, daß innerhalb des Schlagkreises zwei neue Funde gemacht werden, die so weit auseinander liegen, daß sie nicht zugleich mit einem Mutungs-

---

[1]) RG. 27. Febr. 1904, Z. f. B. **45** 218. Ergibt sich schon aus der Lage des Fundpunktes zu anderen Feldesgrenzen usw. die Unmöglichkeit einer gesetzmäßigen Feldesstreckung, so wird die Mutung als von Anfang an ungültig gelten müssen.

feld überdeckt werden können. Das Verhältnis verwickelt sich, wenn mehrere Schlagkreise ineinandergreifen.

Aus dieser Rechtslage hat sich in der Praxis oft eine rücksichtslose und arglistige Mutungskonkurrenz mit unerwünschten Begleiterscheinungen ergeben. Daß diese in so starkem Maße in Erscheinung treten konnte, beruht aber im wesentlichen darauf, daß es gelang, der Bestimmung des ABG., wonach das Feld innerhalb der verhältnismäßig kurzen Frist von sechs Wochen gestreckt werden mußte, die praktische Bedeutung zu entziehen. Nach der Rechtsprechung des RG.[1]) ist es zulässig, auf eine Mutung zu verzichten und gleichzeitig auf den dieser zugrunde liegenden Fund von neuem Mutung einzulegen. Dies Verfahren wurde in weitgehendstem Maße derart angewendet, daß der Verzicht und die Neumutung unmittelbar vor Ablauf der sechswöchigen Feldesstreckungsfrist erklärt, hierdurch jedesmal eine neue Frist von sechs Wochen gewonnen und die Herrschaft über den Schlagkreis auf unbegrenzte Zeit verlängert wurde. Durch die Nov. vom 18. Juni 1907 ist diesem Mißbrauch ein Riegel vorgeschoben. Zwar ist die Erneuerung einer Mutung durch Verzicht und Wiedereinlegung nach wie vor zulässig. Auch ist die neue, auf denselben Fund eingelegte Mutung, wie früher, nicht als eine Fortsetzung der früheren, sondern als rechtlich selbständig anzusehen. Die — von sechs Wochen auf sechs Monate verlängerte — Frist für die Feldesstreckung läuft aber nicht, wie früher, von dem Eingang der neuen, sondern von dem Eingang der zuerst auf den Fund eingelegten Mutung. Nach Ablauf der sechs Monate von diesem Zeitpunkt ab kann auf denselben Fund[2]) keine neue Mutung mehr eingelegt werden[3]) (§ 19a).

Ebenso wie zeitlich ist durch die Nov. vom 18. Juni 1907 auch örtlich die Wirksamkeit des Schlagkreises eingeschränkt. An Stelle der Vorschrift, wonach zwei Punkte der Feldesbegrenzung nicht über 4184,8 m voneinander entfernt sein durften, ist die Bestimmung getreten, daß der Fundpunkt von keinem Punkte der Feldesgrenze weiter als 2000 m entfernt sein darf (§ 27 Abs. 2).

---

[1]) Z. f. B. **37** 107, 235; **52** 512.

[2]) Oder auf einen anderen in demselben Bohrloch oder Schürfschacht aufgeschlossenen Fund.

[3]) Ist die frühere Mutung infolge Nichteinhaltung der Feldesstreckungsfrist von Anfang an ungültig geworden, so gilt das gleiche.

Hierdurch hat sich der Halbmesser des Schlagkreises um etwa die Hälfte und dessen Umfang von etwa 25 Maximalfeldern auf etwa 6 Maximalfelder verringert.

Endlich ist die Nov. vom 18. Juni 1907 noch dem Mißbrauch entgegengetreten, der darin bestand, daß der Muter, der den Fundpunkt einer anderen Mutung überdeckt und diese damit ungültig gemacht hatte, später auf seine eigene Mutung verzichtete, zugleich aber nicht nur auf seinen eigenen Fund, sondern auch auf den durch den Verzicht wieder frei gewordenen fremden Fund für sich Mutung einlegte. Ein nach Überdeckung freigewordener Fund kann jetzt nur noch von dem ersten Muter oder mit dessen Einwilligung zum Gegenstand einer neuen Mutung gemacht werden (§ 15 Abs. 2).

6. Rechtsmittel in Mutungssachen.

Die Rechtsbehelfe gegen die Entscheidungen der Oberbergämter in Mutungssachen sind der Rekurs an den Handelsminister (vgl. S. 50), die zivilgerichtliche Klage und nach der Nov. vom 18. Juni 1907 in gewissen Fällen die Klage des Muters[1]) im Verwaltungsstreitverfahren beim Bergausschuß.

Im ordentlichen Rechtswege kann der Anspruch aus der Mutung nur gegen den verfolgt werden, der dem Muter die Behauptung eines besseren Rechts entgegensetzt, sei es im Wege des Einspruchs innerhalb des Mutungsverfahrens, sei es später durch Inanspruchnahme des Mutungsgegenstandes (desselben Fundes oder desselben Feldes)[2]). Für die Zulässigkeit der Klage ist es nicht von Belang, ob die Mutung wegen des entgegenstehenden Rechtes oder aus anderen Gründen zurückgewiesen worden ist. Auch ist der Richter bei seiner Entscheidung nicht auf die Beurteilung des beanspruchten besseren Rechtes beschränkt, vielmehr hat er auch über den Mutungsanspruch als solchen auf Grund selbständiger Prüfung der gesetzlichen Voraussetzungen zu entscheiden[3]). Die Klage des

---

[1]) Der Mutungsgegner ist auf die beiden anderen Rechtsmittel beschränkt. E. d. OVG. vom 21. Okt. 1912, Z. f. B. **54** 278ff.

[2]) Der besondere Fall des Art. 10 der Nov. vom 18. Juni 1907 (ordentlicher Rechtsweg gegen den Bergfiskus bei Mutungen auf Grund der lex Gamp) ist kaum noch praktisch.

[3]) RG. 10. Juli 1907, Z. f. B. **48** 537.

der Verleihung Widersprechenden richtet sich gegen den Muter. Die Ausfertigung der Verleihungsurkunde schließt die Anfechtung der Verleihung nicht aus.

Die Klageerhebung[1]) ist je nach Lage der Umstände an verschiedene Fristen gebunden, und zwar

a) wenn es sich um Einsprüche oder Ansprüche handelt, die vom OBA. abgewiesen worden sind, an eine Ausschlußfrist von drei Monaten von der Zustellung des Beschlusses oder, wenn Rekurs eingelegt ist, des Rekursbescheides ab (§ 31);

b) wenn gegen die Verleihung ein Vorzugsrecht geltend gemacht wird, über das nicht bereits im Verleihungsverfahren verhandelt und entschieden ist, an eine Ausschlußfrist von drei Monaten nach Bekanntmachung der Verleihung (§§ 35, 36);

c) in allen übrigen Fällen an die allgemeine dreißigjährige Verjährungsfrist.

Was den Inhalt des Gerichtsurteils anbelangt, so kann es nicht auf Aufhebung der Entscheidung des Oberbergamtes, sondern nur auf Feststellung des besseren Rechtes des Klägers lauten. Das Oberbergamt hat aber den Inhalt des Gerichtsurteils der Verleihung zugrunde zu legen oder, wenn die Verleihungsurkunde schon ausgefertigt ist, diese entsprechend aufzuheben oder abzuändern.

Die Klage im Verwaltungsstreitverfahren ist nur in zwei bestimmten Fällen gegeben (§ 192a Abs. 2):

a) wenn die Entscheidung des OBA. auf Grund des § 15 Abs. 1 Ziff. 1 (Fündigkeit),

b) wenn sie auf Grund des § 27 Abs. 4 (Eignung des Feldes zum Bergwerksbetriebe) ergangen ist.

Ist aber aus einem dieser beiden Gesichtspunkte das Verwaltungsstreitverfahren zulässig und eingeleitet, so unterliegt der Beurteilung und Entscheidung durch die Verwaltungsgerichte nicht nur die Anwendung der vorbezeichneten Gesetzesbestimmungen, sondern grundsätzlich der Mutungsstreit in seinem ganzen Umfange.[2])

---

[1]) Dinglicher Gerichtsstand? So RG., Z. f. B. **29** 403.

[2]) Ebenso Isay Anm. 6 zu § 192a; abweichend OVG. vom 25. Mai 1916, Z. f. B. **57** 458.

Die Klage im Verwaltungsstreitverfahren ist gegen das OBA. zu richten und innerhalb zwei Wochen von der Zustellung der Entscheidung ab beim Bergausschusse zu erheben. Gegen dessen Entscheidung findet die Revision an das Oberverwaltungsgericht statt.

Was das **Verhältnis der Rechtsmittel** zueinander anlangt, so schließt die Klage im Verwaltungsstreitverfahren den Rekurs aus (vgl. § 194a Abs. 7 ABG.; § 50 Abs. 2 LVG.). Dagegen kann der Beschreitung des ordentlichen Rechtsweges die Erhebung des Rekurses vorausgehen. Ist Rekurs eingelegt, so ist vor Erhebung der Zivilklage der Rekursbescheid abzuwarten. Zweifelhaft ist das Verhältnis des ordentlichen Rechtsweges zum Verwaltungsstreitverfahren. Es wird anzunehmen sein, daß nach Absicht des Gesetzgebers die beiden Verfahren weder nebeneinander noch nacheinander zulässig sein sollen.

Aus dieser Gestaltung der Rechtsmittel ergibt sich für die **Rechtswirksamkeit der Verleihung** folgendes:

Die Entscheidung des OBA., durch die gegenüber erhobenen Einsprüchen die Verleihung beschlossen wird, hat noch nicht die volle Wirkung der Verleihung. Die Ausfertigung der Verleihungsurkunde ist daher bis zum Ablauf der dreimonatigen Anfechtungsfrist des § 31 und, wenn die Erhebung der Klage innerhalb dieser Frist nachgewiesen wird, bis zur rechtskräftigen Entscheidung des Rechtsstreites auszusetzen.

Durch die Ausfertigung und Zustellung der Verleihungsurkunde wird, mag eine Vorentscheidung vorangegangen sein oder nicht, zwar das Bergwerkseigentum erworben, aber nicht unbedingt, sondern unter der auflösenden Bedingung, daß die Verleihung nicht innerhalb der dreimonatigen Frist nach der Bekanntmachung (§ 35) auf Grund eines Vorzugsrechts (stärkeren Mutungsrechts) mit Erfolg angefochten wird. Tritt diese Bedingung ein, so hat das OBA. die Verleihung aufzuheben oder abzuändern und das Grundbuchamt um Schließung des Grundbuchblattes oder Eintragung der entsprechenden Änderung zu ersuchen. Das gleiche gilt, wenn schon die Vorentscheidung über die Verleihung fristzeitig mit Erfolg angefochten worden ist, das OBA. aber hiervon keine Kenntnis erhalten und infolgedessen nach drei Monaten die Verleihungsurkunde ausgefertigt hat. Die Schließung des Grundbuchblattes hat in diesem Fall ohne Rücksicht auf den öffentlichen Glauben des Grundbuches auch das Erlöschen der von Dritten inzwischen an dem Bergwerk erworbenen Rechte zur Folge[1]).

Ist die Verleihung rechtskräftig geworden, so ist das verliehene Bergwerkseigentum unbedingt und unanfechtbar. Es kann daher nicht etwa ein späterer dasselbe Feld begehrender Muter die Verleihung mit der Behauptung anfechten, daß sie durch eine Täuschung der Bergbehörde über den Fund herbeigeführt worden sei oder daß es sonst der Mutung an den gesetzlichen Erfordernissen gefehlt habe[2]). Auch das OBA. ist nicht befugt, eine Verleihungsurkunde auf Grund der nachträglichen Feststellung von Irrtümern über die Gültigkeit der Mutung oder die Zuständigkeit wieder aufzuheben[3]).

Ausnahmen von dem Grundsatz der Unanfechtbarkeit bestehen nur insofern, als durch die Verleihung nach § 36 Abs. 2 nicht die Rechte eines älteren Bergwerkseigentümers und nach allgemeiner Meinung auch nicht die Rechte des Grundeigentümers betroffen werden können. Ist z. B. ein Feld verliehen worden, das ein älteres, auf dasselbe Mineral verliehenes Feld teilweise überdeckt, so kann der ältere Bergwerkseigentümer, ist ein nicht verleihbares Mineral verliehen worden, so kann der Grundeigentümer die rechtskräftige Verleihung noch innerhalb der dreißigjährigen Verjährungsfrist anfechten. Der Bergwerkseigentümer hat aber dieses Recht nicht, wenn er, was die fast ausnahmslose Regel bildet, bereits im Mutungsverfahren auf Grund seines älteren Rechts Einspruch erhoben hat. In diesem Falle läuft auch ihm gegenüber die dreimonatige Anfechtungsfrist des § 31 Abs. 2.

Der hiernach praktisch fast ausnahmslose Grundsatz der Unantastbarkeit des verliehenen Bergwerkseigentums stärkt den bergbaulichen Realkredit und bedeutet einen wesentlichen Fortschritt gegenüber der im früheren Bergrecht üblichen Verleihung „unbeschadet älterer Rechte".

---

[1]) Inwieweit sie gegenüber einer Änderung der Verleihung in Wirksamkeit bleiben, ist zweifelhaft.

[2]) RG., Z. f. B. **23** 107.

[3]) RekB., Z. f. B. **37** 242.

X. Sonderrecht der dem Staate vorbehaltenen Mineralien[1].

1. Salze.

Das Salz hat von alters her im Bergrecht eine Sonderstellung eingenommen. Das „Salzregal", wie das Bergregal in seiner Richtung auf das Salz bezeichnet wurde, enthielt nicht nur das Recht zur ausschließlichen Gewinnung der Salze und Solquellen, sondern daneben das Recht des Alleinhandels. Das Salzregal ist ferner von dem allgemeinen Entwicklungsgange des Bergregals insofern abgewichen, als es dessen Umbildung zur Bergbaufreiheit nicht überall mitgemacht hat. Das Salz wurde in den meisten Staatsgebieten nicht für frei erklärt, blieb vielmehr dem Landesherrn vorbehalten der im einzelnen Falle nach freiem Ermessen eine „Spezialverleihung" erteilen konnte. Dies war auch der Grundsatz der rev. Bergordnungen Friedrichs d. Gr. Mit Rücksicht auf deren prinzipale Geltung im größten Teil des preußischen Staatsgebietes war es von geringer praktischer Bedeutung, daß im ALR. unter den bergregalen, d. h. den dem Schürfen und Muten freigegebenen Mineralien auch „alle Salzarten mit den Salzquellen vorzüglich Steinsalz" aufgeführt wurden. Überdies bestand auch wo das ALR. prinzipal galt, ein fiskalisches Salzhandelsmonopol. Die Salzgewinnung war daher von einer Erlaubnis der Salzdebitsverwaltung abhängig.

---

[1]) Salze und Solquellen sind in ganz Deutschland, Steinkohlen in Preußen, der bayrischen Pfalz, Thüringen, Braunkohlen in Preußen, Bayern, Thüringen, Anhalt, Bitumina in Baden, Württemberg, Bayern, Braunschweig, Lübeck, Bremen, Graphit in Bayern, Eisenerze in Bayern, Württemberg, Manganerze in Bayern, schwefelsaurer Kalk in Württemberg, Asbest in Reuß j. L., Radium in Sachsen dem Staate vorbehalten. In Oldenburg und Hamburg erstreckt sich das staatliche Vorbehaltsrecht auf alle dem Verfügungsrechte des Grundeigentümers entzogenen Mineralien. Das staatliche Kohlenbergbaurecht im Freistaat Sachsen hat eine andere Rechtsnatur, als das preußischrechtliche Vorbehaltsrecht, da es entsprechend dem ursprünglichen Inhalt des Bergregals den Staat unmittelbar zur Aufnahme des Bergbaues berechtigt.

Das ABG. hat den Grundsatz der Bergbaufreiheit auch auf die Salze ausgedehnt[1]).

Noch bei Erlaß des ABG. war das Interesse fast ausschließlich auf das Steinsalz gerichtet. Die diesem übergelagerten Kalisalze waren zwar seit Ende der fünfziger Jahre bekannt, aber ihre bei weitem überwiegende wirtschaftliche Bedeutung für landwirtschaftliche und industrielle Zwecke noch nicht erkannt. Das ABG. (urspr. Fass.) behandelt sie als eine Art Zubehör des Steinsalzes („nebst den mit diesem auf der nämlichen Lagerstätte vorkommenden Salzen"). Der hohe wirtschaftliche Wert der Kalisalze und der Umstand, daß Deutschland in seinen Kalisalzen ein natürliches Monopol besaß, gaben der weiteren Entwicklung der Gesetzgebung die Richtung.

Eine uneingeschränkte Vermehrung der Kalisalzbergwerke lag nicht im allgemeinen Interesse. Abgesehen von der Steigerung der Wassereinbruchsgefahr durch neue Bohrungen drohte die unter dem Schutze der Bergbaufreiheit einsetzende überaus rege, zum Teil einen spekulativen Charakter tragende Mutungstätigkeit zu dem Ergebnisse zu führen, daß die Kalisalze nicht, wie es das Ziel der Bergbaufreiheit ist, der Allgemeinheit zugute kamen, sondern eine Quelle unverhältnismäßigen Gewinnes einiger großkapitalistischer Unternehmungen wurden, die zuletzt über eine jedem Wettbewerb überlegene Bohrtechnik verfügten und daher in der Lage waren, das ganze Land systematisch auf Kalisalze abbohren zu lassen. Diese Gefahr überwog den wirtschaftlichen Wert der Bergbaufreiheit. Überdies kam es darauf an, den Einfluß des Staates auf dem Gebiete des Kalisalzbergbaues im Interesse der Erhaltung angemessener Preise für die inländischen Verbraucher zu stärken. Die Erweiterung des fiskalischen Bergwerksbesitzes durch Mutungen und Ankauf von Privatbergwerken genügte für diesen Zweck nicht.

Schon 1894 legte die Staatsregierung dem Landtage den Entwurf eines Gesetzes vor, wodurch die Bergbaufreiheit hinsichtlich der Kali- und Magnesiasalze und in Hannover ohne Entschädigung

[1]) Das staatliche Handelsmonopol wurde durch das ABG. (§ 2 Abs. 2 urspr. Fass.) nicht berührt und hat noch bis zum 1. Jan. 1868 fortbestanden. Als Ersatz für die nicht unbeträchtlichen Einnahmen aus diesem Monopol wurde eine Salzsteuer eingeführt, die noch jetzt besteht, aber vom Reich erhoben wird. Die Steinsalzbergwerke und Salzfabriken stehen unter steuerlicher Überwachung.

das Grundeigentümerrecht an diesen (abgesehen von bereits eröffneten Gewinnungen) zugunsten eines staatlichen ausschließlichen Aufsuchungs- und Gewinnungsrechts aufgehoben werden sollte. Der Entwurf wurde im Abgeordnetenhause, nachdem bereits dessen Kommission die Aufhebung des Hannoverschen Grundeigentümerrechts als einen unzulässigen Eingriff in bestehende Rechte angesehen und gestrichen hatte, mit geringer Mehrheit abgelehnt.

Nachdem in den folgenden Jahren die vorerwähnten Mißstände und Gefahren weiter stark gewachsen waren, brachte das G. vom 5. Juli 1905, nach dem Antragsteller im Abgeordnetenhause „lex Gamp" genannt, eine vorläufige Regelung in Form einer Mutungssperre, die vom 8. Juli 1905 bis 7. Juli 1907 bestanden hat. Das Gesetz hat beinahe das Gegenteil der beabsichtigten Wirkung erreicht, weil das Verbot der Annahme von Mutungen nicht ausnahmslos war, insbesondere das Abbohren der Schlagkreise der schwebenden Mutungen[1]) zugelassen wurde. Diese Freigabe weiter Gebiete kurz vor Toresschluß bewirkte eine ungewöhnliche Bohr- und Gründertätigkeit, die auch in Hannover einsetzte, wo das Recht zur Aufsuchung der Salze dem Grundeigentümer verblieben war.

Die in der lex Gamp vorbehaltene endgültige Regelung ist durch die Nov. vom 18. Juni 1907 erfolgt. Seit dem 8. Juli 1907 steht unter Ausschluß der bis dahin bereits erworbenen Bergbaurechte die Aufsuchung und Gewinnung des Steinsalzes sowie der Kali-, Magnesia- und Borsalze nebst den mit diesen Salzen auf der nämlichen Lagerstätte vorkommenden Salzen und Solquellen dem Staate zu. Dieses Vorbehaltsrecht des Staates steht jedoch nicht dem Bergwerkseigentum gleich. Der Staat ist zwar befugt, und zwar, sofern er nicht einen anderen dazu ermächtigt, allein befugt, in dem vorbehaltenen Gebiet nach den vorbehaltenen Mineralien zu schürfen (§ 3). Dagegen folgt aus dem Vorbehaltsrecht nicht ohne weiteres das Recht zur Gewinnung dieser Mine-

[1]) Im Umkreise von 4184,8 m (d. i. der frühere Schlagkreishalbmesser) um den Fundpunkt einer noch schwebenden Mutung (Stammutung), deren Fündigkeit vor Verkündung des Gesetzes amtlich nachgewiesen war, konnte weiter geschürft und auf Funde gemutet werden. Die Höchstentfernung zweier Punkte der Begrenzung der Mutungsfelder wurde jedoch von 4184,8 auf 4150 m herabgesetzt, um einen Teil des Umkreises dem Machtbereich des Inhabers der Stammutung (vgl. S. 87) zugunsten anderer Muter zu entziehen.

ralien. Zur Begründung des Gewinnungsrechts ist erforderlich, daß der Staat sich selbst das Bergwerkseigentum verleiht[1]). Das Verleihungsverfahren ist aber, da ein Mutungswettbewerb in diesem Falle ausgeschlossen ist, einfacher gestaltet (§ 38b). Die Verleihung erfolgt durch den Minister für Handel und Gewerbe von Amts wegen[2]). Voraussetzung ist, daß das Mineral innerhalb des zu verleihenden Feldes auf einer natürlichen Ablagerung in solcher Menge und Beschaffenheit entdeckt worden ist, daß eine zur wirtschaftlichen Verwertung führende bergmännische Gewinnung des Minerals möglich erscheint. Zum Nachweise dieser Voraussetzung (der sog. absoluten Bauwürdigkeit) bedarf es aber, wenn er in anderer Weise erbracht werden kann, nicht der Vorweisung des Minerals an einem bestimmten Fundpunkte und einer amtlichen Fundesuntersuchung. Im Gesetze nicht besonders erwähnt aber eine selbstverständliche weitere Voraussetzung der Verleihung ist die Feldesfreiheit. Beschränkungen hinsichtlich der Größe und Form des Feldes bestehen nicht. Hinsichtlich des Inhalts und der Form der Verleihungsurkunde und ihrer Verbindung mit dem Situationsrisse bestehen keine wesentlichen Abweichungen von dem Normalfall der Bergwerksverleihung. Die Urkunde wird durch den Reichs- und Staatsanzeiger veröffentlicht. Eine Anfechtung der Verleihung ist im Gesetze nicht vorgesehen, doch besteht kein Zweifel darüber, daß der dadurch in seinen Rechten (Bergbaurechten aus früherer Zeit) Beeinträchtigte innerhalb der allgemeinen 30jährigen Verjährungsfrist den ordentlichen Rechtsweg gegen den Fiskus beschreiten kann.

Die Salze sind dem Staate nicht zu dem Zwecke vorbehalten worden, Privatunternehmer von der Salzgewinnung völlig auszuschließen. Neben einer angemessenen Verstärkung der fiskalischen Produktion soll der Staat auch die Weiterentwicklung des Privatbergbaues durch Einräumung von Salzgewinnungsrechten an Privatunternehmer fördern. Jedoch sollen diese nicht mehr

[1]) Der eigenartige Rechtsvorgang erinnert an die „Feldesreservationen" der Bergregalherren. Im übrigen steht aber das Vorbehaltsrecht nicht etwa dem Bergregal gleich.

[2]) Eine Mutung ist ausgeschlossen. Aber auch ein „Nachsuchen der Verleihung" durch den Handelsminister (oder eine ihm unterstellte Behörde) bei ihm selbst, wie es in § 2 Abs. 3 vorausgesetzt wird, ist rechtlich widersinnig.

wie früher ein zeitlich unbeschränktes, von einer Gegenleistung freies Bergwerkseigentum erwerben, vielmehr soll die Übertragung des Aufsuchungs- und Gewinnungsrechts entsprechend den allgemeinen Grundsätzen über die Verwaltung von Staatseigentum in der Regel gegen Entgelt und auf Zeit erfolgen (§ 2 Abs. 2 letzter Satz). Im übrigen steht die Wahl der Rechtsform den Beteiligten frei, jedoch hat die Nov. vom 18. Juni 1907 für den vorliegenden Zweck eine neue Bergbauberechtigung besonderer Art eingeführt, die die Ausnutzung des Realkredits der Unternehmung und die Anwendung der Gewerkschaft als Gesellschaftsform ermöglicht. Das aus dem Vorbehaltsrecht heraus entstandene Bergwerkseigentum des Staates kann nämlich zugunsten eines anderen mit einem (dem Erbbaurechte nachgebildeten) selbständigen vererblichen und veräußerlichen Aufsuchungs- und Gewinnungsrechte dinglicher Natur belastet werden (§ 38c). Auf dieses finden in demselben Umfange wie auf das Bergwerkseigentum die sich auf Grundstücke beziehenden Vorschriften des BGB. Anwendung. Es erhält ein besonderes Grundbuchblatt und wird grundbuchlich, bei der Zwangsversteigerung und bei der freiwilligen gerichtlichen Versteigerung ebenso behandelt wie die selbständigen Salz- und Kohlenabbaugerechtigkeiten (vgl. S. 275 f.). Der Gewinnungsberechtigte hat, abgesehen von einigen Ausnahmen[1]), auch die auf dem ABG. beruhenden Rechte und Pflichten des Bergwerkseigentümers (Bergwerksbesitzers). Die Rechtsverhältnisse zweier oder mehrerer Mitberechtigter regeln sich nach dem Gewerkschaftsrecht. Erlischt das Gewinnungsrecht, so lebt das Bergwerkseigentum des Staates lastenfrei wieder auf[2]).

Die Berggesetzgebung Preußens und der anderen Bundesstaaten hat nicht zu verhindern vermocht, daß Kalisalzbergwerke in einer das Absatzbedürfnis weit übersteigenden Zahl entstanden sind. Als die damit verbundene Gefahr der Verschleuderung der Kalisalze nach dem Auslande durch gegenseitige Preisunterbietung im Jahre 1909 infolge Nichterneuerung des Kalisyndikats akut geworden war,

---

[1]) §§ 39, 55, 65, 156—162, 164 (Verwaltung, Mutungsvorrecht, Betriebszwang). Auch konsolidieren kann der Gewinnungsberechtigte nicht, da sein Recht zeitlich begrenzt ist.

[2]) Alle diese Bestimmungen haben kaum praktische Bedeutung erlangt.

wurde durch das Reichskaligesetz vom 25. Mai 1910 der Absatz der Kalisalze auf der Grundlage einer Kontingentierung der einzelnen Kaliwerke und unter Feststellung von Höchstpreisen für das Inland, die zugleich Mindestpreise für das Ausland sein sollten, auf die Dauer von 15 Jahren geregelt. Hierdurch wurden Deutschland die Vorteile seiner damaligen Monopolstellung auf dem Kalimarkte gesichert. Wirksame Maßnahmen zur Verhütung der unwirtschaftlichen Weitervermehrung der Kaliwerke hat aber auch das Kaligesetz nicht getroffen.

Das Reichskaligesetz wird als das erste deutsche Kartellgesetz bezeichnet. Es beruht auf dem Grundgedanken der Gemeinwirtschaft. Daher konnte bei der Neuregelung der Kaliwirtschaft auf Grund des Sozialisierungsgesetzes an die bestehende Rechtslage angeknüpft werden. Das Kaligesetz ist durch G. vom 18. Juli 1919 (RGBl. S. 661) aufgehoben worden, indessen ist der Hauptteil seiner Bestimmungen, insbesondere diejenigen über Kontingentierung des Absatzes und Festsetzung der Beteiligungsziffer, in die im Rahmen des Kaliwirtschaftsgesetzes vom 24. April/18. Juli 1919 erlassenen Durchführungsvorschriften vom 18. Juli 1919/22. Okt. 1921 (RGBl. S. 1312) übergegangen.

2. Steinkohle.

Auch auf dem Gebiete der Steinkohle entstand aus der Bergbaufreiheit, nachdem diese den preußischen Steinkohlenbergbau zu hoher Blüte gebracht, die Gefahr einer Monopolstellung einzelner besonders kapitalkräftiger Unternehmungen. Es galt demgegenüber die allgemeinwirtschaftlichen Interessen zu schützen. Das Mutungssperrgesetz (lex Gamp) vom 5. Juli 1904 verbot daher auch die Annahme von Steinkohlenmutungen. Der Regierungsentwurf zur Nov. vom 18. Juni 1907 wollte für die Aufsuchung und Gewinnung der Steinkohle dieselbe Regelung eintreten lassen, die für Salze und Solquellen Gesetzeskraft erlangt hat. Im Landtage erfuhr aber der Entwurf auf Grund der Erwägung, daß die Kohlenvorräte nicht unbegrenzt sind, und unter dem Eindrucke der damals herrschenden sog. Kohlennot eine Änderung in der Richtung, daß der Ausschluß von Privatunternehmungen durch ein fiskalisches Gewinnungsmonopol und eine daraus zu befürchtende monopolistische Preisgestaltung verhütet werden sollte.

Allerdings ist auch die Aufsuchung und Gewinnung der Steinkohle dem Staate vorbehalten worden (§ 2 Abs. 1).[1]) Die Befugnis des Staates, aus diesem abstrakten Vorbehaltsrecht heraus Bergwerkseigentum zu schaffen, wurde indessen dahin eingeschränkt, daß durch Verleihung von 250 Maximalfeldern innerhalb $3^1/_2$ Jahren nach dem Inkrafttreten der Novelle dem Bedarf des Bergfiskus abschließend Rechnung getragen werden sollte. Die Verleihung hatte nach Maßgabe der Bestimmungen über die Verleihung des Bergwerkseigentums auf Salze zu erfolgen, jedoch ohne daß es eines Nachweises des Mineralvorkommens bedurfte (§ 2 Abs. 3). Die 250 Maximalfelder sind innerhalb der vorgeschriebenen Frist dem Staate verliehen worden[2]). Im übrigen sollte der Staat das Recht der Aufsuchung und Gewinnung der Steinkohle an andere Personen übertragen. Die Übertragung sollte aber nicht, wie bei den Salzen, im freien Ermessen der Staatsverwaltung liegen, sondern sich nach bestimmten gesetzlichen Regeln richten, deren Aufstellung einem späteren Gesetze vorbehalten wurde (§ 2 Abs. 4 urspr. Fass.). Ein Gesetz dieser Art ist aber nicht erlassen, vielmehr, nachdem sich die Verhältnisse geändert hatten, durch das G. zur Aufschließung von Steinkohlen vom 11. Dez. 1920 der bisherige § 2 Abs. 4 beseitigt, damit auch für die Zukunft der Erlaß eines solchen Gesetzes ausgeschlossen und dem Staate die Möglichkeit gegeben worden, das Vorbehaltsrecht für sich zu verwirklichen und die dadurch geschaffenen Abbaurechte nach Ermessen auf andere zu übertragen. Zu diesem Ziele führen zwei Wege, die durch das G. zur Aufschließung von Steinkohlen vom 11. Dez. 1920 (GS. 1921 S. 74) und das G. über Aufsuchung und Gewinnung von Steinkohle vom 22. Mai 1922 (GS. S. 118) geschaffen worden sind.

Das erste Gesetz verdankt seine Entstehung dem starken Brenn-

[1]) Ausgenommen sind die Provinzen Ostpreußen, Brandenburg, Pommern und Schleswig-Holstein, wo — im Interesse der Bohrindustrie und der Aufschließung geologisch wenig bekannter Landesteile — die Bergbaufreiheit für Steinkohle bestehengeblieben ist. Die Ausnahme hat kaum eine praktische Bedeutung.

[2]) Durch die Fassung des § 2 Abs. 3 ist das Recht des Staates an den „von ihm zur Zeit betriebenen und den sonstigen in seinem Besitz befindlichen" Steinkohlenfeldern — ohne Rücksicht auf die etwaige Unsicherheit des ursprünglichen Rechtstitels (Saarbrücken) — gesetzlich anerkannt worden.

stoffmangel im Jahre 1920. Nach dem damaligen Rechtszustande waren, da das im § 2 Abs. 4 urspr. Fass. vorgesehene Gesetz nicht erlassen worden war, die Steinkohlen innerhalb des Vorbehaltsgebietes jedem Zugriff, auch des Staates selbst, entzogen. Eine Rückkehr zur Bergbaufreiheit war nach der damaligen politischen Lage ausgeschlossen, indessen wollte man den aus verschiedenen Gegenden kommenden Wünschen, gewisse Steinkohlenablagerungen, meist von geringerem Werte, wenigstens für die Deckung des Brennstoffbedarfs der näheren Umgebung abbauen zu dürfen, gerecht werden. Hierfür ist die Form des Abschlusses von Schürfverträgen für bestimmte Schürffelder mit der Maßgabe gewählt worden, daß der Schürfer im Falle eines verleihungsfähigen Fundes die Verleihung des Bergwerkseigentums an den Staat herbeizuführen hat, wogegen dieser sich verpflichtet, dem Schürfer die Ausbeutung des Bergwerks ganz oder teilweise zu bestimmten Bedingungen zu überlassen. Solche Schürfverträge, die der Genehmigung des Handelsministers und des Finanzministers bedürfen, sind bereits in größerer Zahl nach einem feststehenden Muster abgeschlossen worden, haben allerdings nur selten zur Verleihung des Bergwerkseigentums geführt. Der Geltungsbereich dieses Gesetzes schließt die großen Steinkohlenbezirke nicht in sich, beschränkt sich vielmehr auf Gebiete mit Steinkohlenvorkommen von geringerer Bedeutung (Provinzen Sachsen, Hannover und Hessen-Nassau, Regierungsbezirk Liegnitz, Bergreviere Werden und Witten, Bereich der sog. Wealdenablagerung).

An den Bestimmungen des ABG. (§§ 12—38) über das Muten und Verleihen, insbesondere über die Größe des Maximalfeldes, war durch das G. vom 11. Dez. 1920 nichts geändert worden. Sie traten mit dem Fortfall des § 2 Abs. 4 früherer Fassung auch für Mutungen des Staates außerhalb der vorbezeichneten Gebiete in Geltung. Dies erwies sich als ein Mißstand, als der Staat sich infolge des Verlustes wertvoller Steinkohlengebiete entschließen mußte, selbst auf Steinkohlen zu bohren. Die stark gesteigerten Kosten einer Tiefbohrung schließen es noch mehr, als schon früher angenommen wurde, aus, einen lohnenden Steinkohlenbergbau auf ein Maximalfeld zu gründen, vielmehr muß ein Fund die Grundlage für den Erwerb von mehreren zusammenhängenden Maximalfeldern bilden. Von diesem Gesichtspunkt aus bestimmte das G. über Aufsuchung und Gewinnung von Steinkohle vom 22. Mai 1922, daß die Verleihung nach § 38b Abs. 3 u. 4 d. h. in gleicher Weise zu erfolgen hat, wie seiner Zeit die Verleihung der durch die Nov. vom 18. Juni 1907 dem Staat überlassenen Maximalfelder (durch den Handelsminister ohne Bindung an eine Maximalfeldesgröße und ohne Nachweis des Mineralvorkommens). Im übrigen ist in dem G. vom 22. Mai 1922 ebenfalls eine Übertragung der Ausbeutung eines demgemäß verliehenen Bergwerks an andere Personen vorgesehen. Die Übertragung soll in der Regel gegen Entgelt und auf Zeit erfolgen und bedarf ebenfalls der Genehmigung des Handelsministers und des Finanzministers.

Die hohen Kosten der Tiefbohrungen im Verhältnis zu der geringen Ausdehnung eines Maximalfeldes haben aber auch die praktische Anwendbarkeit des G. vom 11. Dez. 1920 stark beeinträchtigt und schließlich zum Erlaß des G. über ein verändertes Verfahren zur Verleihung von Steinkohlenfeldern an den Staat vom 3. Jan. 1924 (GS. S. 17) geführt, wonach auch für den Geltungsbereich des G. vom 11. Dez. 1920 an Stelle der allgemeinen Vorschriften über das Muten und Verleihen (§§ 12 bis 38) die Verleihung durch den Handelsminister ohne Bindung an eine Maximalfeldesgröße getreten ist. Ein Unterschied gegenüber dem G. vom 22. Mai 1922 besteht aber insofern, als der Nachweis des Mineralvorkommens erforderlich ist, dessen Fortfall für den Geltungsbereich des letzteren Gesetzes sich dadurch rechtfertigt, daß die für dieses in Betracht kommenden Steinkohlenvorkommen wenigstens in der Hauptsache schon ausreichend bekannt sind.

3. Braunkohle.

Der Verlust wertvoller Steinkohlengebiete nötigt den Staat, auch der Braunkohle ein erhöhtes Interesse zuzuwenden. Aus diesem Grunde ist das G. über die Verleihung von Braunkohlenfeldern an den Staat vom 3. Jan. 1924 erlassen worden, das für die Provinzen, in denen vermutlich unverliehene Braunkohle in größerem Umfang ansteht (Hessen-Nassau, Sachsen, Brandenburg, Niederschlesien, Oberschlesien und Grenzmark Posen-Westpreußen) denselben Rechtszustand eintreten läßt, den das G.

vom 11. Dez. 1920 seiner Zeit innerhalb eines anderen Geltungsbereichs für Steinkohlen geschaffen hat. Für die Mutung und Verleihung von Braunkohle bleibt es bei den allgemeinen Bestimmungen des Berggesetzes über Muten und Verleihen (§§ 12—38), so daß auf einen Fund nur ein Maximalfeld vom Oberbergamt verliehen werden kann.

Die Bestimmungen, wonach in einzelnen Landesteilen die Braunkohle dem Verfügungsrecht des Grundeigentümers unterliegt, werden durch das Gesetz nicht berührt. Die Rechte aus den vor dem Inkrafttreten des Gesetzes eingelegten Mutungen und aus den vor dem 15. Dezember 1923 angezeigten und begonnenen Bohrungen sind durch besondere Übergangsbestimmungen gewahrt.

4. Zwischenfelder [1]).

Wenn zwischen Feldern oder Feldesteilen, die zur Gewinnung von Salzen, von Solquellen, die mit Salzen auf der nämlichen Lagerstätte vorkommen, oder von Steinkohle bereits vor dem Inkrafttreten der Nov. vom 18. Juni 1907 verliehen[2]) waren, im Bergfreien liegenden Feldesteile ganz (Enklaven) oder zum Teil (Zungen) eingeschlossen sind und diese Feldesteile ihrer Form und Größe nach eine selbständige Gewinnung des Minerals nicht lohnen, so kann ein solches Zwischenfeld von den Eigentümern der benachbarten Bergwerke nach Maßgabe der früheren Bestimmungen gemutet werden. Gegen die Entscheidung des OBA. findet in diesem Falle Klage des Muters im Verwaltungsstreitverfahren beim Bergausschuß, gegen dessen Entscheidung Revision beim OVG. statt.

Entsprechende Bestimmungen gelten nach dem unter Ziff. 3 erwähnten G. vom 3. Jan. 1924 auch für Braunkohlenfelder, jedoch kommen hier als einschließende Felder auch solche in Betracht, die auf Grund der Übergangsbestimmungen noch nach dem Inkrafttreten des Gesetzes verliehen sind. Sodann kann an der Einschließung auch die Grenze des sog. Mandatsgebiets, wo die Braunkohlen dem Grundeigentümer gehören, beteiligt sein.

---

[1]) Art. XI Nov. vom 18. Juni 1907.

[2]) Nicht bloß gemutet (OVG., Z. f. B. **51** 326).

XI. Bergwerkseigentum[1]).

1. Erwerb.

Das Bergwerkseigentum wird durch die Verleihung begründet, sowie durch Konsolidation, Teilung von Grubenfeldern oder Austausch von Feldesteilen erworben (§ 50 Abs. 1). Dazu treten jetzt die Fälle der Vereinigung von Steinkohlenfeldern im Oberbergamtsbezirk Dortmund (G. vom 22. April 1922) und der Zulegung von Feldesteilen (G. vom 22. Juli 1922). Das Bergwerkseigentum entsteht in allen diesen Fällen des eigenständigen (originären) Erwerbs mit der Zustellung der vom Oberbergamt über den Rechtsakt oder die Bestätigung des Rechtsakts ausgestellten Urkunde. Die Eintragung in das Grundbuch hat nur eine berichtigende, nicht rechtsbegründende Bedeutung. Der abgeleitete Erwerb vollzieht sich durch Auflassung des Bergwerkseigentums vor dem Grundbuchamt und Eintragung des Erwerbers im Grundbuch.

Ausländische juristische Personen bedürfen zum Erwerbe von Bergwerkseigentum der Genehmigung des Staatsministeriums, Gewerkschaften, die in einem anderen Bundesstaat ihren Sitz haben, der Genehmigung der zuständigen Minister[2]).

2. Wesen und Inhalt. Bergwerksbesitz.

Nach § 54 Abs. 1 ABG. hat der Bergwerkseigentümer „die ausschließliche Befugnis, nach den Bestimmungen des gegenwärtigen Gesetzes das in der Verleihungsurkunde benannte Mineral in seinem Felde aufzusuchen und zu gewinnen, sowie alle hierzu erforderlichen Vorrichtungen unter und über Tage zu treffen". Das Bergwerkseigentum ist hiernach nicht eine besondere Art des Sacheigentums. Der Bergwerkseigentümer ist weder Eigentümer der Lagerstätte[3]) noch der darin befindlichen Mineralien. Das Bergwerks-

[1]) ABG. §§ 50—64 (3. Tit. 1. Abschn.).

[2]) G. vom 23. Mai 1909 (GS. S. 619) und AusfVO. vom 11. Dez. 1909 (GS. S. 797).

[3]) Er darf z. B. eine beim Bergbau entdeckte Tropfsteinhöhle zwar zu Betriebszwecken verwenden, nicht aber in anderer Weise (durch Erhebung eines Eintrittsgeldes von den Besuchern) ausbeuten. RG. 27. Okt. 1891, Z. f. B. 33 135.

eigentum ist auch nicht ein dingliches Recht an den Grundstücken, unter denen sich die verliehenen Mineralien befinden. Es ist ein — von allen Rechtsarten des allgemeinen bürgerlichen Rechts verschiedenes — Recht zum Bergbau, das sich in der Hauptsache auf die Aneignung der verliehenen Mineralien richtet und bestimmte, diesem Hauptzwecke dienende Nebenbefugnisse in sich schließt[1]). Die Fähigkeit, Gegenstand des zivilrechtlichen Eigentums zu sein, erlangen die Mineralien nicht schon mit der Bergwerksverleihung, sondern erst mit ihrer Gewinnung.

Das Bergwerkseigentum enthält wie das Schürfrecht das Recht zur Aufsuchung, außerdem aber auch das Recht zur Gewinnung[2]) der Mineralien. Die Aufsuchung durch den Bergwerkseigentümer (zur weiteren Aufschließung des Bergwerksfeldes) unterliegt nicht den Gesetzesvorschriften über das Schürfen, sondern den Gesetzesvorschriften über den Bergwerksbetrieb (z. B. dem Betriebsplanzwang).

Das Aufsuchungs- und Gewinnungsrecht erstreckt sich nicht auf eine bestimmte Lagerstätte, sondern auf alle in der Verleihungsurkunde benannten Mineralien, soweit sich diese innerhalb des Bergwerksfeldes auf ihrer natürlichen Ablagerung (vgl. S. 60) oder in alten Bergwerkshalden (vgl. S. 60, 130) befinden[3]).

Das Recht des Bergwerkseigentümers schließt die Aufsuchung und Gewinnung der verliehenen Mineralien durch andere aus. Als

---

[1]) Vgl. auch RG., Z. f. B. **48** 117; **56** 403.

[2]) Die gewonnenen Mineralien sind Früchte oder Nutzungen des Bergwerkseigentums im Sinne der §§ 99 Abs. 2, 100 BGB. Die Überlassung der Gewinnung an einen Dritten gegen Entgelt ist daher in der Regel als Pachtvertrag anzusehen (§ 581 BGB.). Es kann aber auch ein Nießbrauch am Bergwerkseigentum bestellt werden (vgl. § 1038 BGB.). Dem Nießbraucher stehen nicht nur die Zinsen der Ausbeute, sondern die Ausbeute selbst zu (jetzt §§ 1030, 1068 BGB., früher zweifelhaft).

[3]) Das Recht des Bergwerkseigentümers erstreckt sich auch auf die Nebenbestandteile der verliehenen Mineralien. Wenn z. B. bei der Verhüttung von Silbererzen auch Gold chemisch ausgeschieden wird, so kann der Bergwerkseigentümer, auch wenn sich die Bergwerksverleihung nur auf Silbererze richtet, über das als Nebenerzeugnis gewonnene Gold frei verfügen, vorausgesetzt, daß der Goldgehalt nicht so groß ist, daß das Erz nach § 15 Abs. 1 auch als Golderz verleihbar wäre (vgl. Voelkel im „Glückauf" 1919 S. 162 f.).

Rechtsbehelfe gegen unberechtigte Eingriffe (Aufsuchung oder Gewinnung von Mineralien, Errichtung von Bergwerksanlagen) hat er die Abwehrklage (negatorische Klage) auf Unterlassung des Eingriffs (§ 1004 BGB.), einen persönlichen Anspruch auf Herausgabe der gewonnenen Mineralien, soweit diese noch vorhanden sind, aus dem Gesichtspunkte der ungerechtfertigten Bereicherung (§ 812 BGB.), und wenn der rechtswidrige Eingriff vorsätzlich oder fahrlässig begangen ist, auch Anspruch auf Schadenersatz (§ 823 BGB.). Dagegen kann der Bergwerkseigentümer die von einem anderen rechtswidrig gewonnenen Mineralien nicht vindizieren, da durch die rechtswidrige Aneignung zwar nicht der Aneigner (§ 958 BGB.) aber auch nicht der Bergwerkseigentümer Eigentümer der Mineralien wird.

Strafrechtlichen Schutz gewähren dem Bergwerkseigentümer nicht die Bestimmungen des StGB. über Diebstahl und Unterschlagung. Gegenstand dieser Vergehen ist eine fremde bewegliche Sache. Eine solche ist aber im Augenblicke der Aneignung noch nicht vorhanden, mag man die Mineralien bis dahin als herrenlose Sachen oder als Bestandteile des Grundstücks ansehen. Der strafrechtliche Schutz liegt vielmehr in dem Gesetz über die Bestrafung unbefugter Gewinnung oder Aneignung von Mineralien vom 26. März 1856 (GS. S. 203), das den, der anstehende[1]) Mineralien[2]) unbefugt in der Absicht wegnimmt, sie sich zuzueignen, mit Geldstrafe bis zu 150 M. oder mit Gefängnis bis zu sechs Wochen und, falls die Gewinnung mittels bergbaulicher Anlagen stattfindet, mit Geldstrafe bis zu 1500 M. oder Gefängnis bis zu sechs Monaten bedroht. Auch schon die Errichtung bergbaulicher Anlagen zum Zwecke unbefugter Mineralgewinnung ist strafbar (Geldstrafe bis 600 M. oder Gefängnis bis zu drei Monaten). Die Strafbarkeit nach diesen Strafvorschriften setzt das Bewußtsein der Rechtswidrigkeit (§ 59 StGB.) voraus. Die Überschreitung der Grenzen

---

[1]) Aneignung schon gewonnener Mineralien ist Diebstahl oder Unterschlagung. Über den Haldenkohlendiebstahl vgl. Z. f. B. **44** 348.

[2]) Die Gewinnung verleihbarer, aber noch nicht verliehener Mineralien steht strafrechtlich der Gewinnung verliehener Mineralien gleich. Dagegen ist die rechtswidrige Aneignung dem Grundeigentümerbergbau unterliegenden Mineralien nicht nach dem G. vom 26. März 1856, sondern nach § 370 Ziff. 2 StGB. (Geldstrafe bis 150 M.) strafbar.

des Grubenfeldes ist aber auch für den Fall der bloßen Fahrlässigkeit strafbar (Geldstrafe bis zu 150 M. oder Gefängnis bis zu sechs Wochen)[1]).

Der Bergwerkseigentümer ist befugt, alle zur Aufsuchung und Gewinnung des Minerals erforderlichen Vorrichtungen unter Tage zu treffen. Diese Befugnis ist ihrer Natur nach nicht auf die Minerallagerstätte beschränkt, sondern auch auf Benutzung des in erster Linie dem Verfügungsrechte des Grundeigentümers unterliegenden Teiles des Erdkörpers unter der Tagesoberfläche gerichtet. Das Bergwerkseigentum wirkt in dieser Hinsicht als eine gesetzliche Beschränkung des Grundeigentums. Der Bergwerkseigentümer darf insbesondere das Grundstück durchfahren, um zu der Minerallagerstätte zu gelangen (Ausrichtungsarbeiten) und aus dieser heraus Strecken treiben, um andere Ablagerungen zu erreichen. Er kann von dem Grundeigentümer nicht gezwungen werden, wegen der Gefahr schädlicher Einwirkungen auf Gebäude oder Tagesgegenstände Betriebshandlungen zu unterlassen. Der Grundeigentümer ist vielmehr auf die Geltendmachung des Schadenersatzanspruchs aus § 148 ABG. beschränkt. Auch wenn die Einwirkung in einer Benutzung der Tagesoberfläche besteht, kann die Geltendmachung des Untersagungsrechts nicht zur Einstellung des Betriebes führen[2]). Nur vom bergpolizeilichen Standpunkt aus, also wenn gemeinschädliche Einwirkungen auf die Tagesoberfläche zu befürchten sind, kann die Ausübung des Bergwerkseigentums, die „nach den Bestimmungen des gegenwärtigen Gesetzes" zu erfolgen hat, eingeschränkt werden.

Der Bergwerkseigentümer hat ferner die Befugnis, auch über Tage die zur Aufsuchung und Gewinnung des Minerals erforderlichen Verrichtungen zu treffen. Die Ausübung der Befugnis setzt aber, abgesehen von der Beobachtung der polizeilichen (in diesem Falle nicht nur bergpolizeilichen) Vorschriften die Einhaltung eines bestimmten Verfahrens für den Fall voraus, daß die Benutzung fremder Grundstücke erforderlich wird (§§ 64, 135ff.).

---

[1]) Wegen Festsetzung der Geldstrafen in Goldmark und Umwandlung uneinbringlicher Geldstrafen in Arbeitsleistungen oder Freiheitsstrafen vgl. jetzt Art. I der VO. vom 6. Febr. 1924 über Vermögensstrafen und Bußen (RGBl. I S. 44).

[2]) RG., Z. f. B. **48** 535; **57** 70. — In dieser Hinsicht entspricht die Rechtsstellung des Bergwerksbesitzers derjenigen des Besitzers einer nach § 16 GewO. genehmigten gewerblichen Anlage (§ 26 GewO.).

Gegenstand des **Besitzes** im Sinne des allgemeinen Zivilrechts können sowohl die Bergwerksanlagen als auch, da das BGB. den Begriff des Rechtsbesitzes für die der Landesgesetzgebung vorbehaltenen Materien nicht ausschließt, das Bergwerkseigentum sein. Der im ABG. häufig wiederkehrende Begriff „Bergwerksbesitzer" hat indessen mit dem allgemeinen zivilrechtlichen Besitzbegriff nichts zu tun, ist vielmehr ein spezifisch bergrechtlicher. „Bergwerksbesitzer" ist, wie in ständiger Praxis angenommen wird[1]), jeder, der ein Bergwerk für eigene Rechnung betreibt.

3. Gleichstellung mit den Grundstücken.

Das Bergwerkseigentum war eine **unbewegliche Sache** im Sinne des ALR. Der gleiche Rechtsgedanke kommt in der neueren Gesetzgebung, die Rechte nicht zu den Sachen rechnet, in der Form zum Ausdruck, daß das **Bergwerkseigentum** — nach dem reichsgesetzlichen Vorbilde des Erbbaurechts — in wesentlichen Beziehungen **den Grundstücken rechtlich gleichgestellt** ist. Auf das Bergwerkseigentum finden Anwendung:

a) die sich auf Grundstücke beziehenden Vorschriften des BGB. (§ 50 Abs. 2 ABG. i. d. F. d. Art. 37 AG. z. BGB.);
b) die für den Erwerb des Eigentums und die Ansprüche aus dem Eigentum an Grundstücken geltenden Vorschriften des BGB. (§ 50 Abs. 3 a. a. O.);
c) die sich auf Grundstücke beziehenden Vorschriften der Grundbuchordnung (Art. 22 AG. z. GBO.);
d) die Bestimmungen über die Zwangsvollstreckung in das unbewegliche Vermögen (§§ 864, 870 ZPO.),
e) die Bestimmungen über die freiwillige gerichtliche Versteigerung von Grundstücken (Art. 76 des preuß. G. über die freiwillige Gerichtsbarkeit vom 21. Sept. 1899);
f) die Bestimmungen der ZPO. (§ 24) über den dinglichen Gerichtsstand.

Im einzelnen ist folgendes zu bemerken:

Zu a und b. Die in Betracht kommenden Vorschriften gehören zum größten Teile dem Sachenrecht an (insbes. §§ 873—902, 925,

[1]) RekB. vom 4. Juli 1894, Z. f. B. **36** 126. **Voelkel**, Z. f. B. **51** 405; anscheinend a. M. RG., Z. f. B. **51** 159ff.

926, 985—1007). Aus der Anwendung der §§ 873, 925 ergibt sich, daß zur Übertragung und Belastung des Bergwerkseigentums regelmäßig die Einigung der Beteiligten über den Eintritt der Rechtsänderung und die Eintragung der Rechtsänderung in das Grundbuch erforderlich ist, und daß bei Übertragung des Bergwerkseigentums die Einigung (Auflassung) bei gleichzeitiger Anwesenheit beider Teile vor dem Grundbuchamt erklärt werden muß. Hervorzuheben ist ferner, daß das Bergwerkseigentum mit denselben dinglichen Rechten belastet werden kann wie ein Grundstück (Nießbrauch, Grunddienstbarkeit, beschränkte persönliche Dienstbarkeit, Vorkaufsrecht, Reallast, Hypothek, Grundschuld, Rentenschuld). Eine Grunddienstbarkeit kann auch zugunsten eines Bergwerks bestellt werden. Auf Grundstücke sich beziehende Vorschriften finden sich im übrigen auch sowohl in dem Recht der Schuldverhältnisse (vgl. z. B. die Formvorschrift für Veräußerungsverträge im § 313) wie im Familien- und Erbrecht (Erwerb bei Gütergemeinschaft und durch Erbgang).

Die Vorschriften des BGB. finden aber keine Anwendung, soweit sich aus dem ABG. ein anderes ergibt (§ 50 Abs. 2, 3 ABG.). Aus diesem Grunde gelten für das Bergwerkseigentum z. B. nicht die Vorschriften des BGB. (§ 890) über die Vereinigung mehrerer Grundstücke, denn die Vereinigung mehrerer Bergwerke (Konsolidation) ist im ABG. abweichend geordnet. Außerdem scheiden diejenigen Vorschriften des BGB. aus, die ihrem Inhalte nach nur auf Sachen, nicht aber auf Rechte anwendbar erscheinen, deren Anwendung auf das Bergwerkseigentum daher widersinnig wäre. Nicht für anwendbar erklärt sind die Vorschriften des BGB. über den Inhalt und über den Verlust des Eigentums an Grundstücken (§§ 905—924, 927, 928). Auch besteht keine allgemeine Bestimmung, wonach die Vorschriften des preußischen Rechts über Grundstücke auf das Bergwerkseigentum anzuwenden wären. Eine Sonderbestimmung dieser Art findet sich in Art. 22 AG. z. GBO., aber nicht im AG. z. BGB.

Zu c[1]). Für die im Bezirk eines Grundbuchamtes belegenen Bergwerke wird ein besonderes Grundbuch geführt, dessen Ein-

[1]) Art. 23—26 AG. z. GBO.; Allg. Verf. d. JustMin. vom 20. Nov. 1908, JMBl. S. 349ff.

richtung im wesentlichen mit der der Grundbücher für Grundstücke übereinstimmt. Eine Abweichung besteht insofern, als in die Aufschrift des einzelnen Grundbuchblattes eine Beschreibung des Bergwerks aufzunehmen ist, die den wesentlichen Inhalt der Verleihungsurkunde oder des sonstigen Berechtigungstitels angibt. Ferner ist für Bergwerke mit unbeweglichen Kuxen ein besonderes Grundbuchformular vorgeschrieben.

Die in den Fällen der Verleihung des Bergwerkseigentums, der Abänderung der Verleihungsurkunde, der Konsolidation, Feldesteilung usw. erforderlichen Eintragungen und die Schließung des Grundbuchblattes im Falle der Aufhebung des Bergwerkseigentums nimmt das Grundbuchamt auf Ersuchen des OBA. vor. Das Ersuchen ist in einem ordnungsmäßig unterschriebenen und mit Siegel oder Stempel versehenen Schreiben[1]) unter Mitteilung der Verleihungsurkunde usw. zu stellen. Die Mitteilung des Situationsrisses ist nicht vorgeschrieben[2]). Das Ersuchen darf nicht allgemein auf „Vornahme der erforderlichen Eintragungen" gerichtet werden, sondern muß die vorzunehmenden Eintragungen bestimmt bezeichnen[2]). Ist das Ersuchen an sich ordnungsmäßig, so hat ihm das Grundbuchamt zu entsprechen, ohne in eine Nachprüfung der vorangegangenen Entscheidung des OBA. einzutreten[3]).

Dem Bergwerke können im Grundbuch auch Grundstücke als Bestandteile zugeschrieben werden. Wird das Bergwerkseigentum aufgehoben, so werden sie wieder selbständig und erhalten ein eigenes Grundbuchblatt.

Zu d. Die **Zwangsversteigerung und Zwangsverwaltung** eines Bergwerkseigentums richtet sich im allgemeinen nach den gleichen Regeln wie die Zwangsversteigerung und Zwangsverwaltung eines Grundstücks[4]). Von den wenigen Sondervorschriften sind folgende hervorzuheben.

aa) Die Ansprüche der Bergleute und Betriebsbeamten auf Lohn und andere Bezüge gewähren wegen der laufenden und der

---

[1]) Art. 9 Abs. 1 GBO.

[2]) KG. vom 2. Febr. 1906, Z. f. B. **47** 459f.

[3]) KG. vom 6. Dez. 1887, Z. f. B. **29** 51. Wegen Behandlung der Hypothekenbriefe usw. vgl. Art. 26 AG. z. GBO.

[4]) § 2 EG. z. ZVG.; Art. 15—22 AG. z. ZVG.

aus dem letzten Jahre rückständigen Beträge ein Vorrecht auf Befriedigung in der zweiten Klasse.

bb) Die vom Bergwerksbesitzer zu zahlenden Knappschaftsbeiträge[1]) gelten als „gemeine Lasten" des Bergwerks und gewähren, soweit sie laufen und aus den letzten zwei Jahren rückständig sind, ein Vorrecht auf Befriedigung in der dritten Klasse.

cc) Dem Antrag auf Zwangsversteigerung oder Zwangsverwaltung ist eine oberbergamtlich, gerichtlich oder notariell beglaubigte Abschrift der Verleihungsurkunde des Bergwerks beizufügen. Die Vorlegung des Situationsrisses ist nicht erforderlich.

dd) Die Beschlagnahme im Zwangsversteigerungsverfahren umfaßt nicht die bereits gewonnenen Mineralien.

ee) Die Terminsbestimmung muß bestimmte Angaben über das zu versteigernde Bergwerk enthalten.

Die Zwangsversteigerung eines Bergwerks findet übrigens nicht nur als Maßregel der Zwangsvollstreckung statt. Sie kann auch auf Grund des ABG. im Falle der Aufhebung des Bergwerkseigentums stattfinden. Für diesen Fall gelten einige weitere Sondervorschriften[2]). Insbesondere finden die allgemeinen Vorschriften über das geringste Gebot keine Anwendung. Das Meistgebot ist in seinem ganzen Betrage durch Zahlung zu berichtigen.

Zu f. Für Klagen, durch die das Bergwerkseigentum geltend gemacht wird, ist das Gericht ausschließlich zuständig, in dessen Bezirk das Bergwerk belegen ist. In dem dinglichen Gerichtsstande können auch persönliche Klagen, die sich gegen den Bergwerkseigentümer oder Bergwerksbesitzer als solchen richten, erhoben werden (§§ 24, 26 ZPO.).

4. Aufbereitungsanstalten, Salinen und andere Nebenbetriebe.

Mit dem Bergwerke pflegen Betriebsanlagen verbunden zu sein, die zwar nicht als Bergwerksanlagen im eigentlichen Sinne gelten können aber doch dem Bergwerksbetrieb unmittelbar oder mittelbar dienen. Es handelt sich darum, inwieweit solche Anlagen als

[1]) Nicht die Beiträge zur Knappschaftsberufsgenossenschaft.

[2]) Art. 23—27 AG. z. GBO.

Zubehörungen oder Bestandteile des Bergwerks anzusehen und nach den für den Bergwerksbetrieb geltenden Bestimmungen zu beurteilen sind.

Von den zur Verarbeitung der Bergwerkserzeugnisse dienenden Anlagen scheiden von vornherein die Hütten aus, die schon durch das sog. Kompetenzgesetz vom 10. Juni 1861 dem Bereiche des Bergrechts entzogen worden sind. Dagegen sind unzweifelhaft als Zubehörungen der Bergwerke anzusehen die im ABG. mehrfach[1]) ausdrücklich neben den Bergwerken erwähnten Aufbereitungsanstalten (sofern sie vom Bergwerksbesitzer selbst betrieben werden). Der Begriff der Aufbereitung ist auf dem Gebiete des Erzbergbaues entstanden (Erzwäschen, Läutertrommeln, Hammerwerke, Pochwerke usw.), später auch auf den Kohlenbergbau übertragen worden (Kohlenseparation, Kohlenwäschen usw.). Ein MinErl. vom 21. Febr. 1876[2]) stellt den früher schwankenden Begriff dahin fest, daß unter Aufbereitungsanstalten solche Anlagen zu verstehen sind, durch welche die Bergwerksprodukte auf mechanischem Wege gereinigt, zerkleinert und im Gehalt an nutzbaren Teilen konzentriert werden. Der Gegensatz wurde in Anstalten gefunden, wo ein chemischer Prozeß stattfindet. Diese begriffliche Unterscheidung wurde aber dem Bedürfnisse der Praxis nicht ganz gerecht. Auch gewisse Anstalten, deren Verfahren zur Verarbeitung der Bergwerkserzeugnisse als ein rein mechanisches kaum bezeichnet werden kann, z. B. Koksanstalten und Brikettfabriken, stehen in so engem örtlichen und wirtschaftlichen Zusammenhange mit dem eigentlichen Bergwerksbetriebe, daß eine rechtliche Loslösung von diesem zu schweren Mißständen führen würde. Die Praxis versuchte zunächst, den Begriff der Aufbereitungsanstalt auch auf solche Anstalten anzuwenden. Da dies aber mit der oben wiedergegebenen Begriffsbestimmung kaum vereinbar ist, entwickelte sich allmählich der Begriff der zum Bergwerke „zugehörigen Betriebsanstalten", die ebenso wie die Aufbereitungsanstalten als Teile des Bergwerks im weiteren Sinne gelten und nach bergrechtlichen Regeln behandelt werden. Der neue Begriff erhielt eine Stütze durch § 165 der Knappschaftsnovelle vom 19. Juni 1906, die den Begriff in

[1]) §§ 58, 59, 196 Abs. 3 ABG.; vgl. auch §§ 105b, 154a GewO.

[2]) Z. f. B. 17 117.

das Gesetz einführte. Als zum Bergwerke zugehörige Betriebsanstalten werden zur Zeit angesehen: die Koksanstalten (einschließlich der Gasverdichtungsanstalten und Benzolreinigungsanlagen), die Röstöfen der Eisensteingruben, die Glühöfen der Zinkerzbergwerke, die Brikettfabriken, die Teerschwelereien[1]) (diese nur in bergpolizeilicher Hinsicht) — stets unter der Voraussetzung, daß diese Anstalten vom Bergwerkseigentümer selbst am Gewinnungsorte betrieben werden —, dagegen nicht die Hütten, die Kalifabriken, die Paraffin- und Solarölfabriken, die Ringofenziegeleien. Die Rechtsentwicklung hat schließlich dazu geführt, daß in der Rechtsprechung der Begriff der Aufbereitungsanstalt auch auf die vorbezeichneten Nebenanlagen, insbesondere die Kokereien, angewendet wird.[2])

Als Zubehörungen des Bergwerks werden aber nicht nur Anstalten zur Verarbeitung der Bergwerkserzeugnisse, sondern auch Anstalten angesehen, die in anderer Weise dem Bergwerksbetriebe dienen, z. B. Grubenbahnen und mit dem Bergwerke verbundene Werkstätten zur Herstellung der beim Bergbau erforderlichen Gerätschaften und Materialien (Grubenschmieden, Zimmerwerkstätten, Sägewerke)[3]).

Die Rechtsfolgen des Charakters einer Anlage als Aufbereitungsanstalt oder zum Bergwerke zugehöriger Betriebsanstalt liegen namentlich auf dem Gebiete der Bergpolizei, des bergbaulichen Enteignungsrechts und des Bergarbeiterrechts[4]). Auf knappschaftlichem Gebiete hat der Begriff der Aufbereitungsanstalt seine Bedeutung verloren, da sich nach § 2 RKnG. die Knappschaftspflicht auf alle mit dem knappschaftlichen Betriebe räumlich und betrieblich zusammenhängende Nebenbetriebe erstreckt und außerdem auch Gewerbsanlagen, bei denen der Zusammenhang nur ein verwal-

[1]) Eine Schamottebrennerei auf einem verliehenen Tonerdebergwerk ist ebenso beurteilt worden.

[2]) Vgl. RG., Z. f. B. **61** 226.

[3]) RekB., Z. f. B. **55** 410.

[4]) Wenn das RG. (Z. f. B. **61** 226) den Betrieb einer Kokerei auch insofern dem Betriebe des Bergwerks selbst gleichstellt, als es auch ein Untersagungsrecht des Grundeigentümers gegen unvermeidliche Einwirkungen (Rauch- und Rußzuführung) ausschließt, so ist dieser Standpunkt nur haltbar, wenn dem Grundeigentümer wegen der dadurch bewirkten Schädigungen ein Bergschadensersatzanspruch nach § 148 ABG. gegeben wird. Ein solcher ist aber bisher vom RG. verneint worden (Z. f. B. **57** 70).

tungsmäßiger und betrieblicher ist, in den RKnV. aufgenommen werden können. Ferner ist bei Trennung des Hüttenwesens vom Bergwesen das Knappschaftsverhältnis der damals vorhandenen Hütten bis zur freiwilligen Lösung durch die Beteiligten aufrechterhalten worden (vgl. S. 239).

Salinen im Sinne der §§ 196, 165 ABG., § 154a GewO. sind Anlagen, die von dem Eigentümer eines Solquellen- oder Salzbergwerks zur Herstellung von Siedesalz aus der natürlichen oder der durch Auflösung des Steinsalzes gewonnenen künstlichen Sole betrieben werden, nebst den dazu gehörenden Lagerungs- und Verpackungsräumen. Die Herstellung von Siedesalz aus den Mutterlaugen der Chlorkaliumfabriken ist nicht Salinenbetrieb. Auch sind nicht Teile der Saline im eigentlichen Sinne die Anlagen zur Gewinnung und Förderung der Sole (das Solquellenbergwerk), die im § 135 erwähnten Solbehälter und Solleitungen und die Gradierwerke (diese gelten als Aufbereitungsanstalten).[1]) Auf die Salinen im eigentlichen Sinne finden das Bergpolizeirecht und trotz des Fehlens einer ausdrücklichen Gesetzesbestimmung wohl auch das Bergarbeiterrecht des ABG., aber nicht das Enteignungsrecht Anwendung. Auch sind selbständige Salinen nach ausdrücklicher Bestimmung des § 2 RKnG. nicht knappschaftliche Betriebe.

Die Ausdehnung der bergpolizeilichen Aufsicht auf bergbauliche Nebenbetriebe darf nicht in Widerspruch zum Reichsgewerberecht treten. Das ist aber auch nach der gegenwärtigen Lage der Sache nicht der Fall. Die Aufbereitungsanstalten und Salinen rechnet die GewO. ausdrücklich dem Bergwesen zu. Unter den nach § 16 GewO. genehmigungspflichtigen Anlagen sind allerdings die Anlagen zur Bereitung von Steinkohlenteer, Braunkohlenteer und Koks, sofern sie außerhalb des Gewinnungsortes des Minerals errichtet werden, sowie die Röstöfen aufgeführt. Die Beschränkung der Genehmigungspflicht auf Teerschwelereien und Koksanstalten außerhalb des Gewinnungsortes deckt sich aber damit, daß nur am Gewinnungsorte befindliche Anlagen dieser Art[2]) als zum Berg-

---

[1]) Der Sprachgebrauch der Praxis und mehrerer Bergpolizeiverordnungen kennt allerdings Salinen in einem weiteren, die bezeichneten Anlagen mitumfassenden Sinne. Auch im § 2 Abs. 1 RKnG. sind anscheinend Salinen in diesem weiteren Sinne gemeint.

[2]) Beispiel im Erl. d. HV. vom 27. Okt. 1914, Z. f. B. **56** 140.

werk zugehörige Betriebsanstalten angesehen zu werden pflegen. Hinsichtlich der Röstöfen fehlt zwar eine solche Beschränkung. Indessen besteht auch bei diesen kein Widerspruch der preußischen Praxis zum Reichsrecht. Daraus, daß die Röstöfen gewerbepolizeilich vom Bezirksausschuß zu konzessionieren sind, folgt nicht, daß die Gewerbepolizeibehörde auch die fortlaufende Betriebsaufsicht zu führen hätte. Die Tätigkeit der Konzessionierungsbehörde erreicht mit der Genehmigung ihr Ende. Das Reichsgewerberecht hindert also nicht, daß alsdann die Bergbehörde eintritt.

Die Zuständigkeitsverhältnisse hinsichtlich der bergbaulichen Nebenbetriebe sind etwas unsicher. Der Gedanke einer gesetzlichen Regelung ist mehrfach aufgetaucht, aber nicht zur Verwirklichung gelangt.

5. Hilfsbau[1]).

Beim Bergwerksbetriebe kann aus Gründen verschiedener Art das Bedürfnis eintreten, bergbauliche Anlagen außerhalb der Grenzen des Grubenfeldes (Hilfsbaue) auszuführen. Im älteren deutschen Bergrecht wurde diesem Bedürfnis zum Teil durch die Einrichtung der Erbstollen genügt. Im übrigen wurde das Recht, im freien Felde Hilfsbaue anzulegen, stillschweigend vorausgesetzt, während die Anlage von Hilfsbauen im fremden Felde von der Genehmigung des Bergamtes abhing. Diese Genehmigung konnte sich nach dem ALR. auch auf die Mitbenutzung fremder Schächte, Stollen und Strecken gegen Vergütung erstrecken.

Das ABG. hat das Hilfsbaurecht in Anlehnung teils an das ältere deutsche, teils an das französische Bergrecht neu geregelt. Hilfsbau ist eine von dem Bergwerkseigentümer außerhalb seines Feldes zum Zwecke der Mineralgewinnung in diesem Felde ausgeführte Anlage, die einen Teil des Grubengebäudes bildet. Anlagen im eigenen Felde sind daher, auch wenn sie Hilfszwecken dienen, doch nicht Hilfsbaue im Rechtssinne. Da ferner die Anlage des Hilfsbaues eine Tätigkeit des Berechtigten vorausgesetzt, können (im Gegensatz zum früheren preußischen sowie auch zum geltenden sächsischen Recht) fremde Grubenbaue nicht als Hilfsbaue in Anspruch genommen werden, auch ist ein im Interesse eines anderen Bergwerks stehengelassener

[1]) §§ 60—63 ABG.

Sicherheitspfeiler kein Hilfsbau. Da sich der Begriff des Hilfsbaus nach den Motiven auf „Stollen, Schächte und ähnliche bergbauliche Anstalten", also Teile des Grubengebäudes beschränkt, fallen darunter nicht Tagesanlagen, wie Wege, Kanäle, Eisenbahnen, Wasserläufe[1]). Die Anlegung solcher setzt den Erwerb eines Nutzungsrechtes an der Tagesoberfläche nach Maßgabe der §§ 135ff. voraus.

Zur Anlegung von Hilfsbauen ist der Bergwerkseigentümer (nicht der Bergwerksbesitzer als solcher) sowohl im freien wie im fremden[2]) Felde berechtigt, im freien Felde ohne jede Einschränkung, im fremden Felde nur unter zwei Voraussetzungen, der positiven, daß der Hilfsbau die Wasser- oder Wetterlösung oder den vorteilhafteren Betrieb des eigenen Bergwerks bezweckt, und der negativen, daß der Betrieb des fremden Bergwerks weder gestört noch gefährdet wird (§ 60). Der Hilfsbau braucht hiernach nicht notwendig oder unentbehrlich zu sein, es genügt, wenn er durch Verkürzung der Grubenwege oder auf andere Weise eine (für den Grubenhaushalt ins Gewicht fallende) Kostenersparnis herbeiführt. Hinsichtlich der zweiten, negativen Voraussetzung hat sich in der Praxis der Grundsatz herausgebildet, daß ein künftiger Bergwerksbetrieb in dem fremden Bergwerke nur in Betracht kommt, sofern er über das Stadium der bloßen Möglichkeit oder Wahrscheinlichkeit hinausgelangt ist und wenigstens bereits im Projekt eine bestimmt erkennbare Gestalt gewonnen hat.

Der Hilfsbau im freien Felde ist, auch wenn der Grundeigentümer Widerspruch erhebt, nicht von einer staatlichen Genehmigung abhängig. Dagegen ist der Hilfsbau im fremden Felde, wenn der andere Bergwerkseigentümer seine Verpflichtung bestreitet, nicht zulässig, bis durch Entscheidung des Oberbergamtes die Verpflichtung zur Gestattung des Hilfsbaues festgestellt ist (§ 61). Die Entscheidung, die ihrer Natur nach fast ausschließlich auf bergtechnischem Gebiete liegt, kann mit dem Rekurs, aber nicht im Rechtswege angefochten werden. Sie hat nur die Verpflichtung

[1]) Die sinngemäße Anwendung des Begriffes „Hilfsbau" auf Tagebaubetriebe ist an sich nicht ausgeschlossen. Doch fallen darunter nur Baue mit räumlicher Selbständigkeit gegenüber den Hauptgrubenbauen (z. B. nicht deren Böschungen). RekB. vom 16. 7. 1915, Z. f. B. **56** 558.

[2]) Zweifelhaft ist, ob der Vorbehalt für den Staat auch ohne Bergwerksverleihung die Feldesfreiheit ausschließt.

zur Gestattung des Hilfsbaues zu bejahen oder zu verneinen und, wenn nötig, den Umfang und die Richtung der auszuführenden Anlagen und die dabei zum Schutze des belasteten Bergwerks zu treffenden Maßnahmen festzustellen. Im übrigen ergeben sich die Rechtsbeziehungen zwischen den beteiligten Bergwerkseigentümern aus dem Gesetze selbst (§§ 62, 63). Entstehen hierüber Streitigkeiten, so steht dafür nur der ordentliche Rechtsweg offen, ebenso wie in dem Falle, daß der Hilfsbau ohne Feststellung des Hilfsbaurechts durch das Oberbergamt und ohne Zustimmung des anderen Bergwerkseigentümers angelegt wird.

Das Hilfsbaurecht ist ein mit dem Bergwerkseigentum untrennbar verbundenes Recht. Der Hilfsbau galt früher als „Zubehör", es gilt jetzt[1]) als „Bestandteil" des berechtigten Bergwerks. Er erlangt gegenüber dem verpflichteten Bergwerke durch Besitzergreifung dinglichen Charakter. Die Eintragung in das Grundbuch ist zulässig, aber wenn der Hilfsbauberechtigte den Besitz erlangt hat, nicht zur Wirksamkeit gegenüber dem öffentlichen Glauben des Grundbuchs erforderlich. Bei der Zwangsversteigerung des verpflichteten Bergwerks bleibt das Hilfsbaurecht bestehen, auch wenn es bei der Feststellung des geringsten Gebots nicht berücksichtigt ist[2]). Ein Anspruch auf Entgelt für die Gestattung des Hilfsbaues besteht nicht. Dagegen hat der Hilfsbauberechtigte für allen Schaden, der dem belasteten Bergwerke durch seine Anlage zugefügt wird, vollständige Entschädigung zu leisten (§ 62), und zwar sowohl für unmittelbar schädigende Einwirkungen als auch für den mittelbaren Schaden, der z. B. dadurch entstehen kann, daß der Hilfsbaupflichtige zur Sicherung des Hilfsbaues einen Kohlenpfeiler stehen lassen muß. Der Schadensersatzpflicht in diesem Fall entspricht also der Pflicht des Bergwerkseigentümers zum Ersatze des dem Grundeigentum zugefügten Schadens (§ 148) und bildet eine Ausnahme von dem Grundsatz, daß zwischen Bergwerkseigentümern eine Schadensersatzpflicht nur im Falle des Verschuldens besteht.

Bergfreie Mineralien, die zur Ausführung eines Hilfsbaues im freien Felde gewonnen werden müssen, unterliegen

---

[1]) § 60 Abs. i. d. F. d. Art. 37 AG. z. BGB.

[2]) Vgl. § 60 Abs. 3 Satz 2 ABG., Art. 6 Abs. 1 AG. z. ZVG.

dem Gewinnungsrechte des Hilfsbauberechtigten. Dieser darf auch bei Ausführung eines Hilfsbaues im fremden Felde fremde Mineralien gewinnen, indessen ist er verpflichtet, sie dem darauf berechtigten Bergwerkseigentümer auf dessen Verlangen unentgeltlich herauszugeben (§ 63). Der Hilfsbauberechtigte erwirbt aber zunächst das Eigentum an den Mineralien. Unter Gewinnung ist hier ebenso wie bei der Ausübung des Bergwerkseigentums (§ 54) nicht bloß die tatsächliche Besitzergreifung, sondern die dadurch bewirkte Aneignung zu verstehen. Die Pflicht zur Herausgabe ist rein persönlicher Natur und entspringt unmittelbar aus dem Gesetz. Einen Anspruch auf Ersatz der Gewinnungs- und Förderungskosten hat im Gegensatz zu den Fällen der §§ 56, 57 (vgl. S. 132 und S. 160) der Hilfsbauberechtigte nicht, was sich daraus rechtfertigt, daß der Hilfsbau einen Eingriff in ein fremdes Recht ohne Entgelt darstellt. Für Streitigkeiten der Beteiligten ist der ordentliche Rechtsweg gegeben. In der Rechtsprechung[1]) sind folgende Grundsätze anerkannt: Der Antrag auf Herausgabe muß gestellt werden, solange der Gewinnende noch im Besitze der Mineralien ist. Hat er sie schon auf die Halde gestürzt, so kann er den Beliehenen auf die Gewinnung aus der Halde verweisen. Hat er sie bereits veräußert oder verwendet, so ist ihr Wert nach Abzug der Gewinnungs- und Förderungskosten zu ersetzen.

XII. Änderungen der räumlichen Ausdehnung des Bergwerkseigentums[2]).

Im Interesse eines vorteilhafteren Bergwerksbetriebes kann eine Änderung der zwischen mehreren Bergbauberechtigungen bestehenden Grenzen geboten erscheinen. Insbesondere weckt die verhältnismäßig geringe Größe eines preußischen Maximalfeldes oft den Gedanken, durch Vereinigung mehrerer Felder einen größeren Spielraum für bergtechnische Maßnahmen und eine stärkere Grundlage für den Realkredit zu gewinnen. Veränderungen der Feldesgrenzen können aber nicht dem freien Belieben der Beteiligten überlassen

---

[1]) RG. 28. Juni 1895, Z. f. B. **37** 218.

[2]) §§ 41—49 (2. Tit. 5. Abschn.), 51 ABG.; Ges. vom 22. Juli 1922, GS. S. 203.

bleiben, einerseits weil die Feldesgrenzen auch die natürlichen Baugrenzen sind, die einer sicherheitspolizeilichen Überwachung unterliegen müssen (Markscheidesicherheitspfeiler), andererseits, weil die Rechte der an den Bergwerken dinglich Berechtigten berührt werden. Die Konsolidation, die Feldesteilung und der Austausch von Feldesteilen sind daher nach dem ABG. an ein bestimmtes Verfahren gebunden und bedürfen der Bestätigung des Oberbergamtes.

Sehr häufig ist aber auch der Fall, daß über die zweckmäßigere Ziehung der Feldesgrenzen eine Verständigung zwischen den beteiligten Bergwerkseigentümern nicht zustande kommt, obwohl das allgemeine Wirtschaftsinteresse eine solche Maßnahme fordert. Aus diesem Grunde ist durch das Gesetz zur Regelung der Grenzen von Bergwerksfeldern vom 22. Juli 1922 unter bestimmten Voraussetzungen ein Zwang zur Schaffung zweckmäßiger Feldgrenzen eingeführt worden (bergrechtliche Flurbereinigung).

1. Konsolidation.

Konsolidation[1]) ist die Vereinigung zweier oder mehrerer Bergwerke (nicht Mutungen) zu einem einheitlichen Ganzen. Sie bewirkt, daß an Stelle der einzelnen Bergwerke ein neues Bergwerk, an Stelle der einzelnen Bergbauberechtigungen eine neue Bergbauberechtigung tritt (konstitutive Wirkung).

Das Rechtssubjekt bleibt das gleiche, wenn die verschiedenen Bergwerke in einer Hand sind. Ist das nicht der Fall, so hängt von der Vereinbarung der Beteiligten ab, ob einer von diesen ausscheidet oder ein neues Rechtssubjekt (Gewerkschaft n. R.) entsteht.

Eine Vereinigung mehrerer Bergwerke auf dem durch § 890 für die Vereinigung von Grundstücken zugelassenen Wege (Eintragung mehrerer Bergwerke als ein Bergwerk oder Zuschreibung des einen zu dem anderen Bergwerk im Grundbuch) ist unzulässig. Der durch dieses Verfahren herbeigeführte Rechtszustand, der darin besteht, daß die einzelnen Grundstücke auch nach der Vereinigung selbständige Objekte für die dingliche Belastung und die Zwangs-

---

[1]) Im Österr. Berggesetz „Zusammenschlagung" genannt.

versteigerung, also reale Teile des Ganzen bleiben, kann für Bergwerke nicht eintreten.

Von der Konsolidation verschieden ist die tatsächliche Vereinigung mehrerer Bergwerke zu einem einheitlichen Verwaltungsobjekt. Hierdurch wird die rechtliche Selbständigkeit der einzelnen Bergwerke nicht aufgehoben, doch wird es für zulässig erachtet, sie hinsichtlich des Betriebes, der Verwaltung und der Statistik als eine einheitliche Anlage zu behandeln[1]).

Konsolidiert werden können nur Bergwerke, deren Felder aneinander grenzen. Geviertfelder müssen an der Tagesoberfläche aneinander grenzen, bei Längenfeldern genügt es, wenn sie sich in einer tieferen Sohle berühren. Die Konsolidation von Geviertfeldern mit Längenfeldern ist ebensowenig ausgeschlossen wie die Konsolidation von Bergwerken, die auf verschiedene Mineralien verliehen sind. Im letzteren Falle bleiben indessen für den Umfang des Gewinnungsrechts an den verschiedenen Mineralien die bisherigen Feldesgrenzen maßgebend. Der Gegenstand des neuen Bergwerkseigentums ist also nicht innerhalb des ganzen Bergbaufeldes ein einheitlicher.

Die Konsolidation wird herbeigeführt durch eine Willenserklärung des Bergwerkseigentümers oder der Bergwerkseigentümer (Konsolidationsakt), die aber erst mit der Bestätigung durch das OBA. Wirksamkeit erlangt. Der Konsolidationsakt ist, wenn die Einzelbergwerke einer natürlichen oder juristischen Person gehören oder im Miteigentum stehen, eine einseitige Erklärung — die bei Mitbeteiligten die Form eines „Beschlusses" (§ 42 Ziff. 1) haben kann —, wenn verschiedene Bergwerkseigentümer ihre Bergwerke konsolidieren, ein dinglicher Vertrag. Ob der Vertreter einer juristischen Person zur Abgabe der Erklärung berechtigt ist, bestimmt sich nach Gesetz und Satzung. Der Repräsentant einer Gewerkschaft muß dazu, wenn nicht die Satzung ein anderes bestimmt, von der Gewerkenversammlung mit Dreiviertelmehrheit besonders bevollmächtigt sein (§§ 119 Abs. 2, 120, 114). Der Konsolidationsakt muß (seinem Inhalte, nicht bloß den Unterschriften nach) notariell oder gerichtlich beglaubigt sein. Weitere formelle Erfordernisse sind ein von einem konz. Markscheider oder einem Landmesser in

[1]) MinErl. vom 3. Dez. 1890, Z. f. B. 32 266.

zwei Exemplaren angefertigter Situationsriß des ganzen Feldes und die Angabe eines Namens für das kons. Bergwerk (§ 42).

Grenzen die Bergwerksfelder aneinander, sind die vorbezeichneten Formvorschriften erfüllt, stehen Gründe des öffentlichen Interesses der Konsolidation nicht entgegen und ist keines der Bergwerke mit dinglichen Rechten belastet[1]), so wird die Konsolidation ohne weiteres vom OBA. bestätigt (§ 49). Bestehen dingliche Rechte an einem Bergwerk, so muß zur Wahrung dieser Rechte und evtl. Regelung ihres Übergangs auf das neue Bergwerk der Bestätigung ein weiteres Verfahren vorausgehen, das sich verschieden gestaltet, je nachdem

a) das durch die Konsolidation entstehende Bergwerk nur als Ganzes mit Hypotheken und anderen dinglichen Rechten belastet werden kann (§ 43),

b) oder auch eine Belastung einzelner ideeller Teile möglich ist (§ 44).

Der Fall a bildet mit Rücksicht auf § 98 ABG., § 1114 BGB. die Regel. Der Fall b setzt voraus, daß entweder eine Gewerkschaft a. R. Eigentümerin des kons. Bergwerks wird oder an diesem ein Miteigentum (Gemeinschaft nach Bruchteilen) eintritt. Die Vereinbarung eines Miteigentumsverhältnisses steht den Beteiligten frei, eine Gewerkschaft a. R. kann aber nach dem Inkrafttreten des ABG. nicht mehr neu entstehen. Auch wenn eine Gewerkschaft a. R. mit einem Alleineigentümer, mit einer Gewerkschaft n. R. oder mit einer anderern Gewerkschaft a. R. konsolidiert, entsteht eine Gewerkschaft n. R. Es bleibt also für die Anwendung der §§ 44ff., abgesehen von dem Falle des Miteigentums, nur der Fall übrig, daß eine Gewerkschaft a. R. mehrere ihr gehörige Bergwerke konsolidiert[2]).

In dem Regelfalle des § 43 muß, wenn auf den einzelnen Bergwerken oder auch nur auf einem von diesen Hypotheken oder andere dingliche Rechte haften, außer dem Konsolidationsakt eine mit den dinglich Berechtigten vereinbarte Bestimmung (in notarieller

---

[1]) Dies ist aus dem Grundbuch allein nicht zu ersehen, weil darin nicht alle Realrechte, z. B. nicht die Freikuxe eingetragen sind.

[2]) Westhoff (Gewerkschaftsrecht) nimmt an, daß auch in diesem Falle eine Gewerkschaft n. R. entsteht.

oder gerichtlicher Form) darüber beigebracht werden, daß und in welcher Reihenfolge die dinglichen Rechte auf das kons. Bergwerk als Ganzes übergehen sollen. Ohne Einverständnis der dinglich Berechtigten kann also die Konsolidation nicht stattfinden.

Dagegen kann im Falle des § 44 die Konsolidation auch wider den Willen der dinglich Berechtigten durchgeführt werden. Diese erleiden, da ihre Rechte auf den dem belasteten Einzelbergwerk entsprechenden ideellen Teil des kons. Bergwerks übergehen (§ 48), regelmäßig keinen Nachteil, vorausgesetzt, daß das Anteilsverhältnis, mit dem das Einzelbergwerk in das kons. Bergwerk eintritt, richtig bemessen ist. Die im Konsolidationsakte getroffene Bestimmung des Anteilsverhältnisses kann daher von den dinglich Berechtigten angefochten werden. Sie wird nebst dem wesentlichen Inhalt des Konsolidationsaktes vom OBA. den aus dem Grundbuche ersichtlichen dinglich Berechtigten, soweit diese nicht bereits ihr Einverständnis ausdrücklich erklärt haben, mitgeteilt und außerdem in jedem Falle durch das Regierungsamtsblatt bekanntgemacht. Die dinglich Berechtigten können binnen drei Monaten nach der Bekanntmachung entweder gegen die Bestimmung des Anteilsverhältnisses (nicht gegen die Konsolidation selbst) im Wege der gerichtlichen Klage, die gegen den Eigentümer des belasteten Einzelbergwerks zu richen ist, Einspruch erheben oder Befriedigung vor der Verfallzeit verlangen. Ist diese Befriedigung der Natur des Anspruchs nach ausgeschlossen, wie z. B. bei Freikuxen, so ist nur das Einspruchsrecht gegeben (§§ 45 bis 48).

Der Bestätigungsurkunde[1]) werden die Verleihungsurkunden der einzelnen Bergwerke und ein Exemplar des Situationsrisses des kons. Bergwerks beigefügt. Mit der Zustellung der Bestätigungsurkunde an den Eigentümer des kons. Bergwerks wird die Konsolidation rechtswirksam[2]). Zugleich mit der Bestätigung hat aber das OBA. das Grundbuchamt unter Mitteilung einer Ausfertigung des bestätigten Konsolidationsaktes um die Bewirkung der erforderlichen Eintragungen zu ersuchen. Für das neu entstandene Bergwerk wird unter Schließung der Grundbuchblätter der Einzelberg-

[1]) Stempel: 300 Goldmark, bei geringerem Werte der vereinigten Bergwerksfelder Ermäßigung bis auf 30 Goldmark. Tarifstelle 33 des Preuß. Stempelsteuergesetzes i. d. F. d. Bek. v. 16. März 1924 GS. S. 160.

[2]) RG. 22. Febr. 1906, Z. f. B. **47** 460.

werke ein neues Grundbuchblatt angelegt (Art. 23, 26 AG. z. GBO.).

Rechtlich nahe steht der Konsolidation die zwangsweise Vereinigung von Steinkohlenfeldern im Oberbergamtsbezirk Dortmund (S. 258).

2. Feldesteilung.

Bei der realen Teilung eines Bergwerks in selbständige Felder (§ 51) geht ein Rechtsobjekt mit der daran bestehenden Bergbauberechtigung unter und es entstehen neue Rechtsobjekte und neue Bergbauberechtigungen. Das Rechtssubjekt bleibt aber immer dasselbe[1]). Auch die dinglichen Rechte an dem geteilten Bergwerke gehen grundsätzlich unter Aufrechterhaltung ihrer Rangordnung als Gesamtrechte auf die Teilbergwerke über.

Die Teilung ist eine räumliche, nicht eine inhaltliche, daher kann z. B. nicht ein Zink- und Bleierzbergwerk in ein Zinkerzbergwerk und ein Bleierzbergwerk geteilt werden. Wesentlich verschieden von der Feldesteilung ist der Verzicht auf einen Feldesteil (vgl. S. 128). Ein kons. Bergwerk kann sowohl unter Wiederherstellung der Feldesgrenzen der früheren Einzelbergwerke als auch in anderer Weise geteilt werden.

Der Feldesteilungsakt ist eine einseitige — in notarieller oder gerichtlicher Form abzugebende — Erklärung des Bergwerkseigentümers. Außerdem bedarf es eines Situationsrisses in je zwei Exemplaren für jedes Teilbergwerk und der Angabe der den Teilbergwerken beizulegenden Namen.

Auch durch die Feldesteilung können die dinglichen Rechte an dem Bergwerk beeinträchtigt werden, da die Teile nicht immer zusammen ebensoviel wert sind, wie das Ganze. Von den den dinglich Berechtigten bei der Konsolidation wahlweise zustehenden Rechten kommt hier der Einspruch gegen das Anteilsverhältnis nicht in Frage, dagegen gibt ihnen das Gesetz auch bei der Feldesteilung den Anspruch auf Befriedigung vor der Verfallzeit, soweit dies die Natur des Anspruchs gestattet. Der Anspruch ist binnen drei Monaten nach der Bekanntmachung, die in gleicher Weise wie bei der Konsoli-

[1]) Auch wenn eine Gewerkschaft a. R. ihr Feld teilt. Nach Ansicht anderer entstehen in diesem Falle Gewerkschaften n. R.

dation stattfindet, geltend zu machen. Die Bestätigung der Feldesteilung ist, wenn dinglich Berechtigte vorhanden sind, bis zur Erledigung ihrer Ansprüche auszusetzen. Sie ist zu versagen, wenn der Feldesteilung überwiegende öffentliche, z. B. bergpolizeiliche, Interessen entgegenstehen. Die Feldesteilung wird durch Zustellung der Bestätigungsurkunde, die für jedes Teilbergwerk besonders auszufertigen ist (mit Situationsriß) rechtswirksam.

Zugleich mit der Bestätigung hat das OBG. das Grundbuchamt um Bewirkung der erforderlichen Eintragungen zu ersuchen. Das Grundbuchblatt des bisherigen Bergwerks wird geschlossen, für die Teilbergwerke werden neue Grundbuchblätter angelegt.

3. Feldesaustausch.

Ein Austausch von Feldesteilen (§ 51) ist, da jedes Bergwerksfeld in sich zusammenhängen muß, nur zwischen aneinander grenzenden Bergwerken und nur in der Weise zulässig, daß jedes Tauschstück in Zusammenhang mit dem Felde des Bergwerks tritt, dessen Bestand es hinzutreten soll. Wird nicht Feld gegen Feld getauscht, sondern Feld gegen Geld abgetreten, so liegt kein Feldesaustausch vor. Soll ein Feldesteil ohne Austausch mit einem angrenzenden Bergwerke vereinigt werden, so muß zunächst eine Feldesteilung und dann eine Konsolidation stattfinden. In der Praxis wird indessen für solche Fälle die Vereinigung der Feldesteilung mit der Konsolidation in einem Akte zugelassen.

Durch den Austausch wird der abgetrennte Feldesteil von seiner bisherigen dinglichen Belastung befreit, er tritt aber unter die dingliche Belastung des Bergwerks, dessen Bestandteil er wird. Sonst finden die Vorschriften über die Feldesteilung entsprechende Anwendung, abgesehen davon, daß zweifelhaft ist, ob beim Austausche neue Grundbuchblätter für die beteiligten Bergwerke anzulegen sind.

4. Regelung der Feldesgrenzen[1]).

Die Neuregelung von Feldesgrenzen im Zwangswege erfolgt auf Antrag eines Bergwerkseigentümers unter der Voraussetzung, daß der Abbau eines angrenzenden Feldesteiles von

[1]) Ges. zur Regelung der Grenzen von Bergwerksfeldern vom 22. Juli 1922 (GS. S. 203).

seinem eigenen Felde aus im allgemeinwirtschaftlichen Interesse liegt. Ist dies der Fall, so wird der abzubauende Feldesteil, dem Felde, von dem aus er abgebaut werden soll, zugelegt und wird dadurch Teil dieses Feldes. Er wird von seiner bisherigen dinglichen Belastung frei und tritt unter die dingliche Belastung des anderen Feldes. Für die Zulegung ist eine Entschädigung zu leisten. Die Anwartschaft der dinglich Berechtigten auf teilweise Befriedigung aus dieser ist nach Maßgabe der Art. 52, 53 EG. z. BGB. gewahrt (vgl. S. 144). Die Leistung einer Entschädigung fällt fort, soweit ein anderer Feldesteil zum Austausch gegeben wird. Hierauf ist, soweit es zweckmäßig erscheint und dadurch eine geradlinige Feldesbegrenzung herbeigeführt wird, im Zulegungsverfahren hinzuwirken.

Das Gesetz vom 22. Juli 1922 bezweckt nicht eine Neuverteilung des Bergwerksbesitzes, sondern nur eine zweckmäßige Neuregelung der Feldesgrenzen. Zwar können nicht nur Feldesteile im wörtlichen Sinne, sondern auch ganze Felder Gegenstand der Zulegung werden (vgl. Gesetzesbegründung zu § 1), jedoch müssen die zuzulegenden Felder und Feldesteile — ebenso wie die sog. Zwischenfelder (vgl. S. 102) — ihrer Form und Größe nach so beschaffen sein, daß eine selbständige Gewinnung des Minerals nicht lohnen würde. Nur ausnahmsweise kann mit Genehmigung des Handelsministers von dieser Voraussetzung abgesehen werden.

Das Zulegungsverfahren gliedert sich in die Entscheidung über die Zulegung und in die Festsetzung der Entschädigung.

Die Entscheidung über die Zulegung trifft das OBA., nachdem die Sach- und Rechtslage durch einen Kommissar in einem Termin mit den Beteiligten erörtert worden ist[1]). Die Entscheidung ist nur im Rekurswege anfechtbar und wird durch die Erhebung der Klage im Entschädigungsverfahren nicht aufgehalten.

Die Entschädigung setzt ein Schiedsamt fest, das aus dem Oberlandesgerichtspräsidenten oder einem Mitgliede des Oberlandesgerichts als Vorsitzenden und zwei vom OBA. zu berufenden Sachverständigen als Beisitzern besteht[1]). An den Verhandlungen

[1]) Vgl. Erl. d. HM. vom 22. Juli 1922, Z. f. B. **64** 35.

nimmt ein Oberbergamtsmarkscheider mit beratender Stimme teil. Gegen die Festsetzung des Schiedsamts findet innerhalb vier Wochen von der Zustellung an die Klage im Verwaltungsstreitverfahren bei dem Bergausschuß statt. Dessen Entscheidung ist endgültig. An Stelle der Klage im Verwaltungsstreitverfahren ist aber, da die Zulegung als ein Fall der Enteignung aufgefaßt werden kann, mit Rücksicht auf Art. 153 Abs. 2 der Reichsverfassung auch die Klage im ordentlichen Rechtswege zugelassen.

Drei Jahre nach Beginn der Aufschließung des zugelegten Feldesteiles prüft das Oberbergamt, ob dieser dem Erwerber einen über die gezahlte Entschädigung hinausgehenden Mehrvorteil bietet. Ist dies anzunehmen, so wird ein Schiedsamt mit der Festsetzung der Höhe des Mehrvorteils beauftragt. Ein Teilbetrag, nicht mehr als 50 v. H., ist nach der Bestimmung des Schiedsamts an den Knappschaftsverein abzuführen.

Über die Änderung der Feldesgrenzen stellt das OBA. nach entsprechender Änderung der Situationsumrisse eine Urkunde aus, die mit der bisherigen Verleihungsurkunde verbunden wird. Beglaubigte Abschrift dieser Urkunde wird dem Grundbuchamt zur Bewirkung der erforderlichen Eintragungen übersandt.

XIII. Aufhebung des Bergwerkseigentums[1]).

1. Aufhebung im Zwangswege.

Nach älterem deutschen und preußischen Bergrecht konnte aus verschiedenen Gründen (Nichtbetrieb, Nichtzahlung des Rezeßgeldes, Raubbau usw.) die „Freifahrung" eines Bergwerks stattfinden. Die stets vorhandene Gefahr der Aufhebung des Bergwerkseigentums auf diesem Wege nahm diesem die Sicherheit und beeinträchtigte die Rechte der Realgläubiger, damit aber auch den Realkredit des Bergbaues. Das ABG. hat in dieser Hinsicht Wandel geschaffen, indem es die Entziehung des Bergwerkseigentums auf *einen* Fall beschränkt und ein Verfahren zur Sicherung der dinglich Berechtigten eingeführt hat.

Das Bergwerkseigentum kann entzogen werden, *wenn der Pflicht zum Betriebe des Bergwerks nicht genügt wird.*

---

[1]) ABG. § 65 und 6. Titel (§§ 156—164).

Eine solche Zwangspflicht besteht aber nur unter der Voraussetzung, daß der Unterlassung oder Einstellung des Betriebes nach der Entscheidung des OBA. überwiegende Gründe des öffentlichen Interesses entgegenstehen. Als Beispiele solcher Gründe führen die Mot. (S. 61) die Fälle an, daß die öffentliche Sicherheit gefährdet wird oder die allgemeinen Bedürfnisse der Verbraucher leiden. Außerdem wird an den Fall zu denken sein, daß durch die Einstellung eines Bergwerks für die Bergarbeiter oder die Betriebsgemeinden eine Notlage eintritt.

Ist die Voraussetzung des Betriebszwanges gegeben, so kann das OBA. den Bergwerkseigentümer nach vorangegangener Vernehmung zur Inbetriebsetzung des Bergwerks oder zur Fortsetzung des unterbrochenen Betriebes binnen einer Frist von sechs Monaten auffordern. Wird die Aufforderung nicht befolgt, so beschließt das OBA. die Einleitung des Verfahrens zur Entziehung des Bergwerkseigentums. Der Bergwerkseigentümer kann diesen Beschluß binnen vier Wochen durch gerichtliche Klage anfechten. Die Klage kann indessen, da die Entscheidung über das Vorliegen überwiegender Gründe des öffentlichen Interesses grundsätzlich den Gerichten entzogen ist, nur auf privatrechtliche Einwendungen, etwa darauf, daß die Zustellung des Beschlusses nicht ordnungsmäßig, daß der Betrieb tatsächlich eröffnet sei usw., gestützt werden. Ist vom Bergwerkseigentümer nicht rechtzeitig Einspruch erhoben oder ist dieser rechtskräftig verworfen, so wird der Einleitungsbeschluß den aus dem Grundbuch ersichtlichen dinglich Berechtigten zugestellt und im Regierungsamtsblatte bekanntgemacht. Binnen drei Monaten kann nunmehr jeder dinglich Berechtigte die Zwangsversteigerung des Bergwerks beantragen, um die Befriedigung seines Anspruchs aus dem Versteigerungserlös zu erlangen. Auch der Bergwerkseigentümer kann innerhalb der gleichen Frist die Zwangsversteigerung beantragen. Wird die Zwangsversteigerung von keiner Seite beantragt oder bleibt sie ergebnislos, so wird das Bergwerkseigentum durch Beschluß des OBA. aufgehoben, womit zugleich die dinglichen Rechte an dem Bergwerk erlöschen. Das OBA. ersucht das Grundbuchamt unter Mitteilung einer Ausfertigung des Aufhebungsbeschlusses um Schließung des über das Bergwerk geführten Grundbuchblattes. Die eingetragenen Belastungen sind von Amts wegen zu löschen (Art. 23 AG. z. GBO.).

Dies Verfahren ist bisher noch niemals zur Anwendung gelangt. Abgesehen davon, daß die Feststellung der Voraussetzung seiner Zulässigkeit schwierig ist, würde seine Durchführung sehr viel Zeit in Anspruch nehmen, während deren durch Maßnahmen des Bergwerkseigentümers auf dem stilliegenden Bergwerk der praktische Erfolg vereitelt werden kann. Sodann hat das Verfahren keine rechtliche Wirkung gegenüber dem Erwerber in der Zwangsversteigerung, der nur durch Einleitung eines neuen Verfahrens zur Aufnahme des Betriebes angehalten werden kann. Endlich dient die Aufhebung des Bergwerkseigentums dem öffentlichen Interesse nicht, wenn dieses auf Inbetriebsetzung des Bergwerks gerichtet ist. Dieser Rechtszustand erwies sich unbefriedigend nach doppelter Richtung. Erstens hat der Mangel eines wirksamen Betriebszwanges in Verbindung mit dem Fehlen einer Feldessteuer[1]) dazu geführt, daß in Preußen sehr viele wertlose oder fast wertlose Bergbauberechtigungen bestehen. Zweitens bestand früher keine rechtliche Möglichkeit, der Stillegung ertragbringender Werke aus syndikatlichen oder sonstigen wirtschaftlichen Gründen von Staats wegen im Interesse der Arbeiter und Gemeinden wirksam entgegenzutreten. Aus dem zweiten Gesichtspunkte heraus wurde mit Rücksicht auf bestimmte Vorgänge im rheinisch-westfälischen Bergbaubezirk im Jahre 1904 dem Landtag ein Gesetzentwurf vorgelegt, durch den das Verfahren zweckmäßiger und wirksamer gestaltet werden sollte. Der Gesetzentwurf ist aber später zurückgezogen worden.

Neuerdings ist die Stillegung von Bergwerken vom sozialen Gesichtspunkt aus durch Bestimmungen des Reichsrechts[2]) stark erschwert.

2. Verzicht.

Neben der „Freifahrung" oder „Freierklärung" durch die Bergbehörde stand im älteren Recht als zweite Aufhebungsart des Berg-

[1]) Eine Feldessteuer oder Grubenfeldabgabe wird in mehreren anderen Bundesstaaten und auch vielfach im Ausland erhoben. In Preußen sind die Versuche zur Einführung einer solchen bisher immer gescheitert.

[2]) VO. betr. Maßnahmen gegenüber Betriebsabbrüchen und -stillegungen v. 8. Nov. 1920 (RGBl. 1901), ergänzt durch die VO. über Betriebsstillegungen und Arbeitsstreckung v. 15. Okt. 1923 (RGBl. I 983), § 74 BRG.

werkseigentums die „Auflassung", d. h. die freiwillige Aufgabe des Bergwerkseigentums durch den Bergwerkseigentümer.

Auch nach dem ABG. kann die Aufhebung des Bergwerkseigentums durch freie Entschließung des Bergwerkseigentümers herbeigeführt werden, jedoch nicht auf dem Wege der bloßen Dereliktion, auch nicht — da die Bestimmungen des BGB. über den Verlust des Eigentums an Grundstücken auf das Bergwerkseigentum keine Anwendung finden (vgl. § 50 ABG.) — auf dem Wege des § 928 BGB. (Verzicht gegenüber dem Grundbuchamt), sondern nur auf dem Wege der (formlosen) Verzichterklärung gegenüber der Bergbehörde. In diesem Falle findet im Interesse der dinglich Berechtigten das gleiche Verfahren statt, wie bei der zwangsweisen Aufhebung des Bergwerkseigentums nach Erlaß des Beschlusses über Einleitung des Zwangsverfahrens, abgesehen davon, daß der Bergwerkseigentümer selbst die Zwangsversteigerung nicht beantragen kann. An Stelle des Einleitungsbeschlusses tritt die Verzichterklärung. Der Verzicht auf einzelne Feldesteile wird ebenso behandelt wie der Verzicht auf das Bergwerkseigentum.

Die Aufhebung des Bergwerkseigentums wird vom OBA. abgelehnt werden können, wenn überwiegende Gründe des öffentlichen Interesses entgegenstehen. In der Praxis[1]) ist von dieser Ablehnungsbefugnis Gebrauch gemacht worden, wenn auf einen Feldesteil verzichtet wurde, um den Fundpunkt oder einen sonstigen Aufschlußpunkt, der sich darin befand und durch den Verzicht frei werden sollte, zur Einlegung einer neuen Mutung zu benutzen. Es ist nicht zu bezweifeln, daß ein solches Verfahren des Bergwerkseigentümers auf eine Umgehung der Bestimmungen über die Maximalgröße der Bergwerksfelder hinausläuft, indessen ist fraglich, ob nicht diese Erwägung auch zur Zurückweisung der auf den freigewordenen Fundpunkt oder Aufschlußpunkt eingelegten Mutung führen müßte und daher richtiger dem neuen Mutungsverfahren vorbehalten bliebe. Die Ablehnung der Aufhebung kann ferner dann in Frage kommen, wenn sich der Bergwerkseigentümer durch den Verzicht Bergschadensersatzansprüchen wegen weiterer Einwirkungen des eingestellten Bergbaues auf die Tagesoberfläche entziehen will.

---

1) RekB., Z. f. B. **16** 526; **18** 141.

3. Rechtsverhältnisse nach Aufhebung des Bergwerkseigentums.

Die Aufhebung des Bergwerkseigentums wird wirksam mit dem Eintritt der Rechtskraft des — durch Rekurs mit aufschiebender Wirkung anfechtbaren — Aufhebungsbeschlusses, nicht erst mit der Schließung des Grundbuchblattes.

Nach Aufhebung des Bergwerkseigentums bilden die bestehenbleibenden Schächte, Stollen, Strecken usw. nicht mehr ein Bergwerk im Rechtssinne; sie unterliegen fortan der Verfügung des Grundeigentümers[1]). Die noch nicht abgebauten Mineralien fallen ins Bergfreie und können unter denselben Voraussetzungen und in denselben Formen zum Gegenstand einer neuen Mutung gemacht werden, wie Mineralien, die immer bergfrei gewesen sind. Das ABG. (§ 16) erleichterte Mutungen auf das Mineralvorkommen eines verlassenen, noch nicht gänzlich abgebauten Bergwerks dadurch, daß zu ihrer Gültigkeit neue Aufschlüsse nicht verlangt wurden. Diese Bestimmung ist aber durch die Nov. vom 18. Juni 1907 als entbehrlich und unzweckmäßig beseitigt.

Mit der Aufhebung des Bergwerkseigentums erlöschen zugleich die Rechte, die einen Ausfluß des Bergwerkseigentums bilden und daher für sich allein nicht bestehen können (Hilfsbaurecht, Nutzungsrecht an enteigneten Grundstücken), dagegen nicht die sonstigen Rechte an den Bestandteilen und dem Zubehör des Bergwerks.

Die im Grundbuche dem Bergwerke zugeschriebenen Grundstücke erhalten ihre Selbständigkeit wieder und werden mit allen Belastungen, die auf dem Bergwerk oder auf ihnen selbst schon vor der Zuschreibung hafteten, in das über die Grundstücke ihres Bezirks geführte Grundbuch übertragen (Art. 25 Abs. 3 AG. z. GBO.).

An den Schachtgebäuden, den Maschinen, der Grubenmauerung, der Grubenzimmerung usw. lebt ebenfalls das zivilrechtliche Eigentum des bisherigen Bergwerkseigentümers wieder auf. Die Bestimmung im § 260 des österr. BergG., wonach die Gruben- und Tagebaue, die Grubenmauerung usw. ins Freie fallen und zusammen mit der Bergbauberechtigung weiter verliehen werden können, ist dem preußischen Bergrecht unbekannt. Die feste Verbindung der vorbezeichneten Anlagen mit fremdem Grund und

---

[1]) Fallen sie später in ein neu verliehenes Bergwerksfeld, so ist anzunehmen, daß sie der neue Bergwerkseigentümer benutzen darf.

Boden ändert auch nach Aufhebung des Bergwerkseigentums nichts an den Eigentumsverhältnissen (§ 95 BGB.), jedoch ist der Grundeigentümer nunmehr, da er nicht mehr unter dem Zwange des Bergbaurechts steht, berechtigt, die Beseitigung der Anlagen zu verlangen, insoweit er ein Interesse an der Beseitigung hat (§ 905 BGB.). Das Recht des Bergwerkseigentümers auf Wegnahme der fraglichen Vorrichtungen und das Recht des Grundeigentümers, von dem Bergwerkseigentümer die Wegnahme zu verlangen, sind indessen im Sicherheitsinteresse einer Beschränkung unterworfen. Nach § 163 darf der Bergwerkseigentümer die Zimmerung und Mauerung des Grubengebäudes nur insoweit wegnehmen, als nach der Entscheidung der Bergbehörde nicht polizeiliche Gründe entgegenstehen.

Die Aufhebung des Bergwerkseigentums hat für den Bergwerkseigentümer auch nicht ohne weiteres den Verlust des Eigentums an den von ihm gewonnenen, aber wegen zu geringen Gehaltes oder aus anderen Gründen auf die Halde gestürzten Mineralien zur Folge. Voraussetzung hierfür ist allerdings, daß er das Eigentum daran nicht bereits aufgegeben hat und auch nicht aufgeben will. Fällt indessen die Halde später in das Feld eines auf dasselbe Mineral neuverliehenen Bergwerks, so werden nach § 54 Abs. 2 die Haldenmineralien Gegenstand des Aufsuchungs- und Gewinnungsrechts des neuen Bergwerkseigentümers.

Nicht berührt werden durch die Aufhebung des Bergwerkseigentums die gegen den Bergwerkseigentümer als solchen bereits entstandenen persönlichen Forderungen, z. B. Bergschadenforderungen. Für schädigende Wirkungen des Bergwerksbetriebes die erst nach Aufhebung des Bergwerkseigentums eintreten, haftet dagegen der Bergwerkseigentümer nicht.

Auch die Zuständigkeit der Bergpolizei erreicht mit der Aufhebung des Bergwerkseigentums ihr Ende[1]). Entsteht nachher eine auf den früheren Bergwerksbetrieb zurückzuführende Gefahr für die Sicherheit der Tagesoberfläche, so kann deren Beseitigung nicht von der Bergpolizei dem früheren Bergwerkseigentümer, sondern nur von der allgemeinen Polizei dem Grundeigentümer aufgegeben werden. Ebenso kann nur die allgemeine Polizei einschreiten,

[1]) Die tatsächliche Einstellung des Betriebes ändert nichts an der Zuständigkeit (RekB., Z. f. B. **60** 133).

wenn etwa der Grundeigentümer trotz des bei Aufhebung des Bergwerkseigentums ergangenen Verbots der Bergbehörde zur Wegnahme der Grubenmauerung und Grubenzimmerung schreiten sollte.

XIV. Rechtsverhältnisse zwischen Bergwerken.

1. Allgemeines.

Der Betrieb eines Bergwerks kann Einwirkungen auf den Betrieb eines anderen Bergwerks ausüben. Sind diese Einwirkungen schädigender Art, so kommen nicht die Bestimmungen über den Schadensersatz bei Schädigung des Grundeigentums durch den Bergbau (§§ 148ff. ABG.) zur Anwendung, es sei denn, daß es sich um Schädigung der dem Bergwerksbetriebe dienenden Grundstücke oder des Grundeigentümerbergbaues handelt. Abgesehen von diesen Fällen richtet sich die Schadenhaftung nach dem sog. Verschuldungsgrundsatz (§ 823 BGB.). Einen Rechtsanspruch auf Unterlassung der schädigenden Einwirkungen hat der andere Bergwerkseigentümer in der Regel nicht.

Dagegen kann es im bergpolizeilichen Interesse liegen, daß derartige Einwirkungen unterbleiben. Im allgemeinen ist Abgeschlossenheit des Bergwerksbetriebes in sich Voraussetzung der Betriebssicherheit. Hierauf beruht die bergpolizeiliche Vorschrift, daß an den Markscheiden der Bergwerke regelmäßig Sicherheitspfeiler stehen zu lassen sind. Da diese nicht immer einen vollkommenen Schutz gewähren, ist der Fall nicht ausgeschlossen, daß dem einen Bergwerk polizeiliche Auflagen gemacht werden, um Gefahren für die Sicherheit des anderen Bergwerks abzuwenden. Dies ist aber nur dann zulässig, wenn der gleiche Zweck durch Maßnahmen gegenüber dem gefährdeten Bergwerk selbst nicht zu erreichen ist. Über die Frage des Schadenersatzes in solchen Fällen vgl. S. 215f.

Entsprechend ist in polizeilicher Hinsicht der Fall zu beurteilen, daß das Recht zur Gewinnung verschiedener Mineralien innerhalb desselben Feldes verschiedenen Bergwerkseigentümern zusteht. In diesem Fall ist eine Abschließung der mehreren Bergwerksbetriebe gegeneinander regelmäßig durch die Natur der Sache ausgeschlossen. Falls nicht eine Einigung über einen gemeinschaftlichen Betrieb, insbesondere eine gemeinschaftliche

Wasserhaltung und Wetterführung stattfindet, wird daher im Sicherheitsinteresse regelmäßig nur ein Bergwerksbetrieb polizeilich zugelassen werden können. Der Vorrang wird demjenigen zuzusprechen sein, welcher zuerst den Betriebsplan einreicht, vorausgesetzt, daß damit eine ernstliche Betriebsabsicht verbunden ist.

Im Falle der Überdeckung mehrerer auf verschiedene Mineralien verliehener Felder entsteht aber noch die weitere, privatrechtliche Frage, ob und inwieweit der eine Bergwerkeigentümer bei Gewinnung seines Minerals Eingriffe in die Ablagerungen des anderen Minerals vornehmen darf. Das ABG. (§ 56) regelt diese Frage nur für den Fall, daß die verschiedenen Mineralien in einem solchen Zusammenhange vorkommen, daß sie aus bergtechnischen oder bergpolizeilichen (nicht aus wirtschaftlichen) Gründen gemeinschaftlich gewonnen werden müssen („beibrechende Mineralien"). Ob dieser Zusammenhang ein solcher ist, entscheidet das OBA. Ist der Zusammenhang für ein Feld oder einen Feldesteil festgestellt, so hat jeder Bergwerkseigentümer das Recht, darin bei einer planmäßigen Gewinnung seines Minerals auch dasjenige des anderen mitzugewinnen. Aus dem Recht, es mitzugewinnen, folgt aber nicht die Pflicht hierzu, auch dann nicht, wenn etwa durch die Gewinnung des einen Minerals die spätere Gewinnung des anderen unmöglich wird (abgesehen von dem Falle der Schikane und dem Falle, daß die Mitgewinnung aus bergpolizeilichen Gründen geboten ist). Übt der Bergwerkseigentümer das Mitgewinnungsrecht aus, so wird er Eigentümer der mitgewonnenen Mineralien, hat aber auf Grund des Gesetzes die persönliche Verpflichtung, sie dem anderen Bergwerkseigentümer auf dessen Verlangen herauszugeben. Das Rechtsverhältnis ist das gleiche, wie beim Hilfsbau im fremden Felde (vgl. S. 117), nur ist hier der andere Bergwerkseigentümer verpflichtet, die Gewinnungs- und Förderungskosten zu erstatten[1]). Streitigkeiten zwischen den Beteiligten sind von den ordentlichen Gerichten zu entscheiden, für die indessen der Beschluß des OBA. über die Art des Zusammenvorkommens maßgebend ist.

Ist ein Zusammenhang der vorbezeichneten Art nicht festgestellt,

---

[1]) Ob auch Aufbereitungskosten und Verhüttungskosten, die das Gesetz nicht erwähnt, zu erstatten sind, ist fraglich.

so ist eine Mitgewinnung des fremden Minerals im allgemeinen als eine unbefugte, nach dem G. vom 26. März 1856 strafbare Mineralgewinnung anzusehen. Jedoch ist hiervon der Fall auszunehmen, daß dem einen Bergwerkseigentümer die Gewinnung seines Minerals ohne Zutageförderung des fremden nicht möglich ist, ein Fall, der auch eintreten kann, ohne daß ein enger Zusammenhang besteht (Durchteufen eines Braunkohlenflözes, um an das Salzlager zu gelangen[1]). Für diesen im ABG. nicht geregelten Fall wird nach allgemeinen Rechtsgrundsätzen (§ 89 Einl. z. ALR., § 812 BGB.) anzunehmen sein, daß zwar die tatsächliche Gewinnung, nicht aber die Aneignung der fremden Mineralien zulässig ist, diese vielmehr dem anderen Bergwerkseigentümer zur Verfügung zu stellen sind. Ob ein Gegenanspruch auf Ersatz der Gewinnungs- und Förderungskosten anzuerkennen ist, erscheint zweifelhaft.

2. Vermessen der Bergwerksfelder[2]).

Die Vermessung der Bergwerksfelder hat an praktischer Bedeutung dadurch verloren, daß die Mutungssituationsrisse zuverlässiger geworden sind. Werden die Eckpunkte des Feldes an das Landesdreiecksnetz angeschlossen (vgl. S. 75), so lassen sich die Feldesgrenzen jederzeit mit Sicherheit bestimmen, auch wenn sie nicht im Wege der Vermessung auf die Erdoberfläche übertragen und dort oder in dem Bergwerke selbst durch besondere Zeichen (Lochsteine, Markscheiderstufen) kenntlich gemacht sind.

Dagegen spielte in früherer Zeit das Vermessen eine große Rolle, um so mehr, als die Lage von Längenfeldern aus dem Riß überhaupt nicht vollständig zu ersehen war (vgl. S. 256), vielmehr bei der Vermessung in der Regel nur der Fundpunkt feststand und der Beliehene erst bei der Vermessung selbst sich endgültig darüber zu erklären hatte, ob und inwieweit er die Fundgrube und die Maßen nach der einen oder der nach der anderen Richtung des Streichens vermessen haben wollte. Nach gemeinem deutschen Bergrecht bestand für den Bergwerkseigentümer, da die genaue Feststellung der Feldesgrenzen auch im Interesse der Betriebsaufsicht lag, ein Zwang, das Bergwerk vermessen zu lassen. Es wurden

---

1) RekB. vom 7. Moi 1912, Z. f. B. **53** 425.

2) §§ 39, 40 ABG.

zwei Arten von Vermessung unterschieden: „Das Überschlagen (Vermessen mit der verlorenen Schnur)“ und das „Erbbereiten (erbliche Vermessen)“. Während das erstere nur eine unterrichtende Bedeutung hatte, stand das Erbbereiten der Rechtswirkung nach einer Grenzregelung gleich, d. h. die durch Vermessung festgestellte und durch Lochsteine gekennzeichnete Grenze konnte nicht später als mit dem Situationsriß nicht übereinstimmend angefochten werden.

Das ABG. hat sowohl den Zwang zur Vermessung als auch die rechtsbegründende Wirkung des Vermessungsaktes beseitigt. Es bleibt dem Ermessen des Bergwerkseigentümers überlassen, die amtliche Vermessung der Feldesgrenzen seines eigenen oder eines benachbarten Bergwerks oder auch nur einzelner Grenzteile auf seine Kosten zu beantragen. Geschieht dies, so hat die Vermessung und Verlochsteinung durch einen konz. Markscheider oder Landmesser unter Leitung des Bergrevierbeamten und unter Zuziehung der Feldesnachbarn stattzufinden, jedoch hat die festgestellte Grenze nur die Vermutung der Richtigkeit für sich, die durch Führung des Gegenbeweises entkräftet werden kann. Bleibt bei der Vermessung die Lage der Grenze zwischen den Beteiligten streitig, so haben über die Zugehörigkeit des streitigen Feldesteils zu dem einen oder dem anderen Bergwerke nicht die Bergbehörden, sondern die ordentlichen Gerichte zu entscheiden.

Die Ausführung der Vermessung richtet sich nach den Regeln der Markscheidekunst (Feldmeßkunst). Handelt es sich um ein Geviertfeld, so werden an den Eckpunkten des Feldes Lochsteine eingesenkt, die mit dem Namen des Bergwerks und fortlaufenden Zahlen bezeichnet sind. Die Lochsteine stehen unter dem Schutze des § 274 Nr. 2 StGB. (Urkundenfälschung). Schwieriger ist die Vermessung der Längenfelder (vgl. S. 255), da es sich hierbei nicht bloß um die Übertragung rißlich feststehender Grenzen auf die Erdoberfläche handelt, vielmehr dem eigentlichen Vermessungsgeschäft die Ermittlung des Streichens und des Einfallens der Lagerstätte vorauszugehen hat[1]).

Die Vermessung ist ohne einen Eingriff in die Rechte der Besitzer der Grundstücke, auf denen Lochsteine zu setzen sind, nicht ausführbar. Ihre Verpflichtung, diesen Eingriff zu gestatten,

[1]) Hatzfeld, Die Vermessung von Längenfeldern, Z. f. B. **40** 418ff.

ist im § 40 Abs. 2 festgestellt. Sie haben aber das Recht, zu dem Vermessungsgeschäfte zugezogen zu werden, und Anspruch auf Schadensersatz, der im ordentlichen Rechtswege geltend zu machen ist. Der Revierbeamte ist an sich nicht behindert (streitig), die Vermessung ohne Rücksicht auf die Leistung des Schadensersatzes ausführen zu lassen und die Duldung des Betretens der Grundstücke zu erzwingen (evtl. unter Zuziehung von Organen der allgemeinen Polizei). Indessen wird er billigerweise dem Antrage auf Vermessung so lange nicht stattgeben, bis die Erfüllung der Schadensersatzpflicht des Bergwerksbesitzers hinreichend gesichert erscheint.

XV. Bergbau und Grundbesitz.

A. Bergschaden[1]).

1. Allgemeines.

Nach den allgemeinen Grundsätzen des bürgerlichen Rechts (§ 823 BGB.) verpflichtet eine schädigende Handlung oder Unterlassung zum Schadensersatze nur dann, wenn sie eine schuldhafte und widerrechtliche Verletzung eines fremden Rechts darstellt. Von diesem „Verschuldungsgrundsatz" aus ist auch der Fall zu beurteilen, daß durch eine Handlung des Grundbesitzers der Bergwerksbetrieb gestört und der Bergwerksbesitzer geschädigt wird. Dagegen gilt für den umgekehrten Fall der Schädigung eines Grundstücks durch den Bergwerksbetrieb nicht der Verschuldungsgrundsatz, vielmehr wird die Haftung des Bergwerksbesitzers für Bergschaden allein durch die Tatsache der Verursachung des Schadens durch den Bergwerksbetrieb begründet (§ 148). Die Schadensersatzpflicht ist nicht eine obligatio ex delicto, sondern ex lege. Die scharfe Schadenhaftung des Bergwerkseigentümers bildet gewissermaßen einen Ausgleich für die Einschränkung des Grundeigentums, die darin liegt, daß der Grundeigentümer die schädlichen Einwirkungen des Bergwerksbetriebes zu dulden hat und gegen die schädigende Handlung selbst nicht mit Erfolg Widerspruch erheben kann.

---

[1]) 5. Tit. 2. Abschn. (§§ 148—152) ABG.; Westhoff, Bergbau und Grundbesitz, I. Band, 1906; Daubenspeck, Die Haftpflicht des Bergwerksbesitzers aus der Beschädigung des Grundeigentums, 1882; Daubenspeck, Beiträge zur Lehre vom Bergschaden, 1885.

Eine derartige Schadenhaftung war dem gemeinen deutschen Bergrecht unbekannt. Nach damaliger Auffassung waren die — früher verhältnismäßig geringfügigen — Bergschäden als dadurch abgegolten anzusehen, daß dem Grundeigentümer ein Teil der Ausbeute des Bergwerks in der Gestalt der Erbkuxe, der Tradde, des Mitbaurechts zur Hälfte eingeräumt wurde. Das ALR. stellte zwar in § 120 Teil II Tit. 16 den Grundsatz auf, daß für „alles, was der Grundeigentümer zum Bau und Betrieb des Werkes abgetreten und verloren hat", vollständige Entschädigung zu leisten sei, indessen fehlte es, wie die Fassung dieser Vorschrift zeigt, auch damals noch an einer scharfen Scheidung zwischen dem Falle der Benutzung und dem Falle der bloßen Beschädigung eines Grundstücks. Die wesentliche Verschiedenheit dieser beiden Fälle ist erst durch die Rechtsprechung des Obertribunals in ein klares Licht gesetzt worden.

Das ABG. hat sich im wesentlichen darauf beschränkt, die von dem Obertribunal entwickelten Rechtsgrundsätze mit Gesetzeskraft auszustatten. Das Bergschadenrecht des ABG. erfuhr Änderungen durch die Nov. vom 7. Juli 1902, die Härten, die den Grundbesitzern gegenüber bei möglicher und bei wirklicher Beteiligung mehrerer Bergwerke an der Schadenszufügung hervorgetreten waren, milderte.

Der Schadensersatzanspruch ist im ordentlichen Rechtswege geltend zu machen. Die Klage kann auch bei dem Gericht, in dessen Bezirke das beschädigte Grundstück liegt, erhoben werden (§ 26 ZPO.). Das Gericht entscheidet über das Vorhandensein und die Höhe des Schadens unter Würdigung aller Umstände nach freier Überzeugung (§ 287 BGB.). Eine Vorentscheidung der Bergbehörde, wie z. B. in Sachsen und Anhalt, findet nicht statt. Die Schwierigkeit der Beweisführung in Bergschädenprozessen und deren lange Dauer haben vielfach zu Klagen geführt. Der in den 70er Jahren gemachte Versuch der Einführung eines schiedsgerichtlichen Verfahrens im Verwaltungswege hat aber kein Ergebnis gehabt, da die für Westfalen und Niederschlesien eingesetzten „Regulierungskommissionen" bald mangels Inanspruchnahme ihre Tätigkeit einstellen mußten.

Da in neuerer Zeit die Klagen der Grundbesitzer über Mängel des Bergschadenrechts wieder stärker hervortraten und parlamentarische Unterstützung fanden, wurde 1920 von dem Handelsminister eine

„Bergschadenkommission“ in Dortmund eingesetzt, die auf Grund der typischen Erfahrungen des westfälischen Bezirks die Frage der Notwendigkeit einer Reform des Bergschadenrechts zu prüfen und, soweit die Notwendigkeit bejaht wird, Vorschläge zur Abänderung der gesetzlichen Bestimmungen zu machen hat. Die Kommission setzt sich zusammen aus Vertretern der Bergbehörden, des Bergbaus, des Haus- und Grundbesitzes, der Landwirtschaftskammer, der mit Bergschadenstreitigkeiten befaßten Gerichte und Anwälte und der Geologischen Landesanstalt. Ihre Tätigkeit ist durch die Vorgänge im Ruhrgebiet unterbrochen worden.

2. Der Schaden.

Zu ersetzen ist der Schaden, der dem „Grundeigentum oder dessen Zubehörungen“, d. h. der Vermögensschaden, der einer Person durch nachteilige Einwirkung auf ein Grundstück, dessen Bestandteile (§§ 93ff. BGB.) oder dessen Zubehör (§§ 97ff. BGB.) zugefügt wird („Grundstücksschaden“)[1]. Unter den Begriff der Bestandteile fallen Gebäude, industrielle Anlagen, Dampfkessel, Maschinen, Wasser-, Gas- und elektrische Leitungen usw., unter den Begriff des Zubehörs u. a. Feldfrüchte, landwirtschaftliche Geräte und Vieh. Außer Betracht bleiben dagegen Schäden, die den Menschen selbst oder nicht im Verhältnis des Zubehörs zu einem Grundstück stehende bewegliche Sachen treffen. Ob in solchen Fällen (wenn z. B. ein Fuhrwerk in einen Tagebau versinkt) Ersatz zu leisten ist, bestimmt sich, soweit nicht hinsichtlich des Personenschadens das Haftpflichtgesetz (§ 2) Platz greift, nach den Grundsätzen über unerlaubte Handlungen (§ 823 BGB.).

Zum Schaden gehört auch der mittelbare Schaden (z. B. die erschwerte Beleihbarkeit) und der entgangene Gewinn, dagegen nicht der Schaden, der nur ein Affektionsinteresse verletzt, also nicht Vermögensschaden ist (§§ 251—253 BGB.).

Ob ein Schaden eingetreten ist, kann nur in Beziehung auf die Vermögenslage einer bestimmten Person beurteilt werden. Die bloße Tatsache der körperlichen Einwirkung des Bergwerksbetriebes auf ein Grundstück berechtigt also noch nicht zur Forderung eines Schadensersatzes. Handelt es sich z. B. nur um geringfügige Boden-

---

[1]) RG., Z. f. B. **53** 236; **55** 249; **56** 531; **60** 244.

senkungen oder Risse, durch die der Wert, den das Grundstück dem Berechtigten bietet, nicht beeinträchtigt wird, so liegt ein zu ersetzender Schaden nicht vor. Anderseits ist aber auch eine körperliche Einwirkung auf das Grundstück nicht unbedingte Voraussetzung der Entstehung des Schadensersatzanspruchs, vielmehr ist ein solcher schon dann begründet, wenn durch die gefahrdrohende Nähe des Bergbaus die Bebauungsfähigkeit oder Beleihbarkeit eines Grundstücks beseitigt oder beeinträchtigt ist.

Der Schaden tritt mit dem Zeitpunkt ein, in dem auf das Grundstück ein nachteiliger Einfluß in vermögensrechtlicher Beziehung ausgeübt wird.

3. Der Schadensersatzberechtigte.

Schadensersatzberechtigt ist neben dem Grundeigentümer auch der, dem ein dingliches Nutzungsrecht (Nießbrauch, Erbbaurecht, Grunddienstbarkeit, beschränkte persönliche Dienstbarkeit) an dem Grundstücke zusteht. Die Rechtsprechung des RG.[1]) neigt dazu, auch dem Pächter und Mieter (obwohl diese nach dem BGB. kein dingliches Recht haben) sowie auch dem, der ein rein persönliches Recht auf das Grundstück hat (z. B. dem Käufer) einen Schadensersatzanspruch einzuräumen. Regelmäßige Voraussetzung des — rein persönlichen — Schadensersatzanspruchs ist, daß der Schaden während der Besitzzeit (des Bestehens des Rechts) desjenigen entstanden ist, der Ersatz fordert. Bei freiwilliger Veräußerung des Grundstücks geht der schon entstandene Ersatzanspruch ohne besondere Übertragung nicht auf den Erwerber über, wohl aber bei der Zwangsversteigerung[2]).

Schadensersatzberechtigt ist eintretendenfalls auch eine öffentliche Verkehrsanstalt. Durch die den Schutz solcher gegen Bergschäden bezweckenden Sondervorschriften der §§ 153, 154 ABG. (vgl. S. 217) wird die aus § 148 folgende Schadensersatzpflicht des Bergwerksbesitzers nicht ausgeschlossen. Sie ist sogar insofern erweitert, als dieser sich wegen der Folgen eines nach der Errichtung der Verkehrsanlage geführten Bergbaues nicht zur Abwendung seiner Ersatzpflicht auf § 150 (vgl. S. 142 f.) berufen kann. Besteht für den Bergwerksbesitzer ein Entschädigungsanspruch nach § 154, so

[1]) Z. f. B. **26** 114; **51** 466; **52** 517; **56** 531; **62** 420.

[2]) RG., Z. f. B. **51** 290.

kann dieser gegen den Schadensersatzanspruch der öffentlichen Verkehrsanstalt im Wege der Aufrechnung geltend gemacht werden[1]).

Ein gegenüber dem Bergwerkseigentümer erklärter Verzicht auf den Ersatz künftiger Bergschäden (Bergschadenvergleich) ist für die Rechtsnachfolger des Grundeigentümers nicht bindend. Die nach früherem Recht gegebene Möglichkeit, den Verzicht durch Eintragung in das Grundbuch den Rechtsnachfolgern gegenüber wirksam zu machen, ist dadurch beseitigt, daß das BGB. nur bestimmt dingliche und der Eintragung fähige Rechte kennt[2]).

4. Der Schadensersatzverpflichtete.

Zum Schadensersatze verpflichtet ist nach dem Wortlaute des § 148 der Bergwerksbesitzer. Das RG. hat indessen in ständiger Rechtsprechung[3]) angenommen, daß an dieser Stelle unter Bergwerksbesitzer lediglich der Bergwerkseigentümer zu verstehen sei, also z. B. nicht der Bergwerkspächter. Die Ansicht des RG. stützt sich in der Hauptsache darauf, daß die Ausübung des Bergwerkseigentums als Verpflichtungsgrund aus § 148 gelte. Die entgegengesetzte Ansicht findet eine besondere Stütze darin, daß nach den Ausführungen von Brassert[4]) ein redaktionelles Versehen bei der Wahl des Wortes „Bergwerksbesitzer" im § 148 als so gut wie ausgeschlossen anzusehen ist.

Haftbar ist derjenige Bergwerksbesitzer, während dessen Besitzzeit der Schaden eintritt. Es kommt nicht darauf an, ob er selbst oder ein Vorbesitzer den schädigenden Betrieb geführt hat. Für den widerrechtlich durch einen Dritten geführten Raubbau haftet er aber nicht[5]). Ist er einmal haftbar geworden, so wird er, da die Schadensersatzpflicht wie in subjektiver so auch in objektiver Beziehung einen rein persönlichen Charakter hat, durch Aufgabe des Bergwerkseigentums oder Bergwerksbesitzes nicht von der Haftung für die eingetretenen Schäden befreit. Dagegen haftet er nicht für spätere Schäden, auch wenn diese die spätere Wirkung des von

[1]) RG., Z. f. B. **63** 104; **64** 220, 225.

[2]) Der Zweck läßt sich jetzt nur durch Eintragung eines Vorkaufsrechts oder einer Sicherungshypothek erreichen.

[3]) Z. f. B. **51** 158; **62** 123.

[4]) Z. f. B. **34** 409.

[5]) RG., Z. f. B. **36** 354; **58** 114.

ihm geführten Bergwerksbetriebes darstellen. Tritt ein Schaden ein, nachdem das Bergwerkseigentum infolge Entziehung oder Verzichts aufgehoben worden ist, so fehlt es an einen Schadensersatzverpflichteten[1]).

Die Ermittelung des Schadensersatzverpflichteten ist oft schwierig, weil (namentlich bei Wasserentziehung) nicht immer außer Zweifel steht, in welchem von mehreren nahe gelegenen Bergwerken die Schadensursache liegt. Diese Ermittlung soll erleichtert werden durch den von der Nov. vom 7. Juli 1902 dem § 72 hinzugefügten Abs. 4, wonach, wer einen Bergschadenanspruch erheben will und diesen Anspruch der Bergbehörde glaubhaft macht, das bei der Bergbehörde befindliche Grubenbild in Gegenwart des Bergwerksbesitzers einsehen darf. Dazu kann er einen Bergsachverständigen zuziehen, dagegen ist die Entnahme von Abzeichnungen des Grubenbildes unzulässig[2]).

Ist der Schaden durch den Betrieb zweier oder mehrerer Bergwerke verursacht, so ist die Ermittlung der an der Schadenszufügung beteiligten Bergwerke und des Maßes der Beteiligung des einzelnen Bergwerks besonders schwierig. Der Notwendigkeit der Ermittelung des Anteilverhältnisses war der Grundbesitzer schon nach dem ABG. in dessen urspr. Fassung überhoben, da die beteiligten Bergwerksbesitzer gegenüber dem Grundbesitzer zu gleichen Teilen hafteten. Durch die Nov. vom 7. Juli 1902 ist an Stelle dieser Haftung im Interesse weiterer Erleichterung der Rechtsverfolgung die gesamtschuldnerische Haftung der Besitzer der als Schädiger ermittelten Bergwerke gesetzt worden. Das Gesamtschuldverhältnis regelt sich nach den §§ 421—432 BGB. Der Grundbesitzer kann danach von jedem der beteiligten Bergwerksbesitzer die volle Entschädigung oder einen Teil, im ganzen aber die Entschädigung nur einmal fordern. Unter sich haften die beteiligten Bergwerksbesitzer zu gleichen Teilen, sofern nicht hinsichtlich der Teilnahme an der Schädigung ein anderes Teilnahmeverhältnis

[1]) Die Berggesetze einiger anderer Bundesstaaten lassen die Haftpflicht noch einige Jahre bestehen. Im vormaligen Königreich Sachsen besteht für den Steinkohlenbergbau eine durch Beiträge der Bergbauberechtigten gebildete „Bergschädenkasse“, die eintritt, wenn von anderer Seite Schadensersatz nicht zu erlangen ist.

[2]) Erl. d. HM. vom 24. Okt. 1913, Z. f. B. **56** 557.

nachgewiesen ist. Die Rechtslage des Grundbesitzers ist hierdurch insofern verbessert, als einerseits für seinen Zweck regelmäßig die Ermittlung eines Schädigers genügt und anderseits der aus der Vermögenslosigkeit eines Schädigers entspringender Nachteil nicht den Grundbesitzer, sondern die anderen Bergwerksbesitzer trifft.

Haftet für den Ersatz eines Schadens neben einem Bergwerksbesitzer ein Nichtbergwerksbesitzer, weil er schuldhaft den Schaden mitverursacht hat, so regelt sich das Verhältnis nach dem allgemeinen Recht. Es handelt sich dann um zwei Verpflichtungen aus verschiedenen Rechtsgründen. Ist die Verpflichtung beider Schädiger inhaltlich gleich, so haften sie gemäß § 431 BGB. als Gesamtschuldner, ist sie verschieden, so haftet jeder besonders.

5. Ursache und ursächlicher Zusammenhang.

Die Schadensersatzpflicht tritt nur ein, wenn der Schaden durch „den unterirdisch oder mittels Tagebaues geführten Betrieb des Bergwerks" verursacht ist. Durch diese Fassung ist die Haftung auf die unmittelbar der Gewinnung und Förderung des Minerals dienenden Vorrichtungen und Arbeiten, den eigentlichen Bergwerksbetrieb, beschränkt. Sie erstreckt sich nicht auf Schäden, die durch den Betrieb der Tagesanlagen, Aufbereitungsanstalten, Grubenbahnen und der dabei benutzten Maschinen und Dampfkessel entstehen (Zuführung von Rauch und Ruß, Explosion eines Kessel). In solchen Fällen greift § 823 BGB. (Verschuldungsgrundsatz) Platz, während andererseits ein Untersagungsanspruch des Grundbesitzers aus §§ 906, 1004 BGB. insoweit anzuerkennen ist, als die Untersuchung nicht zur Einstellung des Bergwerksbetriebes führen würde[1]). Das Niederbringen eines Schachtes, das Aufschütten von Halden, die Ableitung von Grubenwässern sind dagegen zum eigentlichen Bergwerksbetriebe zu rechnen[2]).

Zwischen dem Bergwerksbetrieb und dem Schaden muß ein ursächlicher Zusammenhang bestehen. Ob dies im einzelnen Falle zutrifft, ist eine vom Gerichte zu entscheidende, oft schwierige Tatfrage. Der ursächliche Zusammenhang wird dadurch nicht aus-

[1]) Abweichend hinsichtlich der Kokereien RG. vom 28. Jan. 1920, Z. f. B. **61** 226.

[2]) RG., Z. f. B. **27** 369; **43** 223.

geschlossen, daß auch andere Umstände (z. B. natürliche Schlotten) mitgewirkt haben. Nur wenn die Naturkraft auch ohne den Bergwerksbetrieb die gleiche Wirkung verursacht hätte, fehlt ein ursächlicher Zusammenhang zwischen dem Schaden und dem Bergwerksbetriebe.

6. Entschädigung[1]).

Der Bergwerksbesitzer ist verpflichtet „vollständige Entschädigung" zu leisten. Was hierunter zu verstehen und in welcher Weise die Entschädigung zu leisten ist, bestimmt sich nach allgemeinen Rechtsgrundsätzen (§§ 249—255 BGB.). Der Grundbesitzer kann danach in erster Linie Herstellung des früheren Zustandes d. h. des (wirtschaftlichen) Zustandes verlangen, der bestehen würde, wenn die Beschädigung des Grundstücks nicht eingetreten wäre. Statt der Wiederherstellung kann der Grundbesitzer aber auch den dazu erforderlichen Geldbetrag verlangen (facultas alternativa). Auf die Forderung einer Geldentschädigung ist er beschränkt, soweit die Herstellung nicht oder nur mit unverhältnismäßigen Aufwendungen möglich oder zu seiner Entschädigung nicht genügend ist.

Die Entschädigung wird regelmäßig durch Zahlung eines Kapitals (nicht einer Rente) geleistet[2]). Insbesondere kann, wenn ein Grundstück wegen der ihm durch den Bergbau drohenden Gefahr nicht mehr als Baustelle dienen kann, sofort der Ersatz der durch die Entziehung der Bauplatzeigenschaft eintretenden Wertverminderung verlangt werden.

Eine Pflicht des Bergwerksbesitzers zur Sicherstellung des Schadensersatzes besteht nicht.

Die Entschädigung fällt fort oder mindert sich, wenn bei der Entstehung des Schadens ein Verschulden des Beschädigten mitgewirkt hat (§ 254 BGB.). Als ein Verschulden wäre nicht ohne weiteres der Fall anzusehen, daß der Grundbesitzer auf seinem durch den Bergbau gefährdeten Grundstück ein Gebäude aufführt und dadurch den Umfang der Schadensersatzverbindlichkeit des Bergwerksbesitzer vergrößert. Indessen ist dieser Fall in § 150 Abs. 1 ABG. dem Falle des Verschuldens entsprechend behandelt, indem bestimmt ist, daß ein Anspruch auf Ersatz des Schadens an Gebäuden

[1]) Holländer, Die Entschädigung für Bergbauschäden, 1913.
[2]) RG., Z. f. B. **52** 521; **54** 550.

oder anderen Anlagen (auch Erweiterungsbauten, aber nicht Reparaturbauten) nicht besteht, „wenn solche Anlagen zu einer Zeit errichtet worden sind, wo die ihnen durch den Bergbau drohende Gefahr dem Grundbesitzer bei Anwendung gewöhnlicher Aufmerksamkeit nicht unbekannt bleiben konnte.“ Der Anspruch des Grundbesitzers geht in einem solchen Falle, ob er gebaut oder nicht gebaut hat, nicht über den Ersatz des Minderwerts des Grundstücks hinaus, der durch die Entziehung der Bauplatzeigenschaft eingetreten ist. Zur Erteilung einer Auskunft über die Bausicherheit eines Grundstücks ist der Bergwerksbesitzer nicht verpflichtet. Dagegen bleibt es ihm unbenommen, den Grundbesitzer vor dem Bau zu warnen. Ist eine „begründete“ d. h. objektiv begründete und mit dem Hinweis auf eine bestimmte Gefahr versehene Warnung[1]) rechtzeitig, d. h. vor Beginn der Bauausführung erfolgt, so wird sie der Grundbesitzer beachten müssen, wenn er sich nicht der Außerachtlassung der gewöhnlichen Aufmerksamkeit schuldig machen will. Auch andere Tatsachen, wie Risse und Senkungen des Grundstücks, ein Bergschadenprozeß des Rechtsvorgängers, Beschädigungen der Nachbargebäude, müssen den Grundbesitzer in der Regel bestimmen, den Bau zu unterlassen. Hat der Erbauer des Hauses die erforderliche Aufmerksamkeit außer acht gelassen, so lebt bei einer Veräußerung des Grundstücks der Ersatzanspruch nicht etwa in der Person des neuen Eigentümers auf[2]).

Selbstverständlich besteht, wie im § 150 Abs. 2 ausdrücklich hervorgehoben ist, kein Schadensersatzanspruch, wenn die Absicht, Gebäude oder andere Anlagen zu errichten, nur kundgegeben wird, um eine Vergütung zu erzielen.

7. Rechte der Hypotheken-, Grundschuld- und Rentenschuldgläubiger.

Nach § 148 Abs. 2 ABG. wird den Hypotheken-, Grundschuld- und Rentenschuldgläubigern im Falle des Bergschadens eine besondere Entschädigung nicht gewährt. Durch diese durch Art. 37 Ziff. XI AG. z. BGB. dem ABG. eingefügte Bestimmung ist die frühere Streitfrage, ob die genannten Gläubiger sich unmittelbar an den Bergwerksbesitzer halten können, in verneinen-

[1]) RG. 23. Okt. 1912, Z. f. B. **54** 271; **64** 220.
[2]) RG. 22. Dez. 1894, Z. f. B. **36** 347.

dem Sinne entschieden. Das hat die Wirkung, daß die Rechtsstellung der Realgläubiger eines Grundstücks sich nunmehr wie folgt regelt[1]).

Tritt der Bergschaden an dem Grundstücke selbst ein, so kann der Bergwerksbesitzer mit Wirkung gegen den Realgläubiger erst zahlen, wenn er oder der Grundeigentümer den Eintritt des Schadens diesen Gläubigern angezeigt hat und seit dem Empfange dieser Anzeige ein Monat verstrichen ist. Die Gläubiger können bis zum Ablaufe dieser Frist der Zahlung der Entschädigung an den Grundbesitzer widersprechen. Die Anzeige darf unterbleiben, wenn sie untunlich ist; in diesem Falle wird der Monat von dem Zeitpunkt an berechnet, in welchem die Entschädigungssumme fällig wird. Im Falle rechtzeitigen Widerspruchs hat der Bergwerksbesitzer an Grundeigentümer und Realgläubiger gemeinsam zu zahlen oder die Entschädigungssumme zu hinterlegen. Auch kann in diesem Falle ein Verteilungsverfahren gemäß §§ 105 ff. ZVG. herbeigeführt werden.

Handelt es sich nicht um eine Beschädigung des Grundstücks selbst, sondern nur um eine Beschädigung von Früchten oder Zubehör, so hat der Realgläubiger nur das Recht der Beschlagnahme der Schadensersatzforderung innerhalb eines Jahres nach Eintritt der Fälligkeit. Solange die Beschlagnahme nicht erwirkt ist, kann der Bergwerksbesitzer mit befreiender Wirkung an den Grundeigentümer zahlen.

Die Verschiedenheit der beiden Fälle ist darin begründet, daß der Entschädigungsanspruch wegen Beschädigung des hypothekarisch belasteteten Grundstücks bei seinem Entstehen sofort Gegenstand des Hypothekenrechts wird und kraft der Hypothek dem Hypothekengläubiger haftet, während in dem zweiten Falle die Haftung erst mit der Beschlagnahme eintritt. Die im zweiten Falle geltenden Grundsätze sind die der Haftung einer gewöhnlichen Versicherungsforderung, die im ersten Falle geltenden die der Haftung einer Gebäudeversicherungsforderung.

8. Verjährung.

Grund und Umfang eines Bergschadens lassen sich längere Zeit nach seiner Entstehung in der Regel nur noch schwer aufklären. Da-

[1]) Art. 67 Abs. 2, 52, 53 EG. z. BGB.; §§ 1128, 1123 Abs. 2 Satz 1, 1124 Abs. 1, 3 BGB.

her gilt für die Forderung aus Bergschäden eine nur dreijährige Verjährungsfrist. Ihr Lauf beginnt aber nicht mit dem Eintritt des Schadens, sondern erst, nachdem das Dasein und der Urheber des Schadens zur Wissenschaft, d. h. zur sicheren Kenntnis des Geschädigten gelangt sind. Verschuldete Unkenntnis steht der Kenntnis nicht gleich.

Bei fortlaufenden Beschädigungen begründet jeder neu in die Erscheinung tretende Schaden eine neue Verpflichtung, die für sich verjährt.

B. Zwangsabtretung (Enteignung)[1].

1. Allgemeines.

Der Bergwerkseigentümer hat nach § 54 ABG. die Befugnis, auch über Tage die zur Aufsuchung und Gewinnung des Minerals erforderlichen Vorkehrungen zu treffen. Hieraus ergibt sich ein Widerstreit zwischen Bergwerkseigentum und Grundeigentum, der im § 64 dadurch gelöst wird, daß dem Bergwerkseigentümer die Befugnis gegeben wird, die Abtretung des zu seinen bergbaulichen Zwecken erforderlichen Grund und Bodens zu verlangen. Diese Bevorzugung des Bergwerkseigentums entspricht einem von alters her anerkannten Rechtsgrundsatz. Sie rechtfertigt sich einerseits dadurch, daß dem Bergwerkseigentum ohne diese Nebenbefugnis in der Regel die Möglichkeit der Ausübung versagt wäre, anderseits durch die überwiegende wirtschaftliche Bedeutung des Bergbaues. Da das Recht auf Grundabtretung unmittelbar aus dem Gesetz entspringt, liegt es nahe, das Rechtsverhältnis unter dem Gesichtspunkte einer gesetzlichen Eigentumsbeschränkung und den Zwangsakt zur Herbeiführung der Grundabtretung nicht als einen Fall der Enteignung anzusehen[2]), zu deren Wesen ein im öffentlichen Interesse in die Rechtsordnung eingreifender staatlicher Verwaltungsakt gehört. Seinem äußeren Aufbau nach ist allerdings das Zwangsverfahren dem Enteignungsverfahren verwandt

[1]) §§ 54, 64 und Tit. 5 Abschn. 1 (§§ 135—147) ABG.; Westhoff, Bergbau und Grundbesitz, 1906, II. Teil; Voelkel, Die bergrechtliche Zwangsgrundabtretung, Z. f. B. **51** 45ff., 391ff.; Gottschalk, Die Grundlagen der Enteignung nach dem ABG., Glückauf 1912 und 1913.

[2]) Dieser von dem älteren Schrifttum abweichenden Ansicht sind Thielmann, Isay und das RG., Z. f. B. **46** 113 und **55** 517, beigetreten.

und daher die Bezeichnung „bergrechtliches oder berggesetzliches Enteignungsverfahren" üblich. Die Vorschriften des Enteignungsgesetzes vom 11. Juni 1874 finden aber nach dessen ausdrücklicher Bestimmung (§ 54 Abs. 2), soweit die Grundabtretung durch bergrechtliche Vorschriften geregelt ist, keine Anwendung.

Wesentlich ist, daß das Recht auf Grundabtretung unmittelbar aus dem Gesetz entspringt und die Tätigkeit der Enteignungsbehörden lediglich dem Zwecke dient, den (zunächst abstrakten) Inhalt dieses Rechts in eine konkrete Form überzuführen und das Recht zu verwirklichen. Einer Verordnung des Staatsministeriums oder eines sonstigen Verwaltungsaktes bedarf es zur Schaffung des Enteignungsrechtes des Bergwerksbesitzers nicht. Daher spielt auch das öffentliche Wohl, das nach dem Enteignungsgesetz vom 11. Juni 1874 die Voraussetzung der Verleihung des Enteignungsrechts ist, hier nicht die gleiche Rolle. Die bergrechtliche Enteignung ist nicht von der Feststellung eines positiven öffentlichen Interesses im einzelnen Falle abhängig, vielmehr wirkt dieses nur unter Umständen negativ, insofern als die Grundabtretung versagt wird, wenn überwiegende Gründe des öffentlichen Interesses entgegenstehen (§ 136 Abs. 1). Eine weitere Verschiedenheit gegenüber dem allgemeinen Enteignungsverfahren liegt darin, daß der bergrechtliche Enteignungsbeschluß nur für die Parteien des Verfahrens und ihre Rechtsnachfolger Rechtswirkungen äußert und nicht eine allgemeine Neuregelung der privatrechtlichen und öffentlich-rechtlichen Verhältnisse des enteigneten Grundstücks bewirkt. Die auf dem Gebiete des allgemeinen Enteignungsrechts streitige Frage, ob die Enteignung einen Zwangskauf darstellt, ist auch für das bergbauliche Enteignungsrecht aufgeworfen worden. Sie ist zu verneinen und anzunehmen, daß die bergbauliche Enteignung weder einen Zwangskauf[1]) noch einen sonstigen Vertrag, sondern einen obrigkeitlichen Akt darstellt, durch den privatrechtliche Rechte und Pflichten festgestellt oder geschaffen werden.

2. Gegenstand und Umfang.

Gegenstand der Enteignung ist regelmäßig ein fremdes Grundstück, unter besonderen Umständen aber auch ein fremdes Recht

[1]) So Westhoff.

an einem eigenen Grundstück[1]) oder ein fremdes Recht auf ein eigenes Grundstück[2]) des Bergwerksbesitzers. Bergwerkseigentum kann nicht enteignet werden.

Ein auf dem Grundstück eingetragenes Vorkaufsrecht hindert die Enteignung ebensowenig wie eine Vereinbarung des Grundbesitzers mit einem Dritten, wodurch diesem ein ausschließliches Nutzungsrecht eingeräumt ist. Auch Grundstücke, die einem anderen Bergwerksbesitzer gehören oder als Gegenstand des Grundeigentümerbergbaues in Betracht kommen, können enteignet werden, vorausgesetzt, daß sie nicht von dem anderen für Betriebszwecke gebraucht werden, für die ihm selbst das Enteignungsrecht zustehen würde. Öffentliche Grundstücke sind nur soweit der Enteignung entzogen, als das öffentliche Interesse entgegensteht.

Die bergrechtliche Enteignung richtet sich, abweichend vom allgemeinen Enteignungsrecht, in erster Linie nicht auf den Erwerb des Eigentums an dem Grundstücke, sondern nur auf den Erwerb eines Nutzungsrechts oder Mitnutzungsrechts an diesem. Steht es demnach nicht in der Macht des Bergwerksbesitzers, wider den Willen des Grundeigentümers das Eigentum zu erwerben, so gibt anderseits das ABG. nach dem Vorgange des französischen Rechts dem Grundeigentümer (nicht jedem Grundbesitzer) in drei Fällen das Recht, zu verlangen, daß der Bergwerksbesitzer das Eigentum an dem Grundstück erwirbt, und zwar:

a) wenn bei Rückgabe des Grundstücks nach beendeter Benutzung dessen Wert durch die Benutzung vermindert ist (§ 137 Abs. 2);
b) wenn feststeht, daß die Benutzung des Grundstücks länger als drei Jahre dauern wird (§ 138);
c) wenn die Benutzung nach Ablauf von drei Jahren noch fortdauert (§ 138).

Der praktisch häufigste Fall zu b liegt im Rahmen des Enteignungsverfahrens, dessen Ziel sich in diesem Falle infolge des An-

[1]) Wenn z. B. eine auf diesem ruhende Dienstbarkeit die Benutzung für den Bergbau hindern würde. RekB. 13. Febr. 1906, Z. f. B. **47** 285.

[2]) Wenn z. B. die Benutzung eines verpachteten Grundstücks vor Ablauf der Pachtzeit notwendig wird (zweifelhaft).

trages[1]) des Grundeigentümers ändert. Die Fälle zu a und c können erst nach Abschluß des Enteignungsverfahrens eintreten. In diesen Fällen findet ein neues Zwangsverfahren mit umgekehrten Parteirollen statt.

3. Berechtigte und Verpflichtete.

Berechtigt zu dem Anspruch auf Grundabtretung ist nach § 135[2]) der Bergwerksbesitzer (z. B. auch der Bergwerkspächter). Die Ansicht, daß an dieser Gesetzesstelle ebenso wie im § 148 unter Bergwerksbesitzer der Bergwerkseigentümer zu verstehen sei, ist zwar aufgetaucht, hat aber die überwiegende Meinung und in diesem Falle auch das RG.[3]) gegen sich. Verpflichtet zur Grundabtretung ist der Grundbesitzer, er sei Eigentümer oder Nutzungsberechtigter. Wer als nutzungsberechtigter Besitzer anzusehen ist, bestimmt sich nach den Vorschriften des bürgerlichen Rechts (§§ 854, 100 BGB.). Zur Abtretung verpflichtet kann danach neben dem Eigentümer sein: der Nießbraucher, der Erbbauberechtigte, der zu einer Grunddienstbarkeit oder beschränkten persönlichen Dienstbarkeit Berechtigte, dagegen nicht der Hypotheken-, Grundschuld- und Rentenschuldgläubiger, der Reallastberechtigte, der Vorkaufsberechtigte. Bestritten ist die Stellung des Mieters und Pächters[4]). Gegen wen im einzelnen Falle der Anspruch zu richten ist, bestimmt sich danach, welches Nutzungsrecht oder welche Nutzungsrechte der Nutzung durch den Bergwerksbesitzer weichen sollen.

4. Voraussetzungen.

Die Grundabtretung kann nur verlangt werden, wenn „für den Betrieb des Bergbaues, und zwar zu den Grubenbauen selbst, zu Halden-, Ablage- und Niederlageplätzen, Wegen, Eisenbahnen, Kanälen, Maschinenanlagen, Wasserläufen, Teichen, Hilfs-

[1]) Der Antrag kann in der Rekursinstanz nur im Einverständnis mit dem Bergwerksbesitzer gestellt werden (RekB., Z. f. B. **47** 566). Er ist unwiderruflich (RekB., Z. f. B. **47** 466).

[2]) Im § 64 ist der „Bergwerkseigentümer" genannt, jedoch ist § 135 die ausschlaggebende Bestimmung.

[3]) Z. f. B. **51** 160.

[4]) Nach Ansicht des RG. sind auch diese als Nutzungsberechtigte anzusehen (Z. f. B. **60** 96).

bauen, Zechenhäusern und anderen für Betriebszwecke bestimmten Tagegebäuden, Anlagen und Vorrichtungen, zu Aufbereitungsanstalten, sowie zu Solleitungen und Solbehältern die Benutzung eines fremden Grundstücks notwendig" ist (§ 135). Unter den aufgeführten Anlagen befinden sich auch solche, die den Betriebszwecken des Bergwerks zu dienen bestimmt sind, ohne Bestandteile des Bergwerks zu sein und der bergpolizeilichen Aufsicht zu unterstehen (Wege, Kanäle, Wasserläufe, Teiche). Diese Voraussetzungen sind daher auch bei den „anderen für Betriebszwecke bestimmten Tagegebäuden, Anlagen und Vorrichtungen" nicht zu fordern. Hierunter sind nicht nur die zum Bergwerke „zugehörigen Betriebsanstalten" (Röstöfen, Brikettfabriken, Grubenbahnen usw.), sondern auch alle sonstigen Anlagen zu verstehen, die der Bergwerksbesitzer zum Zwecke der Zuführung der Betriebskraft und der Betriebsmaterialien sowie des Absatzes der Bergwerkserzeugnisse betreibt oder betreiben will (z. B. Starkstromleitungen), dagegen nicht Hüttenwerke, Salinen (im eigentlichen Sinne vgl. S. 113), Chlorkaliumfabriken, Paraffinfabriken, in der Regel auch nicht Wohngebäude für Beamte und Arbeiter.

Die Grundabtretung kann verlangt werden, wenn für den Betrieb des Bergbaues die **Benutzung** eines fremden Grundstückes notwendig ist. Um eine Benutzung handelt es sich nicht, wenn die Absicht des Bergwerksbesitzers darauf gerichtet ist, Bestandteile eines Grundstücks (Holz, Steine, Lehm, Sand)[1]) zu gewinnen. Im übrigen kann es sich sowohl um eine ausschließliche Benutzung als auch, wenn der Betriebszweck eine solche nicht erfordert, nur um Mitbenutzung handeln. Der letztere Fall bildet bei Wegen und Wasserläufen[2]) die Regel.

Wird ein Grundstück von einer **Drahtseilbahn** überspannt, so ist die ganze überspannte Fläche als benutzt anzusehen, sofern der Grundeigentümer an der Ausschließung des Eingriffs in den Luftraum ein Interesse hat. Der Bergwerksbesitzer ist daher auch beim Vorliegen der sonstigen gesetzlichen Voraussetzungen verpflichtet, die überspannte Fläche zu Eigentum zu erwerben[3]).

---

[1]) RekB. 23. Okt. 1901, Z. f. B. **43** 117ff.

[2]) Wegen dieser vgl. des näheren S. 161f.

[3]) RekB. 20. Mai 1903, Z. f. B. **44** 373 (entgegen der früheren Praxis).

Die Benutzung eines fremden Grundstücks muß ferner für den Betrieb des Bergbaues **notwendig** sein. Das ist nur dann der Fall, wenn sowohl die Anlage selbst, zu der das Grundstück benutzt werden soll, als auch die Benutzung gerade des begehrten Grundstücks zu der Anlage notwendig ist. Über das Vorhandensein beider Voraussetzungen haben die Enteignungsbehörden zu entscheiden. Die Notwendigkeit muß aber **keine absolute** sein, vielmehr genügt es, nach feststehender Praxis der Enteignungsbehörden, „daß die Herstellung der beabsichtigten Anlage nach den Grundsätzen einer technisch und wirtschaftlich regelrechten Betriebsführung an dem dazu ausersehenen Platze erfolgen muß oder doch dort am zweckmäßigsten erfolgt und an diesem Platze die Verwendung des in Anspruch genommenen Grund und Bodens erheischt"[1]).

Eine Pflicht zur Grundabtretung besteht ausnahmsweise nicht:

a) Hinsichtlich des mit Wohn-, Wirtschafts- oder Fabrikgebäuden **bebauten Grund und Bodens** und der damit in Verbindung stehenden eingefriedigten Hofräume (§ 136 Abs. 2), wenn die Gebäude als Bestandteile des Grund und Bodens im Eigentum des Grundstückseigentümers stehen[2]). Die Bebauung oder Einfriedigung muß aber stattgefunden haben, bevor das Verlangen nach Grundabtretung geltend gemacht wird[3]). Gärten und Parkanlagen sind von der Enteignung nicht ausgeschlossen.

b) Wenn der Grundbesitzer auf Grund eines **besonderen Rechtstitels** von der Abtretungspflicht **befreit** ist (§ 145 Abs. 2).

Ein solcher besonderer Rechtstitel besteht z. B., wenn zwischen den Beteiligten ausdrücklich vereinbart ist, daß ein Grundstück nicht enteignet werden dürfe.

c) Wenn überwiegende Gründe des **öffentlichen Interesses** der Grundabtretung **entgegenstehen**. Ob dies der Fall ist, ist von den Enteignungsbehörden von Amts wegen festzustellen[4]).

---

[1]) RekB., Z. f. B. **37** 507; **38** 488; **39** 245.

[2]) RekB., Z. f. B. **57** 499; **64** 543.

[3]) RG., Z. f. B. **55** 73.

[4]) Die Enteignungsbehörden haben aber keine selbständigen polizeilichen Befugnisse. Sie sind an die Entscheidungen der zuständigen Polizeibehörden, die nötigenfalls zu dem Verfahren zuzuziehen sind, gebunden (a. M. Westhoff).

Weil öffentliche Interessen entgegenstehen, wird z. B. regelmäßig die Abtretung von Grundstücken, auf denen öffentliche Gebäude stehen, öffentlichen Plätzen und Straßen, Eisenbahnen, Schiffahrtkanälen, Friedhöfen zu versagen sein. Handelt es sich um öffentliche Interessen, die nicht der Grundabtretung als solcher entgegenstehen, sondern erst durch die beabsichtigte Benutzung des abzutretenden Grundstücks berührt werden (Gemeinschädlichkeit des auf diesem geplanten Betriebes), so ist die Grundabtretung zwar ebenfalls zu versagen, oder aus einem anderen Grunde, und zwar deshalb, weil ein von vornherein als polizeilich unzulässig anzusehender Betrieb keine Aussicht auf Verwirklichung hat und daher auch nicht die Notwendigkeit der Grundabtretung begründet.

5. Verfahren.

Enteignungsbehörden erster Instanz sind das Oberbergamt und der Bezirksausschuß (§ 142 ABG., § 150 Abs. 2 ZustG.). Die Leitung des Verfahrens liegt in der Hand des OBA., jedoch ist bei allen sachlichen Entscheidungen, auch bei der Zurückweisung eines unzulässigen Enteignungsantrages, die Mitwirkung des Bezirksausschusses erforderlich. Die örtliche Zuständigkeit des Bezirksausschusses bestimmt sich nach der Lage des abzutretenden Grundstücks (§§ 57, 58 LVG.), die örtliche Zuständigkeit des OBA., wie angenommen wird, nach der Lage des Bergwerks.

Enteignungsbehörden zweiter Instanz sind nach § 145 „die betreffenden Ressortminister", d. h. regelmäßig der Handelsminister und der Landwirtschaftsminister.

Das Verfahren wird eingeleitet durch einen von dem Bergwerksbesitzer[1]) an die Enteignungsbehörden gerichteten Antrag[2]). Bei Stellung des Antrags ist der Nachweis zu führen, daß der Ver-

[1]) Der Antrag hat vom Grundeigentümer auszugehen, wenn dieser nach beendeter Benutzung oder nach dreijähriger Fortdauer der Benutzung des Grundstücks den Anspruch erhebt, daß der Bergwerksbesitzer das Eigentum an dem Grundstück erwirbt. Im übrigen unterliegt das in solchen Fällen anzuwendende Verfahren im wesentlichen den gleichen formellen Regeln.

[2]) Der Antrag muß nach den Grundsätzen der Praxis bestimmte Angaben enthalten und mit bestimmten Anlagen versehen sein (vgl. Klostermann-Thielmann S. 390, 391).

such einer gütlichen Einigung zwischen den Beteiligten erfolglos geblieben ist.

Erscheint der Antrag seinem Inhalte nach unbegründet, so wird er ohne weiteres durch Beschluß der Enteignungsbehörden zurückgewiesen. Ist das nicht der Fall, so wird, nötigenfalls nach Anhörung des Gegners, ein Termin an Ort und Stelle anberaumt, in dem die Verhältnisse durch Kommissare der beiden entscheidenden Behörden untersucht werden. Der Ortstermin dient regelmäßig auch zur Anhörung beider Teile und zur Ermittlung der vom Antragsteller zu leistenden Entschädigung und Kaution. Bei dieser Ermittlung wirken Sachverständige mit, und zwar ist jeder Teil befugt, einen solchen zu bezeichnen. Die Kommissare können, was regelmäßig geschieht, einen dritten Sachverständigen zuziehen (§ 143). Eine Vereidigung der Sachverständigen findet nicht statt[1]).

Ist die Sache spruchreif und der Enteignungsantrag begründet, so erlassen die Enteignungsbehörden gemeinschaftlich den Enteignungsbeschluß, der auf Abtretung zur Nutzung oder auf Abtretung zu Eigentum gerichtet sein kann und die Gegenleistungen des Antragstellers sowie die etwaigen sonstigen Bedingungen der Grundabtretung festzustellen hat (§§ 142, 144).

Rechtsbehelfe gegen den Enteignungsbeschluß sind der Rekurs an die zuständigen Minister und die Klage im ordentlichen Rechtswege. Die Erhebung der letzteren ist an eine bestimmte Frist nicht gebunden. Gewisse Bestimmungen des Beschlusses können nur mit dem Rekurs, andere nur im ordentlichen Rechtswege, noch andere mit beiden Rechtsbehelfen angefochten werden. Im letzteren Falle kann die Klage sowohl unmittelbar gegen den Enteignungsbeschluß als auch nach vorheriger Beschreitung des Rekursweges gegen den Rekursbescheid gerichtet werden. Nur der ordentliche Rechtsweg ist zugelassen gegenüber der Festsetzung der Entschädigung und Sicherheitsleistung, sowohl der Rechtsweg als auch der Rekurs, soweit es sich um die Befreiung von der Verpflichtung zur Grundabtretung aus privaten Gründen (§§ 136 Abs. 2, 145 Abs. 2) oder um die Verpflichtung zum

---

[1]) Über das Verfahren in den Ortsterminen sind die ministeriellen Anweisungen vom 21. Aug. 1866, Z. f. B. **7** 404, vom 26. März 1898, Z. f. B. **39** 384, und vom 31. März 1923, Z. f. B. **64** 191, ergangen.

Eigentumserwerbe handelt. Im übrigen findet nur der Rekurs statt (§ 145).

Verweigert der Grundbesitzer entgegen dem Enteignungsbeschluß die Abtretung seines Grundstücks, so kann nach Annahme der Praxis der Bergwerksbesitzer durch Kommissare der Enteignungsbehörden in den Besitz des Grundstücks eingewiesen werden, vorausgesetzt, daß die Entschädigung gezahlt oder bei verweigerter Annahme hinterlegt und die Sicherheit geleistet ist (§ 146). Die Vollstreckung des Enteignungsbeschlusses wird auch dadurch nicht gehindert, daß der Grundbesitzer dagegen wegen der Höhe der Entschädigung und Sicherheitsleistung den Rechtsweg beschreitet.

Die Besitzeinweisung kann im Interesse der schnellen Rechtsverwirklichung geboten sein, obwohl nach der gegenwärtigen Lage des Grundbuchrechts anzunehmen ist, daß der Enteignungsbeschluß nicht nur persönliche Rechte und Pflichten schafft, sondern auch dingliche Wirkungen äußert. Es überwiegt zur Zeit die Meinung, daß das dingliche Nutzungsrecht ohne weiteres mit dem Eintritt der Rechtskraft des Beschlusses entsteht, daß dagegen bei Abtretung zu Eigentum der Eigentumsübergang erst mit der Eintragung im Grundbuch eintritt, daß es aber hierzu der Auflassung nicht bedarf, vielmehr die Eintragung auf Grund des rechtskräftigen Enteignungsbeschlusses und des Nachweises der Zahlung oder Hinterlegung des Entschädigungsbetrages auf Antrag des Bergwerksbesitzers ohne weiteres vom Grundbuchamt vorzunehmen ist[1]).

Die Kosten des Verfahrens, zu dem die Kosten etwa zugezogener Anwälte nicht gehören, hat für die erste Instanz der Bergwerksbesitzer, für die Rekursinstanz der unterliegende Teil zu tragen.

Ein Wechsel im Besitze des Bergwerks oder Grundstücks ist auf den Fortgang des Verfahrens ohne Einfluß (streitig).

6. Vereinfachtes Verfahren.

Nach Entstehung des Weltkrieges trat das Bedürfnis hervor, das sehr weitläufige allgemeine Enteignungsverfahren nach dem G. vom 11. Juni 1874 zu vereinfachen, soweit es der Beschaffung von

[1]) RG., Z. f. B. **47** 265; KG., Z. f. B. **48** 166; **55** 517. In der Literatur wird teils die Auflassung für erforderlich, teils auch die Eintragung für nicht erforderlich angesehen.

Arbeitsgelegenheit, der Beschäftigung von Kriegsgefangenen, sowie überhaupt den Zwecken der Kriegführung und der Volksversorgung diente. Zu diesem Zwecke sind nacheinander Verordnungen mit zeitlich begrenzter Geltung erlassen worden, an deren Stelle nunmehr, nachdem die Forderung nach einer Beschleunigung des Enteignungsverfahrens unter bestimmten Voraussetzungen als auch in Friedenszeiten berechtigt erkannt worden ist, das G. über ein vereinfachtes Enteignungsverfahren vom 26. Juli 1922 (GS. S. 211) ohne Zeitbegrenzung getreten ist. Die Vereinfachung liegt für das allgemeine Enteignungsverfahren, abgesehen davon, das an Stelle des Bezirksausschusses der Regierungspräsident tritt, hauptsächlich darin, daß die drei Abschnitte, in die sich das Verfahren gliedert — Feststellung des Planes, Feststellung der Entschädigung und Vollziehung (Besitzeinweisung) —, in der Weise zusammengezogen worden ist, daß unmittelbar nach Feststellung des Planes die Besitzeinweisung erfolgen kann. Das vereinfachte Verfahren kann nach dem G. vom 26. Juli 1922 durch Erlaß des Staatsministeriums zugelassen werden für Unternehmen, bei denen das Enteignungsverfahren aus Gründen des öffentlichen Wohles, insbesondere zur Beseitigung oder Abwendung größerer Arbeitslosigkeit oder eines sonstigen Notstandes, einer besonderen Beschleunigung bedarf.

Das bergrechtliche Enteignungsverfahren, zu dessen Einleitung es einer Entscheidung des Staatsministeriums nicht bedarf und das eine besondere Planfeststellung nicht kennt, hat schon an sich den Vorzug viel größerer Einfachheit. Trotzdem sind durch § 7 des G. vom 26. Juli 1922 nach dem Vorgange der VO. vom 10. April 1918 (GS. S. 41) auch für dieses Verfahren unter den gleichen Voraussetzungen weitere Vereinfachungen zugelassen, die im wesentlichen darin bestehen, daß als Enteignungsbehörden erster Instanz nicht das OBA. und der Bezirksausschuß, sondern das OBA. und der Regierungspräsident in Tätigkeit treten und daß die Besitzeinweisung bereits in dem Ortstermin (S. 152) durch die Kommissare im gegenseitigen Einvernehmen erfolgen kann. Dem Vorteile dieser Vereinfachungen steht allerdings die Verzögerung gegenüber, die die sonst für die Einleitung des berggesetzlichen Enteignungsverfahrens nicht erforderliche Herbeiführung einer Entscheidung des Staatsministeriums verursacht.

7. Das entstehende Rechtsverhältnis.

Das durch die Enteignung begründete Rechtsverhältnis ist verschieden je nach dem die Abtretung des Grundstücks zur Nutzung oder zu Eigentum erfolgt. Es regelt sich in beiden Fällen nach den berggesetzlichen Bestimmungen. Die Vorschriften des BGB. über Pacht oder Kauf kommen zur ergänzenden Anwendung nur, soweit dies im Enteignungsbeschlusse bestimmt wird.

Das im ersteren Falle entstehende Nutzungsrecht ist ein besonderes dingliches Recht spezifisch bergrechtlichen Charakters[1]). Es steht dem jeweiligen Besitzer desjenigen Bergwerks zu, zu dessen Gunsten die Grundabtretung erfolgt ist. Der Eintragung in das Grundbuch bedarf es zur Erhaltung seiner Wirksamkeit gegen Dritte nicht (Art. 22 AG. z. BGB.). Auch erlischt es nicht im Falle der Zwangsversteigerung des Grundstücks (Art. 6 Abs. 1 AG. z. ZwVG.). Sein Inhalt bestimmt sich durch den in dem Enteignungsbeschlusse festgestellten Enteignungszweck. Eine Benutzung zu anderen Zwecken kann der Grundbesitzer im Wege der Abwehrklage untersagen.

Während seines Bestehens löst das Nutzungsrecht die Verpflichtung des Berechtigten[2]) aus, dem Grundeigentümer und den anderen Nutzungsberechtigten, in deren Rechtskreis die Enteignung eingreift, für die entzogene Nutzung jährlich im voraus vollständige Entschädigung zu leisten (§ 137 Abs. 1).[3]) Bei Bestimmung des Umfangs der entzogenen Nutzung sind außer dem abgetretenen Grundstücke selbst auf Verlangen des Grund besitzers nach § 139 Abs. 1 auch übrigbleibende Teile in Betracht zu ziehen, die nicht mehr zweckmäßig benutzt werden können. Im übrigen ist, wie im Falle des Bergschadens auch der mittelbar entstehende Schaden und der entgangene Gewinn, aber nicht ein Schaden zu ersetzen, der nicht Vermögensschaden ist (§§ 251—253 BGB.). Für die Schadensberechnung ist der Zustand und Wert des Grundstücks zur Zeit der Abtretung maßgebend.

---

[1]) Westhoff sieht es als eine Grunddienstbarkeit, im Falle der Grundabtretung zu Schürfzwecken als persönliche Dienstbarkeit an.

[2]) Im Falle eines Besitzwechsels des jeweiligen Bergwerksbesitzers (streitig).

[3]) Während der Zeit des Niedergangs der Papiermark war es üblich geworden, die Entschädigung nach dem jeweiligen Weizen- oder Roggenpreise zu bestimmen; vgl. auch Erl. d. HM., Z. f. B. **64** 193.

Das Nutzungsrecht des Bergwerksbesitzers erlischt, wenn die Benutzung für den Zweck, dem die Grundabtretung dienen sollte, endgültig aufhört, z. B. wenn der Bergwerksbetrieb eingestellt wird. Vorübergehende Unterbrechungen der Benutzung berühren den Bestand des Rechtes nicht, ebensowenig der Fortfall der Notwendigkeit der Benutzung. Das Erlöschen des Nutzungsrechts verpflichtet den Bergwerksbesitzer zur Rückgabe des Grundstücks an den Grundbesitzer. Ist der Wert des Grundstücks durch die Benutzung vermindert, so hat der Bergwerksbesitzer den Minderwert zu ersetzen (sofern nicht der Grundeigentümer das Grundstück zu Eigentum abtreten will). Für die Erfüllung dieser Verpflichtung (nicht auch für die jährliche Entschädigungszahlung) kann der Grundbesitzer schon bei Abtretung des Grundstücks oder auch nachher Sicherheitsleistung (vgl. §§ 232 ff. BGB.) verlangen.

Durch die Abtretung zu Eigentum erlangt der Bergwerksbesitzer das unbeschränkte Eigentum an dem abgetretenen Grundstück. Insbesondere hat sich der Grundeigentümer durch Stellung des Antrags auf Eigentumserwerb des Rechtes begeben, zu verlangen, daß das Grundstück nur für den Zweck der Enteignung Verwendung findet. Der Bergwerksbesitzer darf das abgetretene Grundstück auch veräußern. Bildete dieses indessen vor der Abtretung einen Teil eines anderen Grundstücks, so steht dem Eigentümer dieses Grundstücks das Vorkaufsrecht zu (§ 141). Die vom Bergwerksbesitzer zu leistende Entschädigung besteht in einer einmaligen Zahlung. Die Bemessung der Höhe richtet sich auch in diesem Falle nach den allgemeinen Grundsätzen des BGB. über den Schadensersatz. Zugrunde zu legen ist der Wert des Grundstücks zur Zeit der Abtretung, auch wenn der Abtretung zur Nutzung die Eigentumsübertragung erst später nachfolgt (streitig). Unbenutzbar werdende Grundstücksteile muß der Bergwerksbesitzer auf Verlangen des Grundeigentümers miterwerben (§ 139 Abs. 2). Sind die Reststücke noch zweckmäßig benutzbar, so ist nur die Wertverminderung, die sie durch die Grundabtretung erleiden, zu ersetzen.

Streitig ist, welche Einwirkung die Enteignung auf die an dem Grundstück bestehenden dinglichen Rechte ausübt, soweit diese nicht Nutzungsrechte und daher auch nicht Gegenstand der Enteignung sind. Nach richtiger Ansicht findet eine unmittelbare Einwirkung auf diese Rechte (Hypotheken usw.) überhaupt nicht statt[1]). Auch bei Abtretung zu Eigentum gehen sie nicht etwa unter, indessen sind die Enteignungsbehörden in der Lage, unter entsprechender Bemessung der Entschädigung dem Grundeigentümer die Beschaffung eines freien Grundbuchblattes zur Pflicht zu machen.

8. Gütliche Einigung.

Ein Zwangsverfahren tritt nur dann ein, wenn sich die Beteiligten über die Grundabtretung nicht gütlich einigen können (§ 142). Die gütliche Einigung ist also der prinzipale Weg zur Herstellung des in den §§ 135 ff. näher geregelten Rechtsverhältnisses zwischen Bergwerksbesitzer und Grundbesitzer. Allerdings können die Einigungsverhandlungen auch dazu führen, daß der Bergwerksbesitzer das Grundstück mietet, pachtet oder kauft. In dem typischen Falle der gütlichen Einigung entsteht indessen nicht eines dieser Rechtsverhältnisse, vielmehr finden die §§ 135 ff. ebenso Anwendung, als wenn ein Zwangsverfahren stattgefunden hätte. Dies gilt namentlich hinsichtlich des Charakters und der Wirkung des Nutzungsrechts (vgl. Art. 22 AG. z. BGB.) sowie des Rechts des Grundeigentümers, unter bestimmten Voraussetzungen zu verlangen, daß der Bergwerksbesitzer das zunächst nur zur Nutzung abgetretene Grundstück zu Eigentum erwirbt. Die gleichen Rechtswirkungen hat eine im Laufe des Zwangsverfahrens zustande gekommene Einigung[2]).

9. Planmäßiges Zubruchebauen[3]).

In der Mitte zwischen Benutzung und Beschädigung der Tagesoberfläche liegt der Fall, daß die Gewinnung eines in geringer Teufe anstehenden Minerals (Braunkohle) ohne vollständiges Zubruchegehen der Tagesoberfläche unausführbar ist. In diesem Falle sprechen Billigkeitsgründe dafür, den Grundbesitzer nicht lediglich auf die Geltendmachung von Schadensersatzansprüchen zu verweisen, sondern seine Verpflichtung zur Duldung des sehr starken

---

[1]) A. M. Westhoff, Gottschalk, RG. 23. April 1909, Z. f. B. **51** 173; gleicher Meinung Isay Anm. 9 zu § 144 sowie jetzt auch RG. **55** 517.

[2]) Ist die Einigung auf Abtretung des Grundeigentums gerichtet, so ist die Formvorschrift in § 313 BGB. zu beachten. Die Beurkundung durch Kommissare der Enteignungsbehörden genügt nicht.

[3]) Wegen der betriebsplanmäßigen Behandlung des planmäßigen Zubruchebauens vgl. S. 195.

Eingriffs in seine Rechte nur unter den für die Grundabtretung geltenden Voraussetzungen (vorherige Entschädigung usw.) anzuerkennen. Dementsprechend wird seit den achtziger Jahren in der Verwaltungspraxis [1]) angenommen, daß beim Braunkohlenbergbau das planmäßige Zubruchebauen (ebenso wie der Tagebau) einen Fall der Benutzung des Grundstücks „zu den Grubenbauen selbst" darstellt, und daß daher der Grundbesitzer zur Abwehr des Eingriffs berechtigt ist, sofern der Bergwerksbesitzer nicht das Recht dazu im Wege der gütlichen Einigung oder des berggesetzlichen Enteignungsverfahrens erworben hat. Das RG.[2]) hat sich der Verwaltungspraxis für den Fall, daß „das Zubruchegehen der Oberfläche (nicht bloß des Hangenden) als Mittel zum Zweck der Kohlengewinnung herbeigeführt wird", angeschlossen. Eine feste Grenze zwischen den Fällen, wo das Zubruchegehen der Oberfläche als Mittel zum Zwecke des Abbaues gewollt ist, und denen, wo es als nicht gewollte, aber doch sicher vorausgesehene Folge des Abbaues eintritt, läßt sich kaum ziehen. Die Tatsache, daß die Benutzung des Grundstücks durch Absperrung im Sicherheitsinteresse dem Eigentümer entzogen wird, ist für sich allein nicht ausschlaggebend.

Einverständnis besteht darüber, daß, wenn ein Grundstück planmäßig zubruchegebaut wird, ohne daß der Bergwerksbesitzer das Recht zur Benutzung erworben hat, Schadensersatz nach § 148 zu leisten ist.

10. Grundabtretung zu Schürfzwecken[3]).

Auch der Schürfer kann die Abtretung des zur Ausführung der von ihm beabsichtigten Schürfarbeiten erforderlichen Grund und Bodens verlangen, vorausgesetzt, daß das Schürfen gesetzlich und polizeilich zulässig ist und nicht die Ausnahmebestimmung des § 4 Abs. 3 Platz greift (vgl. S. 69). In diesem Falle liegt das Verfahren, das regelmäßig Gegenstände von geringerem Wert betrifft und einer besonderen Beschleunigung bedarf, allein in der Hand der Bergbehörden. In erster Instanz entscheidet das OBA., in zweiter Instanz der Minister für Handel und Gewerbe. Die Abhaltung eines Ortstermins unter Anhörung von Sachverständigen ist gesetz-

[1]) MinErl., Z. f. B. **22** 278f.; RekB., Z. f. B. **29** 264 u. a.

[2]) RG., Z. f. B. **27** 215; **28** 390; **31** 248.

[3]) ABG. §§ 5—9.

lich nicht vorgeschrieben, jedoch werden regelmäßig nach näherer Anordnung der Revierbeamteninstruktionen die Verhältnisse an Ort und Stelle vom Revierbeamten unter Zuziehung der Beteiligten festgestellt. Abgesehen hiervon finden im wesentlichen die für die Grundabtretung zu Bergwerksbetriebszwecken geltenden Grundsätze entsprechende Anwendung. Der Beschluß des OBA. greift aber in diesem Falle auf das schürfpolizeiliche Gebiet hinüber, da zugleich Entscheidung darüber zu treffen ist, ob die Schürfarbeiten vom Standpunkte des öffentlichen Interesses aus zulässig sind (§ 8 Abs. 1, 2, § 4 Abs. 1, 2).

C. Gewinnungsrecht des Grundeigentümers.

Schädliche Einwirkungen des Bergwerksbetriebes auf die Gewinnung der dem Verfügungsrechte des Grundeigentümers unterliegenden Mineralien (Kalk, Ton, Sandstein usw.) verpflichten den Bergwerksbesitzer zum Schadensersatze nach den Grundsätzen über Bergschaden. Dies gilt auch für den Fall, daß der Grundbesitzer seine Gewinnung im Interesse der Sicherheit des Bergwerksbetriebes unterlassen oder einschränken muß. Zweifelhaft dagegen ist, ob der Grundeigentümerbetrieb dem Bergwerksbetriebe, wenn im Sicherheitsinteresse nur einer von beiden zugelassen werden kann, zu weichen hat, auch wenn er der ältere ist. Die Frage dürfte zu bejahen sein, weil das Bergwerkseigentum stärker ist als das Grundeigentum.

Das ABG. (§ 57) beschränkt sich auf die Regelung des Mitgewinnungsrechts des Bergwerkseigentümers an den dem Verfügungsrechte des Grundeigentümers unterliegenden Mineralien. Ein solches Recht ist insoweit anerkannt, als die Gewinnung „durch den Betrieb des Bergwerks" erfolgt. Der Zusammenhang braucht also nicht so eng zu sein, wie im Falle des § 56 (vgl. S. 132). Die Mitgewinnung muß aber im Rahmen des gesetzmäßigen Bergwerksbetriebes liegen. Die Anlage von Steinbrüchen, Lehmgruben, Sandgruben usw., aber auch der Betrieb besonderer unterirdischer Baue lediglich zu dem Zwecke des Abbaues von Grundstücksmineralien wäre unzulässig und ist nach § 370 Nr. 2 RStGB. strafbar. An den mitgewonnenen Mineralien erwirbt der Bergwerkseigentümer nach richtiger Ansicht Eigentum. Er darf sie nach einem alten bergrechtlichen, auch im § 57 anerkannten Grundsatz zu Zwecken seines Betriebes (insbesondere als Versatzmaterial) ohne Entschädigung des Grundeigentümers verwenden. Soweit eine solche Verwendung nicht stattfindet, muß er sie aber dem Grundeigentümer auf dessen Verlangen gegen Erstattung der Gewinnungs- und Förderungskosten herausgeben. Es tritt alsdann das gleiche Rechtsverhältnis ein wie bei Mitgewinnung eines verliehenen Bergwerksminerals durch einen anderen Bergwerkseigentümer (vgl. S. 132). Als Mineralien, deren Mitgewinnung zulässig ist, kommen auch die dem Grundeigentümerbergbau unterliegenden sowie andere Mineralien von Wert (Strontianit) in Betracht. Die Verwendung solcher Mineralien zu Betriebszwecken ist nach der gegenwärtigen Rechtslage, abgesehen von dem Falle der Schikane (§ 226 BGB.), nicht zu hindern[1]).

Dem Grundeigentümer sowie auch dem Betreiber des Grundeigentümerbergbaues ist ein entsprechendes Mitgewinnungsrecht an den verliehenen Mineralien ausdrücklich nicht eingeräumt[2]). Indessen wird ihnen nach allgemeinen Rechtsgrundsätzen ein Besitzergreifungsrecht vorbehaltlich der Herausgabe der mitgewonnenen Mineralien insoweit nicht zu versagen sein, als die Ausübung des Gewinnungsrechts ohne Eingriff in die Lagerstätte der verliehenen Mineralien nicht möglich ist (Durchteufen eines Kohlenflözes, um ein Tonlager, eine Wasserader usw. zu erreichen). Ob ein Gegenanspruch auf Erstattung der Gewinnungs- und Förderungskosten besteht, ist zweifelhaft (vgl. den entsprechenden Fall S. 133).

D. Bergbau und Wasser[3]).

Der Bedeutung, die in früherer Zeit das Wasser als Triebkraft für den Bergbau hatte, entsprach der Grundsatz des älteren Bergrechts, daß Wassertriebkräfte vom Bergwerksbesitzer im Wege der Mutung und Verleihung erworben werden konnten[4]). Nach dem ABG. ist dies nicht mehr zulässig, und auch im Wege der Enteignung kann nach Annahme der Praxis zwar der zur Zuführung

---

[1]) MinErl. vom 27. Mai 1882, Z. f. B. **26** 16.

[2]) Dies ist im Art. 49 Abs. 2 des Bayrischen Berggesetzes vom 13. Aug. 1910 geschehen.

[3]) Voelkel, Das neue Wassergesetz und der Bergbau, Z. f. B. **54** 383.

[4]) So noch jetzt nach sächsischem Recht.

einer Wasserkraft erforderliche Grund und Boden, nicht aber sie selbst erworben werden. Überhaupt schweigt das ABG. über die Beziehungen des Bergbaues zum Wasser fast vollständig. Indessen sind in der Rechtsprechung und Praxis folgende Grundsätze[1]) allgemein anerkannt:

1. Nach § 54 in Verbindung mit § 57 ABG. hat der Bergwerkseigentümer das Recht, über die in seinem Bergwerksbetrieb erschrotenen Wasser, solange sie unter Tage sind, zu seinen Betriebszwecken frei zu verfügen.
2. Der Bergwerkseigentümer ist befugt, fremden Grundstücken Grundwasser oder Quellwasser durch seinen Bergwerksbetrieb zu entziehen und auch oberirdische Wasserläufe durch Senkung des Wasserspiegels usw. zum Nachteil anderer zu beeinflussen, ohne daß gegen ihn auf Unterlassung geklagt oder polizeilich eingeschritten werden kann. Das Gegenstück zu diesem Sonderrecht ist die Verpflichtung des Bergwerkseigentümers, allen durch den Bergwerksbetrieb auch ohne vertretbares Verschulden verursachten Schaden vollständig zu ersetzen (§ 148).
3. Die Einleitung von Grubenwässern und sonstigen Abwässern in Wasserläufe ist dem Bergwerksbesitzer bis zu dem allgemein zulässigen Maße gestattet. Will er dieses Maß überschreiten, so kann er das Recht dazu im Wege des berggesetzlichen Enteignungsverfahrens erwerben.
4. Gegenüber der Einleitung von Grubenwässern in Wasserläufe kann der Uferanlieger von dem Bergwerksbesitzer nicht Maßregeln verlangen, die zur Einstellung des Betriebes führen müßten, vorausgesetzt, daß der Bergwerksbesitzer rechtzeitig die Rechtsbehelfe ergriffen hat, die ihm zur Erlangung des Einleitungsrechts zu Gebote stehen[2]).

An diesen Vorrechten des Bergbaues ist auch durch das preußische Wassergesetz vom 7. April 1913 (GS. S. 53) nichts geändert worden. Nach § 396 Satz 1 WG. sind die Vorschriften des ABG. unberührt geblieben. Wenn im zweiten Satze des § 396 bestimmt ist, daß, soweit es sich um Benutzung von Wasserläufen handelt und keine bergrechtliche Enteignung vorliegt, im Falle eines

---

[1]) Wegen des Verhältnisses der Bergpolizei zur Wasserpolizei vgl. S. 187.

[2]) RG. 19. Juni 1897, Z. f. B. 38 467.

Widerspruchs zwischen dem Berg- und dem Wassergesetze nur die Bestimmungen des Wassergesetzes anzuwenden seien, so ist dies praktisch bedeutungslos, da ein solcher Widerspruch kaum festzustellen sein wird. Im übrigen gelten aber die Vorschriften des WG. auch für den Bergbau. Insbesondere steht dem Bergwerksbesitzer neben dem berggesetzlichen Enteignungsverfahren zur Erlangung des Rechtes auf Benutzung eines Wasserlaufes auch das wassergesetzliche Verleihungsverfahren (§§ 46 ff. WG.), zur Erlangung des Rechtes auf Anlage eines Ableitungsweges über ein fremdes Grundstück auch das Verfahren zur Begründung von Zwangsrechten (§§ 331 ff. WG.) zur Verfügung.

Mittelbar sind die Rechtsverhältnisse bei der Ableitung von Grubenwässern stark dadurch beeinflußt, daß das allgemein zulässige Maß der Einleitung von Abwässern in Wasserläufe erheblich herabgesetzt ist. Bisher war durch die Rechtsprechung des RG. die Grenze so gezogen, daß bei der Vermehrung des Wassers und der Beimischung fremder Stoffe das Maß des gemeinüblichen und regelmäßigen Gebrauchs des Privatflusses als des natürlichen Rezipienten von Flüssigkeiten, die aus wirtschaftlichen Gründen fortgeschafft werden müssen, nicht überschritten werden durfte. Dieser Grundsatz ist verlassen. Nach dem WG. kann das Recht zur Einleitung von Abwässern in Wasserläufe, soweit nicht ein besonderer Rechtstitel vorhanden ist, nur auf den jedem zustehenden Gemeingebrauch oder auf das Nutzungsrecht des Eigentümers des Wasserlaufs gestützt werden. Der Gemeingebrauch ist aber beschränkt auf die Einleitung der im Haushalt, im landwirtschaftlichen Haus- und Hofbetrieb und in kleingewerblichen Betrieben von geringerem Umfang entstehenden Abwässer (§§ 25, 26), und auch der Eigentümer darf nicht Abwässer einleiten, wenn dadurch für andere — nicht bloß geringfügige — Nachteile entstehen (§ 41). Bei dieser neuen Rechtslage wird der Bergwerksbesitzer regelmäßig genötigt sein, ein besonderes Recht zur Ableitung der Grubenwässer im Wege des berggesetzlichen Enteignungsverfahrens gegen die beteiligten Uferanlieger oder des wassergesetzlichen Verleihungsverfahrens zu erwerben.

Die für den Bergbau schwerwiegende Bedeutung dieser Änderung der Rechtslage ist dadurch abgeschwächt, daß die bestehenden Rechte zur Wasserableitung usw., soweit sie auf besonderen

Titeln[1]) beruhen, allgemein mit dem bisherigen Inhalt, sonst unter bestimmten Voraussetzungen und Beschränkungen aufrechterhalten worden sind (§ 379 WG.). Die Voraussetzungen sind, daß rechtmäßige Anlagen zur Ausübung des Rechts schon am 1. Januar 1913 vorhanden waren oder mit ihrer Errichtung schon vor diesem Zeitpunkte begonnen worden ist. Von den Beschränkungen ist die wichtigste die, daß das Wasser keinesfalls über das Maß des Gemeinüblichen hinaus verunreinigt werden darf. Die demgemäß aufrechterhaltenen Rechte erlöschen aber, wenn nicht binnen einer bestimmten Frist nach Inkrafttreten des Gesetzes, die durch Ges. vom 16. Febr. 1924 (GS. S. 112) von zehn auf fünfzehn Jahre verlängert worden ist, ihre Eintragung in das Wasserbuch beantragt wird (§ 380 WG.). Aufrechterhalten ist auch das für den staatlichen Harzbergbau wichtige Recht zur Benutzung der Wasserläufe im Oberharz (§ 381 WG.).

XVI. Gewerkschaft[2]).

1. Allgemeines.

Ein alter Erfahrungssatz lehrt, daß der Bergbau nicht eines Mannes Sache ist, sondern vereinte wirtschaftliche Kräfte erfordert. Als eine besondere Rechtsform für diese Vereinigung hat sich im deutschen Bergrechte die Gewerkschaft entwickelt, deren Anfänge sich bis in die Tridentiner Bergwerksgebräuche (1208), ja sogar bis in die Erztafeln von Vipaska (S. 22) zurückverfolgen lassen[3]).

Das Wesen der Gewerkschaft liegt darin, daß ihre Geldwirtschaft nicht auf ein festes Grundkapital, sondern darauf gestützt ist,

[1]) Die Zulassung durch den Betriebsplan ist kein besonderer Rechtstitel. Beschl. des Landeswasseramtes, Z. f. B. **63** 487.

[2]) ABG. §§ 94—134 (4. Titel) und §§ 226—240. Westhoff-Bennhold, Das preußische Gewerkschaftsrecht, 2. Aufl., 1912; Isay, ABG. für die preußischen Staaten, unter besonderer Berücksichtigung des Gewerkschaftsrechts, 1919/20 (und die dort angegebene reichhaltige Einzelliteratur).

[3]) Den Berggesetzen nichtdeutschen Ursprungs, insbesondere auch dem französischen Bergrecht ist die Gewerkschaft fremd. Auf der linken Rheinseite gab es vor dem ABG. keine Gewerkschaften. Auch das deutsche Kolonialbergrecht kannte die Gewerkschaft nicht. Dagegen ist sie in alle Berggesetze der anderen Bundesstaaten übergegangen.

daß im Bedarfsfalle die Gewerken an die Gewerkschaft Zahlungen in der erforderlichen Höhe (Zubußen) zu leisten haben. Die unbeschränkte Zubußepflicht wird dadurch gemildert, daß sich der Gewerke durch Preisgabe seines Kuxes der Zahlung der Zubuße entziehen kann. Der Zubußepflicht steht das Recht auf Rückzahlung der Einlagen, sobald diese entbehrlich werden, und des Gewinnes gegenüber. Eine so geregelte Gesellschaftsform ist für den Bergbau deshalb besonders geeignet, weil dessen Erfolg in besonderem Maße von nicht vorherzusehenden Ereignissen abhängt und diese Unsicherheit einer zuverlässigen Vorausberechnung des Anlage- und Betriebskapitals entgegensteht. Den besonderen Verhältnissen des Bergbaus wird die sonst auf industriellem Gebiete weitverbreitete Form der Aktiengesellschaft nicht ganz gerecht, da sich diese auf ein bestimmtes, nicht rückzahlbares Grundkapital stützen muß und nach Einzahlung der Stammeinlagen auf weitere Leistungen der Aktionäre grundsätzlich keinen Anspruch hat. Allerdings hat die Aktiengesellschaft wegen anderer Vorzüge auch in die Bergwerksindustrie Eingang gefunden. Sie erleichtert die finanzielle Heranziehung weiterer Kreise zu dem Bergbauunternehmen durch Vermittlung der Börsen und Banken. Indessen wird für kleinere und mittlere Bergbauunternehmungen auch jetzt noch die Gewerkschaftsform für unentbehrlich gehalten, und auch für größere Betriebe, namentlich im Kalibergbau, findet sie oft Verwendung. Ein vielfach willkommener Vorteil liegt auch darin, daß sich der Gewerkschaft gegenüber die gesetzlichen Kontrollmaßregeln auf ein Mindestmaß beschränken. Eine dritte im Bergbau verbreitete Gesellschaftsform ist die Gesellschaft mit beschränkter Haftung, für deren reichsgesetzliche Ausgestaltung die Gewerkschaft Anhaltspunkte geboten hat. Bei niedriger Bemessung des Stammkapitals und Einführung einer Nachschußpflicht der Gesellschafter nähern sich die Rechtsverhältnisse der G. m. b. H. derjenigen der Gewerkschaft, doch werden gewisse gesetzliche Zwangsvorschriften, insbesondere die geringe Beweglichkeit der Gesellschaftsanteile, als Nachteile empfunden.

Das ABG. hat das Gewerkschaftsrecht durch Schaffung der den modernen Wirtschaftsverhältnissen entsprechenden „Gewerkschaft neuen Rechts" neu befestigt, im übrigen aber den Bergbautreibenden freigestellt, auch jede andere Gesellschaftsform oder die Form des Miteigentums zu wählen. Die vorhandenen „Gewerkschaften alten Rechts" sind mit der Maßgabe bestehen geblieben, daß sie sich in Gewerkschaften n. R. umwandeln können (Mobilisierung der Kuxe).

Die Gewerkschaft n. R. ist eine juristische Person (§ 96). Nur ihr Vermögen, nicht das der Gewerken haftet für die Gewerkschaftsschulden (§ 99). Als juristische Person ist sie unbeschränkt rechts- und handlungsfähig und kann ihren Geschäftsbetrieb auf andere Unternehmungen als den Betrieb des Bergwerks, das die Grundlage ihrer Entstehung ist, ausdehnen. Gegenüber der Gewerkschaft a. R. ergibt sich aus der juristischen Persönlichkeit der Gewerkschaft n. R. die Neuerung, daß diese selbst als Eigentümerin des Bergwerks im Grundbuche eingetragen wird (§ 97). Das Bergwerk kann auch nur von der Gewerkschaft und nur als Ganzes mit Hypotheken und dinglichen Lasten beschwert werden (§ 98).

Die Gewerkschaft führt, wenn sie sich nicht durch die Satzung einen anderen Namen beilegt, den Namen des Bergwerks (§ 95). Sie hat ihren Sitz, wenn nicht die Satzung ein anderes bestimmt, dort, wo das Bergwerk liegt, nach anderer Ansicht dort, wo die Verwaltung geführt wird (§ 24 BGB.), ihren allgemeinen Gerichtsstand aber unzweifelhaft bei dem Gericht, in dessen Bezirk das Bergwerk liegt (§ 17 Abs. 2 ZPO.).

2. Entstehung.

Die Gewerkschaft entsteht von selbst (ipso jure), ohne daß es eines besonderen Willensaktes der Beteiligten bedarf, wenn die gesetzlichen Voraussetzungen ihrer Entstehung gegeben sind (§ 94 Abs. 1)[1].

Diese sind folgende:

a) Es muß ein verliehenes Bergwerk vorhanden sein. Weder ein Bohr- oder Schürfunternehmen[2]), noch eine Mutung, noch ein aus dem Rechte des Grundeigentümers betriebenes Berg-

[1]) Anders in Österreich, Sachsen und einigen kleineren Bundesstaaten, wo zur Entstehung der Gewerkschaft ein Willensakt der Beteiligten (Errichtung einer Satzung) erforderlich ist.

[2]) Die Bohrgesellschaften unterliegen in der Regel als nicht rechtsfähige Vereine dem Gesellschaftsrecht des BGB. (§§ 54, 705ff.). Ihre Mitglieder haften persönlich und können sich von dieser Haftung nicht durch Aufgabe ihres Anteils befreien.

werk[1]) kann Grundlage einer Gewerkschaft sein. Die Gewerkschaft kann auch nur auf der Grundlage eines Bergwerks entstehen. Werden dem A und dem B zugleich die Bergwerke X und Y verliehen, so entstehen zwei Gewerkschaften, die mangels anderer Bestimmungen die Namen X und Y führen.

b) An dem Bergwerke müssen zwei oder mehrere — natürliche oder juristische — Personen mitbeteiligt sein. Die Mitbeteiligung muß in bezug auf das Eigentum bestehen[2]), mehrere Pächter oder Nießbraucher bilden keine Gewerkschaft. Als Mitbeteiligte gelten auch nicht die Teilhaber an einer ungeteilten Erbschaft oder an einer sonstigen gemeinschaftlichen Masse (z. B. eheliche Gütergemeinschaft), zu der das Bergwerk gehört (§ 113 Abs. 2).

c) Die dritte Voraussetzung ist negativ. Eine Gewerkschaft entsteht nicht, wenn die Rechtsverhältnisse der Mitbeteiligten durch einen zwischen allen Mitbeteiligten geschlossenen Vertrag oder durch eine sonstige für diese verbindliche Willenserklärung (letztwillige Verfügung) anderweit geregelt sind. Ein solches Rechtsgeschäft bedarf zu seiner Gültigkeit der notariellen oder gerichtlichen Form. Die Urkunde darüber ist der Bergbehörde einzureichen, die, solange dies nicht geschehen ist, die Mitbeteiligten als Gewerkschaft behandeln wird (§ 133 Abs. 1)[3]).

Was den Zeitpunkt der Entstehung anlangt, so entsteht im Falle der Bergwerksverleihung an mehrere die Gewerkschaft zugleich mit dem Bergwerkseigentum, also mit der Zustellung der Verleihungsurkunde, nicht erst mit der Eintragung des Bergwerks in das Grundbuch. Das OBA. hat, wenn die mehreren Muter ihr Verhältnis nicht anders regeln, das Grundbuchamt um Eintragung der Gewerkschaft als Eigentümerin des Bergwerks zu ersuchen (nach überwiegender Meinung auch schon die Verleihungsurkunde auf den

---

[1]) Eine Ausnahme gilt seit 1917 für den hannöverschen Kalibergbau (S. 183).

[2]) Dies gilt ebenfalls nicht für den hannöverschen Kalibergbau.

[3]) Auch die nicht eine Gewerkschaft bildenden Mitbeteiligten haben, wenn sie nicht eine Gesellschaft bilden, deren Vertretung durch die allgemeinen Gesetze geordnet ist (Aktiengesellschaft, G. m. b. H. usw.), einen Repräsentanten zu bestellen, der eine ähnliche Rechtsstellung hat wie der gewerkschaftliche Repräsentant. Das gleiche gilt, wenn der Alleineigentümer eines Bergwerks im Auslande wohnt (§ 134).

Namen der Gewerkschaft auszustellen). Ebenso tritt im Falle der Konsolidation und Feldesteilung die Gewerkschaft schon mit der Zustellung der Bestätigungsurkunde ins Leben. Will dagegen der Alleineigentümer des Bergwerks unter Beteiligung eines anderen oder anderer eine Gewerkschaft bilden, so entsteht diese erst durch Eintragung in das Grundbuch, die auf Grund einer Auflassungserklärung des Alleineigentümers und des Eintragungsantrages der neuen Gewerken vorgenommen wird.

Ein öffentliches Gewerkschaftsregister besteht nicht. Die aus handelsrechtlichen Gründen in der Regel erforderliche Eintragung der Gewerkschaft in das Handelsregister ist nicht Voraussetzung ihrer Entstehung.

3. Satzung.

Die Errichtung einer Satzung ist weder zur Entstehung einer Gewerkschaft noch überhaupt erforderlich. Wird keine Satzung errichtet, so regeln sich die Verfassung der Gewerkschaft und die Rechtsverhältnisse der Gewerken lediglich nach den gesetzlichen Bestimmungen, die eine Art Normalsatzung darstellen. Wird eine Satzung errichtet, so kann sich diese auf die Regelung der gesamten Verfassung der Gewerkschaft erstrecken, aber auch auf die Regelung einzelner Punkte (Namen der Gewerkschaft, Kuxzahl usw.) beschränken (statutarische Einzelbeschlüsse). Die Satzung kann nur in einer nach den Vorschriften des ABG. berufenen beschlußfähigen Gewerkenversammlung mit einer Mehrheit von wenigstens drei Vierteilen aller Anteile (einschl. der in der Gewerkenversammlung nicht vertretenen) errichtet werden (§ 94 Abs. 2). Sie bedarf zu ihrer Gültigkeit der notariellen oder gerichtlichen Form und der Bestätigung durch das OBA.[1]). Zuständig ist das OBA., in dessen Bezirk der Sitz der Gewerkschaft liegt oder — bei erstmaliger Errichtung einer Satzung — liegen soll[2]). Das gleiche gilt für Abänderungen der Satzung. Die Bestätigung darf aber nur versagt werden, wenn die Satzung entweder gegen gesetzliche Zwangsbestimmungen oder gegen das öffentliche Interesse verstößt. Als Zwangsbestimmungen kommen neben den formellen Vorschriften über die Errichtung der Satzung

[1]) Rechtsungültige Satzungsbestimmungen werden durch die Bestätigung nicht rechtsgültig.

[2]) RekB., Z. f. B. **62** 489, 491; **64** 129.

namentlich diejenigen Bestimmungen des ABG. in Betracht, welche, teils weil sie sich aus dem Wesen der Gewerkschaft mit zwingender Notwendigkeit ergeben, teils weil sie öffentlich-rechtlichen Charakters sind, durch § 94 Abs. 3 ausdrücklich der Abänderung entzogen sind. Das öffentliche Interesse führt zur Versagung der Bestätigung, wenn Satzungsbestimmungen auf eine Vergewaltigung der Gewerkenminderheit abzielen oder wenn bei nicht ausreichendem Gewerkschaftsvermögen die Zahl der Kuxe nicht auf die Normalzahl 100, sondern höher bestimmt wird. Die Geringwertigkeit der Kuxe kann zu spekulativen Mißbräuchen führen. In der Praxis der Bergbehörden vor dem Kriege wurde unter Berücksichtigung des im HGB. auf 200 M. festgestellten Mindestbetrages der Namensaktie die Kuxzahl 1000 nur zugelassen, wenn ein Wert des Gewerkschaftsvermögens von mindestens 200000 M. nachgewiesen war[1]).

4. Auflösung.

Das ABG. regelt weder die Auflösung noch die Liquidation der Gewerkschaft. Es beschränkt sich auf die — aus der juristischen Persönlichkeit der Gewerkschaft von selbst folgenden — Bestimmungen, daß durch das Ausscheiden einzelner Gewerken die Gewerkschaft nicht aufgelöst wird und daß der einzelne Gewerke nicht auf Teilung klagen kann (§ 100).

Die Auflösung kann unzweifelhaft herbeigeführt werden durch einen einstimmigen[2]) **Beschluß der Gewerken**, der entweder ausdrücklich auf Auflösung der Gewerkschaft oder auf eine Maßnahme gerichtet ist, die die weitere Verfolgung des Gewerkschaftszweckes ausschließt (Umwandlung der Gewerkschaft in eine Aktiengesellschaft, Veräußerung aller gewerkschaftlichen Betriebsanlagen). Die Veräußerung des gewerkschaftlichen Bergwerks ist als eine solche Maßnahme nicht anzusehen, wenn der Gewerkschaftszweck sich satzungsmäßig nicht auf den Betrieb dieses Bergwerks beschränkt. Mit Rücksicht darauf, daß gesetzlich der Rechts- und Handlungsfähigkeit der Gewerkschaft Grenzen nicht gezogen sind, ist anzunehmen, daß sie auch ohne das Bergwerk, dem sie ihre Entstehung verdankt, zu anderen Zwecken fortbestehen kann. Aus dem gleichen Grunde hat

---

[1]) RekB., Z. f. B. **52** 449.

[2]) Andere halten Dreiviertelmehrheit für ausreichend.

auch die Aufhebung des gewerkschaftlichen Bergwerkseigentums infolge Verzicht oder im Zwangswege nicht mit Notwendigkeit die Auflösung der Gewerkschaft zur Folge.

Wird über das Vermögen der Gewerkschaft der Konkurs eröffnet, so verliert sie dadurch die Rechtsfähigkeit (§ 42 Abs. 1 BGB.). Dieser Verlust ist mit der Auflösung nicht gleichbedeutend, insbesondere lebt bei Aufhebung des Konkurseröffnungsbeschlusses die Gewerkschaft ohne weiteres wieder auf.

Die Vereinigung aller Kuxe in einer Hand hat die Auflösung der Gewerkschaft nicht zur Folge[1]), vielmehr bedarf es hierzu einer ausdrücklichen Erklärung der Alleingewerken.

Noch andere Auflösungsgründe können sich aus der Satzung der Gewerkschaft ergeben (z. B. Erledigung des satzungsmäßigen Gewerkschaftszweckes).

Mit dem Eintritt des Auflösungsgrundes geht die Gewerkschaft nicht sofort vollständig unter, vielmehr findet eine Liquidation ihres Vermögens statt, bis zu deren Durchführung sie als Gewerkschaft in Liquidation für den Zweck der Liquidation fortbesteht. Das Liquidationsverfahren richtet sich mangels berggesetzlicher Vorschriften nach den §§ 48—53 BGB.

5. Organe der Gewerkschaft.

Die Organe der Gewerkschaft sind der Repräsentant oder der Grubenvorstand und die Gewerkenversammlung. Dazu tritt nach näherer Bestimmung des G. über Aufsichtsräte bei Berggewerkschaften vom 24. Mai 1923 (GS. S. 268) ein Aufsichtsrat.

a) Repräsentant und Grubenvorstand.

Der Repräsentant (§§ 117 ff.) ist der gesetzliche Vertreter (und Zustellungsbevollmächtigte) der Gewerkschaft. Durch die von ihm im Namen der Gewerkschaft abgeschlossenen Rechtsgeschäfte wird diese berechtigt und verpflichtet. Seine Vertretungsbefugnis ist indessen insofern eingeschränkt, als er einer besonderen Vollmacht[2]) der Gewerkenversammlung (für den einzelnen Fall) bedarf,

---

[1]) Anders bei der Gewerkschaft a. R. (vgl. S. 185).

[2]) Zweifelhaft ist, ob der Repräsentant bei Ausführung eines solchen Auftrages als gesetzlicher Vertreter oder als Bevollmächtigter (§ 128) der Gewerkschaft anzusehen ist.

a) wenn es sich um Gegenstände handelt, die nur mit Dreiviertelmehrheit oder einstimmig beschlossen werden können (vgl. unten),
b) wenn Zubuße ausgeschrieben werden soll.

Durch die Satzung kann die Vertretungsbefugnis allgemein auch auf diese Gegenstände ausgedehnt, anderseits aber auch weiter eingeschränkt werden. Die Einschränkung findet darin eine Grenze, daß dem Repräsentanten die Vertretung der Gewerkschaft bei den Verhandlungen mit der Bergbehörde, mit dem Knappschaftsvereine und mit anderen auf den Bergbau bezüglichen Instituten sowie in den gegen sie angestellten Prozessen und die Eidesleistung in diesen nicht entzogen werden dürfen (§ 124 Abs. 2).

Der Repräsentant ist der Bergbehörde namhaft zu machen. Zu seiner Legitimation dient eine Ausfertigung der notariellen oder gerichtlichen Verhandlung über seine Wahl, woraus auch etwaige Beschränkungen und Erweiterungen der Vertretungsbefugnis zu ersehen sein müssen. Beschränkungen, die nicht in die Wahlverhandlung aufgenommen sind, sind gutgläubigen Dritten gegenüber unwirksam. Ist die Gewerkschaft in das Handelsregister eingetragen, so ist dessen Inhalt auch für die Vertretungsbefugnis des Repräsentanten maßgebend.

Dem Repräsentanten liegt ferner die innere Verwaltung der Gewerkschaft ob. Er führt insbesondere das Gewerkenbuch und die sonst erforderlichen Bücher[1]) und fertigt die Kuxscheine aus. Ist die Gewerkschaft im Handelsregister eingetragen, so hat er auch Handelsbücher zu führen und jährlich Inventar und Bilanz aufzustellen. Er beruft ferner die Gewerkenversammlung. Er muß diese, wenn das Bergwerk im Betriebe ist, alljährlich berufen und ihr eine vollständig belegte Verwaltungsrechnung vorlegen. Außerdem ist er zur Berufung einer Gewerkenversammlung verpflichtet, wenn dies von wenigstens einem Viertel aller Kuxe verlangt wird. Unterläßt er die Berufung, so erfolgt sie auf Antrag durch den Bergrevierbeamten. Dieser kann auf Antrag die Berufung auch dann vornehmen, wenn ein Repräsentant oder Grubenvorstand gewählt oder die erfolgte Bestellung widerrufen werden soll. Erfolgt die Berufung nicht durch den Repräsentanten oder die Bergbehörde, so kann nach § 128 f

---

[1]) Der Gewerke hat das Recht, diese Bücher — einschl. des Gewerkenbuches (?) — einzusehen (vgl. § 121 Abs. 2).

Abs. 2 auch der Aufsichtsrat eine Gewerkenversammlung berufen, wenn dies im Interesse der Gewerkschaft erforderlich ist.

An Stelle eines Repräsentanten kann auch ein aus zwei oder mehreren Mitgliedern bestehender Grubenvorstand (§ 117 Abs. 2) bestellt werden, auf den alsdann die für den Repräsentanten geltenden Regeln entsprechende Anwendung finden. Der Grubenvorstand kann nach außen hin nur unter Beteiligung aller seiner Mitglieder rechtswirksam handeln und verliert die Handlungsfähigkeit beim Ausscheiden eines Mitglieds, sofern sich nicht, was die Regel bildet, aus der Satzung ein anderes ergibt[1]).

Die Wahl des Repräsentanten oder Grubenvorstandes erfolgt durch die Gewerkenversammlung[2]). Nicht wählbar sind Personen, die außerhalb des Deutschen Reichs wohnen, Geschäftsunfähige juristische Personen, wählbar auch Frauen, Personen, die nicht Gewerken sind, Ausländer, die im Deutschen Reiche wohnen. Wird ein Repräsentant oder Grubenvorstand nicht gewählt, so kann der Bergrevierbeamte die Gewerkschaft hierzu anhalten. Er wird von dieser Befugnis Gebrauch machen, wenn dies durch das öffentliche Interesse oder ein berechtigtes Privatinteresse (z. B. eines Gewerkschaftsgläubigers, der Klage erheben will) erfordert wird. Die Aufforderung kann nach herrschender Meinung an jeden beliebigen Gewerken gerichtet werden. Wird der Aufforderung des Bergrevierbeamten innerhalb dreier Monate nicht Folge geleistet, so kann dieser, bis es geschieht, einen vorläufigen (interimistischen) Repräsentanten bestellen, der für seine Mühewaltung auf Kosten der Gewerkschaft entschädigt wird (§ 127).

Das innere Rechtsverhältnis zwischen der Gewerkschaft und dem Repräsentanten oder Grubenvorstand unterliegt den allgemeinen Vorschriften über den Auftrag (§§ 662 ff. BGB.) oder, wenn ein Entgelt vereinbart ist, den Vorschriften über den Dienstvertrag (§ 675 BGB.).

b) Aufsichtsrat.

Das Gewerkschaftsrecht des ABG. kennt keinen Aufsichtsrat. Die Aufsicht über die Geschäftsführung wurde in die Hand der Gewerkenversammlung gelegt, die sich zur Zeit des Erlasses des ABG. in der

---

[1]) Zustellungen vgl. § 123 Abs. 2.

[2]) Vgl. des näheren § 118 Abs. 1, 2.

Regel aus wenigen und durch ihre Zubußepflicht an den einzelnen Betriebsmaßnahmen stark interessierten Gewerken zusammensetzte. Mit der Steigerung des Umfanges des gewerkschaftlichen Betriebes hat sich indessen stellenweise die Einschaltung eines besonderen Aufsichtsorganes zwischen die Geschäftsführung (Repräsentant, Grubenvorstand) und die bei weitgehender Zersplitterung des Kuxbesitzes schwerfällige Gewerkenversammlung nach Art des Aufsichtsrates der Aktiengesellschaft als zweckmäßig erwiesen. Hin und wieder wurde auch in der Weise verfahren, daß der Grubenvorstand zum Aufsichtsorgan gemacht und entweder die Geschäftsführung besonderen Generalbevollmächtigten (Direktoren) übertragen oder innerhalb des Grubenvorstandes ein Unterschied zwischen geschäftsführenden und aufsichtführenden Mitgliedern gemacht wurde. Alles das konnte durch die Satzung geschehen.

Durch das G. über die Aufsichtsräte bei Berggewerkschaften vom 24. Mai 1923 (GS. S. 268) ist der Aufsichtsrat eine — bedingte — Zwangseinrichtung der Gewerkschaften geworden. Das G. ist im Anschluß an § 70 des Betriebsrätegesetzes vom 4. Febr. 1920 und an das RG. über die Entsendung von Betriebsratsmitgliedern in den Aufsichtsrat vom 15. Febr. 1922 erlassen worden, um eine Mitwirkung der Arbeitnehmer an der Betriebsverwaltung i. S. des § 165 RVerf. („Arbeitsgemeinschaft") herbeizuführen. Aus dem Bestehen des Aufsichtsrates ergibt sich die tatsächliche Anwendbarkeit des § 70 des Betriebsrätegesetzes, wonach ein oder zwei Betriebsratsmitglieder in den Aufsichtsrat zu entsenden sind, um die Interessen und Forderungen der Arbeitnehmer sowie deren Ansichten und Wünsche hinsichtlich der Organisation des Betriebes zu vertreten (Sitz und Stimme in den Sitzungen, keine Vergütung außer Aufwandsentschädigung, Verpflichtung zum Stillschweigen über vertrauliche Angaben).

Die Verpflichtung zur Bestellung eines Aufsichtsrates hat aber zur Voraussetzung, daß die Gewerkschaft Arbeitgeberin für einen Betrieb ist, in dem nach dem Betriebsrätegesetz ein Betriebsrat zu errichten ist — das ist nur der Fall, wenn in der Regel mindestens 20 Arbeitnehmer beschäftigt werden —, und daß die Gewerkschaft in das Handelsregister eingetragen ist, was nur auf Gewerkschaften n. R. zutrifft, bei denen Art und Umfang des Unternehmens einen in kaufmännischer Weise eingerichteten Geschäftsbetrieb erfordern. Auch darüber hinaus kann eine Gewerkschaft auf ihren Antrag auf Zeit vom OBA. nach Anhörung des Betriebsrates von der Verpflichtung zur Bestellung eines Aufsichtsrates befreit werden, wenn die Befreiung wegen des geringen Umfanges der Geschäfte gerechtfertigt erscheint. Endlich bedarf es der Bestellung eines Aufsichtsrates nicht, wenn die Gewerkschaft einen Grubenvorstand (Verwaltungsrat o. dgl.) hat, dem die Aufsichtsratsbefugnisse gegenüber der Gewerkschaft zustehen und die Gewerkschaft ihn im Umfange dieser Befugnisse durch eine Erklärung an den Betriebsrat als Aufsichtsrat im Sinne des Betriebsrätegesetzes anerkennt.

Der Aufsichtsrat besteht aus mindestens drei von der Gewerkenversammlung zu wählenden Mitgliedern. Diese können nicht zugleich Vertreter der Gewerkschaft oder dauernd Stellvertreter des Repräsentanten oder eines Mitgliedes des Grubenvorstandes sein. Die Rechtsstellung des Aufsichtsrates und seiner Mitglieder ist im wesentlichen die gleiche wie bei einer Aktiengesellschaft.

Über die Wahl und das Ausscheiden von Mitgliedern ist außer dem Registergericht auch dem Bergrevierbeamten Anzeige zu machen. Dieser hat in bestimmten Fällen bei Durchführung des Gesetzes mitzuwirken. Er kann zur Vornahme der Wahl des Aufsichtsrates oder zur Beschlußfassung über den Widerruf der Bestellung auf Antrag von wenigstens einem Viertel aller Kuxe eine Gewerkenversammlung berufen. Er hat ferner bei Nichterfüllung der Verpflichtung zur Bestellung des Aufsichtsrates trotz Aufforderung einstweilig einen solchen, bestehend aus drei Mitgliedern, zu bestellen und ihm eine angemessene, von der Gewerkschaft aufzubringende Vergütung zuzuerkennen.

c) Gewerkenversammlung.

Das oberste Organ der Gewerkschaft ist die Gewerkenversammlung (§ 111 ff.). Zu deren Beschlußfähigkeit[1]) ist erforderlich, daß entweder alle Gewerken anwesend oder alle Gewerken unter Angabe des zu verhandelnden Gegenstandes geladen[2]) sind

[1]) Beschlüsse können auch außerhalb der Gewerkenversammlung durch einstimmige schriftliche Erklärung der Gewerken gefaßt werden (bestritten).

[2]) Wegen der Ladung vgl. § 112 Abs. 2, 3, 4. Sie kann, auch wenn ein Repräsentant oder Grubenvorstand fehlt, nicht von einem einzelnen Gewerken

und die Mehrheit aller Kuxe vertreten ist. Das Erfordernis der Vertretung der Mehrheit aller Kuxe fällt jedoch fort, wenn, nachdem die erste Versammlung wegen ungenügender Beteiligung beschlußunfähig gewesen ist, eine zweite Versammlung berufen wird. Diese zweite Versammlung ist, wenn hierauf in der Einladung hingewiesen ist, ohne Rücksicht auf die Zahl der vertretenen Kuxe beschlußfähig. Bevollmächtigung (ohne besondere Form) ist in allen Fällen zulässig, jedoch kann die Vollmacht nicht nachträglich erteilt werden.

Jeder vertretene Kux gewährt ein gleiches Stimmrecht. Die Beschlüsse werden in der Regel mit einfacher Stimmenmehrheit gefaßt. Eine Mehrheit von drei Vierteln aller (also auch der nichtvertretenen Kuxe) ist erforderlich zu Beschlüssen, durch die über den „Gegenstand der Verleihung — Substanz des Bergwerkes —“ verfügt werden soll (Verkauf, Tausch, Konsolidation, Verpfändung, dingliche Belastung, Verpachtung[1]) usw.). Einstimmigkeit (aller Kuxe ist erforderlich zu Verfügungen über das verliehene Bergwerkseigentum durch Verzicht oder Schenkung (§ 114).

Über die Gewerkenversammlung ist eine Niederschrift aufzunehmen, die nur, soweit es sich um die Fassung der Satzung oder die Wahl des Repräsentanten oder Grubenvorstandes handelt, der notariellen oder gerichtlichen Form bedarf. Über die Leitung der Gewerkenversammlung enthält das ABG. keine Vorschriften.

Gewerkschaftsbeschlüsse, die in einer nicht ordnungsmäßig berufenen Gewerkenversammlung oder unter Verletzung einer sonstigen formellen Zwangsvorschrift gefaßt sind, sind nichtig und können von jedem Gewerken unter Geltendmachung des Formmangels jederzeit im Rechtswege angefochten werden. Abgesehen von diesem allgemeinen Grundsatz aber ist die Anfechtung von Gewerkschaftsbeschlüssen im ABG. eigenartig und verschieden vom Aktienrecht geregelt. Während der Beschluß der Generalversammlung einer Aktiengesellschaft wegen materieller Gesetz- oder Satzungswidrigkeit, aber nicht wegen Schädlichkeit für die Interessen der Aktiengesell-

ausgehen. Der von Westhoff aufgestellte Grundsatz, daß die Gewerkenversammlung mangels anderweiter Satzungsbestimmung am Sitze der Gewerkschaft stattfinden müsse, wird vom RG. mit Recht abgelehnt (Z. f. B. **53** 102).

[1]) Diese, weil sie im § 114 ausdrücklich genannt ist. Im Hinblick hierauf ist nicht ausschlaggebend, daß die Pacht nach dem BGB. kein dingliches Recht mehr begründet.

schaft angefochten werden kann, unterliegt der Gewerkschaftsbeschluß der Nachprüfung des Gerichts, in dessen Bezirke das Bergwerk liegt, daraufhin, ob er zum Besten der Gewerkschaft gereicht. Die richterliche Entscheidung hierüber kann von jedem Gewerken innerhalb vier Wochen vom Tage des Gewerkschaftsbeschlusses ab in der Weise angerufen werden, daß er gegen die Gewerkschaft auf Aufhebung des Beschlusses klagt[1]). Durch die Satzung kann nach ausdrücklicher Bestimmung des ABG. an Stelle des ordentlichen Rechtsweges ein schiedsgerichtliches Verfahren vorgesehen, dagegen wohl nicht das Anfechtungsrecht ganz ausgeschlossen werden (§ 115).

Nicht anfechtbar sind Beschlüsse, die als statutarische Einzelbeschlüsse (vgl. Ziff. 3) der Bestätigung des OBA. unterliegen und denen gegenüber daher diese Behörde die Minderheit vom Standpunkte des öffentlichen Interesses aus zu schützen hat, sowie nach überwiegender Meinung[2]) Beschlüsse, die nur die Erhaltung des bestehenden Zustandes bezwecken (z. B. der Beschluß, das Bergwerk weiter stilliegen zu lassen).

Die Erhebung der Klage hindert regelmäßig nicht die Ausführung des angefochtenen Beschlusses. Erst mit Eintritt der Rechtskraft des Gerichtsurteils, das ihn aufhebt, verliert er seine rechtliche Wirksamkeit. Handelt es sich aber um Gegenstände, die Dreiviertelmehrheit oder Einstimmigkeit der Gewerkenversammlung erfordern, oder um Erhebung von Zubußen, so hat die Anfechtungsklage aufschiebende Wirkung (§ 116). Der Repräsentant wird daher zunächst die Ausführung solcher Beschlüsse bis zum Ablaufe der Anfechtungsfrist auszusetzen haben. Fraglich ist allerdings, inwieweit Rechtsgeschäfte, die der Repräsentant in Ausführung des angefochtenen Beschlusses vor oder nach Erhebung der Klage rechtswidrig vorgenommen hat, Dritten gegenüber rechtsunwirksam sind.

6. Rechte und Pflichten der Gewerken.

Der Anteil des Gewerken an der Gewerkschaft, d. h. der Inbegriff der aus der Mitgliedschaft sich ergebenden Rechte und Pflichten,

---

[1]) Der Gewerke hat nachzuweisen, daß der Beschluß nicht zum Besten der Gewerkschaft gereicht (bestritten).

[2]) RG., Z. f. B. **43** 231; **44** 245; **56** 272 (stark bestritten).

wird als Kux[1]) bezeichnet. Der Kux lautet nicht, wie die Aktie, auf einen bestimmten Betrag.

Die Zahl der Kuxe beträgt 100. Sie kann durch die Satzung unter Bestätigung des OBA. auf 1000, nach dem Ges. vom 22. April 1922[2]) auch auf ein Vielfaches von 1000, höchstens jedoch auf 10000, bestimmt werden (§ 101). Ausnahmsweise können bei der Umwandlung einer Gewerkschaft alten in eine solche neuen Rechts wegen der hierbei sich ergebenden Schwierigkeiten mit Genehmigung des Handelsministers auch andere Zahlen bestimmt werden (§ 235a Abs. 2)[3]).

Die Kuxe gehören zum beweglichen Vermögen (§ 101). Sie sind nicht Sachen, sondern Rechte und unterliegen daher nicht dem Sachenrechte des BGB. Sie sind veräußerlich. Die freie Veräußerlichkeit darf auch durch die Satzung nicht ausgeschlossen oder beschränkt werden (§§ 104, 94 Abs. 3). Die Kuxe sind unteilbar (§ 101), was aber das Bestehen eines Miteigentums an dem Kux nicht hindert. In diesem Falle haben die Miteigentümer die Rechte gemeinschaftlich auszuüben. Für die Zubußen haften sie als Gesamtschuldner.

Über die Gewerken und deren Kuxe wird vom Repräsentanten oder Grubenvorstande das Gewerkenbuch geführt, auf Grund dessen den Gewerken auf Verlangen ein Kuxschein (über jeden einzelnen Kux oder auch über mehrere Kuxe) ausgestellt wird. Das Gewerkenbuch dient zur Legitimation der Gewerken gegenüber der Gewerkschaft, der Kuxschein zur Legitimation der Gewerken nach außen hin. Gewerkenbuch und Kuxscheine sind indessen keine Zwangseinrichtungen (§ 103).

Der Kuxschein muß auf Namen lauten. Er ist daher kein Inhaberpapier, sondern ein Rektapapier. Im übrigen ist er nicht

---

[1]) Die sprachliche Herkunft des Wortes „Kux" ist nicht aufgeklärt (vgl. die Abhandlungen Z. f. B. **62** 191, 407).

[2]) Die Kuxzahl 1000 hatte sich namentlich dann als zu niedrig erwiesen, wenn zwei oder mehrere tausendteilige Gewerkschaften sich zusammenschließen wollten. Außerdem ergab sich daraus bei einigen Gewerkschaften, namentlich Kaligewerkschaften, ein unverhältnismäßig hoher Wert der einzelnen Kuxe, der ihre Verkehrsfähigkeit stark beeinträchtigte.

[3]) Die Mansfeldsche kupferschieferbauende Gewerkschaft hat 69120, einige Steinkohlengewerkschaften haben 2200 oder 11000 Kuxe.

lediglich eine Beweis- oder Legitimationsurkunde, sondern, wenigstens in gewissem Sinne (z. B. im Sinne des § 1 des Depotgesetzes vom 5. Juli 1896)[1]), ein Wertpapier.

Ein verlorener Kuxschein kann im Wege des Aufgebotsverfahrens (§§ 946—959, 1003 ff. ZPO.) für kraftlos erklärt (amortisiert) und sodann erneuert werden.

Die Gewerken nehmen nach dem Verhältnis ihrer Kuxe an dem Gewinn und Verluste teil und sind in diesem Verhältnisse zu den erforderlichen Zubußen verpflichtet (§ 102). Ein anderes Verhältnis kann auch durch die Satzung nicht bestimmt, insbesondere können nicht zubußefreie Kuxe geschaffen werden. Ob Ausbeute zu verteilen oder Zubuße zu erheben ist, bestimmt, soweit sich nicht aus der Satzung ein anderes ergibt, die Gewerkenversammlung nach freiem Ermessen. Das Vorhandensein für Betriebszwecke entbehrlichen Gewerkschaftsvermögens berechtigt nicht, wie nach früherem Recht[2]), den Gewerken zu dem Anspruch auf Ausschüttung. Für die Beitreibung der beschlossenen Zubußen steht der Gewerkschaft nur der ordentliche Rechtsweg offen. Früher konnte ein Gewerke, der trotz mehrmaliger Aufforderung die Zubuße nicht zahlte, seines Anteils zugunsten der übrigen Gewerken, die die Zubußen übernahmen, vom Bergamte für verlustig erklärt werden. Dieses sog. Retardat- oder Kaduzierungsverfahren ist durch das ABG. beseitigt. Zunächst gilt jetzt zugunsten der einzelnen Gewerken die Vorschrift, daß die Klage auf Zubuße nicht vor Ablauf der zur Anfechtung des Zubußebeschlusses gegebenen Frist von vier Wochen und, wenn dagegen fristzeitig Klage erhoben ist, nicht vor der rechtskräftigen Entscheidung über diese Klage stattfindet. Sodann steht dem Gewerken frei, ob er den Kux unter Haftung für die Zubuße behalten oder sich durch Preisgabe des Kuxes von der Zubußepflicht befreien will (Abandonrecht). Entscheidet er sich für das zweite, so hat er unter Überreichung des Kuxscheins den Verkauf seines Anteils behufs Befriedigung der Gewerkschaft anheimzustellen (§ 130). Von diesem Rechte kann er auch noch nach Erhebung der Klage, sogar noch in der Zwangsvollstreckungsinstanz, Gebrauch machen. Der Verkauf des Anteils

[1]) RG., Z. f. B. 55 68.

[2]) Vgl. S. 263 f.

erfolgt nach den Bestimmungen der ZPO. (§§ 808, 821, 822) über die Zwangsvollstreckung in körperliche Sachen. Aus dem Erlöse werden zunächst die Verkaufskosten, sodann die fällige Zubuße berichtigt; der etwaige Rest fällt dem Gewerken zu. Besteht ein Pfandrecht an einem Kux, so geht der Anspruch des Pfandgläubigers dem Zubußeanspruch, wegen dessen die Gewerkschaft ein Pfand- oder Vorzugsrecht nicht hat, vor. Ist der Anteil unverkäuflich, so wird er den anderen Gewerken nach Verhältnis ihrer Anteile in ganzen Kuxen, soweit dies aber nicht möglich ist, der Gewerkschaft als solcher im Gewerkenbuche lastenfrei zugeschrieben (§ 131). Letztere Vorschrift ist schwer damit in Einklang zu bringen, daß nach allgemeinen Rechtsgrundsätzen die Gewerkschaft nicht ihr eigener Gewerke sein kann. Man pflegt die zugeschriebenen — ebenso wie die bei Begründung der Gewerkschaft noch nicht begebenen — Kuxe als „ruhende Kuxe" zu bezeichnen. Sie bestehen weiter, doch ist die Ausübung der daraus fließenden Rechte gebunden, insbesondere kann nicht etwa der Repräsentant auf Grund der ruhenden Kuxe ein Stimmrecht in der Gewerkenversammlung ausüben.

Das Recht, auf seinen Anteil unter Befreiung von der Zubußepflicht zu verzichten, steht übrigens dem Gewerken auch dann zu, wenn keine Zubuße ausgeschrieben ist. In diesem Falle muß aber, wenn der Kux verpfändet ist, die Einwilligung der Pfandgläubiger beigebracht werden. Der Verkauf erfolgt nicht im Zwangswege, sondern freihändig durch den Repräsentanten. Der Gewerke ist von dem Verkaufserlös ausgeschlossen (§ 132).

Da die Bestimmungen über das Abandonrecht im § 94 Abs. 3 nicht ausdrücklich für unabänderbar erklärt sind, so ist zweifelhaft, ob dieses Recht durch die Satzung ausgeschlossen werden kann[1]). Dagegen spricht, daß es sich um ein aus dem Wesen der Gewerkschaft fließendes Recht handelt und daß dessen Ausschluß zu schweren unverschuldeten wirtschaftlichen Schädigungen führen kann. Jedenfalls wird einer Satzung, die das Abandonrecht ausschließen will, aus Gründen des öffentlichen Interesses die Genehmigung zu versagen sein[2]). Ist dies nicht geschehen, so kann allerdings die Anfechtung der Satzungsbestimmung im Rechtswege nach dem gegenwärtigen Stande der Rechtsprechung nicht auf Erfolg rechnen.

[1]) Bejaht vom RG. 8. Juli 1908, Z. f. B. **50** 96.

[2]) RekB., Z. f. B. **53** 280; **58** 280; **64** 125.

7. Übertragung und Verpfändung der Kuxe.

Bei der Übertragung und Verpfändung der Kuxe ist das obligatorische Kausalgeschäft von dem — äußerlich allerdings mit diesem meist zusammenfallenden — dinglichen Rechtsbegründungsakte zu unterscheiden. Während das erstere lediglich nach dem allgemeinen bürgerlichen Rechte zu beurteilen ist, enthält für den letzteren das ABG. besondere Vorschriften.

Zur Übertragung der Kuxe ist die schriftliche Form erforderlich (§ 105 Abs. 1), d. h. die Abtretung (nicht auch die Annahme) muß schriftlich erklärt sein[1]). Von der Aushändigung des Kuxscheines ist die Rechtswirksamkeit der Abtretung nicht abhängig, jedoch ist der Abtretende zur Aushändigung verpflichtet (§ 105 Abs. 2). Der Erwerber bedarf des Kuxscheines, wenn er seine Eintragung in das Gewerkenbuch beantragen will, da diese nur auf Grund der Übertragungsurkunde gegen Vorlegung des Kuxscheines erfolgt (§ 105 Abs. 3). Der Erwerber hat ein Interesse an der Eintragung, weil nur der im Gewerkenbuch eingetragene Gewerke die Gewerkenrechte, insbesondere den Anspruch auf Ausbeute gegenüber der Gewerkschaft geltend machen kann (§ 106). Die Eintragung in das Gewerkenbuch an sich begründet aber nicht die Gewerkeneigenschaft. Wird ein Kux zweimal, das zweitemal unter Aushändigung des Kuxscheines abgetreten und läßt sich der zweite Erwerber in das Gewerkenbuch eintragen, so bleibt doch der erste Erwerber der rechtmäßige Gewerke, nur muß er etwaige Ausbeutezahlungen an den eingetragenen Gewerken gegen sich gelten lassen.

Die Geltendmachung der Gewerkschaftsrechte, insbesondere des Zubußeanspruchs, gegenüber dem Gewerken setzt nicht dessen Eintragung im Gewerkenbuche voraus. Für die Zubuße haftet in erster Linie, wer zur Zeit des Zubußebeschlusses wirklicher Gewerke ist. Ist aber im Falle der freiwilligen Veräußerung eines Kuxes zur Zeit des Zubußebeschlusses noch der bisherige Gewerke eingetragen und ist ein ordnungsmäßiger Antrag auf Umschreibung noch nicht gestellt, so haftet neben dem wirklichen der bisherige Gewerke gesamtschuldnerisch (§ 107). Dies gilt aber nur hinsichtlich der nach der Übertragung des Kuxes beschlossenen Zubußen. Für Zubuße-

[1]) Blankoabtretung ist unzulässig. RG., Z. f. B. **55** 68.

rückstände aus früherer Zeit haftet allein der bisherige Gewerke[1]). Indessen kann die Gewerkschaft gegenüber der Ausbeuteforderung des neuen mit der Zubußeforderung gegen den alten Gewerken aufrechnen (§§ 406, 413 BGB.).

Im übrigen gelten für die Übertragung von Kuxen die Bestimmungen des BGB. (§§ 413, 398—412) über die Übertragung von Forderungen. Das Rechtsverhältnis zwischen dem Abtretenden und dem Erwerber richtet sich in erster Linie nach dem zwischen diesen abgeschlossenen Vertrage.

Die Form der Verpfändung der Kuxe weicht von der Form der Abtretung insofern ab, als entsprechend dem das Pfandrecht beherrschenden Grundsatz der Publizität außer dem schriftlichen Pfandvertrag[2]) die Übergabe des Kuxscheins erforderlich ist (§ 108). Einer Anzeige an die Gewerkschaft bedarf es nicht. Ist ein Kuxschein nicht ausgestellt, so kann auch der Kux nicht verpfändet werden (streitig). Die Übergabe des Kuxscheines ohne schriftlichen Pfandvertrag begründet kein Pfandrecht, sondern nur ein — nicht dingliches — Zurückbehaltungsrecht.

Das Pfandrechtsverhältnis regelt sich nach den Vorschriften des BGB. über das Pfandrecht an Rechten (§§ 1273 ff.). Streitig ist, ob das Pfandrecht zu dem Anspruch auf die Ausbeute berechtigt und ob der Gewerke zur Ausübung der Mitgliedschaftsrechte (Stimmrecht usw.) der Zustimmung des Pfandgläubigers bedarf.

Die Pfändung eines Kuxes im Wege der Zwangsvollstreckung richtet sich nach der ZPO., und zwar kommen, da der Kuxschein als Wertpapier anzusehen ist, die Bestimmungen über die Zwangsvollstreckung in körperliche Sachen (§§ 808, 821 f.) zur Anwendung. Das Pfändungspfandrecht an dem Kux entsteht mit der Pfändung des Kuxscheines durch den Gerichtsvollzieher. Ist ein Kuxschein nicht ausgestellt, so kommen die Bestimmungen über die Zwangsvollstreckung in Forderungen und andere Vermögensrechte (§§ 857, 828 ff.) zur Anwendung.

---

[1]) A. M. RG., Z. f. B. **43** 365; **47** 245; Isay Anm. 9 zu § 105.

[2]) Formlose Annahme der schriftlichen Erklärung genügt (RG. 22. Dez. 1906, Z. f. B. **48** 379 — bestritten).

8. Kaufgewerkschaften.

Auf den Grundeigentümerbergbau war vor 1917 das Gewerkschaftsrecht nicht ausgedehnt. Es fehlt bei diesem Bergbau eine dem verliehenen Bergwerk entsprechende Grundlage. Der rein obligatorische Charakter der meisten Abbauverträge und der Mangel einer amtlichen Fundesfeststellung waren Hindernisse, die sich den mannigfachen Bestrebungen des Grundeigentümerbergbaues, insbesondere des hannoverschen Kalibergbaues, im Wege der Gesetzgebung des Gewerkschaftsrechts teilhaft zu werden, entgegenstellten.

Trotzdem ist die Gewerkschaftsform, zunächst ohne Zutun des Gesetzgebers, in den preußischen Grundeigentümerbergbau, namentlich in den hannoverschen Kalibergbau eingedrungen. Das geschah in der Weise, daß die Unternehmer eine auf ein verliehenes wertloses oder geringwertiges Bergwerk gesetzmäßig begründete Gewerkschaft, sei es durch Kauf des Bergwerks, sei es durch Erwerb der Kuxe, an sich brachten und diese Gewerkschaft als Betreiberin des Grundeigentümerbergbaues erscheinen ließen. Auch Gewerkschaften mit der Kuxzahl 1000 bei geringem Werte des Bergwerks standen in großer Zahl zur Verfügung, da hinsichtlich der Zulassung dieser Kuxzahl bei den preußischen Bergbehörden früher eine milde Praxis bestanden hatte und eine solche auch jetzt noch bei Bergbehörden anderer Bundesstaaten besteht. Die preußischen Bergbehörden erblickten zunächst in dem vorbezeichneten Verfahren eine Umgehung des Gesetzes und verweigerten den „Kaufgewerkschaften" die Anerkennung. Nachdem jedoch das RG.[1]) den Gewerkschaften unbeschränkte Rechts- und Handlungsfähigkeit zugesprochen und ausgeführt hatte, daß der Betrieb des Grundeigentümerbergbaues durch eine Gewerkschaft nicht durch eine positive Gesetzesbestimmung ausgeschlossen, daher auch nicht unstatthaft sei, haben die Bergbehörden ihre ablehnende Haltung aufgegeben. Eine gesetzmäßig entstandene Gewerkschaft ist zur Zeit nicht gehindert, in ihrer Satzung den Betrieb des Grundeigentümerbergbaues oder eines anderen industriellen Unternehmens als Zweck der Gewerkschaft zu bestimmen[2]).

---

[1]) Entsch. vom 28. Sept. 1901 und 23. Nov. 1901, Z. f. B. **43** 87, 239.

[2]) RekB. vom 17. Jan. 1908, Z. f. B. **49** 334.

Indessen führte die Überschwemmung Preußens mit außerpreußischen, insbesondere gothaischen Gewerkschaften, zu einer gesetzlichen Abwehrmaßregel. Diese Gewerkschaften unterlagen früher nur der Beschränkung aus Art. 7 § 2 Abs. 1 AG. z. BGB., wonach sie zum Erwerbe von Grundstücken im Werte von mehr als 5000 M. der staatlichen Genehmigung bedurften. An Stelle dieser Bestimmung ist nach § 2 Abs. 1 des G. vom 23. Juni 1909 (GS. S. 618) eine erweiterte Genehmigungspflicht getreten, die sich auf den Erwerb von Grundstücken (ohne Wertgrenze), Bergwerkseigentum, unbeweglichen Bergwerksanteilen und selbständigen Abbaugerechtigkeiten erstreckt. Die Genehmigung wird auf Grund der K. V. vom 11. Dez. 1909 (GS. S. 797) von den zuständigen Ministern erteilt. Sie schließt, wenn sie sich auf den Erwerb von Bergwerkseigentum oder selbständigen Abbaugerechtigkeiten richtet, die Genehmigung zum Bergwerksbetrieb innerhalb des Umfanges der Berechtigung in sich. Abgesehen hiervon bedarf auch der Betrieb von Bergwerken und sonstigen bergpolizeilich beaufsichtigten Mineralgewinnungen durch eine außerpreußische Gewerkschaft der Genehmigung, die in diesem Falle vom Handelsminister allein erteilt wird (§ 3 a. a. O.).

Die Genehmigung wird regelmäßig versagt, wenn die Satzung der Gewerkschaft Bestimmungen enthält, die nach den in Preußen geltenden Verwaltungsgrundsätzen die Genehmigung des OBA. nicht gefunden haben würden, insbesondere wenn die Zahl der Kuxe auf eine höhere Zahl bestimmt ist als dem Gewerkschaftsvermögen entspricht. Auch soll die Genehmigung nur erteilt werden, wenn in dem Lande, wo die Gewerkschaft ihren Sitz hat, Bestimmungen gelten, die dem preußischen Gesetz über Aufsichtsräte bei Berggewerkschaften vom 24. Mai 1923 entsprechen oder die Gewerkschaft sich diesen Bestimmungen freiwillig unterwirft.

Diese Kontrollvorschriften berührten nicht diejenigen gothaischen Gewerkschaften, die schon bei ihrem Erlaß Hauptträger des hannoverschen Kalibergbaues waren. Eine starke Unruhe trug aber in diese Kreise die Rechtsprechung der Gerichte in den Jahren 1916/17, die eine Richtung nahm, die das rechtliche Bestehen dieser gothaischen Gewerkschaften in Frage zu stellen schien. Das RG.[1]) hatte

---

[1]) Z. f. B. **57** 213, 215, 451; **59** 205.

eine solche Gewerkschaft, die durch die Satzung ihren Sitz nach Preußen gelegt hatte, für rechtsunfähig erklärt, und das Landgericht Hannover hatte den Grundsatz aufgestellt, daß jede Gewerkschaft dort ihren Sitz haben müsse, wo die Verwaltung geführt werde. Aus der Durchführung dieses Grundsatzes hätte sich für den hannoverschen Kalibergbau ein Rechtswirrwarr ohnegleichen ergeben. Um diesen zu verhüten, wurden die früheren Bedenken gegen die gesetzliche Einführung der Gewerkschaftsform für den hannoverschen Kalibergbau, deren Gewicht dadurch stark abgeschwächt war, daß die hannoverschen Kaliwerke trotz des Fehlens einer dinglichen Grundlage nach dem Reichskaligesetz vom 25. Mai 1910 das wirtschaftlich sehr wichtige Recht auf Zuteilung einer Beteiligungsziffer am Kaliabsatz hatten, fallengelassen und das G. vom 30. Mai 1917 über die Gewerkschaftsfähigkeit von Kalibergwerken in Hannover erlassen. Danach findet das Gewerkschaftsrecht auf solche Bergwerke Anwendung, denen vom OBA. auf Antrag der durch die Höhe der Beteiligung bestimmten Mehrheit der Mitbeteiligten die Gewerkschaftsfähigkeit verliehen ist. Die Verleihung erfolgt, wenn für das Kalibergwerk eine Beteiligungsziffer auf Grund des Reichskaligesetzes, jetzt der Durchführungsbestimmungen zum Kaliwirtschaftsgesetz, festgesetzt ist, kann aber nach Lage der Umstände auch schon vorher erfolgen. Wird das Kalibergwerk dauernd eingestellt, so wird ihm die Gewerkschaftsfähigkeit entzogen. Durch die Verleihung der Gewerkschaftsfähigkeit wird nicht unmittelbar eine Gewerkschaft geschaffen, vielmehr lediglich einem Kalibergwerk, das in Hannover weniger ein scharf umrissenes Rechtsgebilde als vielmehr eine technisch-wirtschaftliche, den Zwecken des Rechtslebens dienstbar gemachte Einheit darstellt, eine rechtliche Eigenschaft, nämlich die Fähigkeit, ebenso wie ein verliehenes Bergwerk die Grundlage für die Entstehung einer Gewerkschaft zu bilden, beigelegt. Die Mitbeteiligten — das sind hier nicht, wie sonst im Gewerkschaftsrecht, die Miteigentümer, sondern die Mitbesitzer des Bergwerks — können auf Grund des § 133 ABG. auch eine andere Rechtsform wählen. Insbesondere steht es im Ermessen der an einer rechtsfähigen gothaischen Gewerkschaft Beteiligten, ob sie auf Grund des Gesetzes eine Umwandlung dieser in eine preußische Gewerkschaft herbeiführen wollen. Dies ist im allgemeinen nicht geschehen, teils wegen der Kosten der Umwandlung, teils weil das RG. der oben erwähnten Ansicht des LG. Hannover nicht beigetreten ist und danach die Rechtsfähigkeit einer außerpreußischen Gewerkschaft, die nach der Satzung ihren Sitz innerhalb ihres Ursprungslandes hat, nicht dadurch beeinträchtigt wird, daß die Verwaltung nicht dort geführt wird, auch dadurch nicht, daß durch die Satzung ein besonderer „Verwaltungssitz" in Preußen bestimmt wird[1]).

9. Die Gewerkschaft alten Rechts[2]).

Auf Gewerkschaften, die bei Erlaß des ABG. bereits bestanden und nicht ihre Kuxe mobilisiert haben (vgl. unten), findet das Gewerkschaftsrecht im 4. Tit. des ABG. nur zum Teil Anwendung (§ 226). Im übrigen gilt für sie nach wie vor, wenn es an besonderen, vor dem Inkrafttreten des ABG. getroffenen Verabredungen fehlt, das frühere Recht, vorzugsweise das ALR.

Die Gewerkschaft a. R. unterscheidet sich von derjenigen neuen Rechts namentlich dadurch, daß

a) sie keine juristische Person ist,

b) ihre Kuxeinteilung eine andere ist, und

c) ihre Kuxe nicht zum beweglichen Vermögen gehören.

Zu a. Die Gewerkschaft a. R. ist eine durch bergrechtliche Sonderbestimmungen eigenartig gestaltete Gesellschaft von Miteigentümern (zur gesamten Hand) im Sinne von I, 17 ALR.[3]). Die Gewerken sind Miteigentümer nicht nur des Bergwerks, sondern des gesamten gewerkschaftlichen Vermögens. Die Eigenart liegt besonders darin, daß die Rechtsverhältnisse der Gewerkschaft a. R. denjenigen einer juristischen Person stark angenähert sind. Auch sie muß einen Repräsentanten oder Grubenvorstand haben, der sie durch die in ihrem Namen abgeschlossenen Rechtsgeschäfte berechtigt

---

[1]) RG. vom 19. Jan. 1918, Z. f. B. **59** 204.

[2]) ABG. §§ 226—239.

Den Gewerkschaften a. R. stehen die zum Salzbergbau und Salinenbetrieb begründeten „Pfännerschaften", deren Geschäftsanteile die Bezeichnung „Pfanne" führen, im wesentlichen gleich.

[3]) Die rechtliche Natur der Gewerkschaft a. R. ist streitig. Das KG. (Z. f. B. **61** 112; **62** 253) nimmt nicht ein Gesamthandeigentum, sondern ein Eigentum der Gewerken nach Bruchteilen an. Andererseits hält sie Isay (Anm. 1 zu § 227) für eine juristische Person.

und verpflichtet. Sie ist Trägerin eines Vermögens, über das durch Mehrheitsbeschlüsse der Gewerken verfügt wird. Den Gläubigern der Gewerkschaft dient seit dem ABG. als Gegenstand der Befriedigung nur das Gewerkschaftsvermögen (Zweckvermögen), über das auch der Konkurs eröffnet werden kann, nicht auch das Sondervermögen der Gewerken. Sie kann Bergwerks- und Grundeigentum erwerben[1]), Wechselverbindlichkeiten eingehen, verklagt werden (§ 50 Abs. 2 ZPO.) und (bestritten) auch klagen.

Dagegen wird die Gewerkschaft a. R. im Grundbuche nicht als Eigentümerin des ihre Grundlage bildenden Bergwerks, vielmehr werden die Gewerken in Abt. I des Grundbuchblatts als Eigentümer ihrer Kuxe eingetragen[2]). Auch kann sie nicht in das Handelsregister eingetragen werden und dadurch Kaufmannseigenschaft erlangen (Art. 5 EG. z. HGB.).

Durch Vereinigung aller Kuxe in einer Hand wird das Miteigentumsverhältnis beendet und die Gewerkschaft aufgelöst (streitig).

Zu b. Die Zahl der „gewerkschaftlichen" Kuxe, neben denen „Freikuxe" bestehen[3]), beträgt im Bereiche der Schles. und der Magdb.-Halberst. BO. 122[4]), im Bereiche der Cleve-Märk. BO 128. Die frühere Teilbarkeit der Kuxe, die bei einzelnen Gewerkschaften zu einer übermäßigen Zersplitterung des Kuxbesitzes geführt hatte, ist durch das ABG. dahin eingeschränkt, daß ein Kux nur noch in Zehnteile geteilt werden darf (§ 228).

Zu c. Die Kuxe a. R., in der neueren Gesetzgebung „unbewegliche Bergwerksanteile" genannt, unterliegen in gleichem Umfange wie das Bergwerkseigentum den für Grundstücke geltenden Gesetzesbestimmungen (§ 231). Das Grundbuch ersetzt das Gewerkenbuch. Kuxscheine werden nicht ausgestellt.

Mit Hypotheken kann sowohl das ganze Bergwerk als auch der einzelne Kux belastet werden[5]).

Die Umwandlung einer Gewerkschaft a. R. in eine solche

---

[1]) A. M. KG., Z. f. B. **38** 245; **62** 253.

[2]) § 229 ABG.; KG. **61** 112; **62** 253.

[3]) Vgl. S. 262 ff.

[4]) Wegen der Möglichkeit der Kuxzahl 124 vgl. Beschluß des KG., Z. f. B. **60** 458.

[5]) Vgl. jedoch § 230 Abs. 2 sowie wegen der Eintragung von Zwangshypotheken KG., Z. f. B. **61** 112.

n. R. erfolgt durch einen — notariell oder gerichtlich aufzunehmenden und der Bestätigung des OBA. bedürfenden — Beschluß (Mobilisierungsbeschluß) einer Mehrheit von wenigstens drei Vierteilen aller Kuxe (§§ 235a ff.). Sind Kuxe mit Hypotheken belastet, so wird vor Bestätigung des Beschlusses dieser den Hypothekengläubigern mitgeteilt und im Amtsblatte bekanntgemacht. Die Hypothekengläubiger können binnen drei Monaten Befriedigung ihres Anspruchs vor der Verfallzeit verlangen. Wenn nicht etwas anderes vereinbart ist, haften den bisherigen Hypothekengläubigern die an Stelle der alten tretenden neuen Kuxe als Pfand. Die Kuxscheine werden mit dem Vermerke dieser Belastung versehen und in der Regel den Hypothekengläubigern ausgehändigt.

Solange solche Pfandrechte bestehen, erfolgt die Führung des Gewerkenbuches und die Ausfertigung der Kuxscheine durch das Grundbuchamt. Bleiben bei der neuen Kuxeinteilung überschießende Kuxteile zurück, so werden diese, wenn von den Beteiligten nichts anderes vereinbart ist, zu ganzen Kuxen zusammengelegt und diese im Wege der Zwangsversteigerung veräußert. Mit der Versteigerung erlöschen die darauf haftenden dinglichen Rechte.

Trotz der unverkennbaren wirtschaftlichen Vorzüge der Gewerkschaften n. R. — juristische Persönlichkeit, Erleichterung des Geschäftsverkehrs mit Kuxen, Beseitigung des Mißverhältnisses zwischen der hypothekarischen Belastung des ganzen Bergwerks und des einzelnen Kuxes — sind zahlreiche Gewerkschaften a. R. bestehengeblieben.

XVII. Bergpolizei[1]).

1. Begriff und Umfang.

Die polizeiliche Aufsicht über den Bergbau steht den Bergbehörden zu. Für die Ausübung dieser Sonderpolizei (Bergpolizei) gelten die Grundsätze des allgemeinen Polizeirechts, soweit nicht ein anderes im ABG. bestimmt ist oder sich aus der Natur der Sache ergibt.

Als Aufgaben der Bergpolizei, die die Schürfpolizei (vgl.

[1]) ABG. §§ 196—209a (9. Tit.), 3a, 66—77. Voelkel, Polizeirecht und Bergpolizei, Z. f. B. **56** 315.

S. 67) und die Arbeiterpolizei (vgl. S. 230ff.) mitumfaßt, sind im § 196 Abs. 2 genannt:

die Sicherheit der Baue,

die Sicherheit des Lebens und der Gesundheit der Arbeiter,

die Aufrechterhaltung der guten Sitten und des Anstandes durch die Einrichtung des Betriebes[1]),

der Schutz der Oberfläche im Interesse der persönlichen Sicherheit und des öffentlichen Verkehrs,

der Schutz gegen gemeinschädliche Einwirkungen des Bergbaues.

Der Begriff der „gemeinschädlichen Einwirkung" ist nicht ganz sicher. Darunter ist eine Einwirkung zu verstehen, durch die nicht nur ein Privatinteresse (eines Grundbesitzers, Bergwerksbesitzers usw.), sondern auch das Gemeinwohl benachteiligt oder gefährdet wird. Der Schutz gegen gemeinschädliche Einwirkungen des Bergbaues reicht unter Umständen über den Kreis der allgemeinen polizeilichen Aufgaben (§ 10 ALR. II, 17) hinaus. Z. B. liegt es unzweifelhaft innerhalb der Zuständigkeit der Bergpolizei, der Gefährdung gemeinnütziger Heilquellen durch das Schürfen und den Bergbau vorzubeugen, während zur Schaffung einer unanfechtbaren Zuständigkeit der allgemeinen Polizeibehörde für den Schutz der Heilquellen gegen Eingrabungen anderer Art der Erlaß des Quellenschutzgesetzes vom 14. Mai 1908 (vgl. S. 213) notwendig geworden ist. Im allgemeinen ist aber auch die Bergpolizei Sicherheits-, nicht Wohlfahrts- oder Schönheitspolizei. Zu ihren Aufgaben gehört auch nicht mehr die „Wahrung der Nachhaltigkeit des Bergbaues" (vgl. § 9 G. vom 10. Juni 1861), d. h. die Sorge für einen wirtschaftlichen Abbau der Lagerstätten (Vermeidung von Raubbau).

Die Aufzählung der Aufgaben der Bergpolizei im § 196 Abs. 2 ist offenbar als erschöpfend gedacht. Hinzuzufügen ist aber noch mit Rücksicht auf die allgemeine Pflicht der Staatsbehörden, strafbarem Unrecht entgegenzuwirken, die Verhütung einer unbefugten Mineralgewinnung im Sinne des G. vom 26. März 1856. Ferner hat sich der Kreis der polizeilichen Tätigkeit der Bergbehörden dadurch erweitert, daß ihnen für den Bergbau auch die Aufsicht über die Ausführung der Arbeiterschutzbestimmungen der GewO. (Gewerbepolizei) übertragen worden ist (§ 189 Abs. 2 Satz 2).

---

[1]) Diese Aufgabe ist durch die Nov. vom 24. Juni 1892 hinzugefügt.

Gegenstand der Bergpolizei ist der auf Grund eines bergrechtlichen Titels geführte Bergbau (§ 196) einschließlich des Schürfens (§ 3a), der Grundeigentümerbergbau nur, soweit dies besonders gesetzlich bestimmt ist. Der Begriff des Bergbaues im polizeilichen Sinne umfaßt auch den Betrieb der zum Bergwerke zugehörigen Aufbereitungsanstalten und sonstigen Betriebsanstalten, sowie der Salinen. Ferner fallen darunter auch die mit dem Bergwerksbetrieb eng zusammenhängenden Neben- und Vorbereitungsarbeiten (z. B. Montierungsarbeiten beim Umbau eines Schachtgerüstes, Betonarbeiten zur Herstellung von Grubenbahnen), ohne Rücksicht darauf, ob diese Arbeiten vom Bergwerksbesitzer selbst ausgeführt werden oder selbständigen Unternehmern übertragen sind[1]). Aus der Eigenschaft der Bergpolizei als Betriebspolizei folgt aber eine Einengung des für sie in Betracht kommenden Personenkreises. Die bergpolizeilichen Bestimmungen können sich nur an Personen richten, die zum Bergwerksbetrieb ein tatsächliches Verhältnis einnehmen oder einnehmen wollen, also vor allem an Bergwerksbesitzer, Betriebsbeamte und Bergarbeiter. Daneben kommen auch allgemeine Verbotsbestimmungen über das Betreten von Bergwerksanlagen usw. in Betracht. Dagegen kann die Bergpolizeibehörde z. B. nicht die Sperrung einer durch den Bergbau gefährdeten Stelle eines öffentlichen Weges oder die Räumung eines durch den Bergbau gefährdeten Hauses gegenüber dem Grundbesitzer anordnen. Dies ist Sache der allgemeinen Polizei, deren Vermittlung die Bergpolizeibehörde in einem solchen Falle in Anspruch zu nehmen hat. Aus dem Charakter der Bergpolizei als einer Betriebspolizei folgt ferner, daß sie sich nicht auf die Lebensverhältnisse der Bergarbeiter außerhalb des Betriebes (Wohnungshygiene usw.) erstreckt. Auch die polizeiliche Mitwirkung bei der Ausstellung von Abkehrscheinen, Arbeitszeugnissen usw. ist der allgemeinen Polizeiverwaltung übertragen. Nicht Sache der Bergpolizei ist endlich auch die Ausübung der Kriminalpolizei innerhalb der Bergwerksanlagen (Verhaftung eines Bergmanns in der Grube).

Soweit die Zuständigkeit der Bergpolizei reicht, ist diese Zuständigkeit eine ausschließliche, auch im Verhältnis zur allgemeinen Polizeiverwaltung. Indessen kann eine Angelegenheit von anderen

---

[1]) KG., Z. f. B. **46** 532; **52** 146; RekB., Z. f. B. **59** 449.

Gesichtspunkten aus zugleich in den Bereich der Zuständigkeit anderer Polizeibehörden fallen. Daraus ergibt sich auf gewissen Grenzgebieten ein Nebeneinanderwirken oder Zusammenwirken der Bergpolizeibehörden mit anderen Polizeibehörden (vgl. S. 208ff.).

2. Bergpolizeiverordnung und bergpolizeiliche Anordnung.

Auf dem Gebiete des allgemeinen Polizeirechts wird unterschieden zwischen einer Polizeiverordnung und einer polizeilichen Verfügung. Polizeiverordnungen sind Vorschriften, die, wie ein Gesetz, allgemeine Rechtsregeln enthalten und für alle künftigen dem vorausgesetzten Tatbestand entsprechenden Fälle gelten. Die polizeiliche Verfügung dagegen regelt zur Verhütung einer Gefahr einen einzelnen Fall durch Einzelgebot oder Einzelverbot und erschöpft ihre Wirksamkeit mit der Regelung dieses Falles. Die Bergpolizeiverordnung (§ 197) ist mit der Polizeiverordnung des allgemeinen Polizeirechts wesensgleich. Der Inhalt und Zweck der bergpolizeilichen Anordnung (§§ 198, 199) deckt sich in den meisten Fällen mit dem der polizeilichen Verfügung. Der Begriff reicht aber insofern weiter, als durch eine bergpolizeiliche Anordnung auch Regeln, die zur Bekämpfung der Einzelgefahr erforderlich sind, aufgestellt werden können[1]).

Für den Erlaß von Bergpolizeiverordnungen ist nur das OBA.[2]) für den Erlaß von bergpolizeilichen Anordnungen neben dem OBA. bei dringender Gefahr auch der Revierbeamte zuständig. Der Handelsminister ist nicht berechtigt, selbst Bergpolizeiverordnungen zu erlassen, indessen kann er selbstverständlich im Dienstwege auf die Ausübung des Verordnungsrechts durch die Oberbergämter einwirken. Zu diesem Zwecke besteht jetzt im Handelsministerium das Grubensicherheitsamt.

Bergpolizeiverordnungen können für den ganzen Oberbergamtsbezirk, für einen Teil dieses Bezirkes oder auch für ein einzelnes Bergwerk erlassen werden. Sie müssen sich innerhalb des Rahmens der

---

[1]) Im Schrifttum wird meist nach dem Vorgange von Rosin (Das Polizeiverordnungsrecht in Preußen, 2. Aufl., 1895) die bergpolizeiliche Anordnung als wesensgleich mit der polizeilichen Verfügung angesehen. Vgl. dagegen Voelkel, Z. f. B. **56** 354ff.

[2]) In jedem Oberbergamtsbezirk gilt eine Allg. BPO., daneben aber bestehen sehr zahlreiche Sonderpolizeiverordnungen für Einzelgebiete.

bergpolizeilichen Aufgaben halten. Sie dürfen nicht mit Gesetzen oder mit Verordnungen höherer Instanzen in Widerspruch stehen.

Eine Strafandrohung ist im Gegensatze zum allgemeinen Polizeirecht kein wesentlicher Bestandteil weder der Bergpolizeiverordnung noch der bergpolizeilichen Anordnung. Die Strafbarkeit nach § 208 (Geldstrafe bis 300 M.). tritt von selbst ein. In der Praxis ist es allerdings üblich, am Schlusse der Verordnung oder Anordnung auf diesen Paragraphen zu verweisen oder seinen Inhalt wiederzugeben.

Eine Mitwirkung des Bergausschusses beim Erlasse von Bergpolizeiverordnungen findet nicht statt. Dagegen hat das OBA. vor dem Erlasse von Polizeiverordnungen, die sich auf die Sicherheit des Lebens und der Gesundheit der Arbeiter und auf die Aufrechterhaltung der guten Sitten und des Anstandes im Betriebe beziehen, dem Vorstande der beteiligten Berufsgenossenschaft oder Berufsgenossenschaftssektion Gelegenheit zu einer gutachtlichen Äußerung zu geben[1]) (§ 197 Abs. 4). Diese Vorschrift bezweckt, Widersprüchen zwischen den bergpolizeilichen Vorschriften und den Unfallverhütungsvorschriften der Berufsgenossenschaften vorzubeugen, und steht in innerem Zusammenhange mit § 192 Abs. 2, wonach dem Vorstande der Berufsgenossenschaft oder Sektion gegen Entscheidungen des Revierbeamten oder des OBA., die den Unfallverhütungsvorschriften[2]) widersprechen, der Rekurs zusteht. Wird die Polizeiverordnung erlassen, ohne daß die Berufsgenossenschaft vorher gehört worden ist, so ist die Polizeiverordnung ungültig. Dagegen ist die Erwähnung der Anhörung in der Polizeiverordnung zu deren Rechtsgültigkeit nicht erforderlich[3]). Vor dem Erlaß von Polizeiverordnungen, wodurch die Dauer der täglichen Arbeitszeit festgesetzt wird (sanitärer Arbeitstag), ist auch der Gesundheitsbeirat (vgl. S. 48 f.) zu hören. Im Verwaltungswege ist jetzt außer-

---

[1]) Zur Beratung und zum Beschluß über die Vorschriften sind Vertreter der Versicherten mit vollem Stimmrecht und in gleicher Zahl wie die beteiligten Vorstandsmitglieder zuzuziehen (§ 853 RVO.).

[2]) Die Knappschaftsberufsgenossenschaft hat Unfallverhütungsvorschriften für die der Aufsicht der Bergbehörde unterstehenden Betriebe nicht erlassen. Die eingehenden Bergpolizeivorschriften reichen für den Zweck der Unfallverhütung aus.

[3]) RG., Z. f. B. **43** 480; a. M. KG., Z. f. B. **49** 522.

dem die Anhörung der **Grubensicherheitskommission** — vor den Erlaß bergpolizeilicher Bestimmungen von allgemeiner Bedeutung der Hauptkommission, sonst der Bezirkskommission — vorgeschrieben[1]). Die Rechtsgültigkeit der Polizeiverordnung ist durch die Befolgung dieser Vorschrift nicht bedingt.

Die **Verkündung** der BPV. erfolgt durch die Amtsblätter der Regierungen, auf deren Bezirk sie sich erstrecken soll (§ 197 Abs. 2). Sie tritt, wenn sie ihren Geltungsbeginn nicht selbst anders festsetzt, mit dem achten Tage nach der Ausgabe des Amtsblattes in Kraft.

Die **Anfechtung** einer BPV. im Wege des Rekurses oder des Verwaltungsstreitverfahrens ist ausgeschlossen. Wenn dieses im § 192a „gegen Entscheidungen des OBA. auf Grund des § 197 Abs. 1" zugelassen ist, so sind hier unter „Entscheidungen" nicht die Polizeiverordnungen betr. den sanitären Arbeitstag, sondern Einzelentscheidungen zu verstehen, die in der Richtung getroffen werden, daß entweder die BPV. auf einen Einzelfall angewendet oder ein Antrag auf Gewährung einer Ausnahme von den allgemeinen Vorschriften zurückgewiesen wird[2]). Eine Nachprüfung einer BPV. hinsichtlich ihrer Rechtmäßigkeit und Zweckmäßigkeit kann nur im Wege der — an keine Frist gebundenen — allgemeinen Beschwerde an den HM. herbeigeführt werden. Die Rechtsnachprüfung steht auch den Gerichten zu, wenn sie über die Anwendung einer BPV. auf den einzelnen Fall zu entscheiden haben. Jedoch können sie nur die Folgerungen aus der gesetzlichen Ungültigkeit der Polizeiverordnung ziehen (den Angeklagten freisprechen usw.), nicht diese aufheben.

Der Erlaß einer **bergpolizeilichen Anordnung** hat zur Voraussetzung, daß auf einem Bergwerk, d. h. einer der Bergpolizei unterstehenden Anlage, eine Gefahr für bergpolizeilich zu schützende Interessen eintritt[3]). Die Zuständigkeit und das Verfahren sind ver-

---

[1]) Erl. vom 18. Jan. 1922, Z. f. B. **63** 71.

[2]) Reuß, Z. f. B. **46** 518; OVG. 28. Jan. 1909, Z. f. B. **50** 389.

[3]) Tritt eine solche Gefahr ein, so hat der Betriebsführer oder dessen Vertreter davon dem Revierbeamten Anzeige zu erstatten (§ 203). Auch der Markscheider ist, wenn er bei seinen Arbeiten eine solche Gefahr wahrnimmt, verpflichtet, hiervon den Revierbeamten und den Betriebsführer unverzüglich zu benachrichtigen (§ 13 Markscheiderordnung).

schieden, je nachdem diese Gefahr dringend (§ 199) oder nicht dringend (§ 198) ist.

Ist die Gefahr nicht dringend, so ist die Anordnung der Beschlußfassung des OBA. vorbehalten. Eine Vernehmung des Bergwerksbesitzers oder Repräsentanten hat vorauszugehen. Ist die Gefahr dringend, so kann auch der Revierbeamte die Anordnung treffen und kann von der vorherigen Vernehmung des Bergwerksvertreters abgesehen werden. Die Anordnung der Revierbeamten ist aber nur ein vorläufiger Akt, über dessen Bestätigung und Aufhebung in allen Fällen, auch wenn der Bergwerksvertreter keinen Widerspruch erhebt, das OBA. zu beschließen hat, nachdem die Vernehmung des Bergwerksvertreters nachgeholt worden ist. Der Revierbeamte hat daher bei Erlaß der Anordnung gleichzeitig dem OBA. davon Anzeige zu machen. Trotzdem ist aber die Anordnung des Revierbeamten schon mit ihrem Erlaß rechtswirksam. Mit ihrer Ausführung muß sofort begonnen werden (§ 201). Das gleiche gilt, wenn das OBA. im Falle einer dringenden Gefahr die Anordnung trifft[1]). Die Einlegung des Rekurses gegen den Beschluß des OBA. hat in diesem Fall ebensowenig aufschiebende Wirkung, wie im Falle der Bestätigung einer Anordnung des Revierbeamten.

Die bergpolizeilichen Anordnungen sind schriftlich zu treffen. Ihre Bekanntmachung (§ 200) erfolgt durch Zustellung an den Bergwerksbesitzer oder Repräsentanten. Für den Betriebsführer und die anderen Grubenbeamten werden sie aber erst durch Eintragung in das Zechenbuch[2]), für die Arbeiter durch Verlesen oder Aushang auf dem Werke verbindlich. Der Revierbeamte hat wegen der Eintragung in das Zechenbuch, wenn er diese nicht selbst vornimmt, sowie wegen des Verlesens und des Aushanges die erforderlichen Anweisungen zu geben.

Verfügungen der Bergbehörden, die in Ausführung einer BPV. ergehen, wie die Aufforderung an den Bergwerksbesitzer, einen nach Ansicht der Bergbehörde den Vorschriften der BPV. nicht entsprechenden Zustand zu beseitigen, sind nicht als „bergpolizeiliche

---

[1]) In diesem Falle ist in dem Beschlusse zum Ausdruck zu bringen, daß die Anordnung wegen dringender Gefahr (§ 199) ergeht.

[2]) Ein Zechenbuch muß auf jedem Bergwerk vorhanden sein. Es dient auch für andere Eintragungen des Revierbeamten und des Bergwerksbesitzers oder seiner Vertreter. Näheres darüber enthalten einzelne BPV.

Anordnungen" anzusehen. Sie unterliegen daher nicht den für diese geltenden Formvorschriften. Der gegen sie eingelegte Rekurs hat aufschiebende Wirkung.

Im Wege der Bergpolizeiverordnung oder bergpolizeilichen Anordnung kann der Bergwerksbesitzer nicht angehalten werden, durch eigenes positives Handeln die Ausübung der polizeilichen Kontrolle zu erleichtern[1]). Das ABG. selbst aber gebietet dem Bergwerksbesitzer bestimmte Handlungen, die die Vorbedingung einer wirksamen Kontrolle durch eine an der Leitung des Bergwerksbetriebes nicht beteiligte Bergbehörde bilden. Der Bergwerksbesitzer hat den Beginn und die Einstellung des Bergwerksbetriebes anzuzeigen und ferner anzugeben, in welcher Weise und unter wessen Leitung und Aufsicht der Betrieb geführt werden soll (Betriebsplan, Grubenbild, Namhaftmachung der Aufsichtspersonen).

3. Betriebsanzeige[2]).

Die Anzeige von der Absicht, ein Bergwerk in Betrieb zu setzen, ist dem Revierbeamten vom Bergwerksbesitzer mindestens vier Wochen vorher zu erstatten.

Eine Anzeigepflicht mit der gleichen Frist besteht für den Fall der (nicht bloß vorübergehenden) Betriebseinstellung. Muß jedoch der Betrieb infolge unvorhergesehener Ereignisse schon mit kürzerer Frist oder sofort eingestellt werden, so kann die Anzeige binnen 14 Tagen nach Einstellung des Betriebes nachgeholt werden. Diese Anzeige soll die Bergbehörde instand setzen, Vorsorge dagegen zu treffen, daß das Bergwerk in einem gemeingefährlichen Zustande verlassen wird.

4. Betriebsplan[3]).

Verschieden von der Betriebsanzeige ist der Betriebsplan. Die Aufstellung eines solchen, d. h. Feststellung der innerhalb eines bestimmten Zeitraumes auszuführenden Anlagen

---

[1]) Grundsatz des Polizeirechts, der vom KG. in ständiger Rechtsprechung festgehalten wird.

[2]) ABG. §§ 66, 71.

[3]) ABG. §§ 67—70.

und Arbeiten ist regelmäßig schon im Interesse einer technisch und wirtschaftlich zweckmäßigen Betriebsführung erforderlich. Indem das ABG. die bergpolizeiliche Kontrolle zum großen Teil in die Prüfung des vom Bergwerksbesitzer dem Revierbeamten vor der Ausführung vorzulegenden Betriebsplanes vereinigt, dient es einerseits dem Interesse der Bergpolizei, anderseits aber auch dem Interesse des Bergwerksbesitzers. Die Prüfung des Betriebsplanes durch den Revierbeamten gibt diesem, ohne daß er seine Arbeitskraft durch eine übermäßige Zahl von Grubenbefahrungen zu verzetteln braucht, ein Bild des Bergwerksbetriebes. Die Übereinstimmung des Bildes mit der Wirklichkeit ist dadurch gesichert, daß Betriebmaßnahmen außerhalb des Rahmens des Betriebsplanes und Abweichungen von diesem mit gerichtlichen Strafen und Betriebseinstellung bedroht sind. Dem Bergwerksbesitzer anderseits bietet die Nichtbeanstandung des Betriebsplanes eine gewisse Gewähr dafür, daß er an dessen Ausführung nicht durch spätere polizeiliche Eingriffe gehindert werden wird. Allerdings erlangt er nicht — wie ein Gewerbeunternehmer durch eine gewerbliche Konzession auf Grund der §§ 16 ff. GewO. — ein vollkommen gesichertes Recht auf Ausführung des Betriebsplanes, vielmehr ist in der Praxis der Grundsatz anerkannt, daß beim Eintritt einer Gefahr die Bergpolizeibehörden zum Erlaß der dadurch gebotenen Anordnungen auf Grund der §§ 198, 199 auch dann befugt sind, wenn die Anordnungen in Widerspruch mit dem Inhalte des Betriebsplanes treten[1]).

Die Streitfrage, ob der Betriebsplanzwang nur für den eigentlichen Bergwerksbetrieb oder auch für bergbauliche Nebenbetriebe und ob er nicht nur für den Betrieb, sondern auch für die Ausführung von Tagesanlagen (Schachtgebäuden, Grubenbahnen usw.) gilt, hat die Praxis nicht gehindert, einen Betriebsplan für alle der bergpolizeilichen Aufsicht unterliegenden Arbeiten und Anlagen zu fordern. Dies kommt besonders in einzelne Bergpolizeiverordnungen zum Ausdruck, die einen Betriebsplan auch bei der Anlage von Brikettfabriken, Grubenbahnen usw. fordern, was nicht zulässig wäre, wenn nicht ein so weitgehender Betriebsplanzwang schon kraft Gesetzes bestände (vgl. S. 193 Anm. 1).

---

[1]) RekB. 6. Mai 1907, Z. f. B. 48 432.

Die **Prüfung** des Betriebsplanes hat sich auf die **bergpolizeilichen Gesichtspunkte** zu beschränken (§§ 67 Abs. 3, 196). Eine Beanstandung aus wirtschaftlichen Gründen (wirtschaftlicher Raubbau) oder aus zivilrechtlichen Gründen (Streit über die Feldesgrenzen) ist unzulässig. Die Zulassung des Betriebsplanes hat daher auch keine zivilrechtlichen Wirkungen. Wird dem Bergwerkseigentümer das Recht zur Mineralgewinnung in einem Feldesteil im Zivilprozeß aberkannt, so kann ihn der Prozeßgegner im Wege der Zwangsvollstreckung an der Gewinnung hindern, auch wenn diese betriebsplanmäßig zugelassen ist. Dagegen ist anzunehmen, daß eine nach dem G. vom 26. März 1856 strafbare Mineralgewinnung nicht zuzulassen ist. Eine scheinbare Ausnahme von der Regel bildet ferner der in der Praxis anerkannte Grundsatz, daß im Falle des planmäßigen Zubruchebauens der Tagesoberfläche die Prüfung des Betriebsplanes sich auch darauf zu erstrecken hat, ob der Bergwerksbesitzer das Verfügungsrecht über das zubruchezubauende Grundstück im Wege der gütlichen Einigung mit dem Grundbesitzer oder durch Enteignung erworben hat[1]). Der Nachweis des Verfügungsrechtes wird indessen nicht zur Wahrung der Privatinteressen des Grundbesitzers, sondern aus dem Grunde gefordert, weil das Zubruchebauen einen die Verkehrssicherheit gefährdenden Zustand der Tagesoberfläche zur Folge haben und von der Bergpolizeibehörde ein unmittelbarer Zwang zur Verhütung oder Beseitigung eines solchen Zustandes nur unter der Voraussetzung ausgeübt werden kann, daß der Bergwerksbesitzer die Verfügung über das Grundstück hat. Das ist ein bergpolizeilicher Gesichtspunkt.

Will eine ausländische juristische Person oder eine außerpreußische Gewerkschaft ein Bergwerk betreiben, so ist bei Prüfung des Betriebsplanes auch festzustellen, ob ihr die zum Betrieb erforderliche Genehmigung erteilt ist[2]).

Über den **Inhalt** und die **Geltungsdauer** des Betriebsplanes bestehen keine gesetzlichen Vorschriften. Der Inhalt muß jedenfalls so vollständig sein, daß eine erschöpfende bergpolizeiliche Prüfung möglich ist. Auch ein Betriebsplan mit einer unbestimmten

---

[1]) MinErl. vom 19. Nov. 1880 und 22. Jan. 1881, Z. f. B. **22** 278, 279.

[2]) § 3 des G. vom 23. Juni 1909.

oder übermäßig langen Geltungsdauer wird in der Regel als zweckwidrig zu beanstanden sein. In der Praxis werden die Betriebspläne meist für ein Jahr aufgestellt.

Das Betriebsplanverfahren beginnt damit, daß der Bergwerksbesitzer (nicht der Betriebsführer) den Betriebsplan dem Revierbeamten vorlegt. Erhebt dieser nicht binnen 14 Tagen Einspruch, so ist der Bergwerksbesitzer zur Ausführung des Betriebsplanes befugt. Einer ausdrücklichen Genehmigung bedarf es nur in dem Ausnahmefalle, daß von einer solchen durch besondere Polizeivorschrift die Inbetriebnahme bestimmter Anlagen (Seilfahrt) abhängig gemacht ist. Erhebt der Revierbeamte Einspruch, so hat er gleichzeitig den Bergwerksbesitzer zur Erörterung der beanstandeten Betriebsbestimmungen zu einem Termine vorzuladen. Wird auf diesem Wege keine Verständigung erzielt, so entscheidet das OBA. darüber, ob und mit welchen Abänderungen der Betriebsplan ausgeführt werden darf. Legt der Bergwerksbesitzer gegen den Beschluß des OBA. Rekurs ein, so bleibt die Beanstandung zunächst bis zur Rekursentscheidung in Wirksamkeit.

Eine öffentliche Bekanntmachung des Betriebsplanes oder die Zuziehung Dritter zu dem Verfahren ist gesetzlich nicht vorgesehen. In der Praxis wird indessen, wenn ein Widerstreit zwischen der Ausführung des Betriebsplanes und den Rechten eines Dritten (öffentliche Verkehrsanstalt, Heilquellenbesitzer usw.) besteht, regelmäßig von den Revierbeamten Einspruch gegen den Betriebsplan erhoben und der Dritte zu dem Erörterungstermine hinzugezogen. Dem Dritten wird auch das Recht zugebilligt, gegen einen den Betrieb zulassenden Beschluß des OBA. Rekurs einzulegen. Der Rekurs hat keine aufschiebende Wirkung, jedoch kann das OBA. die Ausführung des Betriebsplanes vorläufig untersagen, wenn die Wirkungen der Ausführung nicht wieder rückgängig zu machen sein würden.

Für die Abänderungen der Betriebspläne gelten die gleichen Grundsätze. Wird jedoch eine Änderung infolge unvorhergesehener Ereignisse sofort nötig, so genügt es, wenn davon vor Ablauf von 14 Tagen durch den Betriebsführer dem Revierbeamten Anzeige erstattet wird (§ 71 Abs. 2).

5. Grubenbild[1]).

Das Grubenbild besteht aus den rißlichen Darstellungen, die nötig sind, um ein klares Bild von den jeweiligen bergbaulichen Verhältnissen eines Bergwerks unter wie über Tage zu geben. „Zuverlässige nnd vollständige Grubenbilder gehören zu den wesentlichsten Hilfsmitteln des Bergbaues" (Mot.). Sie sind ebenso Voraussetzung einer regelrechten Betriebsführung, wie einer zweckentsprechenden bergpolizeilichen Aufsicht.

Die Anfertigung und Nachtragung des Grubenbildes hat durch einen konz. Markscheider (nicht durch einen Landmesser oder Grubenbeamten) unter Beachtung der markscheiderischen Vorschriften stattzufinden. Die bergpolizeiliche Verantwortung für die Anfertigung und rechtzeitige Nachtragung trifft aber den Bergwerksbesitzer. Inwieweit der Markscheider diesem haftbar ist, bestimmt sich nach ihrem Vertragsverhältnis.

In welchen Zeitabschnitten die Grubenbilder nachzutragen sind, bestimmt das OBA. Die Frist ist je nach der Art der Bergwerke verschieden bemessen (auf 1/4 Jahr bis 2 Jahre, für Steinkohlenbergwerke meist auf 1/4 Jahr). Gewisse Tagesgegenstände, die besonderen Schutz erfordern (Gebäude, Eisenbahnen usw.) müssen ohne Rücksicht auf die regelmäßige Nachtragungsfrist unverzüglich aufgetragen werden. Vor Einstellung des Betriebes muß eine vollständige Nachtragung stattfinden.

Das Grubenbild ist in zwei Exemplaren herzustellen, von denen das eine an den Revierbeamten abzuliefern, das andere auf dem Bergwerk oder, wenn dort kein Ort dafür vorhanden ist, bei dem Betriebsführer aufzubewahren ist.

Das Grubenbild, das früher nur eine bergpolizeiliche Bestimmung hatte, ist durch die Nov. vom 7. Juli 1902 auch der Verfolgung von Bergschadensersatzansprüchen dienstbar gemacht (vgl. S. 140).

6. Aufsichtspersonen[2]).

„Die großen Gefahren, welche fast mit jedem Bergwerksbetriebe für die Arbeiter und das Publikum verknüpft sind, können nur

---

[1]) § 72 ABG.

[2]) ABG. §§ 73—77; AusfA. vom 28. Juli 1909, Z. f. B. **51** 2 Abschn. I; Reuß, Z. f. B. **50** 533.

durch eine sachkundige Betriebsführung, durch Kenntnis und Anwendung der Regeln der Bergtechnik und durch pünktliche Befolgung der bergpolizeilichen Vorschriften vermindert werden." Mit diesen Worten rechtfertigen die Mot. z. ABG. die Beibehaltung des — anderen Gewerbebetrieben fremden — Grundsatzes, daß der Bergwerksbetrieb nur unter Leitung, Aufsicht und Verantwortlichkeit von Personen geführt werden darf, deren Befähigung hierzu von der Behörde anerkannt ist. Die Vorschrift sollte sich, wenn aus dem Wortlaut der Mot. („Regeln der Bergtechnik") auf die Absicht des Gesetzgebers geschlossen werden darf, wohl nur auf den eigentlichen Bergwerksbetrieb erstrecken, wird aber in der Praxis allgemein auch auf die bergbaulichen Nebenbetriebe ausgedehnt[1]). Sie gilt aber nur für die „Aufsichtspersonen" (§§ 73, 74), zu denen nach den Gesetz „Betriebsführer Steiger, technische Aufseher usw.", also nicht Bureaubeamte, regelmäßig auch nicht Arbeiter in gehobener Stellung (Ortsälteste, Wettermänner, Schießmeister) zu rechnen sind. Eine andere Rechtsstellung als die „Aufsichtspersonen" haben (§ 76 Abs. 2) der Bergwerksbesitzer selbst, sein gesetzlicher Vertreter, die von ihm mit der Verwaltung des Bergwerksbesitzes Beauftragten (Generaldirektoren usw.) und die Vorgesetzten der Aufsichtspersonen (Bergwerksdirektoren usw.).

Die Annahme der Aufsichtspersonen[2]) ist an sich Sache des Bergwerksbesitzers. Die Leitung und Beaufsichtigung des Betriebes dürfen sie aber erst übernehmen, nachdem ihre Befähigung hierzu von der Bergbehörde anerkannt worden ist. Zu diesem Zwecke hat der Bergwerksbesitzer jede Aufsichtsperson unter Angabe des ihr zu übertragenden Geschäftskreises dem Bergrevierbeamten namhaft zu machen. Der Geschäftskreis kann sachlich, aber auch örtlich begrenzt sein. Die sachliche Abgrenzung, die die Vertretung der einen durch die andere Aufsichtsperson ohne neuen Befähigungsnachweis ermöglicht, bildet die Regel. Die Aufsichtsperson hat den Nachweis ihrer Befähigung nicht nur in technischer und geschäftlicher, sondern auch in moralischer

[1]) Zustimmend KG., Z. f. B. **56** 276.

[2]) Bei dienstlichen Grubenbefahrungen haben die Aufsichtspersonen die Bergbeamten zu begleiten und ihnen Auskunft über die Betriebs- und Arbeiterverhältnisse zu geben (§ 77).

Hinsicht zu führen. Eine der erforderlichen moralischen Eigenschaften ist die Zuverlässigkeit in bezug auf die Befolgung der gesetzlichen und polizeilichen Vorschriften. Durch Vorstrafen wegen Zuwiderhandelns gegen diese Vorschriften wird die Zuverlässigkeit in Frage gestellt. Die Anerkennung der Befähigung erfolgt unter Berücksichtigung der Aufgaben der Stelle, die die Aufsichtsperson einnehmen soll, insbesondere des Geschäftsumfanges, der Zahl der sonst vorhandenen Aufsichtspersonen und der größeren oder geringeren Gefährlichkeit des Betriebes. Allgemeine Befähigungsscheine für Stellen gewisser Art werden nicht ausgestellt, jedoch befreit in der Regel von einer besonderen Prüfung:

a) das Bestehen der Prüfung als Bergreferendar oder Bergdiplomingenieur,

b) das Befähigungszeugnis einer vom Handelsminister in dieser Hinsicht anerkannten Bergschule (vgl. S. 234 f.),

c) die Anerkennung der Befähigung zu einer gleichartigen Tätigkeit auf einem gleichartigen Bergwerk, sofern dieses Anerkenntnis nicht verlorengegangen ist.

Liegt keiner dieser Befreiungsgründe vor, so hat der Bergrevierbeamte eine Prüfung vorzunehmen, die sich vorzugsweise auf die Kenntnis der Bergbaukunde und der bergpolizeilichen Vorschriften zu richten hat. Vor endgültiger Anerkennung der Befähigung kann die Ableistung einer Probedienstzeit verlangt werden.

Die Anerkennung der Befähigung schafft kein unentziehbares Recht, vielmehr kann diese aberkannt werden, wenn die Unrichtigkeit der Nachweise festgestellt ist oder wenn bestimmte Vorkommnisse, insbesondere gröbliche oder wiederholte Verstöße gegen die gesetzlichen oder polizeilichen Vorschriften, den Mangel der erforderlichen Eigenschaften dartun.

Das Verfahren zur Anerkennung und Aberkennung der Befähigung war früher an keine festen Formen gebunden. Da unter Umständen die wirtschaftliche Existenz der Aufsichtsperson auf dem Spiele steht, erschien es erforderlich, eine stärkere Rechtssicherheit zu schaffen. Demgemäß ist durch die Nov. vom 28. Juli 1909 und die dazu erlassenen AusfA. das Verfahren wie folgt geregelt:

a) Über die Anerkennung der Befähigung ist dem Bergwerksbesitzer ein schriftlicher Bescheid zu erteilen. Der Bergwerksbesitzer hat die Aufsichtsperson davon in Kenntnis zu setzen.

b) Wird die Befähigung nicht oder nicht in vollem Umfang anerkannt oder wird sie aberkannt, so ist der Bescheid, der in diesem Falle mit Gründen zu versehen ist, dem Bergwerksbesitzer und der Aufsichtsperson zuzustellen.

c) Vor Aberkennung der Befähigung sind die Aufsichtsperson und der Bergwerksbesitzer zu hören.

d) Gegen die Entscheidung, durch die die Befähigung nicht anerkannt oder aberkannt wird, findet Klage im Verwaltungsstreitverfahren vor dem Bergausschusse statt. Dessen Entscheidung ist endgültig (§ 75 Abs. 2).

Wird der Betrieb oder ein Teil des Betriebes von einer Person geleitet oder beaufsichtigt, deren Befähigung hierzu nicht anerkannt ist oder die die Befähigung verloren hat, so kann der Bergrevierbeamte nach Anhörung der Beteiligten die sofortige Entfernung der Aufsichtsperson verlangen und nötigenfalls den Betrieb bis zur Annahme einer als befähigt anerkannten Person einstellen. Im Falle der Aberkennung der Befähigung kann dies jedoch vor Eintritt der Rechtskraft des Bescheides nur geschehen, wenn sich aus dem Verbleib der Aufsichtsperson in ihrer Tätigkeit eine dringende Gefahr ergeben würde (§ 199). Abgesehen von diesem Falle, hat die Klage im Verwaltungsstreitverfahren aufschiebende Wirkung.

Die Verantwortung für die Innehaltung der Betriebspläne sowie der gesetzlichen und polizeilichen Vorschriften traf vor der Nov. vom 18. Juli 1909 in erster Linie und fast ausschließlich den „verantwortlichen Betriebsführer". Diese Rechtslage entsprach den einfachen Verhältnissen des Bergbaues bei Erlaß des ABG., sie wurde aber unhaltbar, als die Bergwerksbetriebe an Umfang und Gefährlichkeit erheblich zunahmen und infolgedessen einerseits der Betriebsführer nicht mehr alle Einzelheiten des Betriebes selbst überwachen konnte, anderseits die Anstellung von Beamten notwendig und üblich wurde, die die wirtschaftliche und technische Oberleitung über den Betrieb zu führen hatten (Generaldirektoren, Bergwerksdirektoren usw.). Weder die unbedingte, von dem Nachweis eines Verschuldens nicht abhängige[1]) Verantwortlichkeit des

[1]) RG. vom 10. Juli 1895, Z. f. B. **29** 538; a. A. KG. vom 2. März 1903, DJZ. S. 251.

Betriebsführers für alle auf dem Bergwerk vorkommenden Verstöße noch auch die Befreiung der höheren Angestellten und des Bergwerksbesitzers selbst von jeder Verantwortung (abgesehen von den Fällen der Anstiftung, Mittäterschaft und Beihilfe) entsprachen unter den veränderten Verhältnissen dem Rechtsgefühl.

Die Nov. vom 18. Juli 1909 verteilt die Verantwortung für die Innehaltung der Betriebspläne sowie die Befolgung aller im Gesetz enthaltenen oder auf Grund des Gesetzes ergangenen Vorschriften und Anordnungen derart, daß jede Aufsichtsperson innerhalb des ihr übertragenen Geschäftskreises verantwortlich ist. Hierdurch gewinnt die Vorschrift, wonach vom Bergwerksbesitzer bei Namhaftmachung einer Aufsichtsperson deren Geschäftskreis anzugeben ist, besondere Bedeutung. Im übrigen folgt aus der Beschränkung der Verantwortlichkeit auf den Kreis der übertragenen Geschäfte, daß nur ein strafbares Verschulden (Vorsatz oder Fahrlässigkeit) bei Ausführung der Geschäfte zur Bestrafung führen kann[1]).

Neben der Verantwortlichkeit der Aufsichtspersonen ist eine — im wesentlichen dem § 151 GewO. nachgebildete[2]) — strafrechtliche[3]) Verantwortlichkeit der obengenannten höheren Beamten und des Bergwerksbesitzers selbst getreten, jedoch nur unter der Voraussetzung, daß diese (vgl. § 76 Abs. 2)

a) mit Anordnungen in den Betrieb eingegriffen haben, deren Rechtswidrigkeit sie kannten oder kennen mußten, oder

b) den Aufsichtspersonen die Möglichkeit der Befolgung der gesetzlichen und polizeilichen Vorschriften genommen haben (z. B. durch Verweigerung der erforderlichen Geldmittel), oder

c) eine Handlung oder Unterlassung der unterstellten Personen trotz Kenntnis der Rechtswidrigkeit zugelassen haben, oder

d) bei der nach ihrer tatsächlichen Stellung zum Betrieb ihnen obliegenden und nach den Verhältnissen möglichen eigenen Beaufsichtigung der ihnen unterstellten Aufsichtspersonen es an der erforderlichen Sorgfalt haben fehlen lassen.

---

[1]) RG., Z. f. B. **55** 89.

[2]) Die Haftung für die Auswahl der Beamten ist nicht übernommen, weil deren Befähigung von der Bergbehörde festgestellt wird.

[3]) RG., Z. f. B. **55** 260.

Eine gesetzliche Pflicht zur Führung einer Oberaufsicht über die Aufsichtspersonen besteht hiernach für den Bergwerksbesitzer und seine Vertreter nicht. Nehmen sie aber zufolge freier Entschließung zum Betrieb eine Stellung ein, die die Aufsichtspflicht in sich schließt, so haben sie bei Wahrnehmung der Oberaufsicht sorgfältig zu verfahren.

Um ermessen zu können, ob und inwieweit die vorbezeichneten Personen zu Anordnungen für den Betrieb und zur Beaufsichtigung der Aufsichtspersonen berechtigt und verpflichtet sind, muß die Bergbehörde die einzelnen in Betracht kommenden Personen und ihre Stellung zum Betriebe kennen. Daher hat sie der Bergwerksbesitzer unter Angabe des ihnen übertragenen und evtl. des von ihm selbst übernommenen Geschäftskreises der Bergbehörde namhaft zu machen (§ 76 Abs. 3). Eine Prüfung der Befähigung findet aber nicht statt.

7. Dampfkessel und Triebwerke[1]).

Die Errichtung und Veränderung von Dampfkesseln und Triebwerken auf den der Bergpolizei unterstehenden Anlagen unterliegt den Bestimmungen der GewO. und den dazu erlassenen Ausführungsvorschriften (§ 59 ABG.). Danach bedürfen feste und bewegliche Dampfkessel (§ 24 GewO.), Triebwerke, die zu den Hammerwerken (§ 16 GewO.) gehören, wie Dampfhämmer und Luftdruckhämmer und Stauanlagen für Wassertriebwerke (§§ 16, 23 GewO.)[2]) einer besonderen gewerbepolizeilichen Genehmigung die durch das berggesetzliche Betriebsplanverfahren nicht ersetzt wird. Über die Erteilung der Genehmigung entscheidet aber an Stelle des sonst zuständigen Kreis- oder Bezirksausschusses das Oberbergamt, bei Stauanlagen für Wassertriebwerke der Be-

---

[1]) §§ 59, 196 Abs. 3 ABG.; §§ 16ff., 24ff. GewO.; Bek. des Reichskanzlers betr. Allg. polizeil. Bestimmungen über die Anlegung von Dampfkesseln, vom 17. Dez. 1908 (RGBl. 1909 S. 3); G., den Betrieb der Dampfkessel betr., vom 3. Mai 1872 (GS. S. 515); Anw., betr. die Genehmigung und Untersuchung der Dampfkessel, vom 6. Dez. 1909 (HMBl. S. 555).

AusfA. z. GewO. vom 1. Mai 1904, Nr. 11ff.; MinErl. vom 11. Nov. 1907, Z. f. B. **49** 333.

[2]) Die Wassertriebwerke als solche sind trotz § 59 Abs. 3 ABG. nicht genehmigungspflichtig. Jedoch rechnet das OVG. auch die Wasserräder und Turbinen zu den genehmigungspflichtigen Teilen (Entsch. d. OVG. **43** 265).

zirksausschuß im Einvernehmen mit dem Oberbergamte (§ 59 Abs. 2, 3 ABG., §§ 109, 110 Abs. 2 ZustG., § 386 WG.).

Die fortlaufende Aufsicht über den Betrieb der Dampfkessel regelt sich nach dem preuß. G. vom 3. Mai 1872 (GS. 515) und den dazu erlassenen Ausführungsvorschriften.

Die Prüfung, Druckprobe und Untersuchung der Dampfkessel erfolgt jetzt in der Regel durch Ingenieure der Dampfkessel-überwachungsvereine. Nur soweit die Kesselbesitzer nicht Mitglieder von Überwachungsvereinen sind und diesen auch ein besonderer staatlicher Auftrag zur Überwachung nicht erteilt ist, tritt der Bergrevierbeamte ein.

8. Verfahren bei Unglücksfällen[1]).

Tritt auf einer der Bergpolizei unterstehenden Anlage ein Unglücksfall ein, der den Tod oder die schwere Verletzung einer oder mehrerer Personen zur Folge hat, so ist der Betriebsführer oder sein Vertreter zur sofortigen Anzeige an den Revierbamten verpflichtet. Als schwere Verletzung wird in der Praxis eine solche angesehen, die voraussichtlich den Tod oder eine Arbeitsunfähigkeit von mehr als 13 Wochen zur Folge haben wird. Die Anzeige hat den doppelten Zweck, den Revierbeamten zur Untersuchung des Unfalls und, wenn dies nötig ist, zum Eingreifen bei den Rettungsarbeiten zu veranlassen. Eine Untersuchung ist im übrigen auch bei leichteren Unfällen vorzunehmen, wenn eine Zuwiderhandlung gegen bergpolizeiliche oder strafgesetzliche Vorschriften in Frage steht[2]).

Seit 1922 ist im Verwaltungswege[3]) auch eine Mitwirkung der Grubensicherheitskommission (S. 49) bei der Auf-

---

[1]) ABG. §§ 204—206.

[2]) Wegen der Anzeige und Untersuchung von Betriebsunfällen im Interesse der Unfallversicherung vgl. §§ 1552ff. RVO. Im Sinne dieser Bestimmungen ist der Bergrevierbeamte für die seiner Aufsicht unterstellten Betriebe „Ortspolizeibehörde". Die bergpolizeiliche Untersuchung pflegt mit der Untersuchung auf Grund der RVO. verbunden zu werden.

[3]) Bestimmungen des HM. vom 18. Jan. 1922 über die Errichtung eines Grubenaufsichtsamts und die Bildung einer Grubensicherheitskommission, Z. f. B. 63 71 (§§ 14 Ziff. 1, 15).

klärung größerer Unfälle vorgesehen. An der amtlichen Untersuchung nimmt der Unfallausschuß der Bezirkskommission (der Vorsitzende, ein Werksbesitzer, ein Arbeitnehmer, ein Mitglied des Landtags) teil. Zu diesem Zwecke hat der Bergrevierbeamte den Vorsitzenden von allen größeren Unfällen sofort in Kenntnis zu setzen. Der Gang der amtlichen Untersuchung darf durch die Beteiligung des Unfallausschusses keine Verzögerung erfahren. Die Bezirkskommission hat binnen 14 Tagen zusammenzutreten, auf Grund der Feststellungen des Unfallausschusses und sonst erforderlicher Ermittelungen zur Sache Stellung zu nehmen und über das Ergebnis der Untersuchung unter Mitteilung ihrer Vorschläge der Hauptkommission und dem Oberbergamte zu berichten. Hält sie eine dringende Gefahr für vorliegend, so kann sie durch einen Beschluß die zu deren Beseitigung für erforderlich gehaltenen Maßnahmen feststellen. Sie hat diesen Beschluß unverzüglich der Werksverwaltung dem Bergrevierbeamten, dem Oberbergamt und der Hauptkommission mitzuteilen. Die Befugnis, von sich aus Maßnahmen mit Rechtswirkung anzuordnen, hat die Kommission nicht.

Handelt es sich um die Rettung verunglückter Personen oder um die Abwendung weiterer Gefahr, so hat der Revierbeamte die erforderlichen Maßnahmen anzuordnen, ohne an die sonst für bergpolizeiliche Anordnungen vorgeschriebene Form gebunden zu sein. Er wird von dieser Befugnis selbstverständlich nur insoweit Gebrauch machen, als das von der Grubenverwaltung und von den Rettungsstellen nach Maßgabe der bergpolizeilichen Vorschriften eingeleitete Rettungswerk nicht ausreicht. Der Besitzer des Bergwerks, auf dem sich der Unglücksfall ereignet hat, hat die erforderlichen Arbeiter und Hilfsmittel zur Verfügung zu stellen und die entstehenden Kosten zu tragen. Auch die Besitzer benachbarter Bergwerke sind verpflichtet, einer Aufforderung des Revierbeamten zur Hilfeleistung nachzukommen[1]).

Außer an den Revierbeamten ist von schweren Unfällen der oben bezeichneten Art auch an die Ortspolizeibehörde Anzeige zu erstatten (§ 204). Diese hat bei tödlichen Verunglückungen die Genehmigung der Staatsanwaltschaft oder des Amtsrichters zur Beerdigung einzuholen (§ 157 StPO.) und den Todesfall dem Standes-

---

[1]) Strafbestimmung § 207 ABG.; vgl. auch § 360 Nr. 10 StGB.

beamten zur Eintragung in das Sterberegister mitzuteilen (§ 58 RG. über die Beurkundung des Personenstandes vom 6. Febr. 1875).

9. Mitwirkung der Betriebsvertretungen.

Nach § 6 Ziff. 8 BRG. gehört es zu den Aufgaben der Betriebsräte, auf die Bekämpfung der Unfall- und Gesundheitsgefahren im Betriebe zu achten, die zuständigen Beamten bei dieser Bekämpfung durch Anregung, Beratung und Auskunft zu unterstützen sowie auf die Durchführung der polizeilichen Bestimmungen hinzuwirken. Mit Rücksicht auf die starken Gefahren des Bergbaues gewinnt diese Aufgabe für Betriebsräte in Bergwerksbetrieben besondere Bedeutung. Art und Umfang ihrer Tätigkeit auf diesem Gebiete sind in Preußen geregelt durch die vom HM. unter dem 28. April 1922 (Z. f. B. **63** 427) aufgestellten Leitsätze für die ständige Heranziehung der Betriebsvertretungen im Bergwerksbetrieb auf dem Gebiete der Unfallverhütung. Danach ist den Betriebsvertretungen regelmäßig Gelegenheit zu geben, sich durch eines ihrer Mitglieder an den von den örtlichen Polizeiorganen vorgenommenen Grubenbefahrungen, Besichtigungen von Tagebauen und Tagesanlagen sowie auch an größeren sicherheitspolizeilichen Revisionen zu beteiligen. Auch kann die Betriebsvertretung ihrerseits bei dem Bergrevierbeamten Grubenbefahrungen in Antrag bringen. In allen Fällen ist auch die Werksleitung berechtigt, sich an der Befahrung oder Besichtigung zu beteiligen. Sodann ist die Anhörung der Betriebsvertretung vor bergpolizeilichen Entscheidungen, die die Sicherheit des Lebens und der Gesundheit der Arbeiter betreffen (Prüfung des Betriebsplanes, Erteilung einer Genehmigung z. B. zur Seilfahrt oder einer Ausnahmegenehmigung, bergpolizeiliche Anordnung), vorgeschrieben. Weiter ist der Vertreter des Betriebsrates zu allen Unfalluntersuchungen, auch zu solchen, die lediglich nach § 1559 RVO. stattfinden, hinzuzuziehen und seine Äußerung zur Sache in die Niederschrift aufzunehmen. Endlich sind auch regelmäßig wiederkehrende allgemeine Besprechungen der Revierbeamten mit den Betriebsvertretungen über Fragen der Unfallverhütung vorgesehen.

10. Strafen[1]). Zwangsmittel.

Zuwiderhandlungen gegen die gesetzlichen Vorschriften polizeilichen Charakters (mit wenigen Ausnahmen) sowie gegen die Bergpolizeiverordnungen und bergpolizeilichen Anordnungen sind mit gerichtlichen Strafen (Geldstrafen) bedroht. Sie sind, soweit die angedrohte Geldstrafe nicht über 150 M. hinausgeht, als „Übertretungen", sonst als „Vergehen" im Sinne des StGB. anzusehen.

Die Strafverfolgung von Übertretungen verjährt nach § 67 Abs. 3 StGB. in drei Monaten, die Strafverfolgung von Vergehen nach § 67 Abs. 2 StGB. in drei oder fünf Jahren. Nach § 209a ABG. gilt aber auch für bergpolizeiliche Vergehen die dreimonatige Verjährungsfrist (Ausnahme: §§ 207a, 207f). Die Verjährung strafbarer Handlungen beginnt mit dem Tage, an dem die Handlung begangen ist, die Verjährung fortgesetzter strafbarer Unterlassungen mit dem Tage, an dem der zunächst nicht erfüllten Pflicht genügt wird oder diese fortfällt[2]).

Eine Ausnahme von einem allgemeinen Grundsatz enthält § 92 ABG., wonach die wegen Zuwiderhandlungen gegen die §§ 84 Abs. 4, 85, 85f Abs. 3 ABG. (Versehen der Arbeitszeugnisse oder Arbeitsbücher mit unzulässigen Merkmalen, Annahme eines Arbeiters ohne Abkehrschein) festgesetzten Geldstrafen nicht in die Staatskasse, sondern zur Knappschaftskasse fließen.

Zuwiderhandlungen der vorbezeichneten Art hat der Revierbeamte durch eine bergpolizeiliche Untersuchung festzustellen. Er hat die aufgenommenen Protokolle der Staatsanwaltschaft (deren Hilfsbeamter er ist) zur Strafverfolgung zu übersenden. Zum Erlaß polizeilicher Strafverfügungen (§§ 453ff. StPO.) sind die Bergbehörden nicht befugt. Die Staatsanwaltschaft (Oberstaatsanwalt, Amtsanwalt) entscheidet darüber, ob Anklage zu erheben ist. Sie kann auch ohne Anzeige des Revierbeamten das Strafverfahren einleiten sowie den Revierbeamten zu einer Ergänzung der Untersuchung veranlassen oder andere Ermittlungen anstellen.

---

[1]) ABG. §§ 207—209a. Wegen Festsetzung der Geldstrafen in Goldmark und Umwandlung der uneinbringlichen Geldstrafen in Arbeitsleistungen oder Freiheitsstrafen vgl. jetzt Art. I VO. vom 6. Febr. 1924 über Vermögensstrafen und Bußen (RGBl. I S. 44).

[2]) Beispiele KG., Z. f. B. **39** 376; **54** 150.

Die Strafentscheidung steht den ordentlichen Gerichten (Schöffengericht, Strafkammer) zu, die, soweit es sich um Zuwiderhandlungen gegen die von den Bergbehörden erlassenen polizeilichen Vorschriften handelt, auch die gesetzliche Gültigkeit, aber nicht die Notwendigkeit oder Zweckmäßigkeit dieser Vorschriften zu prüfen haben[1]). Die Entscheidung kann in den gesetzlich zur Zuständigkeit der Schöffengerichte gehörigen Sachen unter gewissen Voraussetzungen auch durch Erlaß eines amtsrichterlichen Strafbefehls erfolgen (§§ 447 ff. StPO.)[2]).

Der mittelbare Zwang zur Befolgung der bergpolizeilichen Vorschriften, der durch die Bedrohung von Zuwiderhandlungen mit gerichtlichen Strafen ausgeübt wird, reicht nicht immer aus. Als weitere Zwangsmittel stehen den Bergbehörden die Ausführung nicht fristzeitig befolgter bergpolizeilicher Anordnungen (§§ 198, 199) durch den Revierbeamten auf Kosten des Bergwerksbesitzers (§ 202) und die Einstellung des Betriebes oder eines Betriebsteiles zur Verfügung. Die Betriebseinstellung ist im ABG. ausdrücklich nur für bestimmte Fälle (§§ 70, 75 — Nichtbeobachtung der Vorschriften über den Betriebsplan, Fehlen einer als befähigt anerkannten Aufsichtsperson) vorgesehen, indessen besteht Einverständnis darüber, daß die Einstellung des Betriebes durch den Revierbeamten oder das Oberbergamt allgemein zulässig ist, wenn andere Mittel nicht ausreichen, um die Fortdauer eines mit erheblichen Nachteilen oder Gefahren für bergpolizeiliche Interessen verbundenen Zustandes zu verhindern[3]). Ein drittes Zwangsmittel ist der

[1]) § 209 Abs. 3 ABG.; vgl. § 17 G. über die Polizeiverwaltung vom 11. März 1850 (GS. S. 265).

[2]) Vom 1. April 1924 gilt bis auf weiteres die VO. über Gerichtsverfassung und Strafrechtspflege vom 4. Jan. 1924 (RGBl. I S. 15). Danach sind für alle Übertretungen und Vergehen die Amtsgerichte zuständig (§ 6). Der Amtsrichter entscheidet allein bei Übertretungen und bei solchen Vergehen, die mit höchstens 6 Monaten Gefängnis bedroht sind (§§ 7, 8 Abs. 1). Diese Sachen werden von der Amtsanwaltschaft bearbeitet. Der Revierbeamte hat daher die Strafanzeigen an den Amtanwalt bei dem zuständigen Amtsgericht zu richten. Durch Strafbefehl kann auch auf eine Freiheitsstrafe bis zu 3 Monaten und Bekanntmachung der Entscheidung angeordnet werden (§ 37 Abs. 1).

[3]) Eine Bestimmung des Entw. zur Nov. vom 24. Juni 1892, wodurch dies ausdrücklich festgestellt werden sollte, ist im Landtag mit Recht als entbehrlich fallen gelassen worden. Die Betriebseinstellung ist immer nicht nur Zwangsmittel, sondern zugleich Sicherheitsmaßnahme.

Erlaß von Zwangsstrafbefehlen durch das Oberbergamt (vgl. S. 48). Nach Ansicht des OVG.[1]) schließt die Bedrohung einer Handlung oder Unterlassung mit einer gerichtlichen Strafe die Anwendung dieses Zwangsmittels auf den gleichen Fall aus. Gleichheit des Falles liegt aber dann nicht vor, wenn es sich nicht mehr um die Befolgung der Bergpolizeiverordnung oder bergpolizeilichen Anordnung, sondern um die Beseitigung des durch die Nichtbefolgung herbeigeführten polizeiwidrigen Zustandes handelt. Die Frage, ob im äußersten Falle von den Bergbehörden auch „unmittelbarer Zwang" im eigentlichen Sinne, d. h. unter Anwendung von Gewalt, sei es durch ihre eigenen Beamten oder durch Heranziehung von Vollzugsbeamten der allgemeinen Polizeiverwaltung, ausgeübt werden kann, ist im ABG. nicht geregelt, auch kaum jemals praktisch geworden, jedoch nach den allgemeinen Grundsätzen des Polizeirechts zu bejahen[2]).

11. Verhältnis zu anderen Polizeibehörden.

Der vom OVG. aufgestellte Grundsatz, daß die Polizeigewalt in einem einzelnen Falle nur einheitlich von einer Behörde ausgeübt werden könne, ist auf das Verhältnis der Bergpolizeibehörden zu den Behörden der allgemeinen Polizeiverwaltung und anderen Sonderpolizeibehörden nicht ohne weiteres anwendbar. Auf den nachstehend bezeichneten Grenzgebieten ist kraft Gesetzes die Zuständigkeit mehrerer Polizeibehörden begründet, die zur Erfüllung ihrer mehr oder weniger verschiedenartigen Aufgaben zu selbständigen Maßnahmen nebeneinander befugt sind. Es ist Sache der obersten Verwaltungsinstanz, dieses Nebeneinanderwirken unter Einhaltung der gesetzlichen Schranken derart zu regeln, daß Kollisionen tunlichst vermieden werden.

a) Tagesbauten auf Bergwerken (Schachtgerüste, Brikettfabriken usw.) sowie auch Tagesbauten zur Ausführung von Schürfarbeiten (Bohrtürme) fallen wegen ihres untrennbaren Zusammenhanges mit dem Bergwerks- oder Schürfbetrieb an sich in den Bereich der Bergpolizei. Tagesbauten auf Bergwerken und den zugehörigen Betriebsanlagen unterliegen daher auch dem Betriebsplanverfahren.

---

1) Entsch. **23** 387.

2) Voelkel, Z. f. B. **56** 362ff.

Die bergpolizeiliche Zulassung ersetzt aber nicht die baupolizeiliche Prüfung, Genehmigung und Abnahme, soweit eine solche für Tagesbauten der in Frage stehenden Art allgemein vorgeschrieben ist, durch die Baupolizeibehörde[1]). Der Bergrevierbeamte hat die Zulassung des Betriebsplans regelmäßig von der Vorlegung der baupolizeilichen Genehmigungsurkunde abhängig zu machen. Zur Herbeiführung eines sachdienlichen Zusammenwirkens der beteiligten Behörden ist jedoch im Verwaltungswege bestimmt, daß die Baupolizeibehörden bei Prüfung der Entwürfe und bei der Abnahme des Baues die Bergrevierbeamten als sachverständige Berater heranzuziehen haben[2]).

Ausnahmsweise ist eine besondere baupolizeiliche Genehmigung nicht erforderlich für die zu den Dampfkesselanlagen gehörigen Baulichkeiten (Kesselhaus, Schornstein), da die — vom Oberbergamte zu erteilende — gewerbepolizeiliche Genehmigung zur Errichtung des Dampfkessels die Prüfung der Zulässigkeit der Anlage nach den bau-, feuer- und gesundheitspolizeilichen Vorschriften voraussetzt. Die baupolizeiliche Prüfung findet aber auch in diesem Falle, wo sie einen Teil des Genehmigungsverfahrens bildet, auf Ersuchen der Genehmigungsbehörde durch die Baupolizeibehörde oder den Bausachverständigen des Dampfkesselüberwachungsvereins statt. Dem Bergrevierbeamten soll Gelegenheit zur Beteiligung gegeben werden[3]).

b) Grubenbahnen (Bergwerksbahnen, Zechenbahnen) sind Bahnen (Eisenbahnen mit Lokomotivbetrieb, Pferdebahnen, Drahtseilbahnen usw.), die von einem Bergwerk ausgehen und zu Zwecken des Bergwerksbetriebes, in der Regel zur Abfuhr der Bergwerkserzeugnisse bestimmt sind[4]).

Die Grubenbahnen sind, da sie nicht dem öffentlichen Verkehr dienen, weder Eisenbahnen im Sinne des Eisenbahngesetzes vom 3. Nov. 1838 noch Kleinbahnen im Sinne des Kleinbahngesetzes

---

[1]) Erl. d. HM. vom 27. Sept. 1874, Z. f. B. **16** 12; vgl. auch Z. f. B. **27** 539.

[2]) Erl. d. HM. u. d. Min. d. Öff. Arb. vom 10. Aug. 1906, Z. f. B. **47** 500.

[3]) § 24 Anw., betr. Genehmigung und Untersuchung der Dampfkessel vom 6. Dez. 1909, HMBl. S. 555ff.

[4]) Vgl. Erl. d. HM. u. M. d. J. vom 23. Aug. 1911, Z. f. B. **52** 466. Schienenwege innerhalb der Bergwerksanlagen bieten keine rechtlichen Besonderheiten.

vom 28. Juli 1892[1]). Steht eine Grubenbahn mit einer dem öffentlichen Verkehr dienenden Bahn derart in unmittelbarer Gleisverbindung, daß ein Übergang der Betriebsmittel stattfinden kann, und ist sie für den Betrieb mit Maschinen eingerichtet, so ist sie eine Privatanschlußbahn im Sinne des § 23 Kleinbahngesetzes (Grubenanschlußbahn), unterliegt jedoch den für Privatanschlußbahnen geltenden Vorschriften dieses Gesetzes nur insofern, als neben die bergpolizeiliche Aufsicht eine eisenbahntechnische Aufsicht und Überwachung durch die Eisenbahnbehörde tritt[2]) (§§ 50, 51 a. a. O.).

Durch § 51 Abs. 2 a. a. O. hat das bergpolizeiliche Aufsichtsrecht über die Grubenbahnen, das in der Praxis schon vorher anerkannt war, gesetzliche Anerkennung gefunden. Es ist hinsichtlich der Grubenanschlußbahnen eingeschränkt durch das vorbezeichnete eisenbahntechnische Aufsichtsrecht der Eisenbahnbehörden, außerdem aber hinsichtlich aller Grubenbahnen durch die Zuständigkeit der Behörden der allgemeinen Polizeiverwaltung, die namentlich dann in Wirksamkeit tritt, wenn die Grubenbahn Wasserläufe oder öffentliche Wege berührt. Das Zusammenwirken der beteiligten Polizeibehörden ist hinsichtlich der Grubenanschlußbahnen geregelt durch die zwischen dem Handelsminister und dem Minister d. öff. Arb. vereinbarten, durch einen gemeinschaftlichen Erlaß des Handelsministers und des Ministers des Innern vom 4. Sept. 1898 ergänzten „Grundzüge“[3]). Diese werden auch auf andere Grubenbahnen mit der Maßgabe anzuwenden sein, daß die Eisenbahnbehörde nicht mitwirkt.

Das Verfahren bei Anlage einer Grubenanschlußbahn gestaltet sich danach folgendermaßen. Zunächst hat der Bergwerksbesitzer die Genehmigung des Anschlusses und die eisenbahntechnische Prüfung des Entwurfs durch die Eisenbahndirektion herbeizuführen. Sodann legt er den Entwurf mit dem Prüfungsvermerk als Teil

[1]) Das RG. (Z. f. B. **45** 82; **57** 194) rechnet Grubenbahnen und auch unterirdische Schienenwege, wenn der Betrieb an Gefährlichkeit dem Eisenbahnbetriebe gleichsteht, zu den Eisenbahnen i. S. des § 1 Reichshaftpflichtgesetzes, sowie auch zu den Eisenbahnen i. S. der §§ 315, 316 StGB. (Z. f. B. **57** 79).

[2]) Zugleich mit dem Übergange der Staatseisenbahnen sind auch die staatlichen Hoheitsrechte hinsichtlich des Eisenbahnwesens auf das Reich übergegangen. Sie werden durch den Reichsverkehrsminister und die ihm nachgeordneten Stellen ausgeübt.

[3]) Mitgeteilt durch Erl. d. HM. vom 30. Aug. 1898, Z. f. B. **40** 1ff.

oder Nachtrag des Betriebsplanes dem Bergrevierbeamten vor[1]). Dieser erhebt fristzeitig Einspruch[2]) und überreicht den Entwurf dem Oberbergamte, das den Regierungspräsidenten um eine Äußerung ersucht, ob durch die Bahnanlage landespolizeiliche Interessen berührt werden und ob solche Interessen der Ausführung des Entwurfes entgegenstehen. Bestehen Zweifel über den Charakter der Anlage als einer Grubenbahn, so hat das Oberbergamt auch hierüber den Regierungspräsidenten und außerdem die Eisenbahnbehörde zu hören[3]). Wenn nötig, werden die Verhältnisse an Ort und Stelle durch Kommissare des Oberbergamts, des Regierungspräsidenten und der Eisenbahndirektion (Reichsbahndirektion) untersucht. Stehen weder berg- noch allgemeinpolizeiliche Interessen der Ausführung des Entwurfs entgegen oder sind die erhobenen Anstände erledigt, so wird der Einspruch gegen den Betriebsplan zurückgezogen und der mit Prüfungsvermerk versehene Entwurf dem Werksbesitzer zurückgegeben.

Die Eröffnung des Betriebes darf aber erst stattfinden, nachdem die fertiggestellte Bahnanlage durch Kommissare der beteiligten Behörden abgenommen worden ist.

Die Polizeiverordnungen für Grubenanschlußbahnen erläßt das Oberbergamt nach Einholung des Einverständnisses der Reichsbahndirektion und des Regierungspräsidenten. Hinsichtlich der fortlaufenden Beaufsichtigung des Betriebes ist die der Eisenbahnbehörde zustehende eisenbahntechnische Aufsicht, die sich auf die betriebsfähige und betriebssichere Unterhaltung der Bahnanlage und der Betriebsmittel sowie die sichere und ordnungsmäßige Durchführung der Züge erstreckt, zu trennen von der der Bergbehörde zustehenden bergpolizeilichen Aufsicht, die die sonstigen polizeilichen Aufgaben, insbesondere die Überwachung der Befolgung der Polizeiverordnungen, umfaßt. Der Bergbehörde ist auch die Beaufsichtigung derjenigen Betriebsmaschinen und Betriebsmittel einschließlich der Dampfkesselpolizei übertragen, die nur

---

1) Sind mit der Grubenbahn Tagebauten verbunden, so ist auch die baupolizeiliche Genehmigung nachzuweisen.

2) Vgl. § 68 ABG. Die Vorladung des Bergwerksbesitzers zu einem Erörterungstermine findet in der Regel, weil in diesem Abschnitte des Verfahrens zwecklos, nicht statt.

3) Erl. d. HM. u. M. d. J. vom 23. Aug. 1911, Z. f. B. **52** 466.

auf der Anschlußbahn verkehren. Ferner ist der Bergbehörde der Nachweis der Befähigung der Aufsichtspersonen zu führen, sofern diese Angestellte des Bergwerksbesitzers und nicht Bedienstete der Eisenbahnverwaltung sind. Leiten jedoch die Angestellten des Bergwerksbesitzers die Züge bis in die Anlagen (Bahnhöfe usw.) der öffentlichen Bahn hinein, so haben sie ihre Befähigung für diesen Teil des Dienstes zunächst der Eisenbahnbehörde nachzuweisen. Die Untersuchung der auf Grubenanschlußbahnen vorkommenden Unfälle liegt dem Bergrevierbeamten ob, der indessen der Eisenbahnbehörde Gelegenheit zur Beteiligung zu geben hat.

In ähnlicher Weise ist auch die Aufsicht über die vom Bergwerksbesitzer am Rhein angelegten Privathäfen geregelt[1]) mit dem Unterschied, daß bei der Genehmigung in erster Linie die Strombauverwaltung mitwirkt.

c) Die Genehmigung und Beaufsichtigung von Starkstromanlagen und -leitungen, die mit Bergwerken im Zusammenhange stehen, ist durch die in einem Erl. des Handelsministers und des Ministers des Innern vom 11. Jan. 1912 (Z. f. B. **53** 329) aufgestellten „Grundzüge" wie folgt geregelt. Wird die elektrische Energie auf dem Bergwerk (einschließlich der zugehörigen Anlagen) erzeugt und verwendet, so ist ausschließlich die Bergbehörde zuständig. Wird die elektrische Energie auf dem Bergwerk erzeugt und außerhalb verwendet oder außerhalb erzeugt und auf dem Bergwerk verwendet, so ist für den innerhalb des Grubengeländes belegenen Teil der Anlage die Bergbehörde, sonst die allgemeine Polizeibehörde ausschließlich zuständig. Eine Abweichung von dieser Regel gilt für den Fall, daß die elektrische Energie auf einem Bergwerk erzeugt und auf einem anderen Bergwerke desselben Bergwerksbesitzers verwendet wird. In diesem Falle ist die Bergbehörde auch für die außerhalb der beiden Grubengelände belegene Strecke zuständig, jedoch nur im Einvernehmen mit der allgemeinen Polizeibehörde.

d) Zu den Aufgaben der Bergpolizei gehört nach § 196 ABG. auch der Schutz gegen gemeinschädliche Einwirkungen des Bergbaues (und des Schürfens) auf die Wasserverhältnisse. Ihre Zuständigkeit ist eine ausschließliche, soweit es sich um eine gemein-

---

[1]) Erl. d. HM. vom 15. April 1912.

schädliche Wasserentziehung handelt. Soweit dagegen die Einleitung von Grubenwässern und sonstigen Abwässern in Wasserläufe in Frage kommt, ist neben der Bergpolizeibehörde auf Grund der wassergesetzlichen Bestimmungen auch die Wasserpolizeibehörde zuständig. An diesem Rechtszustand ist durch das Wassergesetz vom 7. April 1913 (vgl. § 396) nichts geändert. Das Nebeneinanderwirken der beiden Polizeibehörden auf diesem Grenzgebiete ist durch die X. Ausführungsanweisung des HM., des Landwirtschaftsministers und des Min. d. öff. Arb. vom 4. Juni 1920 zum WG., betr. die Einleitung von Abwässern der Bergwerke in Wasserläufe (Z. f. B. **62** 7) in der Richtung gestaltet, tunlichst ein Zusammenwirken herbeizuführen.

Die fortlaufende Überwachung der Bergwerksanlagen zur Verhütung gemeinschädlicher Einwirkungen ist der Bergpolizeibehörde überlassen. Beim Schauen eines Wasserlaufs, in den Abwässer von Bergwerken eingeleitet werden, durch das Schauamt (§ 357 WG.) ist der Bergrevierbeamte hinzuzuziehen. Bei Zulassung eines Betriebsplanes, der die Einleitung von Abwässern in einen Wasserlauf vorsieht, hat sich der Bergrevierbeamte des Einverständnisses der Wasserpolizeibehörde zu vergewissern. Andererseits hat diese, wenn sie eine betriebsplanmäßig zugelassene Einleitung für bedenklich hält, zunächst den Weg der Verhandlung mit der Bergbehörde zu beschreiten. Handelt es sich um ein einheitliches Projekt, das auch die Ableitung aus nicht bergpolizeilich beaufsichtigten Nebenanlagen oder Wohngebäuden umfaßt, das also teils dem Betriebsplanverfahren teils der Anzeigepflicht aus § 23 WG. unterliegt, so ist die Feststellung und Prüfung der Verhältnisse von der Bergbehörde und der Wasserpolizeibehörde gemeinschaftlich vorzunehmen, wobei die für die Hauptanlage zuständige Bergbehörde die Leitung des Verfahrens zu übernehmen hat. Bei Meinungsverschiedenheiten entscheiden die übergeordneten Behörden.

e) Durch das Quellenschutzgesetz vom 8. Mai 1908 (GS. 105) sind den Oberbergämtern Befugnisse polizeilicher Art übertragen, die außerhalb des Gebietes der Bergpolizei liegen. Zwar findet das Gesetz (vgl. § 32) auf den Schürf- und Bergwerksbetrieb keine Anwendung. Der Schutz der von den zuständigen Ministern für gemeinnützig erklärten Quellen gegen Gefährdung durch bergbauliche Arbeiten ist auf bergpolizeilichem Wege mit den gegebenen

Mitteln (Untersagung des Schürfens innerhalb bestimmter Schutzbezirke durch Bergpolizeiverordnung, Beanstandung des Betriebsplanes bei Gefährdung durch den Bergwerksbetrieb) zu bewirken (Erl. d. HM. vom 13. Okt. 1908). Aber auch bei Feststellung von Schutzbezirken gegen Bohrungen, Ausgrabungen usw. anderer Art und bei den meisten sonstigen Maßnahmen auf Grund des Quellenschutzgesetzes hat der Regierungspräsident in Gemeinschaft mit dem Oberbergamt als der auf diesem Gebiete fachkundigen Behörde zu entscheiden.

f) Als Rechtsgrundlage für die Beaufsichtigung des Sprengstoffwesens kommt außer den bergpolizeilichen Bestimmungen das Reichsgesetz gegen den verbrecherischen und gemeingefährlichen Gebrauch von Sprengstoffen vom 9. Juni 1884 (GRBl. 61) in Betracht. In Ausführung dieses Gesetzes sind auf Grund des § 136 LVG. von dem HM. und dem Min. d. Innern erlassen worden:

1. Die PolVO. vom 14. Sept. 1905 über den Verkehr mit Sprengstoffen (Z. f. B. **47** 100);
2. die PolVO. vom 25. Jan./15. März 1923 über den Vertrieb von Sprengstoffen an den Bergbau (Z. f. B. **64**, 168).

Außerdem gelten

3. die BergPolVO. der Oberbergämter über die Zulassung von Sprengstoffen und Zündmitteln zur Verwendung in den ihrer Aufsicht unterstellten Betrieben;
4. die meist in den Allgemeinen Bergpolizeiverordnungen der Oberbergämter enthaltenen Vorschriften über die Verwendung der Sprengstoffe usw.

Die unter Mitwirkung des sog. Sprengstoffausschusses aufgestellte PolVO. vom 25. Jan. 1923 regelt einheitlich die Zulassung, Zusammensetzung, Bezeichnung, Kennzeichnung und Verpackung der Sprengstoffe, die auf Bergwerken Verwendung finden sollen. Voraussetzung der Zulassung ist die Aufnahme in die vom HM. bekanntgegebene „Liste der Bergbausprengstoffe". Nur diese dürfen von den Oberbergämtern allgemein für bestimmte Bezirke zur Verwendung zugelassen werden[1]).

[1]) Das Sprengstoffwesen im preußischen Bergbau. Amtliche Textausgabe des Grubensicherheitsamtes. Berlin, Heymanns Verlag, 1923.

Die Behandlung der Sprengstoffe auf den Bergwerken selbst unterliegt der polizeilichen Aufsicht der Bergbehörden. Soweit die Verwendung unter den Begriff des Verkehrs mit Sprengstoffen fällt (Verausgabung, Behandlung bis zum Gebrauch), tritt bei Zuwiderhandlung gegen die Bergpolizeivorschriften die schärfere Bestrafung nach § 9 Abs. 2 RG. vom 9. Juni 1884 ein.

12. Schadensersatz bei polizeilichen Eingriffen[1]). Verhältnis des Bergbaues zu öffentlichen Verkehrsanstalten und neuen Ansiedelungen.

Die Frage, ob die Entziehung oder Beschränkung eines Privatrechts durch die Polizeigewalt für die dadurch Betroffenen einen Schadensersatzanspruch begründet, ist für das allgemeine preußische Polizeirecht auf Grund des § 75 Einl. z. ALR. und des § 31 Teil I Titel 8 ALR. zu bejahen. Die früher allgemein gemachte Unterscheidung, daß nur bei Eingriffen im Wege der Polizeiverfügung, aber nicht bei Eingriffen im Wege der Polizeiverordnung Entschädigung zu gewähren sei[2]), ist jetzt vom RG. anscheinend zugunsten der richtigen Ansicht aufgegeben, daß es nicht auf die Form, sondern auf den Inhalt des polizeilichen Eingriffs ankomme. Ungeklärt ist die Frage, wer Entschädigung zu leisten hat, ob in allen Fällen der Staat oder andere beteiligte öffentliche Verbände oder unter Umständen auch die Privatperson, die aus dem im öffentlichen Interesse erfolgenden Schutz ihres Privatrechts einen Vorteil zieht.

Über die Anwendung dieser allgemeinen Grundsätze auf das Bergpolizeirecht enthält das ABG. keine Bestimmung. Rechtsprechung und Wissenschaft haben also den Weg zu finden.

Was zunächst das Schürfrecht betrifft, so ist angenommen worden, daß bei polizeilichen Maßnahmen gegen den Schürfer es sich nicht um einen Eingriff in ein bestehendes Recht, sondern um Geltendmachung einer dem betroffenen Recht schon kraft Gesetzes an-

---

[1]) Voelkel, Z. f. B. **56** 373ff., **59** 151ff.; Isay Anm. 20 zu § 196.

[2]) Diese Unterscheidung ist unhaltbar, weil es in manchen Fällen ganz im Belieben der Polizeibehörde liegt, welche Form sie zur Erreichung ihres Zweckes anwenden will.

haftenden Beschränkung handele. Dies wird daraus gefolgert, daß nach § 4 Abs. 2 das Schürfen unstatthaft ist, wenn nach der Entscheidung der Bergbehörde überwiegende Gründe des öffentlichen Interesses entgegenstehen (vgl. auch § 10 Abs. 2). Wird daher das Schürfen im Interesse der Erhaltung einer gemeinnützigen Anlage polizeilich untersagt, so hat der Schürfer weder gegen den Staat noch gegen den Besitzer der geschützten Anlage einen Schadensersatzanspruch, auch dann nicht, wenn das Verbot erst nach Beginn der Schürfarbeiten ergeht[1]).

Ob auch das Bergwerkseigentum gesetzlich mit der Pflicht, alle im Sicherheitsinteresse erforderlichen polizeilichen Eingriffe ohne Schadensersatz zu dulden, belastet ist, ist zweifelhaft. Eine solche Beschränkung wurde früher allgemein daraus gefolgert, daß im § 54 ABG. dem Bergwerkseigentümer nur die Befugnis gegeben sei, das ihm verliehene Mineral „nach den Bestimmungen des gegenwärtigen Gesetzes" aufzusuchen und zu gewinnen. Auch läßt sich aus den §§ 148 ff. (Bergschadenrecht) der Grundsatz herleiten, daß dem Grundbesitzer (abgesehen vom § 150 Abs. 1) auch aus dem negativen, durch polizeilichen Zwang veranlaßten Verhalten des Bergwerksbesitzers in keinem Fall ein Schaden erwachsen darf. Das RG. hat aber neuerdings diesen Standpunkt verlassen und einen Schadensersatzanspruch des Bergwerksbesitzers bei außergewöhnlichen polizeilichen Eingriffen zum Schutze von Tagesanlagen mit der Maßgabe anerkannt, daß dem Grundbesitzer die Einrede der Vorteilsausgleichung (compensatio damni cum lucro) insoweit zustehe, als der Bergwerksbesitzer wegen des durch den polizeilichen Eingriff verhüteten Grundstücksschadens nach dem Bergschadenrecht schadensersatzpflichtig wäre[2]).

Erfolgt ein bergpolizeilicher Eingriff zum Schutz einer auf Grund des Quellenschutzgesetzes vom 14. Mai 1908 für gemeinnützig erklärten Heilquelle gegen schädigende Einwirkungen des Schürfens oder des Bergbaues, so ist die Schadensersatzfrage ebenso zu beurteilen, als wenn es sich um den Schutz von Tagesanlagen

---

[1]) RG. 17. Dez. 1898, Z. f. B. **40** 230.

[2]) RG. 12. März 1909, Z. f. B. **51** 155; 20. Okt. 1909, Z. f. B. **51** 315; 20. Juni 1911, Z. f. B. **53** 233; 17. Febr. 1915, Z. f. B. **56** 403; 18. Dez. 1916, Z. f. B. **57** 203. Die Rechtsprechung des RG. ist widerspruchsvoll und hat bisher zur vollständigen Klärung der Frage nicht geführt.

handelt. Die besonderen einschränkenden Schadensersatzbestimmungen des Quellenschutzgesetzes gelten nicht, da es auf das Schürfen und den Bergwerksbetrieb keine Anwendung findet (§ 32 a. a. O.).

Besondere Bestimmungen, die die Anwendung der allgemeinen Grundsätze ausschließen, enthält das ABG. (§§ 153—155) über das Verhältnis des Bergbaues zu den öffentlichen Verkehrsanstalten (Chausseen, Eisenbahnen[1]), Kanälen und anderen öffentlichen Verkehrsmitteln). Zur Regelung dieses besonderen Falles haben die bei Erlaß des ABG. besonders häufigen Kollisionen zwischen Bergwerksbetrieben und neuen Eisenbahnanlagen und die Unsicherheit des Rechtszustandes Anlaß gegeben. Der Vermeidung solcher Kollisionen dient die Vorschrift, daß vor Feststellung der den Eisenbahnen usw. zu gebenden Richtung die davon betroffenen Bergwerksbesitzer darüber gehört werden sollen, in welcher Weise unter möglichst geringer Benachteiligung des Bergwerkseigentums die Anlage auszuführen sei. Ein Widerspruchsrecht gegen die Ausführung haben die Bergbautreibenden nicht, auch nicht bei Nichtbeachtung dieser Sollvorschrift. Ist indessen das Bergbaurecht älter als die Genehmigung zu der Verkehrsanlage, so hat der Bergbautreibende gegen den Unternehmer der Anlage einen Anspruch auf Schadensersatz in beschränktem Umfange. Der infolge der bergpolizeilichen Auflagen dem Bergwerksbesitzer entgangene Gewinn bleibt außer Betracht. Aber auch der tatsächliche Schaden ist nur insoweit zu ersetzen, als entweder die Herstellung sonst nicht erforderlicher Anlagen in dem Bergwerk oder die sonst nicht erforderliche Beseitigung oder Veränderung bereits in dem Bergwerke vorhandener Anlagen notwendig wird. Ersatz zu leisten ist also (ohne daß, wie nach den allgemeinen Grundsätzen, eine Vorteilsausgleichung stattfindet), wenn aus dem bergpolizeilichen Schutz, der der Verkehrsanlage zu gewähren ist, sich für den Bergwerksbesitzer der Zwang ergibt, mit Bergeversatz abzubauen, Sand einzuschlämmen, einen Steindamm zu ziehen, einen Stollen zu beseitigen oder zu verlegen usw., dagegen nicht in dem häufigsten Falle, daß zum Schutze der Verkehrsanlage Sicherheitspfeiler stehen-

[1]) Einschl. der Kleinbahnen; vgl. Erl. d. Min. d. öff. Arb. vom 23. Okt. 1919, Z. f. B. **61** 186.

bleiben müssen[1]). Im Falle eines Streits über die zu leistende Entschädigung erfolgt die Festsetzung unter Vorbehalt des Rechtsweges durch einen — vorläufig vollstreckbaren — Beschluß des Oberbergamtes.

Während der Bergwerksbesitzer die Ausführung von öffentlichen Verkehrsanstalten, zu deren Schutze das Stehenlassen von Sicherheitspfeilern erforderlich werden wird, nicht hindern kann, steht ihm gegen die Erteilung der Genehmigung zur Gründung neuer Ansiedlungen ein Einspruchsrecht zu. Auf Grund eines tatsächlich begründeten Einspruchs kann die Ansiedlungsgenehmigung versagt werden, wenn durch den Betrieb des Bergwerks die Oberfläche des zu besiedelnden Grundstücks in Anspruch genommen wird oder Beschädigungen erleiden kann, denen im Interesse der persönlichen Sicherheit und des öffentlichen Verkehrs durch Stehenlassen von Sicherheitspfeilern vorzubeugen sein würde, und wenn die wirtschaftliche Bedeutung des uneingeschränkten Abbaues der Mineralien die der Ansiedlung überwiegt. Von Anträgen auf Genehmigung von Ansiedlungen in Bergbaugegenden hat die Genehmigungsbehörde den Bergrevierbeamten in Kenntnis zu setzen, der davon den beteiligten Bergwerksbesitzern unter Hinweis auf ihr binnen 21 Tage auszuübendes Einspruchsrecht Mitteilung zu machen hat. Wird die Ansiedlungsgenehmigung infolge des Einspruchs versagt, so ist der dadurch dem Grundbesitzer entstehende Schaden nach den für den Bergschaden geltenden Grundsätzen (§§ 148—151 ABG.) vom Bergwerksbesitzer zu ersetzen. Ist die Entschädigung gezahlt, so kann dieser vom Grundeigentümer verlangen, daß die Versagung der Ansiedlungsgenehmigung und die Zahlung der Entschädigung im Grundbuche vermerkt wird.[2])

[1]) Die Aufrechterhaltung weitergehender Entschädigungsansprüche aus dem älteren Recht für die vorhandenen Bergwerke im § 155 ist bedeutungslos, da solche weitergehende Ansprüche nicht bestehen (RG. i. d. Z. f. B. **23** 391; **33** 232). Wegen etwaiger Bergschadensersatzansprüche der öffentlichen Verkehrsanstalt s. S. 138.

[2]) Die oben angegebenen Grundsätze sind in der Hauptsache bereits in den §§ 15a, 16, 19 des G., betr. die Gründung neuer Ansiedlungen in den Provinzen Ostpreußen, Westpreußen, Brandenburg, Pommern, Posen, Schlesien, Sachsen und Westfalen, vom 10. Aug. 1914 (Z. f. B. **45** 247) enthalten. Inzwischen hat die Frage durch die Begründung gemeinnütziger Siedlungsunternehmungen (Reichssiedlungsges. vom 11. Aug. 1919, Pr. AG. vom 15. Dez.

XVIII. Bergarbeitsrecht[1]).

1. Allgemeines.

Nach den Bergordnungen und dem ABG. lag in Preußen die Annahme und Entlassung der Bergleute sowie die Überwachung des Arbeitsverhältnisses den Bergbehörden ob. Erst durch G. vom 21. Mai 1860 wurde dieses der freien Vereinbarung zwischen Arbeitnehmer und Arbeitgeber überlassen. Das ABG. hat hieran festgehalten, beschränkt sich zur Regelung des Bergarbeiterrechts auf wenige Vorschriften und verweist im übrigen auf die allgemeinen gesetzlichen Bestimmungen. Eine weitere Ausgestaltung (vgl. S. 37) hat das Bergarbeiterrecht sodann erfahren durch die sog. Arbeiterschutznovellen vom 24. Juni 1892 (Arbeitsordnung), vom 14. Juli 1905 (Arbeiterausschüsse usw.) und vom 28. Juli 1909 (Sicherheitsmänner). Nach der Staatsumwälzung wirkte die Arbeitergesetzgebung des Reiches auch auf das Recht der Bergarbeiter in stärkstem Maße ein. Unmittelbar wurde dadurch das Bergarbeiterrecht des ABG. insofern betroffen, als die Arbeiterausschüsse und Sicherheitsmänner durch die mit erheblich weiteren Befugnissen ausgestatteten Betriebsräte ersetzt wurden. Die Anpassung der Bestimmungen des ABG. an die neue Lage des Reichs-

---

1919) eine erhöhte praktische Bedeutung erlangt. Sie ist jetzt für gemeinnützige Siedlungen geregelt durch die §§ 7, 8 Abs. 2, 16 des Pr. G. vom 1. März 1923 über die Genehmignng von Siedlungen nach § 1 des Reichssiedlungsgesetzes (Z. f. B. **64** 382) und Art. IX der dazu erlassenen Ausführungsbestimmungen (Z. f. B. **64** 400). Dabei ist unter Berücksichtigung der Interessen des Braunkohlenbergbaues (Tagebau, Haldenschüttung) die Fassung entsprechend dahin geändert worden, daß das Einspruchsrecht nunmehr im Mandatsgebiet (S. 63) auch den Abbauberechtigten und Eigentümern kohleführender Grundstücke zusteht.

Ein Mangel besteht insofern, als nach den zur Zeit geltenden Vorschriften die Bergbehörde erst vor Genehmigung der Ansiedlung selbst zu benachrichtigen und nicht schon vor Genehmigung der Enteignung von Grundbesitz zu gemeinnützigen Siedlungen zu hören ist.

Von gleichen Gesichtspunkten aus ist in dem Erl. d. Min. d. öff. Arb., f. Handel u. Gew. u. des Innern vom 11. Dez. 1896 (Z. f. B. **38** 167) bestimmt, daß in Gegenden mit Kohlenbergbau die Bebauungspläne dem Revierbeamten zur Kenntnisnahme und Prüfung vorzulegen sind.

[1]) ABG. §§ 80—83e (3. Tit. 3. Abschn.). Strafbestimmungen: §§ 207—207g.

rechts erfolgte durch die Nov. vom 18. Dez. 1920. Die Entwicklung des Reichsarbeitsrechts ist noch im Fluß. Zur Schaffung eines Reichsarbeitsgesetzbuchs (vgl. Art. 157 Abs. 1 RVerf.) und eines Reichsbergarbeitsgesetzes ist es bisher nicht gekommen. Es gilt nach wie vor das Bergarbeiterrecht des ABG., ergänzt durch die allgemeinrechtlichen, gewerberechtlichen und arbeitsrechtlichen Bestimmungen der Reichsgesetzgebung, wobei allerdings zu beachten ist, daß der tatsächliche Schwerpunkt jetzt nicht mehr im ABG. liegt.

Die ergänzenden zivilrechtlichen Bestimmungen sind die des BGB. über den Dienstvertrag (§§ 611 ff.). Der Arbeitsvertrag des Bergarbeiters ist ein Dienstvertrag, kein Werkvertrag (§ 631 BGB.), sowohl wenn im Schichtlohn, als auch wenn, was im Bergbau die Regel bildet, im Gedinge gearbeitet wird. Von Bedeutung ist insbesondere die — durch Vertrag abänderbare — Bestimmung im § 616 über die Fortzahlung des Lohnes bei unverschuldeten kurzen Arbeitsunterbrechungen. Die Lohnforderung des Bergarbeiters genießt denselben Schutz wie andere Lohnforderungen.[1]) Im Konkurse des Bergwerksbesitzers und bei der Zwangsversteigerung und Zwangsverwaltung des Bergwerkseigentums usw. gewährt sie ein Vorzugsrecht auf Befriedigung wegen der laufenden und aus dem letzten Jahre rückständigen Beträge[2]).

Aus der GewO. gelten für das Arbeitsverhältnis des Bergarbeiters nur die Vorschriften, deren Anwendung auf den Bergbau ausdrücklich angeordnet ist (§ 6). Das sind die Bestimmungen über Sonntagsruhe (§§ 105b—105h)[3]), ferner (vgl. § 154a Abs. 1) die Bestimmungen über Lohnbücher, Lohnzettel, Arbeitszettel (§§ 114a Abs. 1 Satz 1 und Abs. 4, 114b Abs. 1, 114c, 134 Abs. 2), über Lohnzahlung (§§ 115—119a), über die

[1]) Lohnbeschlagnahmegesetz vom 21. Juni 1869. Der unpfändbare Lohnbetrag ist mehrfach erhöht worden, zuletzt durch die Fünfte VO. über Lohn- und Gehaltspfändung vom 7. Jan. 1924 (RGBl. I S. 25).

[2]) § 61 Abs. 1 Ziff. 1 KO.; Art. 17 AG. z. ZwVG.

[3]) Für den Bergbau gelten auch die von den Oberpräsidenten — innerhalb des durch § 105b Abs. 1 GewO. der Landesgesetzgebung gewährten Spielraums — über die äußere Heilighaltung der Sonn- und Feiertage erlassenen Polizeiverordnungen (Verbot der Störung des Gottesdienstes durch geräuschvolle Betriebe).

Beschäftigung von jugendlichen Arbeitern und von Arbeiterinnen (§§ 135—139b) sowie das Verbot, Arbeiterinnen unter Tage zu beschäftigen, das seit dem 1. April 1912 auf die Beschäftigung bei der Förderung mit Ausnahme der Aufbereitung (Separation, Wäsche), bei dem Transport und der Verladung über Tage ausgedehnt ist (§ 154a Abs. 2).

Zuwiderhandlungen gegen die Arbeiterschutzbestimmungen des ABG. sind mit gerichtlichen Strafen bedroht (§§ 207 bis 207g). Die Geltendmachung der zivilrechtlichen Ansprüche sowohl des Arbeitnehmers wie auch des Arbeitgebers aus dem Arbeitsverhältnis erfolgte in früherer Zeit vor den ordentlichen Gerichten. An deren Stelle traten nach Erlaß des Gewerbegerichtsg. vom 29. Juli 1890 (nicht überall) Gewerbegerichte. Auf Grund des § 88 dieses Gesetzes wurden vom HM. fünf besondere Berggewerbegerichte für den Steinkohlenbergbau errichtet (Beuthen, Waldenburg, Dortmund, Aachen, früher auch Saarbrücken). Über ihre Verfassung und Tätigkeit hat der HM. besondere Anordnungen erlassen. Sie bestehen aus einem ernannten Vorsitzenden, dessen Stellvertreter und Beisitzern, die zur Hälfte von den Arbeitgebern, zur Hälfte von den Arbeitnehmern je aus ihrer Mitte nach den Grundsätzen der Verhältniswahl gewählt werden. Sie sind in Kammern eingeteilt.

Zur Schlichtung von Arbeitsstreitigkeiten entstanden ferner auf reichsrechtlicher Grundlage, ausgehend von dem Gesetz über den vaterländischen Hilfsdienst, Schlichtungsausschüsse. Das Schlichtungswesen ist jetzt neu geregelt durch die VO. vom 13. Okt. 1923 (RGBl. I 1043)[1]), und zwar von dem Gesichtspunkt aus, daß Gesamtstreitigkeiten vor die Schlichtungsausschüsse und die für größere Wirtschaftsbezirke bestellten Schlichter, Einzelstreitigkeiten vor die Arbeitsgerichte gehören. Die Aufgaben dieser fallen bis zum Erlaß eines Reichsarbeitsgerichtsgesetzes den Gewerbegerichten (Berggewerbegerichten), Kaufmannsgerichten, arbeitsgerichtlichen Kammern der Schlichtungsausschüsse zu. Die Zuständigkeit der Berggewerbegerichte hat sich hierdurch auf die Entscheidung von Einzelstreitigkeiten aus dem Betriebsrätegesetz ausgedehnt. Gegen die

---

[1]) AusfA. vom 10. Dez. 1823 (RGBl. I S. 1191) und vom 29. Dez. 1923 (RGBl. 1924 I S. 9).

Entscheidung des Berggewerbegerichts ist Berufung zulässig, wenn der Wert des Streitgegenstandes einen bestimmten Betrag[1]) übersteigt.

Die Zuständigkeit der allgemeinen Gewerbegerichte für den Bergbau wird durch das Bestehen von Berggewerbegerichten ausgeschlossen und ist auch sonst nur begründet, soweit das die Satzung ausdrücklich bestimmt.

Auf jedem Bergwerk ist eine Arbeiterliste mit bestimmten Angaben zu führen, die der Kontrolle durch die Bergbehörde dient (§ 93).

Verdingt der Bergwerksbesitzer an einen selbständigen Unternehmer die Ausführung einer bestimmten Arbeit (Herstellung eines Schachtes usw.), so liegt ein Werkvertrag vor, der nach den allgemeinen Gesetzesvorschriften zu beurteilen ist. Die Arbeiter des Unternehmers werden, soweit dies die Natur der Sache zuläßt, als Bergarbeiter behandelt.

2. Arbeitsordnung[2]).

Für jedes Bergwerk (einschließlich der zugehörigen unter Aufsicht der Bergbehörde stehenden Anlagen) ist vom Bergwerksbesitzer oder dessen Stellvertreter in Gemeinschaft mit der gesetzlichen Arbeitervertretung eine Arbeitsordnung zu erlassen[3]). Es können auch für einzelne Betriebsabteilungen oder Arbeitergruppen besondere Arbeitsordnungen erlassen werden. Bei Betrieben von geringem Umfang oder kurzer Dauer kann die Bergbehörde den Bergwerksbesitzer von dem Erlaß einer Arbeitsordnung oder von der Regelung einzelner Punkte des Arbeitsverhältnisses entbinden (§ 80a Abs. 5).

Die Arbeitsordnung muß gewissen Formvorschriften genügen. Sie muß den Namen des Bergwerks oder die Bezeichnung der

---

[1]) Der Betrag (nach § 55 Abs. 1 Satz 2 GewGG. 100 M.) ist mehrfach erhöht worden, zuletzt durch die VO. vom 30. Aug. 1823, RGBl. I S. 845, 878 (300 M. × wöchentliche Reichsrichtzahl für Lebenshaltungskosten).

[2]) ABG. §§ 80a—80e, 80g, 80h.

[3]) Ein Zwang zum Erlaß von Arbeitsordnungen ist durch die Nov. vom 24. Juni 1892 eingeführt. Vor der Nov. vom 18. Dez. 1920 wurden sie vom Bergwerksbesitzer allein nach Begutachtung durch den Arbeiterausschuß erlassen. Kommt jetzt eine Einigung mit dem Betriebsrat nicht zustande, so entscheidet der Schlichtungsausschuß.

Betriebsanlage und den Tag ihres Inkrafttretens enthalten und vom Bergwerksbesitzer oder dessen Stellvertreter sowie von dem Vorsitzenden der gesetzlichen Arbeitervertretung unter Angabe des Datums unterzeichnet sein (§ 80a Abs. 2). Der Erlaß erfolgt durch Aushang. Die Aushändigung an die Arbeiter ist zwar unter Strafandrohung vorgeschrieben, aber zur Wirksamkeit der Arbeitsordnung nicht erforderlich (§§ 80a Abs. 1, 80g Abs. 2). Zwischen dem Erlaß und dem Inkrafttreten muß ein Zeitraum von mindestens 14 Tagen liegen (§ 80a Abs. 4), damit der mit ihrem Inhalte nicht einverstandene Arbeiter sich ihr durch Kündigung mit der regelmäßigen vierzehntägigen Frist entziehen kann. Die Abänderung einer Arbeitsordnung kann durch Erlaß einer neuen Arbeitsordnung oder eines Nachtrages erfolgen. Für die Nachträge gelten im wesentlichen die gleichen Vorschriften wie für die Arbeitsordnung selbst (§ 80a Abs. 3).

Der Inhalt der Arbeitsordnung (§ 80b) ist „objektives Arbeitsrecht". Er setzt sich zusammen aus notwendigen, bedingt notwendigen und nicht notwendigen Bestimmungen. Sie muß Bestimmungen enthalten über die Arbeitszeit, über die Festsetzung des Schichtlohnes und das Gedingewesen, über die Abrechnung und Lohnzahlung und über die Arbeiterunterstützungskasse (sofern für diese nicht gemeinschaftlich mit der Arbeitervertretung eine besondere Satzung erlassen wird). Bestimmungen über Strafen, über die Verwendung der verwirkten Lohnbeträge und über die Berechnung der den Arbeitern verabfolgten Betriebsmaterialien und Werkzeuge muß die Arbeitsordnung nur enthalten, wenn ein Recht zur Bestrafung, zur Einziehung von Lohnbeträgen oder zur Anrechnung der Betriebsmaterialien und Werkzeuge begründet werden, Bestimmungen über die Kündigungsfristen und die Entlassungs- und Austrittsgründe nur dann, wenn eine Abweichung von den gesetzlichen Bestimmungen eintreten soll. Freigestellt ist die Aufnahme weiterer Bestimmungen über die Ordnung des Betriebes und das Verhalten der Arbeiter im Betriebe sowie über das Verhalten der Arbeiter bei Benutzung der Wohlfahrtseinrichtungen des Bergwerks und das Verhalten der minderjährigen Arbeiter außerhalb des Betriebes.

Die Arbeitsordnung ist binnen drei Tagen nach Erlaß dem Bergrevierbeamten in zwei Ausfertigungen einzureichen (§ 80g). Einer

Genehmigung der Bergbehörde bedarf sie aber nicht. Ist sie vorschriftsmäßig erlassen, so tritt sie, soweit ihr Inhalt nicht den gesetzlichen oder tarifvertraglichen[1]) Bestimmungen zuwiderläuft, ohne weiteres in Kraft. Indessen kann der Bergrevierbeamte verlangen, daß Arbeitsordnungen, die nicht vorschriftsmäßig erlassen sind oder einen gesetzwidrigen Inhalt haben, durch gesetzmäßige Arbeitsordnungen ersetzt oder den gesetzlichen Vorschriften entsprechend abgeändert werden (§ 80h), und zwar auch dann, wenn sie durch den Spruch einer Schlichtungsstelle festgesetzt worden ist; in diesem Falle nach Einholung der Entscheidung des OBA.[2]). Liegt kein Anlaß zu Beanstandungen vor, so gibt er die eine Ausfertigung, mit einem Prüfungsvermerk versehen, dem Bergwerksbesitzer zurück.

3. Gesetzliche Einzelvorschriften.

a) In der Eigenart des Gedinges liegt es, daß die der Vereinbarung zwischen dem Arbeiter und dem Grubenbeamten vorbehaltene Feststellung der Lohnhöhe erst erfolgt, wenn ein Teil der Arbeit bereits geleistet ist. Über die Bemessung des Lohnes im Falle des Nichtzustandekommens einer Vereinbarung ist in der Arbeitsordnung Bestimmung zu treffen (§ 80b Ziff. 2). Für den Fall, daß es sich um Fortsetzung der Arbeit vor demselben Arbeitsorte handelt, greift aber die unabänderliche Gesetzesvorschrift (§ 80c Abs. 1) Platz, daß der Arbeiter, wenn das Gedinge nicht bis zu dem in der Arbeitsordnung zu bestimmenden Zeitpunkt abgeschlossen ist, die Feststellung seines Lohnes nach Maßgabe des in der vorausgegangenen Lohnperiode für dieselbe Arbeitsstelle gültig gewesenen Gedinges verlangen kann.

---

[1]) Tarifverträge sind schriftliche Verträge zwischen Vereinigungen von Arbeitnehmern einerseits und einzelnen Arbeitgebern oder Vereinigungen von Arbeitgebern andererseits, worin die Bedingungen für den Abschluß von Arbeitsverträgen geregelt werden. Tarifverträge sind „unabdingbar". Tarifvertragsrecht bricht Recht der Arbeitsordnung. Diese muß sich also im Rahmen der geltenden Tarifverträge halten (§ 1 VO. über Tarifverträge usw. vom 23. Dez. 1918 i. d. F. d. VO. vom 31. Mai 1920 und 23. Jan. 1923; § 78 Ziff. 3 LRG).

[2]) Erl. d. HM. vom 31. Jan. 1921, Z. f. B. **62** 171; RekB. Z. f. B. **63** 513; vgl. auch betr. Prüfung zentral vereinbarter Arbeitsordnungen (Herbeiführung eines Einvernehmens zwischen den zuständigen Prüfungsstellen) den Erl. d. HM. vom 26. Nov. 1921, Z. f. B. **63** 68.

b) Das „Wagennullen", d. h. die Nichtanrechnung ungenügend oder vorschriftswidrig beladener Fördergefäße ist bereits durch die Nov. vom 24. Juni 1892 beschränkt, sodann durch die Nov. vom 14. Juli 1905 ganz verboten worden. Danach müssen zurzeit ungenügend oder vorschriftswidrig beladene Fördergefäße insoweit angerechnet werden, als ihr Inhalt vorschriftsmäßig ist. Die Arbeiter dürfen das Verfahren zur Feststellung der ungenügenden oder vorschriftswidrigen Beladung und des anzurechnenden Teiles der Beladung (eine bloße Schätzung nach dem Augenmaß genügt nicht) durch einen aus ihrer Mitte von der gesetzlichen Arbeitervertretung gewählten Vertrauensmann überwachen lassen. Die Kosten der Überwachung, die zu einer Störung des Betriebes nicht führen darf, tragen die Arbeiter, doch hat der Bergwerksbesitzer den Lohn des Vertrauensmannes auf Antrag der gesetzlichen Arbeitervertretung vorschußweise zu zahlen (§ 80c Abs. 2).

Als Mittel zur Abstellung von Mißbräuchen bei der Beladung der Fördergefäße stehen dem Bergwerksbesitzer jetzt nur noch die Bestrafung des Arbeiters — der Gesamtbetrag der in einem Monat aus diesem Grunde verhängten Strafen darf über 5 M.[1]) nicht hinausgehen (§ 80d Abs. 1) — und die Kündigung zu.

c) Voraussetzung einer richtigen Berechnung des Gedingelohnes ist, daß der der Berechnung zugrunde gelegte Inhalt der Fördergefäße mit dem tatsächlichen Inhalt übereinstimmt. Um diese Übereinstimmung zu sichern, trifft § 80k Abs. 1 ABG. für den Fall der Lohnberechnung auf Grund abgeschlossener Gedinge Vorschriften über die Kenntlichmachung des Raum- oder Gewichtsinhalts an dem Fördergefäß usw.

Von der Verpflichtung zur Eichung nach § 7 der Maß- und Gewichtsordnung vom 30. Mai 1908 (RGBl. S. 349) sind Förderwagen und Fördergefäße, soweit sie im Bergwerksbetriebe zur Ermittlung des Arbeitslohnes dienen, befreit[2]).

d) Unzulässig ist, sofern nicht die Bergbehörde eine Ausnahme zuläßt, der sog. Füllkohlenabzug, der darin besteht, daß von der tatsächlichen Fördermenge Abgänge, die nachher beim Transport, bei der Verladung in die Eisenbahnwagen, bei der Lagerung auf

---

[1]) Dieser Betrag ist bisher nicht gesetzlich abgeändert.

[2]) VO. des Reichswirtschaftsministers vom 8. Febr. 1923, Z. f. B. **64** 149.

der Halde, vor allem aber durch die nasse Aufbereitung der Kohle entstehen, in Abzug gebracht werden und dadurch die Lohnberechnung zuungunsten des Arbeiters verschoben wird (§ 80k Abs. 3). Zulässig sind dagegen die auf Erzbergwerken vorkommenden Gedinge, bei denen die Löhne nicht auf Grund der Fördermenge, sondern der Menge der aufbereiteten Erze bemessen werden.

e) Durch die Arbeitsordnung kann dem Bergwerksbesitzer die Befugnis gegeben werden, selbst oder durch bestimmte Vertreter über die Arbeiter Strafen zu verhängen[1]). Diese müssen ohne Verzug festgesetzt und zur Kenntnis des Arbeiters gebracht, auch, wenn es Geldstrafen sind, in ein Verzeichnis eingetragen werden, das der Revierbeamte jederzeit einsehen darf. Die Strafbestimmungen dürfen aber nicht das Ehrgefühl oder die guten Sitten verletzen. Höchstmaß der Geldstrafe für den einzelnen Straffall ist in der Regel die Hälfte des Tagesarbeitsverdienstes, gegenüber gewissen Vergehen schwererer Art der ganze Tagesarbeitsverdienst. Für Bestrafungen wegen mangelhafter Beladung von Fördergefäßen gilt außerdem, wie schon oben erwähnt, das Höchstmaß von 5 M. monatlich (§§ 80d Abs. 1, 80e Abs. 2 u. 3).

Die Strafgelder fließen, wo eine Unterstützungskasse besteht, in diese, sonst müssen sie in anderer Weise zum Besten der Arbeiter des Bergwerks verwendet werden.

f) Die Frist für die Kündigung des Arbeitsverhältnisses ist im Gesetz auf 14 Tage festgesetzt. In der Arbeitsordnung können andere Kündigungsfristen bestimmt werden, doch müssen sie für beide Teile gleich sein (§ 81). Zulässig ist auch eine Bestimmung, wonach beide Teile jederzeit ohne Kündigung das Arbeitsverhältnis lösen können. Ist eine solche Bestimmung nicht getroffen, so kann ohne Innehaltung der Kündigungsfrist das Arbeitsverhältnis nur aus den in den §§ 82, 83 ABG. angegebenen wichtigen Gründen und nur innerhalb einer Woche nach Bekanntwerden dieser Gründe gelöst werden. Ist eine längere als vierzehntägige Kündigungsfrist vereinbart oder das Arbeitsverhältnis auf mindestens vier Wochen eingegangen, so berechtigen auch andere wichtige Gründe zur Lösung des Arbeitsverhältnisses (§ 83a)[2]).

---

[1]) Wegen der Beteiligung der Arbeitervertretung an der Straffestsetzung vgl. § 80 Abs. 2 BRG., der aber seinem Wortlaute nach nicht für den Bergbau gilt.

[2]) Vgl. S. 228 wegen der reichsgesetzlichen Beschränkung von Arbeiterentlassungen.

g) Verläßt der Arbeiter die Arbeit vorzeitig ohne einen berechtigten Austrittsgrund, also unter Vertragsbruch, so kann der Bergwerksbesitzer die Leistung der ihm geschuldeten Dienste im Rechtswege nicht erzwingen (§ 888 Abs. 2 ZPO.). Dagegen verpflichtet die Nichtinnehaltung der Kündigungsfrist durch einen der beiden Teile zum Schadensersatz. Auch kann in der Arbeitsordnung für den Fall des Vertragsbruchs des Arbeiters die Verwirkung des rückständigen Lohnes bis zum Betrage des durchschnittlichen Wochenlohnes festgesetzt werden (§ 80 Abs. 2). Über die Verwendung der verwirkten Lohnbeträge ist in der Arbeitsordnung Bestimmung zu treffen. Der Bergwerksbesitzer kann sie für sich behalten, wird sie aber in der Regel der Arbeiterunterstützungskasse zuweisen.

Verschieden von der Lohnverwirkung ist die Lohneinbehaltung d. h. die Zurückbehaltung des fälligen Arbeitslohnes zur Sicherung etwaiger Ansprüche gegen den Arbeiter, insbesondere des Anspruchs auf Einziehung des verwirkten Lohnes. Die Lohneinbehaltung hat eine nur vorläufige, die Lohnverwirkung eine endgültige Wirkung. Die Lohneinbehaltung ist nicht im ABG., sondern in der GewO. geregelt und unterliegt nach § 119a daselbst gewissen Einschränkungen.

Dem Vertragsbruch wirkt ferner auch § 86 entgegen, wonach der Bergwerksbesitzer, der einen Bergmann zum Vertragsbruch verleitet oder ihn mit Kenntnis der Tatsache des Vertragsbruchs annimmt oder behält, für den dem früheren Arbeitgeber entstandenen Schaden als Selbstschuldner mithaftet.

h) Auf Bergwerken mit einer Betriebsvertretung (vgl. §§ 15 ff. BRG.) muß zugunsten der Arbeiter eine Unterstützungskasse bestehen, an deren Verwaltung die gesetzliche Arbeitervertretung mitzuwirken hat. Eine Übersicht über die Einnahmen und Ausgaben und das Vermögen der Kasse ist alljährlich durch vierzehntägigen Aushang zur Kenntnis der Belegschaft zu bringen und alsdann dem OBA. einzureichen (§ 80d Abs. 2).

4. Arbeitnehmervertretungen.

Durch die Nov. vom 14. Juli 1905 waren die Arbeiterausschüsse, die bis dahin nur auf einzelnen, namentlich fiskalischen Bergwerken bestanden hatten, zu einer ständigen Zwangseinrichtung für alle Bergwerke mit mindestens 100 Arbeitern erhoben

15*

worden. Dem Arbeiterausschusse lag ob, „auf ein gutes Einvernehmen innerhalb der Belegschaft und zwischen der Belegschaft und dem Arbeitgeber" hinzuwirken. Daneben waren seit der Nov. vom 28. Juli 1909 für Steinkohlen-, Kali- sowie unterirdisch betriebene Braunkohlen- und Erzbergwerke die Sicherheitsmänner getreten, die aus der Belegschaft gewählt wurden und die Befugnis hatten, durch Grubenbefahrungen den Zustand der Betriebsanlagen in bezug auf die Sicherheit des Lebens und der Gesundheit der Arbeiter zu untersuchen.

Nach Art. 165 Abs. 6 der neuen Reichsverfassung gehört die Regelung der Aufgaben der Arbeiterräte zur ausschließlichen Zuständigkeit des Reichs. Diese Regelung ist erfolgt durch das Betriebsrätegesetz vom 4. Febr. 1920 (RGBl. S. 147). Die Arbeiterausschüsse und Sicherheitsmänner sind damit in Fortfall gekommen und die sie betreffenden Bestimmungen des ABG. durch die Nov. vom 18. Dez. 1920 aufgehoben worden. Die Aufgaben der Betriebsräte gehen wesentlich weiter, erstrecken sich insbesondere auch auf das wirtschaftliche Gebiet. Eine Hauptaufgabe der Betriebsräte des Bergbaues ist aber die der früheren Sicherheitsmänner, die sicherheitliche Überwachung des Betriebes. Nach § 78 Ziff. 6 BRG. haben sie auf die Bekämpfung der Unfall- und Gesundheitsgefahren zu achten und die Aufsichtsbeamten hierbei zu unterstützen. Nach § 77 BRG. haben sie zu den amtlichen Unfalluntersuchungen ein Mitglied zu entsenden. Für die Tätigkeit der Betriebsräte sind durch die Arbeitsgemeinschaften Richtlinien zum BRG. vereinbart. Ferner sind vom HM. Leitsätze vom 28. April 1922 für die ständige Heranziehung der Betriebsvertretungen im Bergwerksbetrieb auf dem Gebiete der Unfallverhütung erlassen worden (Z. f. B. **63** 427, vgl. auch S. 205).

5. Arbeitsbeschaffung. Arbeitswechsel.

Der Grundsatz des Art. 163 RVerf., daß jedem Deutschen die Möglichkeit gegeben werden soll, durch wirtschaftliche Arbeit seinen Unterhalt zu erwerben, hat in seiner Durchführung dazu geführt, daß der Bergwerksbesitzer über Annahme und Entlassung der Arbeitnehmer nicht mehr frei zu bestimmen hat. Einschränkungen seiner Entschließungsfreiheit sowie der Rücksichten auf den wirtschaftlichen Erfolg ergeben sich insbesondere aus folgenden Reichsgesetzen:

1. dem Arbeitsnachweisgesetz vom 22. Juli 1922, Z. f. B. **64** 1 (Preuß. AusfA. vom 7. Nov. 1922, Z. f. B. **64** 36);
2. dem G. über die Beschäftigung Schwerbeschädigter vom 6. April 1920 in der Fassung der Bek. vom 12. Jan. 1923, Z. f. B. **64** 139 (AusfVO. vom 13. Febr. 1924, RGBl. I 73);
3. den sog. Demobilmachungsverordnungen, insbesondere der VO., betr. Maßnahmen gegenüber Betriebsabbrüchen und -stillegungen, vom 8. Nov. 1920 (RGBl. S. 1901) in der Fassung der VO. über Betriebsstillegungen und Arbeitsstreckung vom 15. Okt. 1923 (RGBl. I 983)[1]);
4. den §§ 81—89 des Betriebsrätegesetzes.

Diese Gesetze sind allgemeines Arbeitsrecht. Das ABG. enthält nur über zwei diesem Gebiet angehörender Einrichtungen besondere Bestimmungen, über den Abkehrschein und das Arbeitsbuch.

Abkehrschein[2]) ist das Zeugnis, das dem abkehrenden volljährigen Bergmann über die Art und Dauer seiner Beschäftigung auszustellen ist. Ohne Vorlegung des Abkehrscheins darf der Bergmann an einer anderen Stelle nicht zur Bergarbeit angenommen werden. Der Abkehrschein ist eine dem Bergbau eigentümliche Einrichtung, die an praktischer Bedeutung verloren hat. Der neue Arbeitgeber soll daraus ersehen können, welche Arbeiten dem sich zur Arbeit Meldenden ohne Gefährdung der Betriebssicherheit übertragen werden können. Der Abkehrschein ist auszustellen, ohne daß es eines Antrags bedarf (anders § 113 GewO.), auch im Falle des Vertragsbruchs und der sofortigen Entlassung.

Außer dem Abkehrschein (Beschäftigungszeugnis) kann der Volljährige Arbeiter ein besonderes Zeugnis über seine Führung und seine Leistungen (Führungszeugnis) fordern.

Minderjährigen Arbeitern wird nur auf Antrag ein Abgangszeugnis über die Art und Dauer ihrer Beschäftigung erteilt und dies nur auf besonderes Verlangen auf die Führung und die Leistungen ausgedehnt.

Die Zeugnisse dürfen nicht mit geheimen Merkmalen versehen sein, auch keine ungerechtfertigten Beschuldigungen, die die fernere

[1]) Vgl. Erl. d. HM. vom 29. Okt. 1923.

[2]) §§ 84, 85, Strafbestimmungen: §§ 207a, 207e Ziff. 1.

Beschäftigung des Bergmanns hindern würden, enthalten. Die Berechtigung einer Beschuldigung hat auf Antrag des Bergmanns die Ortspolizeibehörde (nicht der Bergrevierbeamte) zu untersuchen. Diese vermerkt, wenn die Beschuldigung als unbegründet befunden wird, den Befund auf dem Zeugnis. Sie stellt das Abgangszeugnis aus, wenn der Verpflichtete die Ausstellung verweigert.

Einen ganz anderen Zweck als der Abkehrschein und die Abgangszeugnisse hat das für minderjährige Arbeiter[1]) durch die Nov. vom 24. Juni 1892 nach dem Vorgange der GewO. (§§ 107 bis 114) eingeführte Arbeitsbuch[2]). Dadurch, daß Minderjährige ohne Arbeitsbuch nicht beschäftigt werden dürfen, in Verbindung mit den weiteren Vorschriften, daß die Ausstellung durch die Ortspolizeibehörde regelmäßig nur auf Antrag oder mit Zustimmung des gesetzlichen Vertreters erfolgen darf und dieser bei Lösung eines Arbeitsverhältnisses das Arbeitsbuch ausgehändigt erhält oder wenigstens die Aushändigung an sich selbst verlangen kann, sollte die Ungebundenheit der minderjährigen Arbeiter eingeschränkt werden. Zur Eintragung von Urteilen über die Führung und Leistungen des Arbeiters dienen die Arbeitsbücher nicht. Auch sie dürfen nicht mit geheimen Merkmalen versehen werden.

6. Arbeitszeit.

Eine Festsetzung der Höchstdauer der Arbeitszeit kann aus allgemeinen sozialen Gründen, aber auch vom polizeilichen Gesichtspunkte aus geboten sein. In ersterer Hinsicht ist die Arbeitszeit jetzt Gegenstand der Regelung durch die Reichsgesetzgebung[3]) und durch die Tarifverträge. In letzterer Hinsicht ist es bei der Zuständigkeit der Bergbehörden verblieben[4]).

Zu den Aufgaben der Bergpolizei (§ 196) gehört die Wahrung der Sicherheit des Lebens und der Gesundheit der Arbeiter. Hier-

[1]) Nicht bloß für „jugendliche Arbeiter" im Sinne der GewO.

[2]) §§ 85a—85h. Strafbestimmungen: §§ 207a, 207e Ziff. 1—3.

[3]) VO. über die Arbeitszeit vom 21. Dez. 1923 (RGBl. I S. 1249). Danach gilt regelmäßig der Achtstundenarbeitstag unter Zulassung tarifvertraglicher Ausdehnung. Eine Sondervorschrift für den Bergbau unter Tage (heiße Betriebspunkte) enthält § 8 dieser VO. Nach § 14 ist das G. über die Arbeitszeit im Bergbau unter Tage vom 17. Juli 1922 außer Kraft getreten.

[4]) ABG. §§ 197, 93a—93e. Strafbestimmungen: §§ 207f, 207g.

aus folgt ohne weiteres das Recht und die Pflicht der Bergpolizeibehörde, in Fällen einzuschreiten, in denen sich — abgesehen von der Einschränkung der Arbeitszeit von Arbeiterinnen und jugendlichen Arbeitern durch die GewO. — aus einer zu langen Arbeitszeit Gefahren für die Gesundheit der Arbeiter ergeben. Auf dieser Rechtsgrundlage ruhen die von alters her bestehenden Bergpolizeivorschriften über die Höchstdauer der Beschäftigung an Arbeitsorten mit hohen Temperaturen, während die Beschränkung der Arbeitszeit von Anschlägern, Maschinen- und Kesselwärtern vorwiegend auf die Erwägung zurückzuführen ist, daß die Besetzung dieser verantwortungsvollen Stellen mit ungeschwächten Arbeitskräften im Interesse der allgemeinen Betriebssicherheit liegt.

Die Nov. vom 24. Juni 1892 hat das Recht der Bergpolizeibehörden ausdrücklich anerkannt durch Aufnahme der Bestimmung (in den § 197 Abs. 1), daß für solche Betriebe, in denen durch übermäßige Dauer der täglichen Arbeitszeit die Gesundheit der Arbeiter gefährdet wird, die Oberbergämter Dauer, Beginn und Ende der täglichen Arbeitszeit und der zu gewährenden Pausen vorschreiben können.

Der Regierungsentwurf zu der Nov. vom 14. Juli 1905 wollte mit Rücksicht auf das Vordringen des Steinkohlenbergbaues in größere Teufen für Steinkohlenbergwerke mit höherer Temperatur einen sog. sanitären Maximalarbeitstag einführen. Der Entwurf ist jedoch in dieser Hinsicht nicht Gesetz geworden. Die Nov. vom 14. Juli 1905 hat sich damit begnügt, dem § 197 Abs. 1 eine Fassung zu geben, nach der der Erlaß die Arbeitszeit beschränkender Anordnungen bei vorhandener Gefahr als eine Pflicht[1]) der Oberbergämter erscheint und sodann über die Arbeitszeit der Arbeiter auf Steinkohlenbergwerken[2]) folgende besondere Bestimmungen zu treffen.

Zunächst ist zur Beseitigung eines Streitpunktes des Bergarbeiterausstandes von 1905 das Verhältnis der Seilfahrt, deren Dauer mit dem Tieferwerden der Schächte fortgesetzt gestiegen war, zu der regelmäßigen, d. h. in der Arbeitsordnung festgesetzten

---

[1]) Sachlich war das keine Neuerung, da einer Befugnis einer Polizeibehörde grundsätzlich ihre Pflicht entspricht, von dieser Befugnis im geeigneten Falle Gebrauch zu machen.

[2]) Infolge eines Redaktionsversehens — Nichterwähnung des § 93d im § 93a — ist zweifelhaft, ob nicht § 93d (Über- und Nebenschichten, Ruhezeit) seinem Wortlaut entsprechend für alle Bergwerke gilt.

Arbeitszeit geregelt. Diese darf für den einzelnen Arbeiter durch die Ein- und Ausfahrt nicht um mehr als eine halbe Stunde verlängert werden. Ein etwaiges Mehr ist auf die Arbeitszeit anzurechnen (§ 93b).

Sodann darf für Arbeiter, die an Betriebspunkten mit einer gewöhnlichen Temperatur von mehr als + 28° C nicht bloß vorübergehend beschäftigt werden, die Arbeitszeit sechs Stunden täglich nicht überschreiten. Über- und Nebenschichten dürfen an solchen Betriebspunkten nicht verfahren werden. Als gewöhnliche Temperatur gilt die Temperatur, die der Betriebsort bei regelmäßiger Belegung und Bewetterung hat (§§ 93c, 93d Abs. 1)[1]).

Endlich muß vor dem Beginn sowohl einer regelmäßigen Schicht als auch einer Nebenschicht für den einzelnen Arbeiter eine mindestens achtstündige Ruhepause liegen (§ 93d Abs. 2).

Über die einzelnen in diesen Vorschriften verwendeten arbeitstechnischen Begriffe ist folgendes zu bemerken: „Arbeitszeit" ist die Zeit von der Beendigung der Seilfahrt bis zu deren Wiederbeginn (§ 93b Abs. 2)[2]). Die Dauer der Seilfahrt ist aber auch nicht auf die vorgeschriebene „Ruhezeit" anzurechnen, denn deren Beginn fällt nicht notwendig mit dem Ende der Arbeitszeit zusammen. „Nebenschicht" ist eine von der regelmäßigen Arbeitsschicht (Hauptschicht) durch eine Pause — diese muß mindestens achtstündig sein — getrennte besondere Schicht, „Überschicht", die unmittelbare Verlängerung der regelmäßigen Schicht. Geht die Verlängerung über eine gewisse Dauer hinaus, so kann es zweifelhaft werden, ob nicht unzulässigerweise zwei Hauptschichten unmittelbar hintereinander verfahren worden sind[3]).

---

[1]) Vgl. die entsprechenden Bestimmungen im § 8 der VO. über die Arbeitszeit vom 21. Dez. 1923, wodurch aber die — zum Teil weitergehenden — Vorschriften des ABG. nicht beseitigt sind.

[2]) Im § 93c Abs. 1 ist Arbeitszeit die Zeit der tatsächlichen Beschäftigung an dem heißen Betriebspunkte. Die VO. über die Arbeitszeit vom 21. Dez. 1923 (§ 8 Abs. 2) versteht unter „regelmäßiger täglicher Arbeitszeit (Schichtzeit)" im Steinkohlenbergbau die Zeit vom Beginne der Seilfahrt bei der Einfahrt bis zum Wiederbeginne bei der Ausfahrt oder vom Eintritt des einzelnen Arbeiters in das Stollenmundloch bis zu seinem Wiederaustritt.

[3]) Vgl. ferner zur Auslegung der Begriffe „vorübergehende Beschäftigung", „gewöhnliche Temperatur", „regelmäßige Belegung und Bewetterung" das Urteil des KG. vom 19. Okt. 1914, Z. f. B. **56** 115.

7. Betriebsbeamte[1]).

Weder die GewO. noch das ABG. enthielten ursprünglich besondere Bestimmungen über das Dienstverhältnis der Betriebsbeamten. Während solche Bestimmungen für die höheren Betriebsbeamten entbehrlich erscheinen, erwies sich in der Folgezeit als unumgänglich eine nähere gesetzliche Regelung des Dienstverhältnisses der Beamten, die nach ihren wirtschaftlichen und sozialen Verhältnissen eine Zwischenstufe zwischen den höheren Betriebsbeamten und den Arbeitern bilden. Das sind die sog. Aufsichtspersonen (S. 197 ff.) und die dauernd mit höheren technischen Dienstleistungen betrauten Personen (Maschinen- und Bautechniker, Chemiker, Zeichner usw.), vorausgesetzt, daß ihre Entlohnung in festen Bezügen stattfindet (§ 88). Die Regelung für den Bergbau ist durch die Nov. vom 24. Juni 1892 und 28. Juli 1909 im engen Anschluß an die Nov. zur GewO. erfolgt. Eine Abweichung besteht insofern, als die Beschränkung der sog. Konkurrenzklausel (§ 133f GewO.) für die Bergwerksbetriebsbeamten nicht gilt.

Hervorzuheben ist, daß die Kündigung des Dienstverhältnisses regelmäßig nur zum Ablauf des Kalendervierteljahres mit sechswöchiger Frist stattfinden kann. Auch die Gründe, die zur sofortigen Aufhebung des Dienstverhältnisses berechtigen, sind der Natur der Sache nach etwas anders als für das Bergarbeiterverhältnis geregelt (§§ 89, 90).

Sonst greifen auch für die Betriebsbeamten die §§ 611 ff. BGB. und die Bestimmungen der neuesten Reichsarbeitsgesetzgebung Platz. Ihre Interessen werden durch den Angestelltenrat, der einen Teil des Betriebsrats bildet, wahrgenommen. Ihre Arbeitszeit ist besonders geregelt[2]).

Das Dienstverhältnis der höheren Beamten bestimmt sich nach §§ 611 ff. BGB. oder, wenn der Bergwerksbesitzer Kaufmannseigenschaft hat und sie kaufmännische Dienste leisten, nach den Bestimmungen des HGB. (§§ 59 ff.) über Handlungsgehilfen.

---

[1]) §§ 88—91 ABG.; vgl. §§ 133a—d GewO.

[2]) VO. vom 18. März 1919 (Z. f. B. **60** 289) i. d. F. der VO. über die Arbeitszeit vom 21. Dez. 1923 (RGBl. I S. 1249).

8. Fortbildungsschulen. Bergschulen.

Die allgemeine Schulpflicht erstreckt sich nach Art. 145 RVerf. auch auf den Besuch einer Fortbildungsschule bis zum vollendeten 18. Lebensjahre. Für Preußen ist zur näheren Regelung das G., betr. die Erweiterung der Berufs- (Fortbildungs-) Schulpflicht, vom 31. Juli 1923 (GS. S. 367, AusfA. des HM. vom 29. Dez. 1923) ergangen. Danach wird der Zwang zum Besuch einer Fortbildungsschule regelmäßig durch Erlaß einer Satzung von seiten des Kreises oder einer Gemeinde geschaffen. Auf Bergarbeiter kann der Zwang nur mit Zustimmung des OBA. ausgedehnt werden (§ 87 Abs. 3 ABG., vgl. auch § 120 GewO.). Von der Pflicht zum Besuche der allgemeinen Fortbildungsschule sind diejenigen Bergarbeiter befreit, die eine Fachschule (Steigerschule, Bergvorschule, Bergschule) oder eine andere vom Oberbergamt als ausreichender Ersatz anerkannte Fortbildungsschule (z. B. eine der „Bergfortbildungsschulen" im Ruhrkohlenbezirk) besuchen. Besteht eine Schule solcher Art, so haben die Bergwerksbesitzer ihren Arbeitern unter 18 Jahren die zum Schulbesuch erforderliche, nötigenfalls von der Bergbehörde festzusetzende Zeit zu gewähren (§ 87 Abs. 1 ABG.)[1]. Die Pflicht zum Schulbesuch kann auch in der Arbeitsordnung festgestellt werden (§ 80d Abs. 3).

Die Bergschulen, die der Ausbildung der Grubenbeamten dienen, werden zum Teil von den Bergbauhilfskassen (Bochum, Waldenburg), zum Teil von besonderen Bergschulvereinen (Eisleben, Clausthal, Essen, Siegen, Dillenburg, Aachen, Mörs) unterhalten. Die Bergschule in Tarnowitz ist infolge der Teilung Oberschlesiens ausgeschieden. Das Recht, Befähigungszeugnisse auszustellen (vgl. S. 199), ist vom Handelsminister allen Bergschulen mit räumlichen und sachlichen Einschränkungen erteilt worden. Die staatliche Schulaufsicht über die Bergschulen wird gewohnheitsgemäß von den Bergbehörden ausgeübt.

Zur Stärkung des Einflusses der Angestellten und Arbeiter auf die Verwaltung der Bergschulen ist das G. über die Bergschulvereine vom 12. Jan. 1921 (GS. S. 228) erlassen worden.

---

[1]) Zuwiderhandlungen gegen § 87 Abs. 1 oder gegen die auf Grund des § 87 Abs. 3 erlassenen Satzungsbestimmungen sind nach § 207e Ziff. 4 strafbar.

Danach bedürfen Bergschulvereine zur Erfüllung ihres Vereinszweckes der Genehmigung des Handelsministers. Die Genehmigung wird unter den drei Voraussetzungen erteilt, daß a) durch die Vereinssatzung den Bergbehörden ein Aufsichtsrecht in gleichem Umfange eingeräumt wird, wie es ihnen gegenüber den Bergbauhilfskassen (S. 266) zusteht, b) die Erfüllung des Vereinszweckes finanziell gesichert erscheint, c) der Bergschulvorstand sich in angemessenem Verhältnis aus Vertretern der Bergbehörden, der Bergwerksbesitzer, der Bergschullehrer, der Angestellten, deren Nachwuchs auf der Bergschule herangebildet wird, und der Bergarbeiter zusammensetzt. Die Zahl der Vertreter der Bergwerksbesitzer und die Zahl der Vertreter der Angestellten und Bergarbeiter muß die gleiche sein. Die Vertreter werden von den Organisationen der Unternehmer und Arbeitnehmer in Vorschlag gebracht. Bergschulen, die ohne eine solche Genehmigung unterhalten werden, sollen durch Gesetz auf den Staat übergeführt werden.

Das Gesetz gewährt sodann den Bergschulvereinen die Möglichkeit, auch Bergwerke und andere Mineralgewinnungen, die im Bezirke des Vereins gelegen sind, aber dem Vereine nicht angehören, zu Beiträgen in Höhe der Mitgliederbeiträge heranzuziehen. Für nicht bergpolizeilich beaufsichtigte Mineralgewinnungen kann der Handelsminister Ausnahmen eintreten lassen.

Die Bestimmungen über die Zusammensetzung des Bergschulvorstandes und die Heranziehung der Außenseiter zu Beiträgen finden auch auf die Bergbauhilfskassen, die Bergschulen unterhalten, Anwendung.

XIX. Knappschaftswesen[1]).

1. Geschichtliche Entwicklung.

Die besonderen Gefahren des Bergmannsberufes und der enge Zusammenhalt der Bergknappschaften haben schon im Mittelalter zur Bildung von Genossenschaften zur gegenseitigen Unterstützung (Knappschaftskassen, Bruderladen) geführt, zu denen nach

[1]) RKnG. vom 23. Juni 1923 (RGBl. I S. 431), EG. vom 23. Juni 1923 (RGBl. I S. 454); Kommentar von Reuß-Hense, Berlin-Leipzig 1923.

vielen Bergordnungen auch die Bergwerksbesitzer Beiträge zu leisten hatten.

In Preußen waren die Knappschaftskassen zunächst unter Verwaltung der Bergbehörden stehende Institutenkassen. Ihre Hauptaufgabe war die Fürsorge für Invalide und Hinterbliebene. Die Krankenfürsorge lag ihnen nur bei längerer Dauer der Krankheit ob, da die Bergleute in Krankheitsfällen ihren Lohn vier Wochen lang (bei Ausbeutezechen acht Wochen lang) weiter erhielten. Die Bergwerksbesitzer hatten für die Knappschaftskasse zwei Freikuxe zu bauen.

Als um die Mitte des 19. Jahrhunderts das Direktionsprinzip aufgegeben wurde, erhielten auch die Knappschaftsvereine eine größere Selbständigkeit. Anderseits mußte gesetzlich für ihr Fortbestehen und ihre Fortentwicklung Vorsorge getroffen werden. Dies ist durch das KnG. vom 10. April 1854 (GS. S. 139) geschehen, das den gesetzlichen Knappschaftszwang einführte. Die Grundzüge dieses Gesetzes sind ohne wesentliche Änderungen in den siebenten Titel des ABG. übernommen worden.

Auf die weitere Entwicklung des Knappschaftswesens war von größtem Einfluß die Arbeiterversicherungsgesetzgebung des Deutschen Reiches, die, zunächst nach dem Vorbilde des Knappschaftsrechts gestaltet, später diesem mehrfach weit vorauseilte und auch Bestimmungen traf, die unmittelbar in das Knappschaftsrecht eingriffen. Um die Übereinstimmung mit dem Reichsrecht herzustellen und zugleich gewisse im Laufe der Entwicklung stark fühlbar gewordene Mängel und Lücken des Knappschaftswesens zu beseitigen, erging zunächst die Knappschaftsnov. vom 19. Juni 1906 (GS. S. 199). Die Hauptzwecke dieses Gesetzes waren die möglichste Sicherstellung der den einzelnen Knappschaftsvereinen obliegenden Leistungen (Sanierung der Knappschaftsvereine), die Herbeiführung einer Art knappschaftlicher Freizügigkeit durch die Herstellung eines gesetzlichen Gegenseitigkeitsverhältnisses zwischen den Knappschaftsvereinen und eine gerechtere Regelung der Aufbringung der Mittel, insbesondere die Beseitigung des Mißstandes, daß auch diejenigen Mitglieder, welche satzungsgemäß keine Anwartschaft auf Pension erlangen konnten (die „unständigen" oder „minderberechtigten" Mitglieder), gleichwohl zu vollen oder nahezu vollen Beiträgen herangezogen wurden. Ein solches Verfahren wurde durch die rechnungsmäßige Trennung der Krankenkasse von der Pensionskasse ausgeschlossen. Ein weiterer Fortschritt war die Einführung eines schiedsgerichtlichen Verfahrens für die Geltendmachung von Ansprüchen auf Pensionskassenleistungen. Geringere Bedeutung für die Eigenentwicklung des Knappschaftswesens hatte die zweite Knappschaftsnov. vom 3. Juni 1912 (GS. S. 97). Sie bezweckte im wesentlichen die Anpassung des Knappschaftsrechts an die durch den Erlaß der RVO. vom 19. Juli 1911 (RGBl. S. 509) und des Versicherungsgesetzes für Angestellte vom 20. Dez. 1911 (RGBl. S. 989) geschaffene neue Lage des Reichsrechts. Der durch die Nov. von 1906 und 1912 abgeänderte Text des siebenten Titels des ABG. ist am 17. Juni 1912 als „Knappschaftsgesetz“ bekanntgemacht worden und damit formell aus dem ABG. ausgeschieden.

Obwohl die anderen Bundesstaaten sich dieser Neuregelung des Knappschaftswesens im wesentlichen anschlossen, blieben doch im Verhältnis der Knappschaftsvereine der verschiedenen Länder zueinander gewisse Mängel bestehen, insbesondere die nicht vollständige Übereinstimmung der Leistungen und des Verfahrens, das Fehlen der Freizügigkeit, d. h. der Möglichkeit, bei Abwanderung in den Bezirk eines anderen Knappschaftsvereins dort die Versicherung ohne Beeinträchtigung der erworbenen knappschaftlichen Rechte fortzusetzen, und die ungenügende finanzielle Sicherheit der knappschaftlichen Leistungen. Bis zu einem gewissen Grade wurde im Wege der Vereinbarung zwischen den Knappschaftsvereinen, die sich zu dem „Allgemeinen Knappschaftsverband“ zusammenschlossen, Abhilfe geschaffen. An Stelle der schon 1911 errichteten „Knappschaftlichen Rückversicherungsanstalt“ der preußischen Knappschaftsvereine wurde 1916 der „Knappschaftliche Versicherungsverband“ begründet, dem auch außerpreußische Knappschaftsvereine beitreten konnten. Das Gegenseitigkeitsverhältnis zwischen den preußischen Knappschaftsvereinen wurde durch den Freizügigkeitsvertrag vom 1. Sept. 1917 auf alle deutsche Knappschaftsvereine ausgedehnt.

Die Richtung der Entwicklung war die — von den Bergarbeitern dringend geforderte — Vereinheitlichung des Knappschaftswesens für das ganze Reich. Dieser standen auch keine Zuständigkeitsbedenken mehr entgegen, nachdem durch die RVerf. vom 11. Aug. 1919 die Gesetzgebung über die Versicherung der Angestellten und

Arbeiter sowie über den Bergbau der Reichsgesetzgebung zugewiesen worden war. Der demgemäß nach sehr eingehenden Verhandlungen innerhalb des Allg. Knappschaftsverbandes aufgestellte Gesetzentwurf ist vom Reichstag angenommen und als Reichsknappschaftsgesetz zugleich mit einem Einführungsgesetz, das die Überleitung des bisherigen in den neuen Rechtszustand regelt, vom 23. Juni 1923 (RGBl. I S. 431, I S. 454) veröffentlicht worden.

Die Durchführung des RKnG. ist zur Zeit (März 1924) dadurch in Frage gestellt, daß der Reichstag die Bestimmungen des Entwurfs über die Pensionskassenleistungen umgestaltet und Mindestsätze festgestellt hat (vgl. insbesondere § 31 Abs. 1), die auf der Arbeitgeberseite im Hinblick auf die wirtschaftliche Lage des Bergbaues als nicht tragbar angesehen werden. Dies hat zunächst dazu geführt, daß die Gründungsversammlung des RKnV. ergebnislos verlaufen ist, daß infolgedessen die erste Satzung vom Reichsarbeitsminister erlassen werden mußte (Art. 6 EG.), daß Sondervorschriften für die einzelnen Knappschaften bisher nicht bestehen und daß mehrere der bisherigen Knappschaftsvereine — diese nehmen vorläufig die Geschäfte der Bezirksknappschaftsvereine wahr (Art. 8 EG.) — sich veranlaßt sahen, ihre bisherigen freiwilligen Mehrleistungen (insbesondere die Familienfürsorge in Krankheitsfällen), deren soziale Bedeutung an einzelnen Stellen die der Erhöhung der Pensionen übersteigt, einzustellen.

2. Knappschaftspflicht.

Der knappschaftlichen Versicherung unterliegen die Arbeitnehmer (männliche und weibliche, Arbeiter und Angestellte) in „knappschaftlichen Betrieben" (§ 1).

Knappschaftliche Betriebe sind alle Betriebe, in denen Mineralien oder ähnliche Stoffe bergmännisch gewonnen werden, nebst ihren mit dem Hauptbetriebe räumlich und betrieblich zusammenhängenden Nebenbetrieben. In Zweifelsfällen entscheidet der Reichsarbeitsminister (§ 2 Abs. 1—3).

Der freiwillige Beitritt zum Knappschaftsverein steht solchen Gewerbsanlagen offen, die zwar nicht räumlich, aber verwaltungsmäßig und betrieblich mit einem knappschaftlichen Betriebe zusammenhängen, wenn zwischen den Betriebsanlagen ein regelmäßiger Wechsel des größeren Teiles der Arbeitnehmerschaft stattfindet. Es bedarf dazu eines gemeinschaftlichen Antrages der Arbeitgeber und der Mehrzahl der Arbeitnehmer sowie der Genehmigung des Reichsknappschaftsvereins (§ 2 Abs. 4).

Der Umfang der Reichsknappschaftspflicht deckt sich nicht ganz mit dem Umfang der Knappschaftspflicht nach den bisherigen landesgesetzlichen Bestimmungen. Insbesondere fallen darunter nicht Hütten und selbständige Salinen. Auch ist zu beachten, daß die bergpolizeiliche Zuständigkeit für die Knappschaftspflicht des Betriebes nicht mehr maßgebend ist. Für diese Fälle sind Übergangsbestimmungen getroffen (Art. 17—22 EG.). Zunächst konnte durch Abgabe einer gemeinschaftlichen Erklärung des Arbeitgebers und der Mehrheit der Arbeitnehmer innerhalb einer Übergangsfrist die knappschaftliche Versicherung für den ganzen Betrieb fortgesetzt werden. Aber auch wenn dies nicht geschehen ist, steht es den einzelnen bisherigen Mitgliedern der Pensionskasse eines Knappschaftsvereins frei, für die Dauer ihrer Beschäftigung in demselben oder einem gleichen Betriebe die knappschaftliche Versicherung fortzusetzen. In einem solchen Falle kann sich also die Belegschaft aus Knappschaftsmitgliedern, für die auch die Arbeitgeber knappschaftliche Beiträge zu zahlen haben, und Nichtknappschaftsmitgliedern zusammensetzen.

Zu erwähnen ist noch, daß die Knappschaftspflicht auch für die in Diensten der knappschaftlichen Versicherung beschäftigten Arbeiter und Angestellten gilt (§§ 149, 150).

3. Reichsknappschaftsverein.

An Stelle der zahlreichen Knappschaftsvereine, die das Ergebnis einer geschichtlichen Sonderentwicklung waren, ist am 1. Jan. 1924 der Reichsknappschaftsverein getreten. Dieser ist rechtsfähig. Er regelt seine Verhältnisse durch eine Satzung, die der Bestätigung durch den Reichsarbeitsminister bedarf. Die Bestätigung darf aber nur versagt werden, wenn die Satzung den gesetzlichen Vorschriften zuwiderläuft oder Bestimmungen enthält, die mit den gesetzlichen Versicherungszwecken nicht im Zusammenhange stehen (§§ 4—7).

Organe des Reichsknappschaftsvereins sind der Vorstand und die Hauptversammlung. Der Vorstand hat die Stellung eines gesetzlichen Vertreters und besorgt alle Geschäfte, die nicht durch Gesetz oder Satzung der Hauptversammlung vorbehalten oder den Bezirksknappschaftsvereinen übertragen sind. Der Hauptversammlung vorbehalten sind Erlaß und Änderung der Satzung, Wahl des Vorstandes und von Ausschüssen sowie Festsetzung der Teuerungszulagen. Die Satzung kann bestimmen, daß die Besorgung laufender Vorstandsgeschäfte einem oder mehreren Vorstandsmitgliedern oder leitenden Angestellten, der „Verwaltung", übertragen wird. In die Geschäftsführung ist ein Vertrauensmann der Versicherten zu übernehmen. Vorstand und Hauptversammlung bestehen je zur Hälfte aus Vertretern der Arbeitgeber und der Versicherten. Die Mitglieder des Vorstandes werden in der Hauptversammlung, die Mitglieder der Hauptversammlung in den Bezirksversammlungen der Bezirksknappschaftsvereine in getrennter Wahl auf vier Jahre gewählt. Der Vorstand beschließt, abgesehen von einigen besonderen Fällen, ohne itio in partes nach einfacher Stimmenmehrheit. Dagegen erfolgen die Beschlußfassungen und Wahlen in der Hauptversammlung für jeden der beiden Teile besonders. Anträge, denen nicht von beiden Seiten zugestimmt wird, gelten als abgelehnt. Der Vorstand wählt den Vorsitzenden und zwei stellvertretende Vorsitzende aus den Vorstandsmitgliedern der Arbeitgeber, Arbeiter und Angestellten. Diese sind zugleich Vorsitzende der Hauptversammlung (§§ 112—128).

Die Zentralisation ist dadurch abgeschwächt, daß sich der Reichsknappschaftsverein zur Durchführung der Versicherung der Bezirksknappschaftsvereine und der besonderen Krankenkassen als örtlicher Verwaltungsstellen bedient. Die Bezirksknappschaftsvereine[1]) entsprechen mit gewissen Grenzverschiebungen den bisherigen Knappschaftsvereinen, die zwar ihre selbständige Rechtsstellung verloren, aber ihre tatsächliche Bedeutung im wesentlichen behalten haben. Die Bezirksknappschaftsvereine und die besonderen Krankenkassen erlassen über die ihnen übertragenen Aufgaben und über ihre Verwaltung „Sondervorschriften", die der Genehmigung des Reichsknappschaftsvereins bedürfen. Sie können sich auch zur Erfüllung bestimmter Aufgaben miteinander oder mit anderen

[1]) Es bestehen 16 Bezirksknappschaftsvereine, und zwar 1. die Aachener, 2. die Niederrheinische, 3. die Brühler, 4. die Ruhr-, 5. die Siegerländer, 6. die Gießener, 7. die Hannoversche, 8. die Halberstädter, 9. die Mansfelder, 10. die Thüringer, 11. die Hallesche, 12, die Brandenburger, 13. die Niederschlesische, 14. die Oberschlesische, 15. die Sächsische, 16. die Süddeutsche Knappschaft.

gesetzlichen Krankenkassen (§ 225 Abs. 1 RVO.) zusammenschließen (§§ 9, 10).

Organe der Bezirksknappschaftsvereine — für die besonderen Krankenkassen gelten im wesentlichen die gleichen Bestimmungen — sind der Bezirksvorstand und die Bezirksversammlung. Bei der Verwaltung wirken die Knappschaftsältesten und Angestelltenältesten mit. Die Aufgaben des Bezirksvorstandes bestimmen die Satzung und die Sondervorschriften. Die Aufgaben der Bezirksversammlung sind die Wahl der Vertreter zur Hauptversammlung, der Erlaß der Sondervorschriften und die Wahl eines Ausschusses zur Prüfung und Abnahme der Krankenkassenjahresrechnung. Die Satzung des Reichsknappschaftsvereins kann bestimmen, daß die Besorgung laufender Geschäfte des Bezirksvorstandes, insbesondere auch die Entscheidung über Ansprüche der Versicherten, einem oder mehreren Mitgliedern des Bezirksvorstandes oder leitenden Angestellten der „Bezirksverwaltung", übertragen werde. Die Entscheidung über Leistungen aus der Pensionskasse kann auch einem Ausschuß vorbehalten bleiben. In die Geschäftsführung ist mindestens je ein Vertrauensmann der Versicherten zu übernehmen. Der Bezirksvorstand und die Bezirksversammlung bestehen je zur Hälfte aus Vertretern der Arbeitgeber und Versicherten. Die Wahl der Mitglieder der Bezirksversammlung und des Bezirksvorstandes erfolgen nach den Grundsätzen der Verhältniswahl. Für die Wählbarkeit gelten bestimmte Voraussetzungen. Für die Beschlußfassung und auch für die Vorsitzendenwahl des Bezirksvorstandes und der Bezirksversammlung gelten im allgemeinen die für den Vorstand und die Hauptversammlung festgestellten Regeln. Eine Besonderheit ist, daß, innerhalb des Bezirksvorstandes getrennte Abteilungen für Arbeiter und Angestellte gebildet werden. Über Angelegenheiten, die ausschließlich die Arbeiterabteilung oder die Angestelltenabteilung der Pensionskasse berühren, beschließt der zuständige Abteilungsvorstand. Über alle anderen Angelegenheiten beschließen die Abteilungsvorstände gemeinsam (§§ 129—146).

Aufsichtsbehörde für den Reichsknappschaftsverein, die Bezirksknappschaftsvereine und die besonderen Krankenkassen ist der Reichsarbeitsminister (§ 8 Abs. 1; § 151). Er bestätigt die Satzung (§ 8 Abs. 2) und erteilt dem Vorstande zum Nachweis seiner Vertretungsmacht eine Bescheinigung über die den Vorstand bildenden Personen (§ 116 Abs. 3). Bei wiederholter Ablehnung eines Antrages von erheblicher Wichtigkeit im Vorstande kann von mindestens einem Drittel der Vertreter der Arbeitgeber oder Versicherten im Vorstand innerhalb Monatsfrist seine Entscheidung angerufen werden (§ 118 Abs. 4). Er führt auch die Kontrolle über die finanzielle Leistungsfähigkeit der Pensionskasse und kann unter Umständen zu deren Erhaltung von sich aus Maßnahmen treffen (§ 99 Abs. 3 u. 4). Ihm steht ferner die endgültige Entscheidung über Beschwerden gegen die Geschäftsführung des Reichsknappschaftsvereins und der Bezirksknappschaftsvereine (Vorinstanz für Beschwerden gegen die Bezirksknappschaftsvereine ist der Vorstand des Reichsknappschaftsvereins) zu (§§ 151 Abs. 2, 152). Mit der Aufsicht über die Bezirksknappschaftsvereine und die besonderen Krankenkassen soll er die zuständigen Landesbehörden, also in Preußen die Oberbergämter, betrauen.

Die Einhaltung der knappschaftlichen Verpflichtungen der Arbeitgeber und der Versicherten ist durch Strafbestimmungen gesichert, die denen der RVO. entsprechen. Die Geldstrafen fließen, soweit sie nicht gerichtlich erkannt sind, zur Kasse der Bezirksknappschaftsvereine oder der besonderen Krankenkassen (§§ 189 ff.).

Die Knappschaftsältesten sind eine dem Knappschaftswesen eigentümliche, althergebrachte Einrichtung. Das Reichsknappschaftsgesetz hat sie, ergänzt durch die Angestelltenältesten, beibehalten. Sie haben das Recht und die Pflicht, die Befolgung der Satzung und der Sondervorschriften durch die Versicherten zu überwachen und deren Rechte gegenüber dem Reichsknappschaftsverein wahrzunehmen. Ihre Stellung soll also einen zwischen den verschiedenen Interessen vermittelnden Charakter tragen. Im einzelnen ergeben sich ihre Rechte und Pflichten aus der Satzung, den Sondervorschriften oder besonderen Dienstanweisungen. Sie werden von den Arbeitern und Angestellten nach den Grundsätzen der Verhältniswahl in Sprengelwahlgruppen in geheimer und unmittelbarer Abstimmung aus ihrer Mitte gewählt. Die Wahlfähigkeit und die Wählbarkeit sind an gewisse Voraussetzungen geknüpft. Auch Knappschaftsinvaliden sind wählbar, wenn sie Pflichtbeiträge oder freiwillige Beiträge zur Krankenversicherung zahlen (§§ 130—132).

4. Leistungen.

Die Versicherung bei dem Reichsknappschaftsverein schließt alle Zweige der sozialen Versicherung mit Ausnahme der Unfallversicherung, bei der die Beiträge allein von den Arbeitgebern erhoben werden, also die Krankenversicherung, die Invalidenversicherung und die Angestelltenversicherung in sich. Dazu treten als Sonderversicherung des Bergbaues (Pensionsversicherung) die eigentlichen knappschaftlichen Leistungen (Invalidenpensionen, Pflichtleistungen der knappschaftlichen Hinterbliebenenfürsorge, freiwillige Leistungen).

Für die Krankenversicherung und die Invalidenversicherung sind mit geringen Abweichungen (§§ 11—18, 67—70) die Vorschriften der RVO., für die Angestelltenversicherung die Vorschriften des Angestelltenversicherungsgesetzes maßgebend (§§ 71—75). Die Krankenversicherung wird im Auftrage des Reichsknappschaftsvereins durch die Bezirksknappschaftsvereine oder durch besondere Krankenkassen, deren Errichtung nur unter bestimmten Voraussetzungen zulässig ist, gewährt (§§ 12, 13). Auf dem Gebiete der Invaliden- und Hinterbliebenenversicherung hat der Reichsknappschaftsverein die Stellung einer Sonderanstalt i. S. der §§ 1360 ff. RVO. (§ 70). Als Träger der Angestelltenversicherung steht er der Reichsversicherungsanstalt für Angestellte gleich (§ 70).

Für die eigentliche knappschaftliche Versicherung (Pensionsversicherung) ist beim Reichsknappschaftsverein eine Pensionskasse eingerichtet, die aber die Leistungen durch die Bezirksknappschaftsvereine oder besondere Krankenkassen feststellen läßt. Die Pensionskasse besteht aus einer Arbeiterabteilung und einer Angestelltenabteilung. Der ersteren gehören die krankheitsversicherten Arbeiter, der letzteren die angestelltenversicherungspflichtigen Angestellten an, sofern sie den satzungsmäßigen Erfordernissen über Gesundheit genügen (§§ 19, 20). Die früher für die Aufnahme in die Pensionskasse bestimmte Altersgrenze ist fortgefallen.

Die Pflichtleistungen der Pensionskasse sind folgende (§ 24):

a) Invalidenpension für Knappschaftsinvaliden,

b) Witwenpension für die Witwen verstorbener Mitglieder und Knappschaftsinvaliden,

c) Waisengeld für die Kinder verstorbener Mitglieder und Knappschaftsinvaliden bis zur Vollendung des 18. Lebensjahres (nach bisherigem preußischen Recht bis zur Vollendung des 14. Lebensjahres),

d) ein Beitrag zu den Begräbniskosten der Knappschaftsinvaliden, deren Ehefrauen und Witwen, Kindern und Waisen bis zum vollendeten 18. Lebensjahre, sofern nicht Sterbegeld der Krankenversicherung gezahlt wird.

Die Invalidenpension erhält (§ 25):

a) wer dauernd berufsunfähig ist,

b) wer nicht dauernd berufsunfähig ist, aber mindestens 26 Wochen ununterbrochen berufsunfähig gewesen ist oder nach Wegfall des Krankengeldes berufsunfähig ist, für die weitere Dauer der Berufsunfähigkeit.

Zu beachten ist, daß die Knappschaftspension schon bei Eintritt der Unfähigkeit zur Berufsarbeit gezahlt wird, während die Invalidenrente der RVO. den nach Lage der allgemeinen Arbeitsverhältnisse zu bestimmenden Eintritt der Invalidität, d. h. die Verminderung der Arbeitskraft auf weniger als ein Drittel voraussetzt (§ 1255 RVO.) Sodann kann — eine wichtige Neuerung des Reichsknappschaftsgesetzes — die Knappschaftspension auch den Charakter einer Alterspension annehmen. Berufsunfähigkeit gilt nämlich (§ 26) auch dann als vorhanden, wenn der Antragsteller das 50. Lebensjahr vollendet, 25 Dienstjahre zurückgelegt, während dieser Zeit mindestens 15 Jahre wesentliche bergmännische Arbeiten verrichtet hat und keine gleichwertige Lohnarbeit mehr verrichtet. Die Pension ist gleich der Summe der von dem Antragsteller verdienten monatlichen Steigerungsbeträge. Die Höhe der Steigerungsbeträge bestimmt sich danach, welcher der drei Mitgliederklassen der Arbeiterabteilung oder welcher Gehaltsklasse der Angestelltenabteilung das Mitglied angehört. Als Beitragsmonate gelten im allgemeinen auch die Krankheitszeiten (§§ 29, 30).

Zur Invalidenpension tritt eine veränderliche Teuerungszulage hinzu, die durch die Satzung nach dem Dienstalter abzustufen ist. Bei Bemessung der Teuerungszulagen für die einzelnen Bezirke ist für Arbeiter der Hauerdurchschnittslohn, für Angestellte das Durchschnittsgehalt eines revierführenden Steigers zugrunde zu legen. Invalidenpension und Teuerungszulage müssen bei 25 jähriger Dienstzeit mindestens 40 v. H. der Durchschnittsbeträge erreichen (§ 31). Diese letzte Bestimmung, die dem Gesetze vom Reichstag in letzter Lesung eingefügt worden ist, stellt eine erhebliche Steigerung der bisherigen Knappschaftsleistungen, auch derjenigen der Vorkriegszeit dar.

Zur Invalidenpension tritt ferner ein Kindergeld für Kinder unter 18 Jahren, wobei die unehelichen nach Feststellung der Vaterschaft den ehelichen gleichstehen (§ 32).

Witwenpension wird durch die Satzung in Hundertteilen der Invalidenpension, Waisengeld und Begräbnisbeihilfe entweder in gleicher Weise oder in festen Sätzen bemessen. Auch zu diesen Leistungen tritt eine Teuerungszulage. Heiratet eine Witwe, so ist sie mit dem dreifachen Jahresbetrag ihrer Pension abzufinden (§§ 33—37).

Neben den Pflichtleistungen können durch die Satzung freiwillige Leistungen eingeführt werden (§§ 39—41).

Um die infolge einer Erkrankung drohende Berufsunfähigkeit abzuwenden oder um die Berufsfähigkeit wiederherzustellen, kann ein Heilverfahren eingeleitet werden (§§ 42—44, 57).

Die Leistungen der Pensionskasse werden nach einer Wartezeit von 36 Monaten gewährt (§ 45).

Wenn ein Mitglied der Pensionskasse, ohne berufsunfähig zu sein, aus der knappschaftlichen Beschäftigung ausscheidet, so kann er sich das Recht auf Wiederaufnahme und auf Anrechnung der bis zum Ausscheiden verdienten Steigerungsbeträge durch Zahlung einer Anerkennungsgebühr erhalten (§ 46). Dieser Grundsatz entstammt der preußischen Knappschaftsnovelle vom 19. Juni 1906.

Der Anspruch auf Leistungen verjährt für die Krankenversicherung in zwei Jahren nach dem Tage der Entstehung, im übrigen in vier Jahren nach der Fälligkeit.

5. Aufbringung der Mittel[1]).

Die Kosten der Versicherung werden durch gleich hohe Beiträge der Arbeitgeber und der Versicherten gedeckt. Zu den Leistungen der Invaliden- und Hinterbliebenenversicherung leistet das

[1]) Wegen der Anlegung und Verwaltung des Vermögens vgl. § 109 RKnG.

Reich nach Maßgabe der RVO. einen Zuschuß. Bei Arbeitsunfähigkeit werden im allgemeinen während der Dauer der Krankenhilfe Beiträge zur Krankenkasse nicht erhoben, ebenso nicht während des Bezuges des Wochen- oder Schwangerengeldes (§ 87). Die Beiträge werden in einem Bruchteile des Arbeitslohnes, Gehaltes oder Grundlohnes oder in einem festen Satze bestimmt. Im übrigen erfolgt die Feststellung der Beiträge zur Krankenkasse einerseits und zur Pensionskasse anderseits gesondert und nach verschiedenen Grundsätzen.

Die Beiträge zur Krankenkasse sind so zu bemessen, daß sie ausreichen, um deren gesetzliche und durch die Sondervorschriften bestimmte Ausgaben zu decken und außerdem eine Rücklage im Mindestbetrage der durchschnittlichen Jahresausgabe der letzten drei Jahre anzusammeln und zu erhalten (§ 90). Eine Rücklage in dieser Höhe genügt, um die zeitlich verhältnismäßig eng begrenzten Krankenkassenleistungen sicherzustellen. Verringert sich die Mitgliederzahl und demgemäß das Aufkommen an Beiträgen, so tritt regelmäßig nach kurzer Zeit auch eine entsprechende Verminderung der Ausgaben ein[1]).

Höhere Anforderungen sind gegenüber den Pensionskassen zu stellen. Die „Sanierung" der früher zum Teil nicht dauernd leistungsfähigen Knappschaftsvereine nach der Seite des Pensionskassenwesens war eines der Hauptziele der Nov. von 1906. Indessen ist damals von der Einführung eines bestimmten versicherungstechnischen Verfahrens zur Ermittlung der erforderlichen Beitragshöhe abgesehen und im Gesetz nur der Grundsatz aufgestellt worden, daß die Höhe der Beiträge derart zu bemessen ist, daß sie unter Berücksichtigung aller sonst in Betracht kommenden Umstände die dauernde Erfüllbarkeit der Pensionskassenleistungen ermöglichen. Auch das RKnG. hat (§ 98 Abs. 2) an diesem Grundsatze festgehalten, während der Gesetzentwurf das sog. Anwartschaftsdeckungsverfahren (Aufbringung eines Kapitals, das für alle Pensionen, die aus der Anwartschaft entstehen, ausreicht) als zur Herstellung der geldlichen Sicherheit unumgänglich angesehen hatte. Die Mittel für die Teuerungszulagen werden durch Umlage beschafft. Die geldliche Sicherheit ist durch die Errichtung eines einheitlichen Knappschafts-

[1]) Bei den besonderen Krankenkassen sind die Arbeitgeber unter Umständen zu Vorschüssen und Zuschüssen verpflichtet (§§ 93, 94).

vereins bis zu einem gewissen Grade gewährleistet. Der für die Rückversicherung der einzelnen Knappschaftsvereine begründete „Knappschaftliche Rückversicherungsverband" ist fortgefallen.

Erweisen sich die Beiträge zur Krankenkasse oder zur Pensionskasse als unzureichend, so sind sie zu erhöhen oder die Leistungen entsprechend zu mindern (die Krankenkassenleistungen bis auf die gesetzlichen Regelleistungen). Unberührt bleiben im Falle der Minderung nur die laufenden Krankenkassenleistungen und die bereits fällig gewordenen Pensionskassenleistungen. Die Aufsichtsbehörde führt eine Kontrolle über die finanzielle Leistungsfähigkeit. Hält der Arbeitsminister eine Änderung der Satzung zur geldlichen Sicherung der Pensionskasse für erforderlich, so ordnet er die Beschlußfassung des RKnV. an und ändert, wenn diese Anordnung nicht befolgt wird, von sich aus die Satzung mit rechtsverbindlicher Wirkung. Ist Eile geboten, so kann er schon vor Durchführung dieses Verfahrens die Beiträge erhöhen oder die Pensionskassenleistungen vermindern (§ 99).

Für die Beiträge zur Invaliden- und Hinterbliebenenversicherung gelten die Vorschriften der RVO. mit der Maßgabe, daß sie als Monatsbeiträge berechnet werden, für die Beiträge zur Angestelltenversicherung die Vorschrift des Angestelltenversicherungsgesetzes.

Die Beiträge der Versicherten werden nicht unmittelbar von diesen erhoben, vielmehr sind die Arbeitgeber verpflichtet, die Beiträge einzuziehen — sie dürfen sie bei der Lohnzahlung einbehalten — und zugleich mit ihren eigenen Beiträgen an die Knappschaftsverwaltung abzuführen. Die Arbeitgeber haften für die Einziehung und Abführung wie für eine eigene Schuld. Sie sind außerdem gehalten, die von ihnen beschäftigten knappschaftspflichtigen Personen anzumelden und nach Beendigung der Beschäftigung wieder abzumelden. Unterbleibt die Anmeldung, so kann die Zahl der Versicherten, für welche Beiträge zu entrichten sind, von dem Bezirksvorstande nach seinem Ermessen bestimmt werden (§§ 85, 86).

Rückständige Beiträge werden wie Gemeindeabgaben beigetrieben. Sie verjähren in zwei Jahren nach Ablauf des Kalenderjahres der Fälligkeit.

Die Rechnung für die verschiedenen Versicherungszweige wird gesondert geführt und liegt zum größten Teil in der Hand der Bezirksknappschaftsvereine. Besondere Leistungen dieser sind regelmäßig durch besondere Zuschüsse zu decken.

6. Feststellung der Leistungen[1]).

Sämtliche Leistungen des Reichsknappschaftsvereins werden in dessen Auftrage von den Bezirksknappschaftsvereinen (oder besonderen Krankenkassen) festgestellt. In der Regel erfolgt die Feststellung auf Antrag, jedoch kann über die Berechtigung zum Bezuge von Pensionskassenleistungen auch ohne Antrag entschieden werden. Das Verfahren schließt sich im allgemeinen, auch hinsichtlich der Pensionskassenleistungen, den Vorschriften der RVO. an.

In erster Instanz entscheidet die Bezirksverwaltung, soweit nicht im Gesetz die Entscheidung durch einen vom Bezirksknappschaftsverein zu bestellenden Ausschuß (§ 143) vorgesehen ist (Streit über Leistungen der Krankenkasse, Feststellung und Wegfall der Pensionsberechtigung). Auf dem Gebiete der Invaliden- und Hinterbliebenenversicherung und der Angestelltenversicherung hat ein solcher Ausschuß an Stelle des Versicherungsamtes die Anträge vor Entscheidung der Verwaltung vorzubereiten und zu begutachten. Die Bescheide sind regelmäßig schriftlich zu erlassen, im Falle der Ablehnung des Anspruchs zu begründen und stets mit einem Vermerk darüber, wie sie angefochten werden können, zu versehen.

Gegen den Bescheid der Verwaltung kann die Entscheidung des Ausschusses angerufen werden. Gegen den — erstinstanzlichen oder zweitinstanzlichen — Bescheid des Ausschusses ist die Berufung an das Knappschaftsoberversicherungsamt, gegen dessen Urteil — wegen der Pensionskassenleistungen ohne Ausnahme, sonst unter Ausschluß bestimmter, meist weniger wichtiger Streitfälle (vgl. §§ 1695, 1696 RVO., § 287 AngestVG.) — die Revision an das RVA. zulässig. Die Revision kann nur auf Nichtanwendung oder unrichtige Anwendung des bestehenden Rechts, auf einen Verstoß wider den klaren Akteninhalt oder auf einen wesentlichen Mangel des Verfahrens gestützt werden. Die Rechtsmittelfrist ist in allen Fällen ein Monat.

Die Knappschaftsoberversicherungsämter[2]) führen

---

[1]) §§ 153—167; wegen Auszahlung der Leistungen vgl. §§ 168—175 RKnG.

[2]) V. über Geschäftsführung und Verfahren der Knappschaftsoberversicherungsämter vom 8. Dez. 1923 (RGBl. I 1184).

anstatt der Oberversicherungsämter die Geschäfte der höheren Spruch- und Beschlußbehörde für die Versicherungsleistungen nach dem RKnG. Sie sind in Preußen den Oberbergämtern angegliedert und bestehen aus dem Berghauptmann als Vorsitzenden, dessen ständigem Stellvertreter (Direktor des Knappschaftsoberversicherungsamtes), weiteren Stellvertretern und Beisitzern, die in den Vorständen der Bezirksknappschaftsvereine je zur Hälfte aus den Arbeitgebern und Versicherten nach den Grundsätzen der Verhältniswahl gewählt werden.

Beim RVA. wird für Knappschaftssachen ein besonderer Senat (Knappschaftssenat) gebildet, dessen Präsident in der Regel besondere Kenntnisse und Erfahrung auf dem Gebiete des Bergwesens und der knappschaftlichen Versicherung besitzen soll. Als Beisitzer werden Angehörige knappschaftlicher Betriebe zugezogen. In bestimmten Fällen der AngV. entscheidet der „Senat für Angestelltenversicherung".

Die Kosten der Knappschaftsoberversicherungsämter trägt das Land, wo der Sitz ist, die Kosten des Knappschaftssenats das Reich, jedoch sind sie vom Reichsknappschaftsverein zu erstatten und von diesem auf die Bezirksknappschaftsvereine und die besonderen Krankenkassen zu verteilen.

Der vorbezeichnete Rechtsgang findet nicht statt, wenn als Rechtsmittel die Beschwerde gegeben ist. Über diese entscheidet in letzter Instanz teils das Knappschaftsoberversicherungsamt (Befreiung von der Versicherungspflicht, Strafen), teils der Knappschaftssenat (vom Reichsknappschaftsverein festgesetzte Strafen), teils der Reichsarbeitsminister (Geschäftsführung).

7. Zusammentreffen verschiedener Leistungen.

Die Vielgestaltigkeit der Arbeiterversicherung hat zur Folge, daß aus demselben Grunde Ansprüche gleicher Art gegenüber verschiedenen Versicherungszweigen entstehen können. An sich erscheint es gerechtfertigt, daß der Bergarbeiter, der für mehrere Versicherungen Beiträge geleistet hat, von jeder die seinen Beiträgen entsprechenden Leistungen erhält. Indessen kann die unverkürzte Auszahlung der Leistungen von mehreren Stellen aus zu einer mit dem Versicherungszweck nicht vereinbaren, unter Umständen sogar zu einer das Lohneinkommen eines tätigen Bergarbeiters übersteigenden Höhe führen. Daher beherrschte früher die Versicherungsgesetzgebung der Grundsatz, „Doppelleistungen“ tunlichst zu vermeiden. Dieser Grundsatz ist aber in neuester Zeit von dem ersten Gesichtspunkt aus vielfach durchbrochen worden.

Zur Veranschaulichung der Sachlage mag folgender kurzer Überblick über die gesetzlichen Regelleistungen der verschiedenen Versicherungszweige dienen:

A. Krankenversicherung.

a) Krankenhilfe. Als Krankenhilfe wird gewährt Krankenpflege vom Beginne der Krankheit an; sie umfaßt ärztliche Behandlung und Versorgung mit Arznei sowie Brillen, Bruchbändern und anderen kleinen Heilmitteln. Dazu tritt Krankengeld in Höhe des halben Grundlohnes für jeden Kalendertag, wenn die Krankheit den Versicherten arbeitsunfähig macht; es wird vom vierten Krankheitstag an, wenn aber die Arbeitsunfähigkeit erst später eintritt, vom Tage ihres Eintritts ab gewährt. Die Dauer der Krankenpflege beträgt 26 Wochen. Anstatt der Krankenpflege und des Krankengeldes kann auch — in bestimmten Fällen allerdings nur mit Zustimmung des Kranken — freie Kur und Verpflegung in einem Krankenhause (Krankenhauspflege) gewährt werden. In diesem Falle ist, wenn der Kranke bisher von seinem Arbeitsverdienst Angehörige ganz oder überwiegend unterhalten hat, daneben für diese ein Hausgeld im Betrage des halben Krankengeldes zu zahlen.

b) Wochenhilfe. Sie wird nach Ablauf einer bestimmten Versicherungszeit Wöchnerinnen gewährt und besteht in ärztlicher Behandlung, falls solche erforderlich wird, in einem einmaligen Beitrag zu den Kosten der Entbindung, einem Wochengeld und einem Stillgeld. Mit Zustimmung der Wöchnerin kann an Stelle des Wochengeldes auch Kur und Verpflegung in einem Wöchnerinnenheim oder an Stelle des halben Wochengeldes Hilfe und Wartung durch Hauspflegerinnen gewährt werden. Die Wochenhilfe wird jetzt mit gewissen Einschränkungen als „Familienhilfe“ auch den Ehefrauen und Töchtern der Versicherten gewährt.

c) Sterbegeld wird beim Tode eines Versicherten in Höhe des Zwanzigfachen des Grundlohnes gewährt.

B. Unfallversicherung[1]).

Gegenstand der Versicherung ist der Ersatz des Schadens, der durch Körperverletzung oder Tötung im Betriebe entsteht.

Die Leistungen im Falle einer Körperverletzung bestehen in folgendem:

a) Krankengeldzuschuß. Während der ersten 13 Wochen nach dem Unfall tritt die Krankenversicherung ein. Von der fünften Woche ab muß jedoch das Krankengeld mindestens zwei Drittel des Grundlohnes betragen. Das hieraus gegenüber den Pflichtleistungen der Krankenkassen sich ergebende Mehr hat, wenn dem Verletzten über die dreizehnte Woche hinaus eine Entschädigung zu leisten ist, die Knappschaftsberufsgenossenschaft, sonst der Unternehmer zu ersetzen.

b) Vom Beginne der 14. Woche nach dem Unfall ab Krankenbehandlung, d. h. ärztliche Behandlung und Versorgung mit Arznei, anderen Heilmitteln sowie mit den Hilfsmitteln, die erforderlich sind, um den Erfolg des Heilverfahrens zu sichern oder die Folgen der Verletzung zu erleichtern (Krücken, Stützvorrichtungen u. dgl.).

c) Verletzten- und Hilflosenrente. Ihre Höhe bestimmt sich nach dem Grade der Erwerbsunfähigkeit und nach dem Arbeitsverdienst. Sie wird von Beginn der 14. Woche nach dem Unfalle oder, wenn das Krankengeld schon früher wegfällt, von diesem Zeitpunkt an gewährt. Für Verletztenrenten von 20 oder weniger v. H. kann eine Abfindung gezahlt werden. Als Ersatzleistung kommt Unterbringung in einem Invalidenhaus in Betracht.

An Stelle der Leistungen zu b und c kann Heilanstaltspflege in Verbindung mit Hausgeld (Angehörigenrente) treten.

---

[1]) Trägerin der Unfallversicherung für die knappschaftlichen Betriebe ist die Knappschaftsberufsgenossenschaft (vgl. § 630 Abs. 2 RVO. i. d. F. des Art. 51 EG. z. RKnG.). Diese zerfällt in acht Sektionen. Sie kann durch ihre Satzung abweichend von den allgemeinen für Berufsgenossenschaften geltenden Grundsätzen bestimmen, daß die Unfallentschädigung auch über drei Viertel hinaus von den Sektionen zu tragen ist, daß die Entschädigungen durch Vermittlung des RKnV. gezahlt werden und daß die Vertreter der Versicherten Knappschaftsälteste und Angestelltenälteste sein müssen (§§ 713 Abs. 1, 730, 858 Abs. 2 a. a. O.).

Im Falle der Tötung durch den Unfall ist zu gewähren:

a) Sterbegeld in Höhe des fünfzehnten Teiles des Jahresarbeitsverdienstes,

b) Hinterbliebenenrenten in Höhe eines Bruchteiles des Jahresarbeitsverdienstes des Getöteten. Die Witwe erhält im Falle ihrer Wiederverheiratung eine Abfindung. Bei Kindern kommt als Ersatzleistung Unterbringung in einem Waisenhaus in Betracht.

Zu den Renten der Verletzten und der Hinterbliebenen sind nach neuerer gesetzlicher Vorschrift Zulagen zu gewähren.

C. Pensionsversicherung.

Die Pflichtleistungen bestehen (vgl. oben S. 243f.) in:

a) Invalidenpension im Falle dauernder Berufsunfähigkeit,
b) Witwenpension,
c) Waisengeld,
d) Beitrag zu den Begräbniskosten.

D. Invaliden- und Hinterbliebenenversicherung.

Gegenstand der Versicherung ist

a) der Anspruch auf Gewährung der Invalidenrente. Diese erhält der Versicherte, vorausgesetzt, daß er die Wartezeit erfüllt und die Anwartschaft aufrechterhalten hat, wenn er 65 Jahre alt oder infolge von Krankheit und anderen Gebrechen dauernd invalide geworden ist. Als invalide gilt, wer nicht mehr imstande ist, durch eine Tätigkeit, die seinen Kräften und Fähigkeiten entspricht und ihm unter billiger Berücksichtigung seiner Ausbildung und seines bisherigen Berufes zugemutet werden kann, ein Drittel dessen zu erwerben, was körperlich und geistig gesunde Personen derselben Art mit ähnlicher Ausbildung in derselben Gegend durch Arbeit zu verdienen pflegen.

b) der Anspruch der Hinterbliebenen auf bestimmte Bezüge (Witwenrente, Waisenrente, Witwerrente). Im Gegensatz zur Pensionsversicherung erhält hier die Witwenrente nur die dauernd invalide Witwe. Die Renten setzen sich aus Grundbetrag und Steigerungsbeträgen zusammen. Nach einer neueren gesetzlichen Vorschrift wird darüber hinaus eine Rentenerhöhung gewährt.

Als Ersatzleistung kommt die Unterbringung in einem Invaliden- oder Waisenhause oder einer ähnlichen Anstalt in Betracht.

E. Angestelltenversicherung.

Gegenstand der Versicherung ist der Anspruch auf Gewährung von Ruhegeld und Hinterbliebenenrente.

a) Ruhegeld erhalten Versicherte, die das Alter von 65 Jahren erreicht haben oder berufsunfähig geworden sind, sofern die gesetzliche Wartezeit erfüllt und die Anwartschaft aufrechterhalten ist,

b) Hinterbliebenenrenten werden der Witwe, den Kindern, unter Umständen auch dem Witwer gezahlt.

Hinsichtlich der Berechnung der Renten, insbesondere auch der Rentenerhöhung sowie der Ersatzleistung gilt im wesentlichen das gleiche wie bei der Invalidenversicherung.

F. Ansprüche der Versicherten gegen Dritte.

Die den Versicherungsanspruch begründende Tatsache kann zugleich für einen Anspruch des Versicherten gegenüber anderen Stellen die Grundlage bilden. So schließt die Versicherung die Verpflichtung der Gemeinden usw. zur Gewährung von Armenpflege und öffentlichen Unterstützungen an sich nicht aus. Ferner besteht daneben die Verpflichtung des Reiches zur Gewährung von Militärpensionen usw. Endlich kommen zivilrechtliche Entschädigungsansprüche gegen Privatpersonen in Betracht, z. B. im Falle der schuldhaften Herbeiführung eines Unfalls.

Bei der hiernach außerordentlichen Vielgestaltigkeit der sozialen Versicherung und Fürsorge sind die Fälle häufig, wo aus dem gleichen Grund Ansprüche gleicher Art nach verschiedenen Richtungen hin entstehen. Die maßgebenden Gesetzesbestimmungen sind unübersichtlich verstreut. Das RKnG. (§ 76) verweist im allgemeinen auf die Bestimmungen der RVO. und des AngestVersG. Für die Zwecke dieses Buches genügt es, wenn die folgenden Hauptfälle kurz dargestellt werden:

a) Bei den an Unfallverletzte zu leistenden Krankenunterstützungen, die zum Teil (Krankenpflege) schon ihrer Natur nach nur einmal geleistet werden können, bestand zunächst ein einfaches Verhältnis, indem die Krankenversicherung während der ersten 13 Wochen, von Beginn der 14. Woche aber die Unfallversicherung leistete. Nach Ausdehnung der Krankenversicherung auf 26 Wochen hatte die Krankenkasse wegen der Leistungen vom Beginne der 14. Woche ab einen Ersatzanspruch gegen die Berufsgenossenschaft. Andererseits konnte diese gegen Kostenersatz im Interesse einer gleichmäßig fortlaufenden Heilbehandlung diese auch schon vom Beginne der Krankheit ab übernehmen. Eine wesentliche Verschiebung dieses Verhältnisses ist dadurch eingetreten, daß nach § 1512a RVO. i. d. F. d. G. vom 27. März 1923 die Berufsgenossenschaft der Krankenkasse auch die Kosten der Krankenpflege und Krankenhauspflege während der ersten 13 Wochen in der Höhe von $^3/_8$ des Grundlohnes zu ersetzen hat.

b) Knappschaftspension und Invalidenrente, Knappschaftspension und Ruhegehalt, Invalidenrente und Unfallrente, Ruhegehalt und Unfallrente werden grundsätzlich nebeneinander gezahlt[1]). Dagegen hat ein Versicherter, der Beiträge sowohl zur Invalidenversicherung als auch zur Angestelltenversicherung entrichtet und bei beiden die Wartezeit erfüllt hat (Wanderversicherter), zwischen Invalidenrente und Ruhegehalt zu wählen. Auch Knappschaftspension und Unfallrente sind nebeneinander zu zahlen, jedoch kann durch die Satzung des RKnV. bestimmt werden, daß die Teuerungszulagen bis zu $^1/_3$ auf die Gesamtbezüge angerechnet wird, wenn Gesamtbezüge und Lohn den Durchschnittsverdienst der Lohngruppe übersteigen, welcher der Knappschaftsinvalide vor dem Unfall angehört hat (§ 77 RKnG.).

c) Für Witwen- und Waisenbezüge gelten ähnliche Grundsätze wie zu b.

d) Versorgungsgebührnisse auf Grund des Reichsversorgungsgesetzes oder anderer Militärversorgungsgesetze dürfen regelmäßig nicht auf die Leistungen des RKnV. angerechnet werden (§ 78 RKnG.).

e) Gemeinden und Armenverbände können im Allgemeinen für ihre Leistungen an Knappschaftsmitglieder in bestimmten Umfange Ersatz fordern (§§ 1536—1538 RVO.).

f) Zivilrechtliche Entschädigungsansprüche der Versicherten gehen im allgemeinen bis zur Höhe der Leistungen des Versicherungsträgers auf diesen über (§§ 1542, 1543 RVO.).

---

[1]) Vgl. indessen § 60 der ersten Satzung des RKnV., wonach beim Zusammentreffen von Knappschaftspension und Invalidenrente sowie von Knappschaftspension und Ruhegehalt von den gesetzlichen Teuerungszulagen nur die dem Betrage nach höchste gewährt wird.

XX. Überreste des älteren Bergrechts.

1. Längen- und Geviertfeld. Ummandlungs- und Erweiterungsantrag. Vereinigung.

Das Bergwerksfeld des ABG. wird von geraden Linien an der Oberfläche und von senkrechten Ebenen in die ewige Tiefe begrenzt (§ 26). Die Feldesbegrenzung steht also außer Beziehung zu dem Verhalten der Lagerstätte, in der der Fund gemacht ist. Im Gegensatz hierzu war das ältere preußische und deutsche Bergrecht von dem Grundgedanken beherrscht, daß das Bergbaurecht nur die Fundlagerstätte oder einen Teil davon ergreife und demgemäß die natürlichen Grenzen der Fundlagerstätte, soweit möglich, für die Grenzen des Bergbaurechts bestimmend sein müßten. Damit hängt auch zusammen, daß je nach der geognostischen Verschiedenheit der Lagerstätten Bergwerksfelder verschiedener Art verliehen wurden, nämlich Längenfelder oder gestreckte Felder bei Entdeckung von Gängen[1]), Geviertfelder bei Entdeckung von Flözen[1]).

Ein Gang wird im Fallen durch das Ausgehende und das Tiefste (die ewige Teufe), im Streichen durch die Punkte, wo die Fortsetzung des Ganges im Streichen aufhört, in der Mächtigkeit (Dicke) durch das Hangende und Liegende begrenzt. Im Fallen waren die Grenzen des Ganges auch die Grenzen des Längenfeldes. Im Streichen wurde dagegen der Gang nicht als Ganzes, sondern nur unter Beschränkung auf die „Fundgrube" und die „Maßen" verliehen. Die Fundgrube und die Maßen wurden durch Längenmaße bestimmt, die in der Streichungslinie des Ganges vom Fundpunkt aus teils nach der einen, teils nach der anderen oder auch nur nach einer Richtung hin abgemessen wurden. Die Feldeslänge setzte sich zusammen aus der Fundgrube und den Maßen[2]). Die Unterscheidung zwischen Fundgrube und Maßen rührt daher, daß an der Fundgrube der Muter von vornherein ein andere ausschließendes Vorrecht hatte. Was drittens die Mächtigkeit betrifft,

---

[1]) Gänge durchschneiden quer das sie umgebende Gebirge, während Flöze und Lager mit den sie umgebenden Schichten parallel laufen. — Wegen der Distriktsfelder vgl. S. 36.

[2]) Der Muter erhielt in der Regel eine Fundgrube zu 42 Lachtern und 2—20 Maße zu je 28 Lachtern.

so wurde von der natürlichen Begrenzung des Ganges durch das Hangende und Liegende ausgegangen, dazu aber eine künstliche Erweiterung in Gestalt der Vierung gewährt. Die Vierung wird durch zwei den Grenzflächen des Hangenden und Liegenden parallele Ebenen gebildet und durch ein Längenmaß, nämlich dem senkrechten Abstand der Vierungsebene vom Hangenden und vom Liegenden[1]) bezeichnet. Die Bedeutung der Vierung lag hauptsächlich darin, daß, wenn der Gang verloren und innerhalb der Vierung wiedergefunden wurde, der wiedergefundene Gang kraft einer unwiderlegbaren[2]) Rechtsvermutung als Fortsetzung des verlorenen (verdrückten) galt und demgemäß unter das an diesem bestehende Bergbaurecht fiel.

Bei der Begrenzung der auf Flöze zu verleihenden Bergwerksfelder wurde in der Regel anders verfahren, da die natürlichen Endpunkte eines Ganges in der Fallrichtung, das Ausgehende und das Tiefste, bei einem Flöz im allgemeinen nicht in Betracht kommen. Die Fundgrube und die Maßen wurden auf den Flözen ins Geviert vermessen, d. h. als Flächenmaße, in Quadratlachtern ausgedrückt, verliehen[3]). Die Zugabe der Vierung war auch bei Geviertfeldern üblich.

Die Feldesbegrenzung in der Form der Längen- und Geviertfelder hat erhebliche Mängel. Die Anlehnung an die natürlichen Grenzen der Lagerstätte hat zur Folge, daß bei der Verleihung ein sicheres Bild über die eigentliche Lage des Feldes nicht zu gewinnen ist. Auch die Vermessung ist schwierig und bietet keine sicheren Ergebnisse (vgl. S. 134 f.). Die tatsächlichen Feldesgrenzen werden erst nach und nach durch den fortschreitenden Abbau außer Zweifel gestellt. Wenn Gänge, an denen verschiedene Bergbaurechte bestanden, unterirdisch zusammentrafen, so gab nach gemeinem deutschen Bergrecht das „Alter im Felde" den Vorrang, doch konnte dieser Grundsatz das Entstehen zahlloser Rechtsstreitigkeiten nicht hindern.

Für den Steinkohlenbergbau brachte einen wesentlichen Fort-

---

[1]) Meist 7 Lachter, und zwar $3^1/_2$ ins Hangende und $3^1/_2$ ins Liegende.

[2]) So RG. 25. Nov. 1908, Z. f. B. 51 296; in der Literatur bestritten.

[3]) Im Bereiche der Cleve-MärkBO. wurden auch auf Steinkohlenflöze Längenfelder verliehen, indem als Grenzen an Stelle des Ausgehenden und des Tiefsten der Sattel des Flözes und das Muldentiefste angenommen wurden.

schritt das G. über die Verleihung des Bergeigentums auf Flözen vom 1. Juli 1821, wodurch das Höchstmaß der Vierung für die Steinkohlenfelder im Bereiche der Cleve-MärkBO. auf 500 Lachter erhöht und den Geviertfeldern unter Erhöhung der Höchstzahl der Maßen auf 1200 (etwa die Hälfte eines Maximalfeldes des ABG.) die ewige Teufe[1]) verliehen wurde. Ein dem Landtage 1856 vorgelegter Gesetzentwurf über die Bergeigentumsverleihung, der die Feldesbegrenzung allgemein unter Feststellung eines Minimal- und eines Maximalfeldes für die verschiedenen Mineralien in der Weise regeln wollte, daß innerhalb des gegebenen Rahmens die Bergbehörde nach Ermessen die Feldesgröße zu bestimmen haben sollte, ist nicht Gesetz geworden.

Durch das ABG. ist an der Begrenzung der Bergwerke, die bei seinem Inkrafttreten bestanden, nichts geändert, jedoch den Bergwerkseigentümern die Möglichkeit geboten, der Vorteile der neuen Bestimmungen über die Feldesgrenze und Feldesgröße durch Umwandlung ihrer gestreckten Felder in gevierte und Erweiterung ihrer gevierten Feldern bis zu der neuen Maximalfeldesgröße[2]) teilhaft zu werden (§§ 216—219). Ein Erweiterungsantrag konnte nur innerhalb sechs Monaten nach dem Inkrafttreten des ABG. gestellt werden. Dagegen ist die Stellung des Umwandlungsantrags an keine Frist gebunden. Ein solcher Antrag gilt in Beziehung auf das begehrte Feld als Mutung und unterliegt im allgemeinen auch den formellen Vorschriften über das Mutungsverfahren. Sind mehrere Umwandlungsanträge auf dasselbe Feld gerichtet, so geht aber nicht der ältere Antrag vor, vielmehr wird das Feld geteilt (§ 217). Die Umschließung eines anderen Längenfeldes durch das umgewandelte Feld kann für den Eigentümer des Längenfeldes Nachteile zur Folge haben. Sie ist daher nur mit seiner Einwilligung zulässig (§ 126). Durch die Feldesumwandlung und -erweiterung entsteht kein neues Bergwerkseigentum. Die dinglichen Lasten bleiben auf dem umgewandelten oder erweiterten Bergwerke haften.

Von dem Umwandlungsrecht ist wegen der entgegenstehenden

---

[1]) Vgl. auch § 220 ABG. (Geviertfelder im Kreise Wetzlar).

[2]) In der Praxis wurde auch nach dem Inkrafttreten des G. vom 1. Juli 1821 eine Erweiterung der älteren Steinkohlenfelder bis zu der neueingeführten Maximalausdehnung im Wege einer „Zumutung“ für zulässig angesehen.

Schwierigkeiten nur in wenigen Fällen Gebrauch gemacht worden. Das Fortbestehen der im Bereiche der Cleve-MärkBO., besonders im südlichen Teile des Ruhrbezirks, auf Steinkohle verliehenen Längenfelder erwies sich in der Zeit der nach dem Kriege einsetzenden Kohlennot, die auch die Ausbeutung früher weniger beachteter Kohlenvorkommen geboten erscheinen ließ, als ein starker Mißstand, da das Längenfeld keine geeignete Grundlage für den Kohlenbergbau ist. Aus diesem Grunde wurde durch das G. über die Vereinigung von Steinkohlenfeldern im Oberbergamtsbezirke Dortmund vom 22. April 1922 (Z. f. B. **63** 420) die Möglichkeit für eine Vereinigung dieser Längenfelder mit den sie einschließenden Geviertfeldern im Zwangswege geschaffen.

Die Rechtswirkungen der Vereinigung entsprechen denen der Konsolidation (S. 118). Die bisherigen Bergbaurechte gehen unter und an ihrer Stelle entsteht ein neues Bergwerkseigentum, an dem die Eigentümer der untergehenden Bergwerke nach deren Wertverhältnis beteiligt werden. Auch hinsichtlich der Ausstellung der Vereinigungsurkunde, der Behandlung der Risse und der Herbeiführung der Eintragung im Grundbuche gilt im wesentlichen das gleiche.

Die Vereinigung soll im Oberbergamtsbezirke Dortmund allgemein durchgeführt werden, sofern nicht überwiegende wirtschaftliche Interessen entgegenstehen. Als ein besonderer Ausnahmefall dieser Art ist im Gesetz (§ 1 Abs. 3) der angeführt, daß das Längenfeld betrieben, das einschließende Geviertfeld aber nicht betrieben wird.

Den beteiligten Bergwerkseigentümern war es überlassen, sich binnen sechs Monaten nach dem Inkrafttreten des Gesetzes gütlich zu einigen und unter Vorlegung der darüber aufgenommenen Urkunde durch einen Antrag an das Oberbergamt die Rechtswirkungen der Vereinigung herbeizuführen. Soweit dies nicht geschehen ist, hat das Oberbergamt von Amts wegen das Vereinigungsverfahren einzuleiten. Das Verfahren gliedert sich in die Entscheidung über die Vereinigung durch das Oberbergamt und die Festsetzung der besonderen Bedingungen durch ein Schiedsamt, das aus einem Kommissar des Oberbergamtes und zwei von diesen zu berufenden Sachverständigen besteht und — unter Beteiligung eines Oberbergamtsmarkscheiders mit beratender Stimme — nach Stimmenmehrheit entscheidet.

Die Einleitung des Verfahrens wird den Eigentümern der beteiligten Bergwerke und den an diesen dinglich Berechtigten, soweit sie bekannt sind, mitgeteilt und öffentlich bekanntgemacht. Hiermit wird die Ladung zu einem Termine verbunden, in dem ein Kommissar des Oberbergamtes die Sach- und Rechtslage mit den Erschienenen erörtert.

Kommt eine Einigung nicht zustande, so tritt das Schiedsamt in Tätigkeit. Es hat festzustellen 1. das Anteilsverhältnis an dem neu entstehenden Bergwerke, 2. die Einwirkung der Vereinigung auf die dinglichen Rechte (Hypotheken usw.) an den bisherigen Bergwerken, 3. die etwa zu gewährenden Entschädigungen. Das Anteilsverhältnis hat dem Wertverhältnisse der bisherigen Bergwerke zu entsprechen. Erscheint die Gewährung eines Anteils wegen dessen Geringfügigkeit untunlich, so ist an dessen Stelle an den Eigentümer des neuen Bergwerks eine angemessene Entschädigung zu gewähren. Entstehen bei Berechnung der Anteile mit Rücksicht auf die zulässige Kuxzahl überschießende Bruchteile, so können diese unter den Beteiligten versteigert werden. Führt die Versteigerung zu keinem Ergebnis, so ist auch in diesem Falle der Ausgleich durch Entschädigung herbeizuführen. Dingliche Rechte sollen regelmäßig auf das neu entstehende Bergwerk übergehen. Diese Art der Regelung kommt aber nur dann in Frage, wenn nur ein Bergwerk belastet ist oder wenn die beiden Bergwerke mit gleichen Anteilen in das neu entstehende Bergwerk eintreten. Sonst wird die Ablösung der dinglichen Rechte ohne Rücksicht auf ihre Verfallzeit angeordnet.

Nachdem das Schiedsamt die ihm obliegenden Feststellungen getroffen hat und nachdem die etwa angeordneten Ablösungen erfolgt sind, beschließt das Oberbergamt über die Vereinigung. Der Beschluß ist nur im Rekurswege nach Maßgabe der gesetzlichen Bestimmungen anfechtbar. Gegen die Feststellungen des Schiedsamtes findet die Klage im Verwaltungsstreitverfahren bei dem Bergausschuß statt. Dessen Entscheidung ist endgültig. Durch die Erhebung der Klage wird die Entscheidung des Oberbergamtes nicht aufgehalten. Wird infolge der Entscheidung eine Änderung der auf Grund des Vereinigungsbeschlusses vorgenommenen Eintragungen im Grundbuch erforderlich, so hat das Oberbergamt nachträglich diese Änderung herbeizuführen.

Der Durchführung des Vereinigungsverfahrens würde in vielen Fällen der Umstand hindernd entgegenstehen, daß die an den zu vereinigenden Bergwerken Berechtigten nicht mehr zu ermitteln sind. Das Gesetz sieht daher zur Herstellung sicherer Berechtigungsverhältnisse den Ausschluß dieser Rechte durch ein Aufgebotsverfahren nach §§ 964ff. der ZPO. mit dreimonatiger Aufgebotsfrist vor, das auf Antrag des oberbergamtlichen Kommissars vor Gericht einzuleiten ist. Mit dem Ausschlußurteil gehen ausgeschlossene Beteiligungen an dem Bergwerke nicht, wie nach dem Gesetzentwurf beabsichtigt war, an die Mitbeteiligten, sondern entsprechend einer im Landtage von sozialistischer Seite erhobenen Forderung an den Staat über. Ist ein Eigentumsrecht oder Mitbeteiligungsrecht an einem Bergwerk überhaupt nicht angemeldet worden, so wird es bei Feststellung des Anteilsverhältnisses nicht berücksichtigt. Nicht angemeldete dingliche Rechte erlöschen.

Der Normalfall ist der, daß ein Längenfeld von einem Geviertfelde vollständig eingeschlossen wird. Das Feld des neuen Bergwerks wird durch die Markscheiden des bisherigen Geviertfeldes und senkrechte Ebenen in die ewige Teufe begrenzt. Erstreckt sich ein Längenfeld durch mehrere Geviertfelder, so wird jeder Teil mit dem es einschließenden Geviertfelde vereinigt. Ferner ist das Oberbergamt ermächtigt, auch Längenfelder, die nicht von Geviertfeldern umschlossen werden, miteinander zu vereinigen. In diesem Falle bestimmt das Oberbergamt das neue Feld unter Beobachtung der berggesetzlichen Bestimmungen über Feldesgröße usw. Endlich kann das Gesetz auch zur Vereinigung zusammenhängender kleiner Geviertfelder, von denen keines die Maximalfeldesgröße erreicht, Anwendung finden.

2. Erbstollengerechtigkeit.

Ein Stollen oder Stolln (Mehrzahl: Stollen oder Stölln) ist ein Grubenbau, der von einem tiefgelegenen Orte aus (z. B. einer Talsohle) söhlig (horizontal) oder mit geringem Ansteigen in das Gebirge getrieben wird. Das Recht, einen Stollen innerhalb des Bergwerksfeldes zu treiben, ist ein natürlicher Ausfluß der Bergbauberechtigung. In früherer Zeit konnte aber das Recht, einen

Stollen von einem bestimmten Ansatzpunkt aus in beliebiger Richtung sowohl durch freies als auch durch fremdes Feld zu treiben, auch als selbständiges Recht (Erbstollengerechtigkeit) erworben werden, und zwar, wie das Bergwerkseigentum selbst, im Wege der Mutung und Verleihung. Zweck des Erbstollens konnte sowohl die Wasser- und Wetterlösung vorhandener und später anzulegender Grubenbaue, als auch die Aufsuchung neuer Lagerstätten sein. Die Abführung der Wasser und Wetter mehrerer Bergwerke durch eine auf fremde Kosten ausgeführte Stollenanlage bot große bergtechnische und wirtschaftliche Vorteile. Die Erbstollen spielten daher im Mittelalter eine große Rolle. Man nannte sie „das Herz und die Schlüssel der Gebirge" und das Erbstollenrecht nimmt schon in den ältesten Bergrechtsaufzeichnungen, z. B. der Iglauer, einen großen Raum ein. Als Entgelt für die fremden Bergwerken geleistete Hilfe erhielt der Erbstöllner von diesen in verschiedener Weise bemessene Erbstollengebühren, auch durfte er fremde Grubenbaue mitbenutzen und die innerhalb des Erbstollens gewonnenen Mineralien für sich behalten (Stollenhieb). Im freien Felde galt das Gewinnungsrecht des Erbstöllners nicht nur innerhalb des Stollenraumes, sondern darüber hinaus innerhalb der Vierung. Es erstreckte sich in jedem Falle auf alle regalen Mineralien, ging also insofern weiter als das Recht des Bergwerkseigentümers, der auf die ihm verliehenen Mineralien beschränkt war.

Eine Gefahr für den Bestand der sonst im älteren Bergrecht auffallend bevorzugten Erbstollengerechtigkeit lag darin, daß der Erbstollen enterbt werden konnte. Die Enterbung geschah dadurch, daß in einer bestimmten Mehrteufe (in der Regel 7 Lachter) ein neuer Erbstollen angelegt wurde, der den Zweck des oberen ebenfalls erfüllte, also die Bergwerke in einer tieferen Sohle löste. Außerdem konnte unter bestimmten Voraussetzungen, namentlich bei Unterlassung der Forttreibung des Stollens innerhalb der gestellten Fristen, eine Freifahrung des Erbstollens stattfinden.

Die Erbstollengerechtigkeit verlor ihre wirtschaftliche Daseinsberechtigung, die hauptsächlich in der Wasserlösung lag, mit der allgemeinen Einführung der Wasserhaltungsmaschine. Die Berggesetzgebung einzelner Staaten, so auch Preußens, versuchte zunächst eine Anpassung des Erbstollenrechts an die neuen Verhältnisse in der Weise, daß die Verleihung des Erbstollenrechts für eine Wasserhaltungsmaschine und die Enterbung eines Erbstollens durch eine solche zugelassen wurde, wenn sie die Wasser 7 Lachter tiefer hob und der Grube in dieser Tiefe Wasserlosung verschaffte. Trotzdem machten sich die Erbstollengebühren, die der Bergwerkseigentümer ohne Rücksicht auf sein Interesse an den Erbstollen zu zahlen hatte, vielfach als eine drückende und wirtschaftlich ungerechtfertigte Last fühlbar.

Das ABG. (§ 223) hat daher die Verleihung von Erbstollenrechten *für die Zukunft ausgeschlossen* und dafür den ähnlichen Zwecken dienenden, aber wesentlich verschiedenen Hilfsbau eingeführt. Die bestehenden Erbstollenrechte sind aber nicht beseitigt worden. Sie sind auch jetzt noch, insbesondere hinsichtlich der Aufhebungsarten, nach früherem Rechte zu beurteilen (§ 223 Abs. 2). Eine Erleichterung der Aufhebung hat das ABG. (§ 223 Abs. 3) für den Geltungsbereich des ALR. durch die Bestimmung herbeigeführt, daß es zur Befreiung eines Bergwerks von den Erbstollengebühren durch eine Wasserhaltungsmaschine einer besonderen Verleihung der Erbstollengerechtigkeit für diese Maschine nicht mehr bedarf, vielmehr beim Vorhandensein der sonstigen Bedingungen der Enterbung diese ohne weiteres eintritt.

Die Eintragung der Erbstollengerechtigkeit in das Grundbuch ist nicht erforderlich. Ist aber die Erbstollengerechtigkeit auf Antrag des Berechtigten im Grundbuche eingetragen[1]), so unterliegt sie in demselben Umfange wie das Bergwerkseigentum den sich auf Grundstücke beziehenden Vorschriften des BGB.[2]) sowie auch der Zwangsvollstreckung in das unbewegliche Vermögen[3]).

3. Freikuxe und ähnliche Rechte[4]).

Die *Freikuxe* bildeten im älteren Recht die Form, in der der Eigentümer eines verliehenen Bergwerks zur Schadloshaltung des Grundeigentümers (Erb- oder Grundkuxe), zu gewissen sozialen Leistungen (Knappschaftskuxe, Kirchen- und Schulkuxe) oder auch zu staatlichen Abgaben (landesherrliche Freikuxe der Cleve-Märk. BO.) herangezogen wurde.

---

[1]) § 7 GBO., Art. 17 Abs. 2 AG. z. GBO.

[2]) Art. 40 AG. z. BGB.

[3]) § 870 Abs. 1 ZPO.

[4]) ABG. §§ 224, 225.

Der Vorteil, den sie dem Berechtigten gewährten, lag darin, daß dieser an der Ausbeute des Bergwerks in einem bestimmten Verhältnis teilnahm, dagegen Zubuße nicht zu zahlen hatte. Sie waren überhaupt nicht, wie die eigentlichen — „gewerkschaftlichen" oder „verzubußenden" — Kuxe, Miteigentumsanteile am Bergwerk, sondern, wie durch § 224 Abs. 2 ABG. zur Beseitigung einer früheren Streitfrage deklaratorisch festgestellt ist, nur Realberechtigungen auf einen bestimmten Ausbeuteanteil. Die Freikuxberechtigten hatten auch kein Stimmrecht in den Gewerkenversammlungen.

Von den ursprünglich gewährten Freikuxen sind zuerst (1851) die zwei landesherrlichen der Cleve-MärkBO., sodann durch das KnG. von 1854 bei Einführung der gesetzlichen Pflicht zur Zahlung von Knappschaftsbeiträgen die zwei knappschaftlichen aufgehoben worden. Das ABG. hat die Entstehung neuer Freikuxberechtigungen ausgeschlossen, indessen die bestehenden (zwei Erb- oder Grundkuxe, zwei Kirchen- und Schulkuxe) ohne Rücksicht darauf, ob sie bereits ausgeübt wurden, aufrechterhalten und nur die Ablösbarkeit, die früher für die Grundkuxe nicht bestand, allgemein ausdrücklich festgestellt. Von der Ablösbarkeit ist bisher wegen der Schwierigkeit der Berechnung einer angemessenen Ablösungssumme wenig Gebrauch gemacht worden.

Das Rechtsverhältnis der Freikuxberechtigungen zur Gewerkschaft regelt sich nach wie vor nach dem ALR. und den revidierten Bergordnungen. Die Freikux berechtigt zu dem gleichen Ausbeuteanteil wie ein gewerkschaftlicher Kux a. R.[1]) und, ebenso wie dieser nach früherem Recht, zu dem Anspruch auf Auszahlung des Anteils, sobald die Zeche eine „Ausbeutezeche" geworden ist. Das ALR. unterschied „Zubußzechen", bei denen die Betriebskosten noch durch Zubuße aufgebracht werden müssen, „Freibauzechen", bei denen die Betriebseinnahmen zur Bestreitung der Betriebskosten und zum weiteren Fortbau der Grube ausreichen, „Verlagszechen",

[1]) Bei 122 Kuxen und 6 Freikuxen war der Anteil jedes Kuxes und Freikuxes $^1/_{128}$, bei 128 Kuxen und 6 Freikuxen $^1/_{134}$ der Ausbeute.

Dies Verhältnis ist etwas verschoben worden durch den Fortfall der Knappschaftskuxe. Da hierdurch weder die Quote des Ausbeuteanteils der anderen Freikuxberechtigten noch die Zahl der gewerkschaftlichen Kuxe verändert worden ist (§ 224 Abs. 3), so ist der Ausbeuteanteil der gewerkschaftlichen Kuxe etwas höher geworden.

bei denen die Betriebseinnahmen die Betriebskosten übersteigen, aber zur Rückerstattung der Zubußen und Schulden (des „Verlags" oder „Rezesses) noch nicht ausgereicht haben, und „Ausbeutezechen", die nach wiedererstattetem Verlage und nach Abzug der zum weiteren Betriebe nötigen Kosten einen reinen Überschuß abwerfen (§§ 296ff. ALR. II, 16). Der Freikuxberechtigte kann verlangen, daß ihm unter Anwendung dieser Grundsätze Rechnung gelegt wird.

Die Freikuxe sind aus früherer Zeit vielfach noch im Grundbuch eingetragen. Nach geltendem Recht sind sie als „gemeine Lasten" weder eintragungsbedürftig noch eintragungsfähig. Im Falle der Zwangsversteigerung des Bergwerks gehen sie unverändert auf den Ersteher über[1]).

Der Erb- oder Grundkux steht dem Eigentümer des Grundstücks zu, auf dem sich die Fundgrube befindet, und zwar als subjektiv-dingliches, mit dem Eigentum an dem Grundstück untrennbar verbundenes Recht. Erstreckt sich die Fundgrube über mehrere Grundstücke, so sind die mehreren Grundstückseigentümer nach Maßgabe ihres Anteils an der Fundgrube auch an den Grundkuxen beteiligt. Dagegen stehen die Kirchen- und Schulkuxe der Kirche und Schule zu, „unter deren Sprengel die Zeche liegt" (§ 134 ALR. II, 16). Hier dürfte nicht die Lage der Fundgrube oder des Bergwerksfeldes, sondern der Bergwerksanlage den Ausschlag geben. Sind die Kirchengemeinde und die Schulgemeinde verschiedene Rechtssubjekte, so entfällt ein Freikux auf die Kirche und ein Freikux auf die Schule.

Eine Vereinigung sämtlicher Kirchen- und Schulkuxberechtigungen in einer Hand besteht im Bereiche der rev. SchlesBO. (Provinz Schlesien ohne die Lausitz), wo in Anlehnung an einen schon seit 1778 bestehenden Zustand durch KO. vom 9. März 1830 (GS. 48) der „Schlesische Freikuxfelderfonds" geschaffen worden ist. Dieser Fonds, in den die gesamte Ausbeute der Freikuxe für Kirche und Schule fließt, wird „nach dem jedesmaligen Stande der Bedürfnisse für Kirchen- und Schulzwecke vorzüglich zum Besten der Knappschaftsgenossen und deren Kinder ohne Unterschied der Konfession auch an solchen Orten verwendet, wo der eigentliche Freibau jener

---

[1]) Art. 1, 2 AG. z. ZVG.; Art. 11 Abs. 1 AG. z. GewO.

Kuxe nicht stattgefunden hat". Die Verwaltung wird vom Oberpräsidenten der Provinz Schlesien unter Mitwirkung des OBA. in Breslau und unter Oberaufsicht des Handelsministers und des Kultusministers geführt[1]). Die Beiträge haben die Natur öffentlicher Abgaben und werden im Verwaltungszwangsverfahren beigetrieben, während anderwärts auch die Ansprüche aus den Kirchen- und Schulkuxen gegen die Gewerkschaft im ordentlichen Rechtswege zu verfolgen sind[2]). Der Schlesische Freikuxfelderfonds hat viel zur Förderung der Kirchen- und Schulverhältnisse in den schlesischen Bergbaubezirken beigetragen. Durch das Volksschulgesetz vom 28. Juli 1906 (vgl. § 31 Abs. 2) ist er nicht berührt worden. Mehrfache Bestrebungen der Freikuxpflichtigen, eine Beseitigung der ihrer Form nach veralteten Abgabe herbeizuführen, sind fehlgeschlagen.

Den Grundkuxen verwandt sind folgende Rechte, die ebenfalls, soweit sie beim Inkrafttreten des ABG. bereits erworben waren, bestehen geblieben sind, seitdem aber nicht mehr entstehen können:

a) Die Tradde. Sie vertrat bei den Steinkohlenbergwerken im Bereiche der Cleve-MärkBO. die Grundkuxe. Der Grundeigentümer, auf dessen Grund und Boden ein Steinkohlenschacht abgeteuft war, hatte wahlweise das Recht, entweder Vergütung für den Grundschaden oder von dem Förderer der Kohlen eine Bruttoabgabe, bestehend je nach der Beschaffenheit des Bodens in dem 65. oder 130. Faß der geförderten Kohlen (Traddefaß) zu verlangen. Das Wahlrecht mußte binnen bestimmter Fristen ausgeübt werden.

b) Das Schlesische Mitbaurecht zur Hälfte. In Schlesien hat sich die Bergbaufreiheit erst spät gegenüber dem Widerstande der Grundherren durchzusetzen vermocht. Noch die rev. BO. von 1769 gab dem Grundherrn ein Vorzugsrecht zum Muten, wenn auf seinem Grundstücke von einem anderen ein Fund gemacht worden war. Dieser Grundsatz wurde aber sehr bald als dem Gedeihen des Bergbaues nicht förderlich

---

[1]) Regulativ vom 24. März 1868 mit Nachtrag vom 31. Juli 1869. Eine Neuregelung mit Rücksicht auf die Abtrennung der Provinz Oberschlesien ist bisher nicht erfolgt.

[2]) Entsch. des Gerichtshofs zur Entscheidung der Kompetenzkonflikte, Z. f. B. **21** 162, **58** 395.

erkannt und dahin abgeschwächt, daß der Eigentümer des Fundgrubengrundstücks sich durch eine innerhalb einer bestimmten Frist abzugebende Erklärung zur Hälfte an dem Betriebe des gemuteten Bergwerks (unter Anteilnahme am Gewinn und Verlust) beteiligen konnte. In dieser Form ging das Mitbaurecht auch in der Magdeb.-HalberstBO. über. Die Einrichtung gehört jetzt der Rechtsgeschichte an, doch finden sich ihre Spuren noch bei einigen Gewerkschaften a. R., die aus zwei zu je 61 Kuxen berechtigten Gewerken bestehen, eine Verteilung des Kuxbesitzes, die bei Nichtübereinstimmung der Gewerken die Betriebsentwicklung lähmen kann.

c) Die linksrheinische Grundrente. Diese ist bestehen geblieben, soweit sie in den Konzessionsurkunden nach Maßgabe des französischen Berggesetzes von 1810 den Bergwerkskonzessionären zugunsten der Grundeigentümer auferlegt worden ist.

4. Bergbauhilfskassen.

Unter dem Namen Bergbauhilfskassen (Berggewerkschaftskassen, Schürfgelderkassen) sind in mehreren Bergbaugebieten aus Beiträgen der Bergwerksbesitzer gemeinnützige Fonds begründet worden, die teils die Unterstützung bedürftiger Berufsgenossen durch Darlehen, teils die Unterhaltung gemeinnütziger Anlagen (Bergwerksstraßen, Bergschulen usw.) bezweckten. Zur Zeit bestehen, nachdem sich die Oberschlesische Steinkohlen-Bergbauhilfskasse aus Anlaß der Teilung Oberschlesiens aufgelöst hat, noch folgende Bergbauhilfskassen[1]):

1. die Niederschlesische Steinkohlen-Bergbauhilfskasse,
2. die aus der Vereinigung der Märkischen und der Essen-Werdenschen entstandene Westfälische Berggewerkschaftskasse,
3. die gewerkschaftliche Bergbauhilfskasse für den Niedersächsisch-Thüringischen Distrikt und
4. die Kamsdorfer Schürfgelderkasse.

Die Verwaltung dieser Kassen, die früher in der Hand der Bergbehörden lag, ist durch das G. vom 5. Juni 1863 — das neben dem

[1]) Die Clausthaler Bergbaukasse ist keine Bergbauhilfskasse, sondern ein staatlicher Institutenfonds.

ABG. bestehen geblieben ist (§ 245 Abs. 1) — den Besitzern der beteiligten Bergwerke übertragen und näher geregelt worden.

Die Bergbauhilfskassen sind juristische Personen. Ihre Satzungen unterliegen der Bestätigung des Handelsministers. Kassenorgane sind der Vorstand und die Generalversammlung. Die staatliche Aufsicht über die Verwaltung wird vom OBA. durch einen Kommissar geführt.

Die Haupttätigkeit der Bergbauhilfskassen besteht zur Zeit in der Unterhaltung und Unterstützung von Bergschulen und Bergvorschulen. Sie bedürfen zu diesem Zwecke nicht, wie die Bergschulvereine (S. 225), einer besonderen Genehmigung des Handelsministers. Indessen finden auch auf sie die Bestimmungen des Gesetzes über die Bergschulvereine vom 12. Jan. 1921 über die Zusammensetzung des Bergschulvorstandes und über die Heranziehung von Nichtmitgliedern zu Beiträgen Anwendung (§ 5 des G.).

Die Ausgaben der Bergbauhilfskassen werden aus den Zinsen der angesammelten Vermögen bestritten, doch kann durch die Satzung mit Genehmigung des Handelsministers auch die Erhebung von Beiträgen angeordnet werden.

5. Privatbergregale [1]).

Da das Bergregal trotz der darin enthaltenen staatshoheitlichen Befugnisse zu den niederen Regalen gerechnet wurde (§ 106 ALR. II, 16), so konnte es vom Landesherrn auch an Privatpersonen übertragen werden, sowohl in der Form der Verleihung als auch durch lästigen Vertrag. Auch ein Erwerb durch Ersitzung war nicht ausgeschlossen. In gewissen Fällen ist aber der Weg der Gesetzgebung gewählt worden. So beruht das den vormals unmittelbaren deutschen Reichsständen innerhalb ihres standesherrlichen Gebietes zustehende Bergregal auf Art. 14 der deutschen Bundesakte vom 8. Juni 1815 und den Preuß. G. vom 21. Juni 1815 und 30. Mai 1820. Auch das Bergregal, das die Gutsherren in der Oberlausitz hinsichtlich der niederen Metalle für sich in An-

[1]) § 250 ABG.; G. zur Sicherung der Überführung der Bergregale an den Staat vom 17. Dez. 1919; G. zur Überführung der standesherrlichen Bergregale an den Staat vom 19. Okt. 1920; Voelkel, Privatbergregale in Glückauf 1917 S. 333ff., 358ff.; Verzeichnis der Privatbergregale als Anlage zu dem Entw. des G. vom 19. Okt. 1920, Z. f. B. 62 53ff.

spruch nahmen, stützt sich auf Gesetze, nämlich die angeblich durch Observanz in der Oberlausitz rezipierten sogenannten Böhmischen Bergwerksvergleiche von 1334 und 1575.

Das ABG. hat durch Aufhebung des Bergregals des Staates zwar die Möglichkeit der Entstehung weiterer Privatbergregale beseitigt, aber die in größerer Zahl vorhandenen Privatbergregale bestehen lassen. Ihrer Aufhebung, die an sich im Interesse des Bergbaues der betreffenden Landesteile und gleichförmiger bergrechtlicher Zustände für wünschenswert angesehen wurde, stand nach der Begr. die Erwägung entgegen, daß es sich um wohlerworbene, auf anerkannten Rechtstiteln beruhende Rechte handele, die nur gegen Entschädigung entzogen werden könnten. Aufrechterhalten sind durch § 250 ABG. (vgl. auch Art. VIII Abs. 3 der Nov. vom 18. Juni 1907 sowie Art. III Abs. 3 d. G. über die Verleihung von Braunkohlenfeldern an den Staat vom 3. Jan. 1924) die Regalrechte der früher reichsunmittelbaren Standesherren und derjenigen, welchen auf Grund besonderer Rechtstitel das Bergregal in gewissen Bezirken allgemein oder für einzelne Mineralien zusteht. Die Privatbergregale umfaßten in späterer Zeit nicht alle in dem staatlichen Bergregal enthaltenen Befugnisse. Ausgeschieden waren die Berggesetzgebung und die Berggerichtsbarkeit. Auch auf die Ausübung der Bergpolizei hatten die Regalinhaber nach und nach verzichtet, und wo dies nicht der Fall war, wurde sie im Auftrage des Regalherren durch staatliche Bergrevierbeamte ausgeübt. Den Hauptinhalt der Privatbergregale bildeten das Recht, im Regalbezirke selbst Bergbau zu treiben oder andere zum Bergwerksbetriebe zuzulassen, und das Recht, von den verliehenen Bergwerken Abgaben zu verlangen. Die zu diesen Zwecken vom Regalherrn bestellten Bergbehörden (§ 250 Abs. 3) hatten, insbesondere bei der Bergwerksverleihung, die berggesetzlichen Bestimmungen zu beachten und standen nach gewissen Richtungen unter der Oberaufsicht des Oberbergamtes. Einige Bergregale beschränkten sich auf Einzelrechte regaler Natur, z. B. auf ein bloßes Zehntrecht oder ein Vorrecht zum Muten (ius excludendi alios).

Das Zehntrecht der Regalherren wurde durch die allmähliche Herabsetzung der staatlichen Bergwerksabgaben nur insoweit berührt, als die vom Staate mit einzelnen (westfälischen) Regalherren geschlossenen Rezesse die Bestimmung enthalten, daß die Regalabgaben den Betrag der gesetzlich bestimmten landesherrlichen Abgaben nicht übersteigen dürfen. Um das Abgabenrecht der Privatregalherren in dem bestehenden Umfange zu wahren, ist in dem G. wegen Aufhebung direkter Staatssteuern vom 14. Juli 1893 (GS. 119) die Bestimmung des Regierungsentwurfs, wonach die staatlichen Bergwerksabgaben „aufgehoben" werden sollten, im Landtage dahin geändert worden, daß sie „außer Hebung gesetzt werden". Die staatlichen Bergwerkssteuern sind demnach als — trotz zeitweiliger Nichterhebung — gesetzlich fortbestehend anzusehen[1]) und dienen weiter als Norm für die Erhebung der Privatregalabgaben.

Das ius excludendi alios kann seiner Natur nach nur unter der Voraussetzung ausgeübt werden, daß zunächst ein anderer Mutung einlegt. Hinsichtlich der durch die Nov. vom 18. Juni 1907 der Bergbaufreiheit entzogenen Steinkohlen und Salze würde es also gegenstandslos geworden sein, wenn es nicht durch Art. VIII Abs. 4 der Nov. in Beziehung auf diese Mineralien in ein das Vorbehaltsrecht des Staates ausschließendes selbständiges Mutungsrecht umgewandelt worden wäre.

Die neue Reichsverfassung bestimmt im Art. 155 Abs. 4 Satz 2, daß private Regale im Wege der Gesetzgebung auf den Staat zu überführen sind. Demgemäß sind durch das G. vom 29. Okt. 1920 zunächst die Bergregale und Bergregalitätsrechte der früher reichsunmittelbaren Standesherren und ihrer Rechtsnachfolger innerhalb der früher reichsunmittelbaren Standesherrschaften (mit Ausnahme des Sandsteinregals des Fürsten von Bentheim-Steinfurt in der Grafschaft Bentheim) aufgehoben worden[2]). Die näheren Bedingungen sind in Verträgen des Preußischen Staates mit dem Herzog von Arenberg, dem Fürsten Salm-Salm, dem Herzog von Croy, dem Fürsten zu Sayn-Wittgenstein-Berleburg, dem Fürsten

---

[1]) RG. vom 31. Mai 1899, Z. f. B. **40** 470.

[2]) Bedeutungslos ist die Aufhebung des § 250 ABG. durch § 41 Ziff. 44 des G. über die Aufhebung der Standesvorrechte des Adels vom 23. Juni 1920 (GS. S. 367), da nach § 21 desselben Gesetzes die Rechtsverhältnisse der Regale durch besondere Gesetze geregelt werden sollen. Redaktionell richtiger wäre es allerdings gewesen, unter diesen Umständen bei Aufzählung der aufgehobenen Gesetzesvorschriften den § 250 ABG. fortzulassen.

zu Sayn-Wittgenstein-Hohenstein, dem Fürsten zu Isenburg-Birstein und dem Fürsten zu Ysenburg und Büdingen festgelegt, denen die preußische Landesversammlung durch das vorbezeichnete Gesetz zugestimmt hat. Die Aufhebung erstreckt sich aber auch auf diejenigen standesherrlichen Regale, hinsichtlich deren wegen ihrer Wertlosigkeit Verträge nicht abgeschlossen worden sind (Regale des Fürsten zu Bentheim-Steinfurt in der Grafschaft Steinfurt, des Fürsten von Bentheim-Tecklenburg und des Fürstlich Rheina-Wolbeckschen Fideikommisses). Als Rechtsform der Überführung an den Staat ist der Verzicht der Regalherren und die Aufhebung der Regale gewählt worden, weil der Fortbestand dieser veralteten Rechtseinrichtungen in der Hand des Staates unzeitgemäß erschien und aus ihrem Fortfall sich von selbst die Rechtsfolge ergibt, daß die staatliche Berghoheit und etwaige staatliche Vorbehaltsrechte Platz greifen. Eine Ausnahme hiervon ist in den Verträgen und in dem Gesetz nur insoweit gemacht worden, als es sich um die Regalabgaben handelt, deren Fortfall den Abgabenpflichtigen gegenüber wie ein unverdientes Geschenk gewirkt hätte und auf die der Staat aus finanziellen Gründen nicht verzichten wollte. Sie sind grundsätzlich bestehen geblieben und werden nunmehr von den Staatsbehörden erhoben[1]).

Die den Regalinhabern zustehende Abfindung ist in den Verträgen in verschiedener Weise bestimmt worden (Überlassung der Regalabgaben oder eines Teiles davon während einer bestimmten Frist, zum Teil unter Beschränkung auf eine bestimmte Höhe, Belassung des Mutungsrechts auf Steinkohlen für bestimmte Gebiete, Fortdauer des Mutungsvorrechtes auf Braunkohle während einer bestimmten Zeit). Die Vertragsbestimmungen haben, soweit dadurch eine Abweichung von den berggesetzlichen Vorschriften vereinbart ist (z. B. hinsichtlich der Feldesgröße), an deren Stelle Gesetzeskraft.

Unberührt durch die Überführung sind die auf Grund der Bergregale durch Bergwerksverleihung usw. rechtmäßig begründeten Bergbaurechte sowie Rechte aus eingelegten Mutungen geblieben.

Die Überführung der auf besonderen Rechtstiteln beruhenden Regale an den Staat ist noch nicht vollzogen. Es handelt sich dabei, da die Regale der oberschlesischen Magnaten nach der Ab-

[1]) AusfA. vom 15. Aug. 1921, Z. f. B. **62** 307.

trennung Ost-Oberschlesiens zum größten Teile nicht mehr in Betracht kommen, nur um Rechte von untergeordneter Bedeutung. Die Überführung ist im übrigen gesichert durch das G. vom 17. Dez. 1919 zur Sicherung der Überführung der Privatbergregale an den Staat, wonach nach dem 1. Dez. 1919 über solche abgeschlossene Verträge bei der Überführung regelmäßig nicht berücksichtigt werden.

XXI. Grundeigentümerbergbau[1]).

1. Allgemeines.

Von den im § 1 aufgeführten bergfreien Mineralien sind einige für bestimmte Landesteile dem Verfügungsrechte des Grundeigentümers überlassen (vgl. S. 61 ff.). Wo eine solche Ausnahme besteht, unterliegt die Aufsuchung und Gewinnung des Minerals grundsätzlich nicht dem Bergrecht, sondern den allgemeinen Gesetzen. Auf bestimmte Mineralgewinnungen, die in der Regel bergmännisch betrieben werden, sind indessen die — jeweils geltenden — Vorschriften des ABG. in größerem oder geringerem Umfange für anwendbar erklärt, teils schon im 10. Titel des ABG., teils durch spätere Sondergesetze. Diese Mineralgewinnungen, bei denen im Interesse der Betriebssicherheit eine bergpolizeiliche Beaufsichtigung unentbehrlich war und auch nach anderen Richtungen die rechtliche Gleichstellung mit dem Betrieb verliehener Bergwerke der Natur der Sache entsprach, sind folgende:

1. der westpreußische Braunkohlenbergbau (§ 210);
2. der schlesische Eisenerzbergbau (§§ 211—121c in der Fassung der Nov. vom 8. April 1894, GS. 41);
3. der Kohlenbergbau im sog. Mandatsgebiet[2]) (G. vom 22. Febr. 1896, GS. 401, in der Fassung des AG. z. BGB. Art. 38, GS. 117);

---

[1]) 10. Titel ABG. (§§ 210—214d) und die im Text erwähnten Gesetze. Sehling, Die Rechtsverhältnisse an den der Verfügung des Grundeigentümers nicht entzogenen Mineralien usw., Leipzig 1904.

[2]) Das „Mandatsgebiet" umfaßt die im § 1 Ges. vom 22. Febr. 1869 bezeichneten Landesteile (Teile der Provinz Sachsen und Brandenburg, die vormals zum Königreich Sachsen gehörten, Niederlausitz, Oberlausitz). Dort galt früher das Kurfürstl. Sächsische Mandat vom 19. Aug. 1743, wonach die Stein- und Braunkohlen dem Grundeigentümer gehörten.

4. der Kohlenbergbau im Fürstentum Calenberg einschließlich der Grafschaft Spiegelberg (Art. XII, XIII der EV. für Hannover vom 8. Mai 1867, GS. 601);
5. der Stein- und Kalisalzbergbau in Hannover (G. vom 14. Juli 1985, GS. 295, G. vom 26. Juni 1904, GS. 135, G. vom 4. Aug. 1904, GS. 235).

Aus den gleichen Gesichtspunkten sind Teile des ABG. auch auf die Gewinnung einzelner Mineralien für anwendbar erklärt worden, die nicht zu den im § 1 aufgeführten gehören, und zwar auf

6. die linksrheinischen Dachschiefer-, Traß- und Basaltlavabrüche (§§ 214— 214d in der Fassung der Nov. vom 7. Juli 1902, Art. II, GS. 255);
7. die Aufsuchung und Gewinnung von Erdöl (G. vom 6. Juni 1904, GS. 105);
8. die Aufsuchung, Gewinnung und Aufbereitung phosphorhaltiger Mineralien und Gesteine (G. vom 9. Jan. 1923, GS. 13).

Die Bestimmungen des ABG., die für die vorbezeichneten Mineralgewinnungen allerdings nicht für alle gleichmäßig gelten, sind diejenigen über die Aufbereitungsanstalten, über die Dampfkessel und Triebwerke, über den Hilfsbau, über Betriebsanzeige, Betriebsplan, Grubenbild und Aufsichtspersonen, über das Recht der Bergleute und Betriebsbeamten, über das Verhältnis zum Grundeigentum, über die Bergbehörden und über die Bergpolizei. Die Zugehörigkeit zur Knappschaft regelt sich jetzt nach dem Reichsknappschaftsgesetz. Soweit das berggesetzliche Grundabtretungsrecht für anwendbar erklärt ist, ist dies mit der Einschränkung geschehen, daß die Grundabtretung nur insoweit gefordert werden kann, als die Benutzung eines fremden Grundstücks zur Anlage von „Wegen, Eisenbahnen, Kanälen, Wasserläufen und Hilfsbauen zum Zwecke des Grubenbetriebes und des Absatzes der Bergwerkserzeugnisse" notwendig ist. Das G. über phosphorhaltige Mineralien und Gesteine vom 9. Jan. 1923 führt außerdem noch „elektrische Leitungen" an, damit sind aber die Fälle der Zwangsgrundabtretung für Zwecke des Grundeigentümerbergbaues erschöpft. Den für Schachtanlagen, Aufbereitungsanstalten usw. erforderlichen Grund und Boden kann der Bergbauunternehmer nicht auf diesem Wege erwerben. Es ist seine Sache, sich schon bei Abschluß des Abbauvertrages mit dem

Grundeigentümer das Recht zur Benutzung der Tagesoberfläche in dem erforderlichen Umfange sichern[1]). Aus diesem Grund entspricht es auch nicht der Absicht des Gesetzes, wenn dem Unternehmer gegenüber dem Grundeigentümer, von dem er sein Abbaurecht herleitet, ein Enteignungsrecht zum Zwecke der Anlage von Wegen, Eisenbahnen usw. zugebilligt wird[2]). Der Umstand, daß der Grundeigentümer, von dem Grundabtretung verlangt wird, regelmäßig auf seinem Grund und Boden selbst abbauberechtigt ist, hindert die Abtretung nur dann, wenn dieser Abbau in greifbare Nähe gerückt ist. Die Frage, ob der Bergwerksbetrieb, soweit die berggesetzlichen Vorschriften über Grundabtretung nicht Platz greifen, unter der Voraussetzung, daß diese durch das öffentliche Wohl erfordert wird, ein Enteignungsverfahren nach Maßgabe des Enteignungsgesetzes vom 11. Juni 1874 herbeiführen kann, insbesondere auch zum Zwecke der Ausdehnung eines Tagebaubetriebes auf dazwischenliegende fremde Grundstücke, wird jetzt in der Praxis allgemein bejaht, obwohl der Wortlaut des § 54 Abs. 2 des genannten Gesetzes entgegenzustehen scheint.

Von der Anwendung auf den Grundeigentümerbergbau sind der Natur der Sache nach ausgeschlossen die Bestimmungen über das Schürfen, Muten und Verleihen. Das Aufsuchen der dem Verfügungsrechte des Grundeigentümers unterliegenden Mineralien ist nicht Schürfen im bergrechtlichen Sinne. Unter der bergpolizeilichen Aufsicht stehen solche Aufsuchungsarbeiten nur, soweit dies im Gesetz besonders bestimmt ist (Erdölgesetz und Gesetz betr. Phosphorite). Das Gesetz über die Ausdehnung von Bestimmungen des ABG. auf den hannoverschen Stein- und Kalisalzbergbau vom 14. Juli 1895 begründete ebensowenig wie die anderen Ausdehnungsgesetze eine Zuständigkeit der Bergpolizei gegenüber den Aufsuchungsarbeiten. Mit Rücksicht auf die Gefährdung der volkswirtschaftlich wertvollen hannoverschen Kalisalzlagerstätten durch unsachgemäße Bohrungen erschien dies als ein Mangel. Daher erging das ergänzende G. vom 26. Juni 1904 über die Ausdehnung berggesetzlicher Bestimmungen auf die Aufsuchung von Stein- und Kalisalz und von Solquellen in der Provinz Hannover, wodurch die bergpolizeiliche

[1]) In Zweifelsfällen wird sich der Unternehmer auf § 157 BGB. berufen können.

[2]) In der Praxis und Literatur überwiegt die entgegengesetzte Ansicht.

Zuständigkeit gegenüber diesen Aufsuchungsarbeiten geschaffen wurde. Der gegenwärtige Rechtszustand in Hannover ist insofern eigenartig, als die Aufsuchung von Solquellen nach dem G. vom 26. Juni 1904 der Bergpolizei, dagegen die Gewinnung der Solquellen und der Salinenbetrieb der Aufsicht der allgemeinen Polizei unterliegen.

Die aus dem Bergwerkseigentum entspringenden Befugnisse stehen dem Betreiber des Grundeigentümerbergbaues nur insoweit zu, als sie ihm ausdrücklich gesetzlich übertragen sind. Er hat z. B. nicht das Mutungsvorrecht aus § 55.

Nicht auf den Grundeigentümerbergbau übertragen ist ferner das Gewerkschaftsrecht[1]). Mehrere Mitbeteiligte an einem Grundeigentümerbergwerk werden rechtlich so behandelt wie Mitbeteiligte an einem verliehenen Bergwerke, die die Gewerkschaftsform ausgeschlossen haben. Insbesondere haben sie, wenn sie nicht eine Gesellschaftsform des Handelsrechts oder des allgemeinen bürgerlichen Rechts wählen, in gleicher Weise einen Repräsentanten zu bestellen.

2. Zwang zur Abtretung des Abbaurechts.

Die Ausübung des Abbaurechts liegt im allgemeinen im freien Belieben des Grundeigentümers.

Eine Ausnahme bestand früher im „Mandatsgebiete", wo vor Erlaß des G. vom 22. Febr. 1896, wenn der Grundeigentümer die Kohle nicht selbst abbauen wollte, der Staat anderen Konzessionen zum Bergwerksbetriebe erteilen konnte. Die damals erteilten Konzessionen bestehen zum Teil auch jetzt noch.

Eine neue Ausnahme ist durch das G. über phosphorhaltige Mineralien und Gesteine vom 9. Jan. 1923 im Anschluß an Vorgänge der Kriegszeit geschaffen worden. Durch Bundesratsverordnung vom 30. Nov. 1916 (RGBl. 1321) war der damaligen Kriegs-Phosphat-Gesellschaft m. b. H., die mit der Förderung der Versorgung des deutschen Wirtschaftslebens mit Phosphor betraut war, die Befugnis erteilt worden, gegen Entschädigung a) auf fremden Grundstücken phosphorhaltige Mineralien und Gesteine aufzusuchen und zu gewinnen sowie die zur Aufbereitung erforderlichen Anlagen zu errichten und zu betreiben, b) die Über-

---

[1]) Über die „Kaufgewerkschaften" und die Ausnahme für den hannöverschen Kalibergbau vgl. S. 181 ff.

lassung zu diesem Zwecke bestehender Anlagen zum Betrieb auf eigene Rechnung zu verlangen. Nach Außerkrafttreten der reichsrechtlichen Bestimmungen erschien es für Bayern und auch, namentlich wegen der Phosphoritvorkommen im Lahngebiet, für Preußen geboten, die Grundlagen für die Schaffung eines solchen Rechtszustandes bestehen zu lassen, um eine Zusammenfassung des volkswirtschaftlich bedeutsamen, in viele schwache Hände zersplitterten Phosphoritbergbaues aufrechtzuerhalten. Demgemäß bestimmt das G. vom 9. Jan. 1923, daß der Handelsminister und der Landwirtschaftsminister einem Bewerber eine Befugnis des vorbezeichneten Inhalts erteilen können. Streitigkeiten über die Ausübung der erteilten Befugnis entscheidet das Oberbergamt, gegen dessen Beschluß ohne aufschiebende Wirkung der Rekurs an die genannten Minister stattfindet. Die Entschädigung setzt ein Schiedsgericht fest, dessen drei Mitglieder von den Ministern ernannt werden. Die Entscheidung des Schiedsgerichts kann im ordentlichen Rechtsweg angefochten werden.

3. Selbständige Abbaugerechtigkeit.

Eine dem Grundeigentümerbergbau eigentümliche, zur Zeit auf den Kohlenbergbau im Mandatsgebiet und den Salzbergbau in Hannover beschränkte Rechtseinrichtung ist die selbständige Abbaugerechtigkeit (Kohlenabbaugerechtigkeit, Salzabbaugerechtigkeit)[1]. Die Bestellung einer solchen kann für den Grundeigentümer selbst oder für einen Dritten erfolgen. Zu ihrer Entstehung ist im ersten Falle die Erklärung des Grundeigentümers gegenüber dem Grundbuchamt, im zweiten Falle die Einigung des Grundeigentümers und des Erwerbers, die bei gleichzeitiger Anwesenheit beider Teile vor dem Grundbuchamt zu erklären ist[2]), in beiden Fällen außerdem die Eintragung im Grundbuch erforderlich. Die Eintragung soll von der Vorlegung eines vorschriftsmäßigen Situationsrisses abhängig gemacht werden. Sie darf ferner nicht ohne Einwilli-

[1]) §§ 2ff. G. vom 22. Febr. 1869, G. vom 4. Aug. 1904. Die schlesischen Eisenerzförderungsrechte sind nicht selbständige Abbaugerechtigkeiten.

[2]) Nach dem Beschl. des KG. vom 14. Okt. 1920 (Z. f. B. **64** 277) kann sie jetzt mit Rücksicht auf § 11 VO. über das Erbbaurecht (RGBl. S. 72) formlos erfolgen, muß jedoch dem Grundbuchamt durch Erklärung zu Protokoll oder durch eine öffentliche oder öffentlich beglaubigte Urkunde nachgewiesen werden.

gung der an dem Grundstücke dinglich Berechtigten stattfinden, da deren Rechte durch die Veränderung des Inhalts des Grundeigentums beeinträchtigt werden können. Jedoch ist die Bestellung der Abbaugerechtigkeiten dadurch erleichtert, daß die agrarrechtlichen Bestimmungen über die Erteilung von Unschädlichkeitszeugnissen (mit gewissen weiteren Erleichterungen) für anwendbar erklärt sind.

Die selbständige Abbaugerechtigkeit erhält ein besonderes Grundbuchblatt. Sie steht hinsichtlich der Anwendung der sich auf Grundstücke beziehenden Vorschriften, der grundbuchlichen Behandlung, der Zwangsversteigerung und Zwangsverwaltung, der freiwilligen Versteigerung sowie der Erwerbsbeschränkungen ausländischer juristischer Personen und außerpreußischer Gewerkschaften dem Bergwerkseigentum gleich (s. S. 103, 107 ff.). Sie umfaßt auch die zu ihrer Ausübung dienenden bergbaulichen Anlagen, sei es als Bestandteile oder als Zubehör[1]). Die Vereinigung mehrerer Abbaugerechtigkeiten ist unter ähnlichen Voraussetzungen zulässig wie die Konsolidation verliehener Bergwerke.

Die Abbaugerechtigkeit geht unter durch Löschung im Grundbuche. Diese hat zu erfolgen, wenn der Abbauberechtigte gegenüber dem Grundbuchamt erklärt, daß er sein Recht aufgebe. Ist das Feld vollständig abgebaut, so kann sie aber auch ohne Zustimmung des Abbauberechtigten auf Antrag des Grundeigentümers oder eines an dem Grundstück dinglich Berechtigten vorgenommen werden. Der Nachweis des vollständigen Abbaues ist durch ein Zeugnis der Bergbehörde zu führen.

Der wirtschaftliche Wert der Abbaugerechtigkeit als Rechtseinrichtung liegt darin, daß neben das durch den Abbauvertrag (Pachtvertrag) begründete persönliche ein dingliches Rechtsverhältnis tritt, das eine Grundlage für den Realkredit bildet. Ihre Bedeutung ist dadurch noch gestiegen, daß durch das BGB. die Möglichkeit, jedem persönlichen Rechtsverhältnis durch Eintragung in das Grundbuch Wirksamkeit gegen Dritte zu verschaffen, beseitigt ist. Seitdem käme, wenn nicht die selbständige Abbaugerechtigkeit eingeführt wäre, für den vorliegenden Zweck nur die — nicht übertragbare und darum meist ungeeignete — beschränkte persönliche Dienstbarkeit (§§ 1090 ff. BGB.) in Betracht.

---

[1]) RG., Z. f. B. 58 108.

Sachverzeichnis.

Die Zahlen bedeuten die Seiten.

A

Abandon 177.
Abbaugerechtigkeit 275.
Abkehrschein 229.
Abraumsalze 64.
Aktiengesellschaft 164.
Alaunerze 58, 60.
Allgemeines Berggesetz 34ff.
Allgemeines Landrecht 30.
Alter im Felde 82.
Alterspension 244.
Amortisation s. Aufgebotsverfahren.
Anerkennungsgebühr 245.
Anfechtung von Gewerkschaftsbeschlüssen 174.
Angestelltenversicherung 253.
Anordnungen, bergpolizeiliche 189ff.
Ansiedlungen 218.
Anthrazit 63.
Antimon 58.
Arbeiter s. Bergarbeitsrecht.
Arbeiterausschuß 227.
Arbeiterinnen 221.
Arbeiterliste 222.
Arbeitsbuch 230.
Arbeitskammern 49.
Arbeitsordnung 222.
Arbeitszeit 230ff.
Arsen 58.
Aufbereitung 110ff.
Aufgebotsverfahren 177, 260.
Auflassung des Bergwerkseigentums im Sinne des früheren Rechts 128; im Sinne des geltenden Rechts 103, 108.
Aufsichtspersonen 197ff.
Aufsichtsrat der Gew. 171f.
Ausbeute der Gew. 263.
Ausbildung der höheren Bergbeamten 54f.
Ausländer als Bergwerkseigentümer 166.
Ausländische juristische Personen 103, 276.
Austausch von Feldesteilen 123.

B

Basaltlavabrüche 272.
Baupolizei 209.
Bauwürdigkeit des Minerals 79.
Beibrechende Mineralien 132.
Bergakademie 48, 54.
Bergarbeitsrecht 219.
Bergausschuß 52ff.
Bergbau, Begriff 9f.
Bergbauabteilungen der Technischen Hochschulen 48, 54.
Bergbaubeflissene 55.
Bergbaudeputation 48.
Bergbaufreiheit 11, 17, 35.
— Einschränkung der B. 38, 94, 98.
Bergbauhilfskassen 266.
Bergbeamte 54.
— Erwerb von Bergwerkseigentum durch B. 55.
Bergbehörden 45ff.
— Verfahren der B. 55ff.
Berggewerbegerichte 221f.
Berggewerkschaftskasse, westfälische 266.

Berghypothekenbücher 45, 108.
Bergordnungen 23.
Bergpolizei 186ff.
Bergpolizeiverordnungen 189ff.
Bergrecht, Begriff 9f.
Bergregal 16.
S. auch Privatbergregale.
Bergrevierbeamter 46.
Bergschaden 135ff.
Bergschulen 234.
Bergschulvereine 234.
Bergwerksabgaben 36f., 268f.
Bergwerksbesitz 103.
Bergwerkseigentum 103ff.
Bergwerksfeld 84ff.
Bergwerksverleihung 76f., 91.
Bernstein 65.
Berufsschulen s. Fortbildungsschulen.
Besitzeinweisung bei Grundabtretung 153.
Betriebsanstalten, zum Bergwerke zugehörige 111.
Betriebsbeamte 233.
Betriebseinstellung 193, 229.
Betriebsführer 198, 200.
Betriebsplan 193.
Betriebsrat, Betriebsvertretung 205, 219, 227f.
Betriebszwang 125ff.
Bezirksknappschaftsvereine 240f.
Blankoabtretung von Kuxen 179.
Blei 58.
Bohrgesellschaften 165.
Borsalze 59, 64.
Braunkohle 59, 63, 101.
Brikettfabriken 112.
Bromsalze 63.
Bürgerliches Recht, Verhältnis zum Bergrecht 42.

C

Calenberg, Bergrechtliche Verhältnisse 63, 272.
Chrom 59.

D

Dachschiefer in Nassau 61.
Dachschiefer-, Traß- und Basaltlavabrüche links des Rheins 272.
Dampfhämmer 202.
Dampfkessel 202.
Direktionsprinzip 24, 33.
Distriktsverleihungen 36.
Drahtseilbahnen 149, 210.

E

Eichung der Fördergefäße 225.
Eigentum an den Mineralien 14f.
Einfahrer 47.
Einigung, gütliche über die Grundabtretung 157.
Einspruch gegen die Bergwerksverleihung 76.
— gegen den Betriebsplan 196.
Einstellung s. Betriebseinstellung.
Eisen 58, 63, 64.
Eisenerze in Schlesien 63.
Eisenbahnen s. Verkehrsanstalten sowie Grubenanschlußbahnen.
Elektrische Anlagen 149, 212.
Enteignung, berggesetzliche 145ff.
— zu Schürfzwecken 70, 158.
— beim Grundeigentümerbergbau 272.
Entlassung der Bergleute 226.
— der Betriebsbeamten 233.
Entschädigung s. Schadensersatz.
Erbkuxe 264.
Erbstollengerechtigkeit 260.
Erdöl 272.
Erstfinderrecht 82.
Erwerb von Bergwerkseigentum 103.
— des Eigentums bei der Grundabtretung 153.
Erze 60.

F

Fahrschein 55.
Feld s. Bergwerksfeld.
Feldesaustausch 123.
Felderweiterung 257.

Feldesfreiheit 80.
Feldesgrenzen, Regelung der F. 123.
Feldesgröße 85.
Feldesreservation 35.
Feldesstreckung 84 ff.
Feldesteilung 122.
Feldesumwandlung 257.
Finderrecht 82.
Fiskalische Bergbehörden 50.
Flöz 255.
Fördergefäße 225.
Fortbildungsschulen 234.
Freiberger Bergrecht 19.
Freierklärung des Bergbaues 17 ff.
Freifahrung des Erbstollens 261.
Freikuxe 262.
Freikuxgelderfonds, schlesischer 264.
Freizügigkeit, knappschaftliche 237.
Fristen, Berechnung der F. 50.
Füllkohlenabzug 225.
Fundesbesichtigung 80.
Fündigkeit 77.
Fundpunkt 78.

G

Gamp, lex 95.
Gang 255.
Gedinge 220, 224.
Geldstrafen auf Grund der Arbeitsordnung 226.
— gerichtliche G. 206, 242.
Gemeinschaden 187.
Gemeinübliche Wasserzuführung 162 f.
Gerichtsstand der Gewerkschaft 165.
— für die Klage aus dem Bergwerkseigentum 110.
— für die Klage des Muters 90.
Gesundheitsbeirat 48.
Geviertfelder 256.
Gewerbeaufsichtsbeamte 47.
Gewerbeordnung, Verhältnis zum Bergrecht 44.
Gewerbepolizei 47.
Gewerken, Rechte und Pflichten der G. 175 ff.
Gewerkenbuch 176.
Gewerkenversammlung 173.
Gewerkschaften alten Rechts 184.
— außerpreußische 181.
— neuen Rechts 163 ff.
Gewerkschaftsbeschluß 174.
Gewerkschaftsfähigkeit von Hannöverschen Kaliwerken 183.
Gewinnung 103.
— unbefugte Mineralgewinnung 15, 105.
Gewinnungs- und Förderungskosten, Erstattung der G. 117, 132, 160.
Gold 58.
Gradierwerke 113.
Graphit 59.
Grubenanschlußbahnen, Grubenbahnen 209.
Grubenbild 197.
Grubensicherheitsamt, Grubensicherheitskommission 49, 203.
Grubenvorstand 169.
Grubenwässer, Ableitung der G. 162, 213.
Grundabtretung 145 ff.
Grundbuch für Bergwerke 45, 108.
— Eintragungen 77, 121, 123, 125.
Grundeigentum, Grundbesitz, Verhältnis des Bergbaues zum G. 135 ff.
Grundeigentümerbergbau 271.
Grundkux 264.
Grundrente, linksrheinische 266.
Grundstücke, Gleichstellung des Bergwerkseigentums mit den G. 107.

H

Hafenanlagen für Bergwerkszwecke 212.
Halden 60, 103, 130.
Handelsrecht, Geltung für den Bergbau 43.
Hannover, Salze und Solquellen 63.
— Gewerkschaften 183.
Harz, Bergrecht des H. 19, 163.
Heilquellen 213.

Hilfeleistung bei Unglücksfällen 204.
Hilfsbau 114.
Hinterbliebenenversicherung 252.
Hütten 111, 239.
Hypotheken-, Grundschuld- und Rentenschuldgläubiger bei Bergschäden 143.
— bei Verwandlung einer Gew. a. R. 186.

J

Iglauer Bergrecht 18, 22.
Inbetriebsetzung eines Bergwerks 193.
Interimistischer Repräsendant 171.
Invalidenpension, knappschaftliche 243, 252.
Invalidenversicherung 243, 252.
Invalidität 252.
Jodsalze 63.
Jugendliche Arbeiter 221.
Jus excludendi alios 81, 268, 269.

K

Kalibergwerk, Gewerkschaftsfähigkeit 183.
Kalifabriken 112.
Kaligesetzgebung 98.
Kalisalze 59, 64, 93ff.
Kaufgewerkschaften 181.
Kaution s. Sicherheitsleistung.
Kirchen- und Schulkuxe 264.
Knappschaften 240.
Knappschaftsälteste 241, 242.
Knappschaftsberufsgenossenschaft 251.
Knappschaftsoberversicherungsämter 248f.
Knappschaftspflicht 238.
Knappschaftssenat beim RVA. 249.
Knappschaftswesen 235ff.
Kobalt 58.
Kohlenabbaugerechtigkeit 275.
Kokereien, Koksanstalten 112, 141.
Konkurs der Gewerkschaft 169.
Konsolidation 118.
Konzessionierung der Markscheider 56.
Kosten in Bergsachen 50.
— des Enteignungsverfahrens 153.
Kraftloserklärung der Kuxscheine 177.
Krankenversicherung 243, 250.
Kündigung der Bergarbeiter 226.
— der Betriebsbeamten 233.
Kupfer 58.
Kuttenberger Bergordnung 23.
Kuxe alten Rechts 184f.
— neuen Rechts 176.
Kuxscheine 176.

L

Lachtermaß 85.
Landmesser 75, 134.
Längenfeld 255.
Lex Gamp 95.
Linksrheinische Landesteile 25, 31, 272.
Liquidation der Gewerkschaft 169.
Lochsteine 134.
Lohn 220.
Lohneinbehaltung 227.
Lohnverwirkung 227.

M

Magnesiumsalze 59, 64, 93ff.
Mandatsbezirk 63, 271.
Mangan 58, 63.
Markscheider 56.
Maßstab der Situationsrisse 75.
Maximalfeld 85.
Minderjährige Arbeiter 223, 229.
Mitbaurecht zur Hälfte 265.
Mitbeteiligte eines Bergwerks 166.
Miteigentum an einem Bergwerk 164.
— an einem Kux 176.
Mitgewinnung fremder Mineralien 117, 132, 160.
Mobilisierung der Kuxe 186.
Muten, Muter, Mutung 72ff.
Mutungskollision 81.
Mutungskonkurrenz 87f.
Mutungsübersichtskarte 75.
Mutungsverzeichnis 74.
Mutungsvorrechte 82.

N

Nachtragung des Grubenbildes 197.
Name des Bergwerks 74, 120, 122.
— der Gewerkschaft 165.
Nassau, Dachschiefer in N. 61.
Natürliche Ablagerung 60, 78.
Nebenbetriebe 110ff., 238.
Nickel 58.
Nießbrauch von Bergwerkseigentum 103.
Novellen zum ABG. 37ff.
Nullen 225.
Nutzungsrecht an enteigneten Grundstücken 155.

O

Oberbergamt 47.
Oberberghauptmann 48.
Öffentliches Interesse bei der Grundabtretung 145f., 155f.
Öffentliche Verkehrsanstalten 138, 217.

P

Pensionsversicherung 243, 252.
Pfännerschaften 184.
Phosphorite 272, 274.
Planmäßiges Zubruchebauen 157, 195.
Polizei s. Bergpolizei.
Präsentation der Mutung 73.
Privatbergregale 267.

Q

Quecksilber 58.
Quellenschutz 213.

R

Radium 59.
Raseneisenerze 63.
Rechtsmittel 50, 53.
— in Mutungssachen 89.
— bei der Grundabtretung 152.
— in Knappschaftssachen 248.
Reichsgesetzgebung, Zuständigkeit der R. für das Bergrecht 44.
Reichsknappschaftsgesetz 238.
Reichsknappschaftsverein 239.
Rekurs 50.
Repräsentant 169ff., 166, 274.
Reservation von Bergwerksfeldern 36.
Revierbeamter s. Bergrevierbeamter.
Ringofenziegeleien 112.
Römisches Bergrecht 21f.
Röstöfen 112, 114.

S

Sächsisches Bergrecht 25.
Salinen 118.
Salzabbaugerechtigkeit 275.
Salze 59, 64, 93ff.
— in Hannover 63.
Salzhandelsmonopol 93.
Salzregal 93.
Salzsteuer 94.
Satzung der Gewerkschaft 167.
— des Reichsknappschaftsvereins 239.
Schadensersatz bei Bergschäden 137ff.
— zwischen Bergwerken 131.
— bei der Grundabtretung 155.
— bei polizeilichen Eingriffen 215ff.
Schladminger Bergbrief 23.
Schlagkreis einer Mutung 87.
Schlesien, Bergrechtliche Verhältnisse 63, 271.
Schlesischer Freikuxgelderfonds 264.
Schlesisches Goldrecht 19.
Schlichtungsausschüsse 221.
Schlußtermin im Mutungsverfahren 76.
Schmalkalden 61.
Schürfarbeiten, Schürfen, Schürfer 66ff.
— Grundabtretung zum Schürfen 70, 158.
Schürfschein 68.
Schwefel 58.
Schwerspat 59, 61.

Seilfahrt 232.
Sicherheitsleistung 142, 156.
Sicherheitsmänner 228.
Siegen, Feldgröße 85.
Silber 58.
Situationsriß 75.
Sitz der Gewerkschaft 165.
Solbehälter und Solleitungen 113, 149.
Solquellen 59, 64.
— in Hannover 273f.
Sondervorschriften der Bezirksknappschaftsvereine 240.
Sonntagsruhe 220.
Sozialisierung 27.
Spezialverleihung 36, 93.
Sprengstoffe 214.
Staatsanwaltschaft 206.
Standesherren, Regalrecht der St. 268ff.
Statut s. Satzung.
Stauanlagen 202.
Steiger 198.
Steigerungssätze bei den Knappschaftspensionen 244.
Steinkohle 59, 63, 98ff.
Steinkohlenbergwerke, Arbeitszeit auf St. 231f.
Steinsalz s. Salze.
Stempel 50, 77, 121.
Stillegung von Bergwerken 127.
Stimmrecht der Gewerke 174.
Strafen s. Geldstrafen, Ordnungsstrafen.
Strontianit 59.

T

Tagebau 9.
Tagesbauten 208f.
Tarifvertrag 224.
Teerschwelereien 112.
Tradde 265.
Traßbrüche 272.
Triebwerke 202.
Trient, Bergrecht von T. 18.

U

Überschichten 232.
Übertretungen der Polizeivorschriften 206.
Unbefugte Mineralgewinnung 15, 105.
Unbewegliche Kuxe 184.
Unfähigkeit zur Berufsarbeit 244.
Unfallanzeige 203.
Unfallrente 251.
Unfalluntersuchung 203f.
Unfallverhütungsvorschriften 190.
Unfallversicherung 203.
Unglücksfall auf einem Bergwerk 203.
Unternehmerarbeiten 222.
Unterstützungskasse 227.
Untersuchung, bergpolizeiliche 203.
— des Fundes 80.
— der Dampfkessel 203.

V

Verantwortlichkeit der Aufsichtspersonen 200.
— der höheren Beamten und der Bergwerksbesitzer 201.
Vereinfachtes Enteignungsverfahren 153.
Vereinigung von Abbaugerechtigkeiten 276.
— aller Kuxe in einer Hand 169, 185.
— von Steinkohlenbergwerken im OBA.-Bezirk Dortmund 258.
— s. auch Konsolidation.
Verjährung des Bergschadenanspruchs 144.
— im Knappschaftsrecht 245, 247.
— der Strafverfolgung 206.
Verkehrsanstalten s. öffentliche Verkehrsanstalten.
Verlassenes Bergwerk 77, 129.
Verleihung des Bergwerkseigentums 76, 91.
Verleihungsurkunde 77.
Vermessung des Bergwerksfeldes 133.
Versuchsarbeiten des Muters 67.

Vertragsbruch 227, 229.
Verunreinigung der Wasserläufe 162, 213.
Verwaltungsstreitverfahren 53.
Verwaltungszwangsverfahren 48.
Verzicht auf das Bergwerkseigentum 127f.
Vierung 256.
Vitriolerze 58, 60.
Vollstreckung des Enteignungsbeschlusses 153, 154.
Vorbehaltene Mineralien 93ff.
Vorkaufsrecht 156.
Vorrecht zum Muten 82.

W

Wagennullen 225.
Waschgold 60.
Wasser, Verhältnis des Bergbaues zum W. 160ff.
Wasserentziehung 161.
Wassergesetz 161.
Wassertriebwerke 202.
Weibliche Arbeiter 221.
Westpreußen, bergrechtliche Verhältnisse 63, 271.
Witwenpension 250ff.
Wochenhilfe 250ff.

Z

Zechenbahnen 209.
Zechenbuch 192.
Zehnte, der 267.
Zeugnisse für Bergarbeiter 229.
— für Bergschüler 199.
Zink 58.
Zinn 58.
Zubehör des Bergwerks 110ff.
— des Grundstücks beim Bergschaden 137.
Zubruchebauen, planmäßiges 157, 195.
Zubußen 177.
Zuwiderhandlungen gegen Polizeivorschriften 206.
Zwangsgrundabtretung 145ff.
Zwangsmittel der Bergbehörden 207.
Zwangsstrafbefehle 48, 208.
Zwangsversteigerung von Bergwerken 107, 109.
— bei Aufhebung des Bergwerkseigentums 126, 128.
— Bergschadensersatzanspruch bei der Z. 138.
Zwangsvollstreckung in Kuxe 180.
Zwischenfelder 102.

MIX
Papier | Fördert gute Waldnutzung
FSC® C083411

Kolibri 360 GmbH
Ferdinand-Jühlke-Straße 7
99095 Erfurt, Deutschland
produktsicherheit@kolibri360.de